高等学校教材

传热学

Heat Transfer

主　编　赵长颖

副主编　王平阳　欧阳华

　　　　徐治国

中国教育出版传媒集团

高等教育出版社·北京

内容提要

本书是编者团队通过总结近年来教学研究和教学改革成果编写而成的。结合当前世界范围内科学技术快速进步以及高等教育国际化与本土化的发展趋势,本书在结构的整体性和系统性、教学内容的逻辑性、丰富性和前沿性等方面上作了较大努力。本书内容全面,从绪论、热传导、热对流、热辐射和综合应用五个部分分别展开介绍,加深学生对传热学概念的理解以及培养学生分析问题、解决问题的能力。另外,大量的扩展阅读材料以数字资源的方式加入书中,希望能从多个方面帮助学生或相关领域读者拓展传热学相关知识的深度和广度。

本书可作为高等学校能源动力类、航空航天类、机械类、化工与制药类等专业的教材,也可供相关领域科技工作者选用。

图书在版编目(CIP)数据

传热学 / 赵长颖主编. -- 北京 : 高等教育出版社, 2025. 3. -- ISBN 978-7-04-063476-1

Ⅰ. TK124

中国国家版本馆 CIP 数据核字第 2024L8V970 号

Chuanrexue

| 策划编辑 | 宋 晓 | 责任编辑 | 宋 晓 | 封面设计 | 王 鹏 | 版式设计 | 李彩丽 |
| 责任绘图 | 于 博 | 责任校对 | 刘丽娴 | 责任印制 | 赵 佳 | | |

出版发行	高等教育出版社	网 址	http://www.hep.edu.cn
社 址	北京市西城区德外大街 4 号		http://www.hep.com.cn
邮政编码	100120	网上订购	http://www.hepmall.com.cn
印 刷	人卫印务(北京)有限公司		http://www.hepmall.com
开 本	787 mm × 1092 mm 1/16		http://www.hepmall.cn
印 张	17		
字 数	420 千字	版 次	2025 年 3 月第 1 版
购书热线	010-58581118	印 次	2025 年 3 月第 1 次印刷
咨询电话	400-810-0598	定 价	38.00 元

本书如有缺页、倒页、脱页等质量问题,请到所购图书销售部门联系调换
版权所有 侵权必究
物 料 号 63476-00

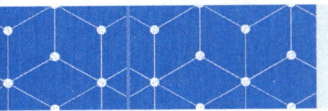

传热学

主编　赵长颖

新形态教材网使用说明

1. 计算机访问 https://abooks.hep.com.cn/1257741 或手机微信扫描下方二维码进入新形态教材网。
2. 注册并登录后，计算机端进入"个人中心"，点击"绑定防伪码"，输入图书封底防伪码（20位密码，刮开涂层可见），完成课程绑定；或手机端点击"扫码"按钮，使用"扫码绑图书"功能，完成课程绑定。
3. 在"个人中心"→"我的学习"或"我的图书"中选择本书，开始学习。

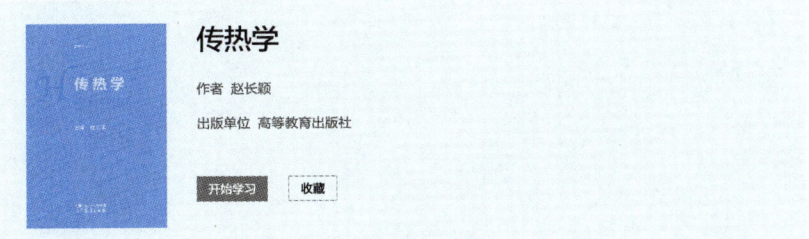

　　受硬件限制，部分内容可能无法在手机端显示，请按照提示通过计算机访问学习。

　　如有使用问题，请直接在页面点击答疑图标进行咨询。

https://abooks.hep.com.cn/1257741

前　言

传热学广泛应用于各个工程领域,对我国科学技术的飞速发展、国民经济的快速提高等诸多方面都有着积极且重要的影响。伴随着各种新技术、新材料的出现,传热学在理论、实验、实践等方面都具有了更加丰富的内涵。近年来,教育部高等学校能源动力类专业教学指导委员会多次在教学改革研讨会中强调理论和实验实践相结合,培养学生分析处理实际问题的能力,因此大部分国内高校的传热学理论教学课时都有适当压缩,但目前尚缺乏合适的中等学时的教材,所以编写一本与时俱进的中等学时传热学教材具有重要的现实意义。

本书通过总结编者近年来的教学研究和教学改革成果编写而成,具有鲜明的特色,主要体现在以下几方面:

1. 本书的教学内容兼具整体性和系统性,采用"整体—部分—整体"的逻辑体系。 绪论中首先给出了包括导热、对流、辐射的整体能量守恒方程,然后在后续对应章节中针对某种传热方式,根据不同条件可化简得到经典的导热控制方程、对流传热控制方程和辐射传输方程,对导热、对流、辐射各个部分深入掌握后,进而可以更加深入地理解整体的能量守恒方程。这样的逻辑体系有助于学生构建完善的传热学知识框架。

2. 本书更注重学生对传热学概念的理解,强调全面性和逻辑性。 本书包含的内容十分全面,从绪论、热传导、热对流、热辐射和综合应用五个部分分别展开讲解。目前已有的传热学相关教材中关于热辐射部分的相关理论知识相对简单,在分析很多实际问题时显得略有不足,因此本书将补充关于介质热辐射的辐射传递方程的讲解,让学生对介质热辐射的相关特性有所了解,能够掌握辐射传递方程和辐射能量方程的简单推导并用于分析解决很多实际复杂问题,同时也使得热辐射部分的逻辑体系更加完善。

3. 本书注重培养学生分析问题、解决实际问题的能力。 本书各章节的部分内容和例题与工程实际中的复杂实际问题相关,这有助于学生熟悉传热学的基本知识,并用构建的传热学知识框架去剖析工程实际问题,分析问题中的关键因素,更好地培养学生系统分析、主动思考和全面解决问题的能力。例如,在绪论部分中,编者给出了热辐射、热对流、热传导耦合的能量方程,针对性地介绍了在处理实际问题时如何抓住主要因素忽略次要因素这一重要思想。

4. 本书具有广泛的适用性,并融合数字资源丰富了教材内容。 本书适合大多高校中等学时的课程教学工作,适合不同工程类专业、不同层次的学生人群;同时书中以数字资源的方式加入了大量的扩展阅读材料,有利于深入了解学习某一方向具体内容,希望能从多个方面帮助学生或相关领域读者加深与拓展传热学相关知识的深度和广度。

5. 本书与时俱进,各章节的内容尽量结合目前国际的研究前沿热点和方法,以适应工程教育和实践的新趋势。例如,近些年微纳尺度传热成为传热学领域的重要研究分支,因此编者在绪论部分增加了一定篇幅来介绍微纳尺度传热相关的研究方法与进展,让学生了解目前传热领域的前沿基础研究和热点应用。

本书编写分工如下:第1、6、7章由赵长颖教授撰写;第2、3章由欧阳华研究员和田杰助理研究员撰写;第4、5章由王平阳副教授撰写;第8章由徐治国副教授撰写。全书由赵长颖教授负责统稿和审校。

本书承蒙恩师陶文铨院士的仔细审阅,对书稿提出了许多珍贵的修改意见,在此表示深深的感谢。同时编者也特别感谢天津大学赵镇南教授对本书提出了严谨细致的修改意见。编者团队的博士后刘梦琦协助进行了书稿编排和校对,博士后张文斌、研究生陈杰、田希坤、刘旭晶、徐云轩、陈轶康协助查阅资料,为编者提供了很多帮助。编者在教授传热学课程的过程中,得到了学生们的宝贵反馈,启迪编者对教材做了很多改进和完善。高等教育出版社相关编辑为本书如期出版也做了大量工作,在此一并表示衷心感谢。

编者诚恳欢迎读者指出书中的不妥之处,编者邮箱为 changying.zhao@sjtu.edu.cn。

编者

2024年9月于上海交通大学

目 录

主要符号表

第一章 绪论 001
1.1 传热学的重要意义 ……… 002
1.2 热量传递的三种方式 ……… 002
1.3 传热过程和总传热系数 ……… 005
1.4 传热学发展简史 ……… 007
1.5 传热学的研究方法 ……… 010
思考题 ……… 013
习题 ……… 013
参考文献 ……… 014

第二章 稳态导热问题 017
2.1 导热基本定律——傅里叶定律 ……… 018
2.2 导热微分方程与定解条件 ……… 024
2.3 平壁一维稳态导热问题的分析解 ……… 030
2.4 热传导沿半径方向的一维稳态导热问题的分析解 ……… 036
2.5 具有内热源的一维导热问题 ……… 040
2.6 一维肋片导热 ……… 042
2.7 热传导问题的数值解法 ……… 049
本章小结 ……… 057
思考题 ……… 058
习题 ……… 059
参考文献 ……… 063

第三章 非稳态导热问题 065
3.1 非稳态导热的基本概念 ……… 066
3.2 零维非稳态导热分析——集中参数法 ……… 069
3.3 半无限大物体的非稳态导热 ……… 074
3.4 典型一维物体非稳态导热的分析解 ……… 079
3.5 一维非稳态导热问题的数值求解方法 ……… 086
本章小结 ……… 090

思考题 ……… 090
习题 ……… 091
参考文献 ……… 094

第四章 对流传热理论基础与单相对流传热实验关联式　095
4.1 对流传热概述 ……… 096
4.2 对流传热问题的数学描写 ……… 099
4.3 边界层理论 ……… 102
4.4 外掠平板对流传热分析 ……… 106
4.5 相似原理 ……… 111
4.6 内部强制对流传热实验关联式 ……… 117
4.7 外部强制对流传热实验关联式 ……… 126
4.8 射流冲击传热实验关联式 ……… 131
4.9 自然对流传热实验关联式 ……… 133
本章小结 ……… 140
思考题 ……… 142
习题 ……… 142
参考文献 ……… 145

第五章 相变对流传热　147
5.1 相变对流传热概述 ……… 148
5.2 沸腾传热机理 ……… 150
5.3 大空间沸腾传热实验关联式 ……… 154
5.4 凝结传热机理 ……… 158
5.5 膜状凝结传热 ……… 159
5.6 相变材料简介 ……… 165
本章小结 ……… 166
思考题 ……… 168
习题 ……… 168
参考文献 ……… 169

第六章 热辐射特性和基本定律　171
6.1 热辐射的基本特性 ……… 172
6.2 黑体热辐射的基本定律 ……… 174
6.3 实际物体的辐射与吸收 ……… 179
6.4 气体辐射特性和太阳辐射 ……… 186
本章小结 ……… 192
思考题 ……… 193
习题 ……… 193
参考文献 ……… 195

第七章　辐射传热计算　197
　7.1　辐射传热的角系数　………　198
　7.2　多表面系统的辐射传热计算　………　201
　7.3　介质热辐射的辐射传递方程　………　204
　7.4　辐射传热的强化与削弱　………　208
　本章小结　………　210
　思考题　………　211
　习题　………　211
　参考文献　………　215

第八章　换热器　217
　8.1　换热器介绍　………　218
　8.2　换热器热计算与热设计　………　224
　8.3　换热器传热过程控制　………　239
　本章小结　………　246
　思考题　………　246
　习题　………　247
　参考文献　………　250

附录　251

主要符号表

英文字母

a	热扩散率，m^2/s		v	速度，m/s
A	表面面积，m^2；截面面积，m^2		V	体积，m^3
B	磁通量，Wb/m^2		w	宽度，m；速度，m/s
c	比热容，$J/(kg \cdot K)$		W	功，J
d	厚度，m			
D	直径，m；位移电流，C/m^2		**希腊字母**	
E	辐射力，W/m^2；电场强度，V/m		δ	厚度，m
g	重力加速度，m/s^2		ε	发射率
G	投入辐射，W/m^2		Φ	热流量，W
h	表面传热系数，$W/(m^2 \cdot K)$		η	效率
H	焓，J；高度，m；磁场强度，A/m		θ	过余温度，℃ 或 K
I	电流，A；辐射强度，$W/(m^2 \cdot sr)$		Θ	无量纲过余温度①
J	有效辐射，W/m^2；电流密度，A/m^2		κ	吸收系数，m^{-1}
k	衰减系数，m^{-1}；总传热系数，$W/(m^2 \cdot K)$		λ	波长，m；导热系数，$W/(m \cdot K)$
l	长度，m		μ	动力黏度，$Pa \cdot s$
l_c	特征长度，m		ν	运动黏度，m^2/s
M_r	相对分子质量		ρ	密度，kg/m^3；反射比
n	折射率		σ	散射系数，m^{-1}；斯特藩-玻尔兹曼常数，$W/(m^2 \cdot K^4)$
p	压力，Pa		τ	时间，s；透射比
P	周长，m		ϕ	相函数
q	热流密度，W/m^2		ω	反照率
Q	热量，J		Ω	立体角，sr
r	半径，m；汽化潜热，J/kg			
R	热阻，K/W		**相似特征数**	
s	程长，m		Bi	毕渥数
t	热力学温度，K		Bo	邦德数
T	摄氏温度，℃		Fo	傅里叶数
u	速度，m/s		Ga	伽利略数
U	热力学能，J			

① 按照现行国家标准 GB 3100—1993，"无量纲"应该称为"量纲一"，习惯上称为无量纲，本书中统一使用"无量纲"。

Gr	格拉晓夫数	*Pr*	普朗特数
Ja	雅各布数	*Ra*	瑞利数
Nu	努塞尔数	*Re*	雷诺数
Pe	佩克莱数	*St*	斯坦顿数

第一章
绪论

1.1　传热学的重要意义

热能的传递在人类的生活和生产中处处可见:天冷时生火取暖、天热时通风乘凉、炼钢厂高温熔炼、火电厂烧煤发电,无不与之息息相关。传热学是一门研究由温差引起的热能传递规律的学科。热力学第二定律指出:凡是温差存在的地方,就有热量自发地从高温物体向低温物体传递。自然界和生活生产中普遍存在温差,所以热能的传递是一种普遍存在的现象。传热学和工程热力学都是研究热现象的理论基础学科,两者间最根本的区别在于:通常,工程热力学研究不存在温差或者压力差且处于平衡状态下的系统,而传热学则是研究存在温差时的热能传递规律。

传热学广泛应用在科学技术的各个领域,包括能源动力、机械制造、材料冶金、航空航天等。例如,制冷设备中介质的蒸发和冷凝、工业锅炉中钢锭的加热和冷却、航天飞行器的热防护等都需要应用传热学的知识。总体而言,传热学的应用体现在强化传热、削弱传热和温度控制三个方面。强化传热就是在一定条件下增加热量的传递,在工程应用中的目的是提高设备的热效率、节约能源或满足特殊的工艺要求,可以通过改变固体传热表面的形貌或液体的物性参数等手段来实现;削弱传热就是在一定温差下减小热量的传递,在工程应用中的目的则是减少散热损失,可以通过添加保温层或隔热板来实现;温度控制在工程应用中的目的是控制散热器件的温度使其正常工作、延长使用寿命,相关技术包括相变温控技术、射流冲击强化传热技术、热管技术、半导体制冷技术等。

1.2　热量传递的三种方式

热量传递的三种方式包括热传导(heat conduction)、热对流(heat convection)和热辐射(thermal radiation)。热传导是指在物体各部分之间不发生相对位移时,依靠分子、原子、自由电子或声子等微观粒子的热运动而进行的热量传递。它是建立在组成物质的基本微观粒子随机运动上的扩散行为。气体中的热传导是气体分子不规则热运动时相互碰撞的结果。导电固体中的热传导是由于自由电子的运动引起的;而非导电固体中的热传导则是通过声子(phonon,对晶格振动所形成的格波能量量子化描述的基本单元)来实现热量传递的。液体的热传导机理比较复杂,一种观点认为它定性上类似于气体,另一种观点则认为主要依靠声子来传递,类似于非导电固体。

以上热传导的定义及解释都是基于微观尺度,而在实际工程应用中采用通过对大量实际导热问题的经验提炼得到的宏观规律——傅里叶(Fourier)定律来描述,其有如下形式:

$$q = -\lambda \frac{\partial t}{\partial n} \tag{1-1}$$

傅里叶
(Fourier)
定律

式中:q 表示热流密度,单位为 W/m²;λ 为导热系数,单位为 W/(m·K);t 代表温度,单位为℃;n 是通过该点的等温线上的法向单位矢量,指向温度升高的方向。它可以描述平板的导热问题,平板的一维热传导如图 1-1 所示。

热对流是温度不同的各部分流体之间发生宏观相对运动而引起的热量传递过程。这里需要指出,工程上特别关注的一类热量传递现象是:流体流过固体表面时流体与固体表面之间的热量传递过程,一般称之为对流传热(convective heat transfer),其示意图如图 1-2 所示。牛顿冷却公式(Newton's law of cooling)一般用于计算对流传热:

$$q = h\Delta t \tag{1-2}$$

表面传热系数

式中:h 为表面传热系数,单位为 W/(m²·K);$\Delta t = t_w - t_f$ 为壁面与流体的温差,单位为℃。

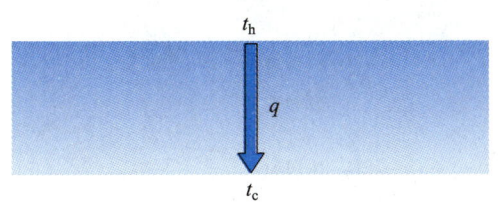

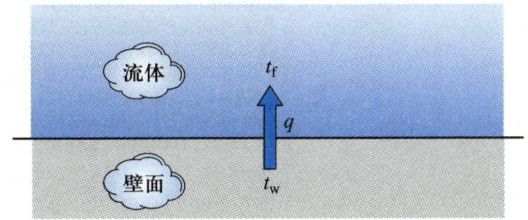

图 1-1 平板的一维热传导　　　　　图 1-2 对流传热示意图

热辐射是由于物体具有温度而辐射电磁波的现象。一切物体只要其温度高于绝对零度,都能产生热辐射。热辐射的传递不需要任何介质,因此它是热量在真空中传递的唯一方式,这也是它区别于热传导、热对流的基本特点。物体的辐射和吸收能力与自身的物性相关,这里引入黑体的概念,黑体是指能完全吸收投射到其表面上的所有辐射能量的物体。虽然在自然界中不存在黑体,但是可以人为地制造出十分接近黑体的模型,如图 1-3 所示。该空腔的材料对热辐射的吸收能力强,再设法保持空腔壁面温度均匀,那么空腔上的小孔就具有黑体辐射的特性。黑体在单位时间单位面积上发出的热辐射能量可以由斯特藩-玻尔兹曼定律(Stefan-Boltzmann law)表示:

斯特藩-玻尔兹曼定律(Stefan-Boltzmann law)

$$q = \sigma T^4 \tag{1-3}$$

式中:σ 为斯特藩-玻尔兹曼常数,5.67×10^{-8} W/(m²·K⁴);T 为黑体的热力学温度,单位为 K。

上述三种传热方式往往不是单独出现的,对于实际生活中或者工业上的传热过程,可能同时包含两种或者三种传热方式。如图 1-4 中暖气片(采暖散热器)传热的情形包含三种传热方式:热对流(热水流过管壁的过程)、热传导(热量从管壁热端传递到冷端的过程)和热辐射(高温管壁辐射热量的过程)。因此,有必要采用一个基本的方程同时描述热传导、热对流和热辐射三种传热方式。在学习热力学的过程中,已经知道不同形式的能量

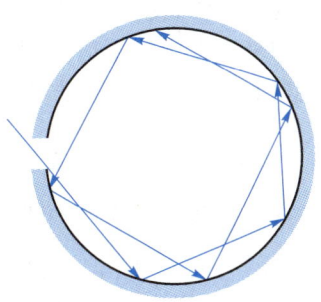

图 1-3 黑体模型

传递和转化过程中满足热力学第一定律,对于一个物理化学性质与方向无关的物体,可以根据热力学第一定律推导以下能量守恒方程:

$$\nabla \cdot (\lambda \nabla t) - \nabla \cdot (\rho c v T) - \nabla \cdot \boldsymbol{q}_r + \dot{\Phi} = \frac{\partial}{\partial \tau}(\rho c t) \tag{1-4}$$

式中 ∇ 称为哈密顿算子,可读作"那勃勒(nabla)", $\nabla = \frac{\partial}{\partial x}x + \frac{\partial}{\partial y}y + \frac{\partial}{\partial z}z$。$\nabla$ 算子是一种微分运算符号, ∇t 表示为温度的梯度,即 grad t, $\nabla \cdot v$ 为速度的散度,可写作 div v。等式左边第一项为导热项, λ 为导热系数,单位为 W/(m·K);第二项为对流项, v 为流体的速度矢量,单位为 m/s;第三项为辐射项, q_r 表示辐射热流密度,单位为 W/m³;第四项 $\dot{\Phi}$ 为内热源,表示单位时间内单位体积中产生或消耗的热能,单位为 W/m³。等式右边的项是指单位时间内微元体热力学能的增量。

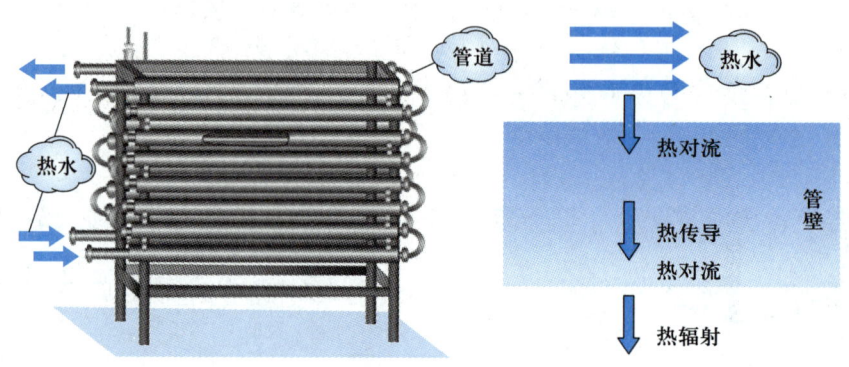

图 1-4 暖气片传热方式示意图

对于辐射项,一般利用辐射传输方程(radiative transfer equation, RTE)进行求解:

$$\frac{1}{c}\frac{\partial I_\lambda}{\partial \tau} + \frac{\partial I_\lambda}{\partial s} = \kappa_\lambda (I_{b\lambda} - I_\lambda) - \sigma_{s\lambda} I_\lambda + \frac{\sigma_{s\lambda}}{4\pi}\int_{4\pi} I_\lambda(s,\vec{\Omega}')\phi_\lambda(\vec{\Omega}',\vec{\Omega})\mathrm{d}\Omega' \quad (1-5)$$

式中: $I_{b\lambda}$ 表示黑体的光谱辐射强度,单位为 W/(m²·m); I_λ 表示光谱辐射强度,单位为 W/(m²·m); c 表示真空中的光速,单位为 m/s; κ_λ 表示吸收系数,单位为 m⁻¹; $\sigma_{s\lambda}$ 表示散射系数,单位为 m⁻¹; $\phi_\lambda(\vec{\Omega}',\vec{\Omega})$ 表示散射相函数。

对式 1-5 进行积分化简可以得到热辐射能流密度:

$$\nabla \cdot q_r = \int_0^\infty \nabla \cdot q_{r\lambda} \mathrm{d}\lambda = \int_0^\infty \kappa_\lambda \left(4\pi I_{b\lambda} - \int_{4\pi} I_\lambda \mathrm{d}\Omega'\right) \mathrm{d}\lambda \quad (1-6)$$

式中: $q_{r\lambda}$ 表示光谱辐射能量密度,单位为 W/(m²·m)。

如果不考虑热辐射(假设物体温度不高,忽略热辐射, $\nabla \cdot q_r = 0$),上述能量守恒方程可演化为经典的对流传热控制方程:

$$\nabla \cdot (\lambda \nabla t) - \nabla \cdot (\rho c v t) + \dot{\Phi} = \frac{\partial}{\partial \tau}(\rho c t) \quad (1-7)$$

在笛卡儿坐标系下上式可以展开为

$$\frac{\partial}{\partial \tau}(\rho c t) + \rho c \left(\frac{\partial t}{\partial \tau} + u\frac{\partial t}{\partial x} + v\frac{\partial t}{\partial y} + w\frac{\partial t}{\partial z}\right) = \frac{\partial}{\partial x}\left(\lambda \frac{\partial t}{\partial x}\right) + \frac{\partial}{\partial y}\left(\lambda \frac{\partial t}{\partial y}\right) + \frac{\partial}{\partial z}\left(\lambda \frac{\partial t}{\partial z}\right) + \dot{\Phi} \quad (1-8)$$

如果不考虑热对流(速度 $v = 0$,因此热对流项 $\nabla \cdot (\rho c v t) = 0$)和热辐射($\nabla \cdot q_r = 0$),上述能量方程蜕变为经典的导热控制方程:

$$\nabla \cdot (\lambda \nabla t) + \dot{\Phi} = \frac{\partial}{\partial \tau}(\rho c t) \quad (1-9)$$

在笛卡儿坐标系下上式可以展开为

$$\frac{\partial}{\partial \tau}(\rho c t) = \frac{\partial}{\partial x}\left(\lambda \frac{\partial t}{\partial x}\right) + \frac{\partial}{\partial y}\left(k \frac{\partial t}{\partial y}\right) + \frac{\partial}{\partial z}\left(k \frac{\partial t}{\partial z}\right) + \dot{\Phi} \qquad (1-10)$$

1.3 传热过程和总传热系数

接下来,以室内外空气的热交换为例,分析该过程的传热现象,并导出相应的计算公式加以讨论。为了方便理解和分析,室内外空气的热交换过程可简化成如图1-5所示的一维传热问题,该过程包括(1)从热流体(室内高温侧热空气)到壁面高温侧(室内壁面)的热量交换;(2)从壁面高温侧到壁面低温侧(室外壁面)的热量传递;(3)从壁面低温侧到冷流体(室外低温侧冷空气)的热量交换。这种热量由壁面一侧的流体通过壁面传到另一侧流体中去的过程称为传热过程(overall heat transfer process)。

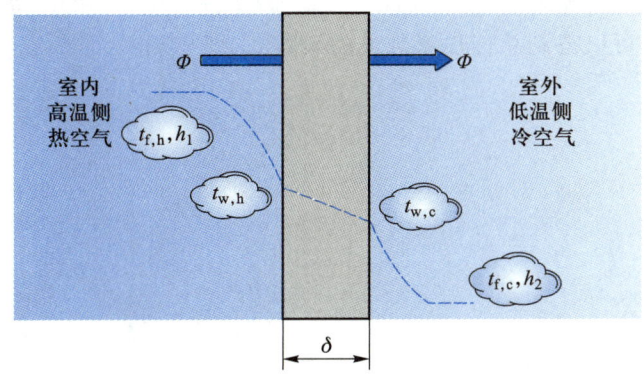

图1-5 通过壁面的传热过程示意图

设墙壁表面积为A,对于稳态过程,通过这三个过程的热流量Φ应该是相同的,相应的热流量的表达式如下:

$$\Phi = A h_1 (t_{f,h} - t_{w,h}) \qquad (1-11)$$

$$\Phi = \frac{A\lambda}{\delta}(t_{w,h} - t_{w,c}) \qquad (1-12)$$

$$\Phi = A h_2 (t_{w,c} - t_{f,c}) \qquad (1-13)$$

将以上三式进一步改写成温压的形式:

$$t_{f,h} - t_{w,h} = \frac{q}{A h_1} \qquad (1-14)$$

$$t_{w,h} - t_{w,c} = \frac{q}{A \lambda / \delta} \qquad (1-15)$$

$$t_{w,c} - t_{f,c} = \frac{q}{A h_2} \qquad (1-16)$$

将以上三式相加,整理可得

$$\Phi = \frac{A(t_{f,h}-t_{f,c})}{\dfrac{1}{h_1}+\dfrac{\delta}{\lambda}+\dfrac{1}{h_2}} \qquad (1-17)$$

为了方便起见,上式可以表示成

$$\Phi = Ak(t_{f,h}-t_{f,c}) \qquad (1-18)$$

式中:k 为总传热系数(overall heat transfer coefficient),单位为 $W/(m^2 \cdot K)$,数值上,它等于冷热流体间温差为 $\Delta t = 1\ ℃$、传热面积 $A = 1\ m^2$ 时热流量的值,是表征传热过程强烈程度的标尺。传热过程越强烈,总传热系数越大,反之则越小。总传热系数的大小与参与传热过程的流体种类以及传热过程本身都有关(如流速的大小、流体有无相变等)。需要指出的是,如果需要考虑流体与壁面间的辐射传热,则壁面两侧的表面传热系数 h_1 和 h_2 可取复合表面传热系数,它将辐射传热包含在内,其具体分析过程和计算将在后续章节中讨论。壁面间的传热过程在日常生活以及工业生产中随处可见,如工业设备中锅炉的省煤器、冰箱的冷凝器等,冷热流体在固体壁面之间进行的热量交换过程都属于这种类型。传热过程则是工程技术中经常遇到的一种典型的热量传递过程,也是本书重点学习的内容之一。

根据前面的推导,可以得到总传热系数 k 的表达式,即

$$k = \frac{1}{\dfrac{1}{h_1}+\dfrac{\delta}{\lambda}+\dfrac{1}{h_2}} \qquad (1-19)$$

可进一步写成

$$\frac{1}{k} = \frac{1}{h_1}+\frac{\delta}{\lambda}+\frac{1}{h_2} \qquad (1-20)$$

或

$$\frac{1}{Ak} = \frac{1}{Ah_1}+\frac{\delta}{A\lambda}+\frac{1}{Ah_2} \qquad (1-21)$$

将公式写成 $\Phi = \dfrac{\Delta t}{1/(Ak)}$ 的形式并与电学中的欧姆定律相比,容易看出 $1/(Ak)$ 具有类似电阻的意义,其被称为传热过程热阻(overall thermal resistance)。如图 1-6 传热过程的热阻分析所示,传热过程热阻由各个环节的热阻串联得到,串联热阻叠加原则与电学中串联电阻叠加原则相对应:在一个串联的热量传递过程中,如果通过各个环节的热流量相同,则各串联环节的总热阻等于各串联环节热阻之和。δ/λ 和 $1/h$ 为面积热阻,单位为 $m^2 \cdot K/W$。热阻分析方法用途广泛,本书在后续章节中还将详细讨论。

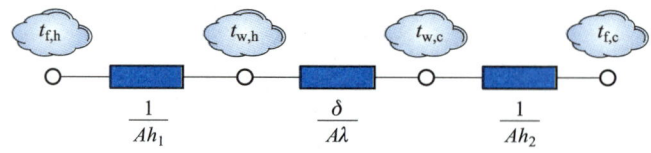

图 1-6　传热过程的热阻分析

1.4 传热学发展简史

1.4.1 传热学的起步

传热学这一门学科在英国工业革命的大背景下出现,直到 20 世纪初,传热学才从物理学中的热学部分独立出来而成为一门学科。目前,通过对热传导、热对流和热辐射三种传热方式的研究,传热学已经具备了较为完整的理论基础,形成了相对成熟的学科体系。

热传导这一热量传递方式的规律在 19 世纪左右开始被人们探究。在此之前,科学界流行一种理论即"热质说"(caloric theory of heat)。该理论认为热是一种特殊的没有质量和体积的理想物质,它不能被制造也不会消失,它可以穿透一切物体,热的传递就被解释为热素从高温物体流向低温物体。这种理论看似有一定道理,但却无法解释摩擦生热这一现象。在 1778 年,伦福德伯爵(Count Runford,1753—1814)证实了热应该是一种运动的表现形式而不是一种物质。从这之后,热可由运动产生这一想法使得人们对于导热规律的研究踏上了一个新的方向。法国物理学家毕渥(Jean-Baptiste Biot,1774—1862)于 1802 年开始导热问题的研究,他于 1804 年得出的平壁导热实验结果是导热定律的最早表述。1822 年,傅里叶(Jean Baptiste Joseph Fourier,1768—1830)在《热的解析理论》(《Théorie Analytique de la Chaleur》)中提出了热传导数学理论,该理论通过数理方法,更准确地把毕渥提出的结论表述为导热方程的微分形式,现称为傅里叶定律。因此,傅里叶被公认为导热理论的奠基人。

热对流的研究最早是从牛顿(Sir Isaac Newton,1643—1727)开始的,他于 1701 年做了加热后的铁板在自然条件下冷却的实验,得出当物体表面与周围存在温度差时,单位时间从单位面积散失的热量与温度差成正比。但是牛顿并没有揭示出对流传热的机理。想要弄清楚其机理就必须先对流体流动理论作充分的研究。1759 年,欧拉(Leonhard Euler,1707—1783)推导出了一套流体流动方程,它仅适用于黏性为零的流体。纳维(Claude-Louis-Marie-Henri Navier,1785—1836)在 1821 年提出了黏性流体的运动方程,不过仅针对不可压缩流体。1845 年斯托克斯(George Gabriel Stokes,1819—1903)推导出含有两个黏性常数的黏性流体运动方程,这就是纳维-斯托克斯方程(简称 N-S 方程)。对流问题的偏微分方程要比导热问题的更加复杂,普朗特(Ludwig Prandtl,1875—1953)于 1904 年提出了边界层的概念,这才使得微分方程得到简化,数学解析解得到发展。在边界层外,流体的黏性力远小于惯性力,N-S 方程中的黏性项可以忽略,就转变为理想流动的欧拉方程。在 1921 年,波尔豪森(Ernst Pohlhausen,1890—1980)提出了热边界层的概念,将其运用到对流传热问题中。努塞尔(Wilhelm Nusselt,1882—1957)在 1909 年及 1915 年先后发表两篇论文,用量纲分析方法导出强制对流传热以及自然对流传热的量纲为一的数(后被分别命名为努塞尔数、普朗特数及格拉晓夫数)并获得了无量纲数之间的原则关系,这使得大量的实验数据得到有效整理。

热辐射的研究是从 19 世纪发展起来的。1800 年,赫歇尔(Friedrich Willhelm Herschel,1738—1822)发现太阳光谱中红外波段有辐射,这是首次探测到天体的红外辐射。1830 年,诺比利(Leopoldo Nobili,1784—1835)发明了热辐射测量仪。1859 年,基尔霍夫(Gustav Robert

Kirchroff,1824—1887)提出基尔霍夫定律,该定律描述了物体发射率与吸收率的关系。吸收率为1的物体称为黑体,这一概念是基尔霍夫在1862年提出的。斯特藩(Jožef Stefan,1835—1893)在1879年通过实验得出黑体的辐射能力与其绝对温度的四次方成正比。在1884年,玻耳兹曼(Ludwig Edward Boltzmann,1844—1906)从热力学角度证明了这一定律,该定律即名为斯特藩-玻耳兹曼定律。1881年,兰利(Samuel Pierpont Langly,1834—1906)发明了热辐射计,可以灵敏地测量辐射能量。在这之后普林舍姆(Ernst Pringsheim,1859—1917)等人对它做出了改进,这些仪器设备为热辐射的实验研究提供了强有力的支持。1889年,卢默(Otto Lummer,1860—1925)等人测得了黑体辐射光谱能量分布的实验数据。1893年,维恩(Wilhelm Wien,1864—1928)提出最大光谱辐射力的波长与温度的关系,后来被称为维恩位移定律。他又在1896年推导出维恩公式来描述黑体辐射的光谱能量分布,但这个公式只能在短波段与实验数据契合良好。在19世纪末,瑞利(Third Baron Rayleigh,1842—1919)和金斯(James Hopuood Jeans,1877—1946)根据经典电动力学和统计力学也推导出一个光谱能量分布公式——瑞利-金斯公式(Rayleigh-Jeans formula)。这个公式在长波或高温条件下与实验结果相符,但是在短波段辐射能量随着频率增高趋于无穷大,与实验结果违背。这就是物理史上著名的"紫外灾难",它深刻揭露出经典物理学存在着缺陷,这对辐射理论和近代物理学的发展起到了推动作用。普朗克(Max Planck,1858-1947)于1896年开始系统地研究热辐射,在1900年推导出了一个与实验结果相符的公式,并于该年12月14日在德国物理学会的例会上提交了一篇名为《论正常光谱的能量分布定律》(On the Law of Distribution of Energy in the Normal Spectrum)的论文。在该文中他提出一种假设,即物质辐射(或吸收)的能量不是连续而是一份一份进行的,只能取某个最小数值的整数倍,这个最小数值称为量子。

1.4.2 传热学的近现代发展

近年来,微纳尺度传热成为传热学的一个重要发展方向,其中一个重要原因是人类自身能够感知到的传统尺度的传热现象及规律已得到较充分的认识,微纳尺度下的传热现象及器件逐渐得到研究人员的关注。20世纪末,由于微机电系统、纳米机电系统研究的迅速发展,微纳尺度传热与流动的研究逐渐兴起,但当物体尺度和瞬态作用的时间小于一定数值时,传统的传热理论已不适宜用于描述观测到的现象。

对于热传导问题,在微纳尺度下,材料的导热系数不再是其本质属性,会受到材料的结构,尺寸和边界等因素影响。因此宏观体材料的热输运理论已不再适用,需要从量子力学的角度去研究。对于绝缘体和大部分半导体材料,因其电子被束缚而不能成为导热载体,热量的传递是由晶格振动即格波来实现的。利用量子理论将晶格振动的能量量子化,这种量子化弹性波的最小单位就称为声子。德拜(Peter Debye,1884—1966)和派尔斯(Rudolf Peierls,1907—1995)首次提出了声子在半导体热输运中的重要性,将气体动力学理论应用在热载流子运动研究中。1929年,派尔斯利用声子玻尔兹曼输运方程和弛豫时间近似预测热容和晶格导热系数。

维度是定义微尺度材料体系的一个重要参数,低维材料是指材料在至少一个维度上受限制并造成尺寸效应,使其性质发生变化的一类材料,如零维纳米颗粒、一维纳米线/纳米管、二维纳米薄膜等。目前自然界中固体导热系数的跨度为 10^{-2} 到 10^3 共五个数量级,小于电导率所对应的二十五个数量级,这主要是因为声子与声子、电子之间的相互作用很弱。近些年人们为了拓展导热系数的极限,正在尝试制造一些人工纳米结构和低维材料。为使热导率取值范围的下限更低，人们通常引入大量的纳米界面、缺陷、量子点和孔洞结构来增强声子散射，降低纳米材料的导热系数；而为了提高其上限，人们尝试利用导热系数在一维和二维材料中随尺寸增大而不收敛的性质，制造基于石墨烯、碳纳米管等超高导热系数的材料。

对于热对流问题，流体在微小流道内的流动与传热特性的研究也在进行中。微小流道管具有较小的水力直径，其中的各种微尺寸多维效应在微小流道传热时均不能忽略，如耦合热传递效应、流体黏性耗散效应、入口效应等，它们都会强烈影响到微小通道内流体的流动和换热。对于微结构内的对流传热，一些经典模型已不再适用。1984 年，利特尔（W. A. Little）等研究者测量了流过四个微槽道测试元件中氮气的对流传热系数，发现层流努塞尔数随雷诺数变化，而过渡区的对流传热数据很难发生这样的关联，雷诺比拟对于粗糙管中的湍流不再成立。1991 年，S.B. Choi 等研究者测定了微管内氮气在层流和湍流区的对流传热系数，实验结果与在传统管道中得到的热流体关系严重偏离。此后，许多学者对微槽内的流动和传热问题进行了实验研究，并基于微管的实验结果给出了不同于传统尺寸中得到的流动与传热关系式。

基于微尺度对流传热的微型换热装置是建立微型化能量系统的关键。微型换热装置通常含有当量直径小于 500 μm 的微通道，在这种狭窄的通道中，流动边界层的厚度大大减小，因此流体的传热热阻减小，传热速率增加。此外，微通道中流体与通道的单位体积接触面积远大于常规通道，因此整个换热器的体积可比常规换热器的体积小一个数量级以上，且单位体积内的传热量比常规换热器高五个数量级以上。因此，微尺度对流传热的发展，对于设计高能流微器件的设计具有重要意义。

随着当代纳米技术的发展，近场热辐射（near-field radiative heat transfer, NFRHT）也越来越受到关注，已成为热辐射领域的研究热点。当物体间距处于微纳尺度时，两者间的辐射热传递将远超普朗克黑体极限，这被称为近场热辐射。近场辐射热传递的增强现象源自物体表面亚波长尺度范围内，具有极高能量的倏逝热辐射电磁波。近场热辐射具有广阔的应用前景，包括：(1) 高效能源转换　目前极有潜力的近场热辐射传输应用场景是热光伏器件（thermo-photovoltaics, TPV），即利用高温废热源加热发射器，利用发射器的波谱选择性发射作用，结合近场热辐射传递原理，与接收器即光伏器件之间产生极大的能量交换，从而实现高效的热-光-电的转换；(2) 热管理和纳米热电路　基于近场高通量的能量传递和可调控性质，目前已经在理论和实验上实现了较为高效的热整流器、热放大器和热二极管等的建立，为实现纳米热电路奠定了基础；(3) 近场热成像　利用物质本身的红外热辐射的近场能量输运信息，目前已经实现了对纳米结构的近场热成像。

人们对近场热辐射的理解始于 20 世纪 50 年代左右，1948 年首次发现的卡西米尔效应（Casimir effect）阐述了在绝对温度为零的真空条件下，两个中性导体之间存在着引力，这与近场辐射传热都是量子力学涨落的宏观表现。20 世纪 70 年代，由波尔德（D. Ploder）等人首次从理论上推导出两个平行平板间的近场热辐射公式。在近场热辐射理论研究和数值模拟中，近场热辐射的数值模拟模型被简化为纳米粒子之间、纳米粒子与平板之间以及平板之间的近场热辐射。粒子之间的近场热辐射研究中，乔马特（P. C. Chaumet）等人证明了偶极子近似法适用于解释近场热辐射，但被多明格斯（G. Domingues）等人否定了当纳米粒子之间的间距小于粒子直径时该方法的准确性。为了得到近场热辐射能量与粒子间距之间的关系，沙皮伊（P. O. Chapuis）等人研究了真空中两个 SiC 和两个 Au 纳米粒子之间的近场热辐射，得出了近场辐射能量与粒子间距的六次方的反比关系。在粒子与平板之间的近场热辐射研究中，通常将纳米粒子近似看作偶极子,将平板看作半无限大介质来简化处理。穆莱特(J. P. Mulet)等人根据电磁场理论研究了真空条件下具有一定温差的 SiC 粒子与 SiC 平板之间的近场热辐射,提出热辐射功率与共振表面波有关。而帅永等人利用涨落电动力学和偶极子近似,推导得到纳米粒子与半无限大介质的近场热辐射公式,对热辐射功率与共振频率之间的关系进行了证明。近场热辐射的测量实验在早期难以开展,因为该实验的条件极为苛刻,需要良好的真空环境,要有精确的微纳米加工技术和控制技术。近年来,随着微纳米加工技术的发展,近场热辐射在实验上取得了巨大突破。自2008 年陈刚团队实验验证了距离为亚波长尺度的物体之间极大的热辐射传热现象开始(打破普朗克极限),近场辐射热传递增强现象和其中的物理机制引起了更加广泛的关注和研究。张卓敏团队、申盛团队、雅各布(Z. Jacob)团队利用双曲型超表面能够支持高波矢光子传输的性质,预测和验证了其对近场辐射热传递的增强作用。总的来说,近年来,近场热辐射的研究取得了许多可喜的进展,但实际运用中真空的维持、纳米尺度的间距控制和有效的热管理等仍是待解决的关键问题。

目前,传热学在许多领域得到了广泛应用,设计和制造各类高性能换热设备是有效利用能源的重要手段。随着航空航天、核工业等领域以及计算机等电子设备的迅猛发展,热设备及电子元器件的有效冷却问题受到更多关注,强化传热技术对电子元件进行有效冷却,是各类电子设备性能和工作寿命的必要保证。在生物医学领域,对热科学的理论探讨、数值模拟和实验研究,为低温外科、疾病热诊断等技术的发展提供理论依据;为热生理机制的探索、动物恒温机制的揭示增加科学储备;为各种热保健器械的开发奠定理论基础。随着计算机技术的迅速发展,用数值方法对描写流动与传热问题的控制方程进行数值求解的研究技术取得重大进展,基于数值传热学的PHOENICS(parabolic hyperbolic or elliptic numerical integration coole series)、Ansys Fluent 等商用计算软件及对应的前后处理软件,极大地推动了传热学在工业领域的应用。此外,传热学在军事领域应用广泛,如航天器热防护、战斗机涡轮发动机的冷却、侦察夜视仪、导弹的红外跟踪等。

1.5 传热学的研究方法

传热学的研究方法主要分为三类:实验测量、理论分析和数值模拟。实验测量是传热学最基本的研究方法,因为所有传热过程基本规律的揭示都需要通过实验测定来完成。理论分析是科学研究的重要手段,有利于培养基于原理分析复杂实际问题的能力。数值模拟是解决传热学中复杂实际问题的有效手段,计算技术的飞速发展使得各种数值方法发展起来。上述三类方法各有其最合适的应用范围,如果得以合理运用可以达到相互补充、相得益彰的效果。

1.5.1 实验测量

在传热学中,引入的温度、导热系数、表面传热系数以及辐射发射率都是通过实验测定来获得的。所以,实验的方法在传热设备性能的标定、过程的控制、试验仪器的开发以及新现象的研究中起着重要的作用。

1. 温度的测量

在确定物体的导热系数、表面传热系数等参数前,温度的测量尤为关键。

目前的温度测量方法大体可分为两类：接触式测温方法和非接触式测温方法。接触式测温方法比较常用的是膨胀式测温、电量式测温和接触式电测、热色测温。非接触式测温方法主要包括辐射式测温、光谱法测温、激光干涉式测温等。

2. 导热系数的测量

导热系数又称为热导率，是重要的热物理参数，反映材料的热工性能，是判断材料保温性能是否良好的主要标志。19世纪50年代初，福布斯（J. D. Forbes）首次提出了测定导热系数的稳态绝对法。在20世纪30年代，圣哈内（Stålhane）和派克（Pyk）开创了利用瞬态热线法测量材料导热系数的先河，由于其应用范围广且测量不确定度较小，在实际应用中有很大的优势。如今，瞬态热线法已是一种常用的热物性测量方法，被推广至粉体、液体、复合材料、含湿多孔介质、高温下非透明和半透明固体等材料的导热系数测量，且对于液体、气体和固体的测量，不确定度最好可控制小于1%；而对于纳米流体和熔融盐，不确定度应小于2%。1961年，帕克（W. J. Parker）等人成功研制出世界上第一套闪光法测量装置，利用这套装置，他们对铜、银、铁、镍等试样进行了导热系数的测量，且测量误差最小仅达到约±5%。1967年是闪光法到激光脉冲法的技术转变的一年，莫泽（J. B. Moser）等人采用激光器作为热激励光源，对部分核工业材料的导热系数进行了测量。

随着生产力和科学技术的发展，导热系数的测量方法不仅更加多样化、实现了更高的准确度，也随着更多新材料的涌现而不断改进和创新。全（P. S. Jeon）等人为了测量各向异性介质中的导热系数，利用二维傅里叶变换，得到了激光辐照各向异性材料的三维热传导解析解。赵世迁基于瞬态平面热源法，用Hot Disk作为探头，研发出了一种测量时间短、测量范围广，且可避免接触热阻对结果影响的导热系数测定仪。雅诺（Y. Jannot）等人基于电脉冲测量法，采用三层装置，将绝缘材料的试样插入两导热板之间，以消除绝缘材料热容量低且用瞬态接触法准确度低的问题。而针对一些纳米材料，张艳良等人提出采用非接触式热微探针技术来测量导热系数，通过提取微探针的有效热电阻和探针样品的接触半径与接触电导率，以获得纳米材料的导热系数。朱立丹等人提出采用飞秒激光和探针法测量纳米金属薄膜的导热系数。除此之外，还有3ω法、悬空微器件法和拉曼热扫描技术等，也可实现对纳米结构导热系数的测量。

3. 表面传热系数的测量

表面传热系数与流体和传热表面的物性、状态等诸多因素有关。实验测量法根据实验原理的不同，可分为比拟法、热流法等。

比拟法是指通过研究对流传热问题与其他物理问题之间的类似特性，建立两者的相互关系来确定表面传热系数。常用的比拟法有热量动量比拟和热质比拟。由于热量动量比拟运用的是湍流中的附加切应力与热量传递之间的关系，所以该方法多用于求解湍流对流传热问题。目前最常用的采用热质比拟原理获取表面传热系数的方法是奈升华法，通过测量萘的升华速率求得一定条件下萘的传质系数，由传热与传质间的类比关系得到表面传热系数。

热流法是通过测量系统对流传热的热流密度、流体温度和物体表面温度，根据牛顿冷却公式计算得出表面传热系数的方法。该方法原理简单，可操作性强，在工程测量中被广泛采用。稳态热流法是最直接测量对流传热系数的方法，但该方法实验周期长，热流对固体温度边界较为敏感，且实验误差较大，所以现在较多采用的是瞬态热流法。

4. 辐射发射率的测量

发射率是描述物体热辐射热性的重要参数，材料表面发射率的数值为材料单位面积的辐射功率与同一温度下绝对黑体单位面积的辐射功率之比,表征了实际物体辐射能力接近黑体辐射的程度。根据测量原理的不同,发射率的测量方法分为量热法、反射法、能量法和多波长法。

量热法是最早被使用的发射率测量方法,根据热传导理论,将被测物体与周围环境组成热交换系统,测量出被测物体的有关点温度,利用热传导方程求出物体的发射率。

反射法测量发射率是根据能量守恒定律和基尔霍夫定律,将已知强度的辐射能投射到被测的不透明样品表面上,并用反射计测出表面反射能量,求得样品的反射率并计算得到发射率。常见的反射计有热腔反射计、积分球反射计等。

能量法的基本原理是测量样品的辐射功率,然后通过普朗克定律或斯特藩-玻尔兹曼定律计算样品表面发射率。许进堂等人采用单台独立黑体方案设计了一套中温法向全波长发射率测量装置,准确度达3.7%,该方法结构简单,成本较低,但必须分别测量参考黑体和样品的热辐射光谱能量,测量条件难以保持一致。

多波长法是20世纪70年代末兴起的可同时测量光谱发射率和温度的测量方法,其原理是测量样品在不同光谱下的辐射功率,并假设光谱发射率和波长的关系模型,最后通过理论计算求得光谱发射率和温度。维尔班(E. M. Vuelban)等人基于该方法测量了500～950 nm 波长范围内镍铬铁合金在880 ℃、900 ℃和920 ℃时的实际温度和光谱发射率,最后将结果与积分球测得的光谱发射率求差,小于积分球的标准不确定,说明多波长法测量得到的结果更具可靠性。

1.5.2 理论分析

流体的速度、压力等参数是由纳维-斯托克斯方程以及连续性方程等一组偏微分方程规定的。应用数学分析的理论,求解在给定条件下的偏微分方程,得出能确定物体中各点的速度、温度等参数的函数,即解析解或精确解,是理论分析的主要任务。虽然受限于实际问题的复杂性,理论分析只能对情况比较简单的问题得出分析解,但该方法要求人们从现实世界中发现问题,并简化为数学模型求解的思路是科学研究的重要手段。现实世界的物理现象总是错综复杂,很难存在单一变量的科学问题。利用理论分析的手段,适当忽略非关键因素可突出重要规律,使结论更加清晰并且这一方法在实际生产中也有一定利用价值。常用的比拟法通过设计易于实施的观测实验,来达到研究难以实施的实验的效果,在各种工程实践中应用颇多。而比拟法的基础正是理论分析中物理现象间的规律,即在不打破相互关系的前提下适当改变参数大小,得到近似的实验效果。掌握好理论分析,有利于理解物理本质,提高独立分析问题的能力。

1.5.3 数值模拟

对于一些复杂问题,理论分析法的效果较差时,可使用数值模拟的方法。以离散方程的数值方法为例,离散求解将原来在空间、时间坐标系中连续的物理量的场,用有限个离散的点的集合替代,并通过求解依据规律建立起的代数方程,获得各个离散点上物理量的值,当计算精度足够大时,可以近似反映出物理量的连续变化情况。这种方法规避了多维偏微分物理方程求解困难的问题,在保证收敛性的基础上,得到非常接近真实值的解,是一种有效的求解方法。并且离散求解应用范围广,方法易于实施,对于工程技术中遇到的导热、对流及辐射等问题都有着较好效果。

上述方法中的离散控制方程均基于连续性假设,对于不再适用连续性控制方程的问题,目前主流的拓展的数值计算方法包括:第一性原理计算(first-principles)、分子动力学模拟(molecular dynamic simulation)、非平衡态格林函数(non-equilibrium Green's function,NEGF)、声子玻尔兹曼输运方程(numerical solution of phonon Boltzmann transport equation, phonon BTE)等,感兴趣的读者可以自行查阅相关文献学习。

思 考 题

1-1 热量传递的基本方式分为哪几种？说明各自对应的传热机理。

1-2 冬季,在太阳下晾晒过的被子盖着比较暖和,请利用传热学知识分析其中的原理。

1-3 假定北方地区室内温度恒定为 22 ℃,为什么夏天在室内穿短袖比较舒适,而冬天在室内要穿保暖的衣服？试从传热学观点分析原因。

1-4 试分析放在室外地面上烧红的铁块的散热过程,各个环节涉及哪些热量传递方式。

1-5 冬季,在相同的室外条件下,为什么有风比无风时感觉更冷一些？

1-6 热水瓶瓶胆的两层玻璃之间抽成真空,内胆外壁及外胆内壁涂了反射率很低的银。试分析热水瓶具有保温作用的原因。如果不小心破坏了瓶胆上抽气口处的密闭性,这会影响保温效果吗？

1-7 请说明能量守恒方程演化为经典对流换热微分方程、经典导热微分方程和辐射换热方程的条件及对应表达式。

1-8 相距很近且平行的两个黑体表面,请计算以下两种情况下辐射换热量的比值,并对比分析由此得到的结论。

习 题

1-1 一块厚度为 10 cm 的大理石板,板的两侧表面 t_{w1} 和 t_{w2} 温度均匀,分别为 30 ℃ 和 15 ℃,大理石板的导热系数为 7.5 W/(m·K)。求通过该大理石板的热流密度。

1-2 一面砖墙的表面积为 20 m², 厚度为 40 cm, 导热系数为 2.0 W/(m·K)。面向室内的砖墙表面温度为 20 ℃, 而面向室外的砖墙的表面温度为 -10 ℃, 求此砖墙向外界散失的热量。

1-3 对一个特定问题,已知热流体在一个冷表面上流过时的对流传热系数为 250 W/(m²·K),与冷表面上游接触的流体温度为 150 ℃,而冷表面始终保持在 20 ℃,求由热流体至冷表面的热流密度。

1-4 在炎热的夏天有风吹过时,人会感觉凉爽。若只考虑对流换热,可以将人体简化为直径为 30 cm、高 170 cm、表面温度为 35 ℃ 的圆柱,且不考虑圆柱顶部及顶部的散热,试计算当对流传热系数为 40 W/(m²·K) 时,人体在温度为 25 ℃ 的空气中的散热量。

1-5 宇宙空间可近似看成为 0 K 的真空,一航天器在太空中飞行,其外表面平均温度为 300 ℃,表面发射率为 0.8,试计算航天器单位表面上的换热量。

1-6 夏天太阳落山后,靠近砖墙的人能够感受到砖墙被太阳辐射加热后的"余温"。假设这类砖墙的表面温度为 40 ℃,该砖墙的发射率为 0.92。若只考虑辐射换热,求在此温度下该砖墙向宇宙空间中的辐射热流密度。

1-7 半径为 0.6 m 的球状航天器在太空中飞行,其表面发射率为 0.85,航天器内的电子元件散热总共为 300 W。假设航天器没有从宇宙空间接收任何辐射能量,试估算其表面的平均温度。

1-8 一台气体冷却器,气侧表面传热系数 $h_1 = 100$ W/(m²·K),壁面厚 4 mm,壁面导热系数为 50.0 W/(m·K),水侧表面传热系数 $h_2 = 6\,000$ W/(m²·K),设传热壁可以看成平壁,试计算各个环节的单位面积热阻以及从气到水的总传热系数。

1-9 一个由玻璃-空气-玻璃组成的多层玻璃窗,面积为 1.5 m²,两端的玻璃层厚度均为 4 mm,中间的空气隙厚度为 5 mm，假设空气隙只起导热作用，导热系数为 2.8×10^{-2} W/(m·K)，而玻璃的导热系数为 1.0 W/(m·K)。室内空气为 25 ℃，室内空气与玻璃窗的表面传热系数为 15 W/(m²·K)，室外空气为 −5 ℃，室外空气与玻璃窗的表面传热系数为 10 W/(m²·K)，试计算通过该多层玻璃窗的散热量。

1-10 在一间密封性和隔热性非常好的房间内，有一台功率为 1 000 W 的取暖器。已知房间的尺寸为 5 m×4 m×3 m，初始温度为 20 ℃，试计算 2 min 后房间的平均温度。（假设空气的比热和密度为恒定值，其中比热为 1.005 J/(kg·K)，密度为 1.205 kg/m³，且取暖器释放的热量全部都被室内空气吸收）

1-11 淋浴器的喷头正常工作时的供水量一般为 800 cm³/min。冷水通过电热器从 18 ℃ 被加热到 46 ℃。试问电热器的加热功率是多少？为了节能，有人提出可以将用过的热水（温度为 40 ℃）送入一个换热器去加热进入淋浴器的冷水。如果该换热器能将冷水加热到 31 ℃，试计算采用余热回收换热器后洗澡 20 min 可以节约多少热量？

参 考 文 献

[1] 陶文铨. 传热学[M]. 第 5 版. 北京：高等教育出版社，2019.

[2] 赵镇南. 传热学[M]. 第 3 版. 北京：高等教育出版社，2019.

[3] 刘兵. 普朗克与量子概念[J]. 科学，2000，52(02)：50-53.

[4] 刘静. 微米/纳米尺度传热学[M]. 北京：科学出版社，2001.

[5] 蒋永强. 纳米结构声子热输运特性的理论研究[D]. 东南大学，2018.

[6] 颜学俊. 层状材料热传导性质的理论和实验研究[D]. 南京大学，2017.

[7] 朱冬生. 微小流道（槽道）传热强化与节能[M]. 北京：科学出版社，2014.

[8] WU P, LITTLE W A. Measurement of the heat transfer characteristics of gas flow in fine channel heat exchangers used for microminiature refrigerators[J]. Cryogenics, 1984, 24(8): 415-420.

[9] CHOI S B. Fluid flow and heat transfer in microtubes[J]. Micromechanical Sensors, Actuators, and Systems, ASME, 1991: 123-134.

[10] POLDER D, VAN H M. Theory of radiative heat transfer between closely spaced bodies[J]. Physical Review B, 1971, 4(10): 3303-3314.

[11] CHAUMET P C, RAHANIA A, DUFOUR J-P, et al. Evanescent light scattering: the validity of the dipole approximation[J]. Physical Review B, 1998, 58(4): 2310-2315.

[12] CHAPUIS P O, LAROCHE M, VOLZ S, et al. Radiative heat transfer between metallic nanoparticles[J]. Applied Physics Letters, 2008, 92(20): 201906.

[13] MULET J P, JOULAIN K, CARMINATI R, et al. Nanoscaleradiative heat transfer between a small particle and a plane surface[J]. Applied Physics Letters, 2001, 78(19): 2931-2933.

[14] 帅永，江乐，车志钊. 球形纳米粒子与半无限大介质间的近场辐射换热研究[J]. 工程热物理学报，2009，30(2)：279-281.

[15] HU L, NARAYANASWAMY A, CHEN X, et al. Near-field thermal radiation between two closely spaced glass plates exceeding Planck's blackbody radiation law[J]. Applied Physics Letters, 2008, 92(13): 133306.

[16] LIU X, ZHANG Z. Near-field thermal radiation between metasurfaces[J]. ACS Photonics, 2015, 2(9): 1320-1326.

[17] LIU B, SHEN S. Broadband near-field radiative thermal emitter/absorber based on hyperbolic metamaterials: Direct numerical simulation by the Wiener chaos expansion method[J]. Physical Review B, 2013, 87(11): 115403.

[18] SHI J, LIU B, LI P, et al. Near-field energy extraction with hyperbolic metamaterials[J]. Nano Letters, 2015, 15(2): 1217-1221.

[19] GALFSKY T, KRISHNAMOORTHY H, NEWMAN W, et al. Active hyperbolic metamaterials: enhanced spontaneous emission and light extraction[J]. Optica, 2015, 2(1): 62-65.

[20] 顾维藻. 强化传热[M]. 北京：科学出版社，1990.

[21] 王存诚. 生物传热学[M]. 北京：科学出版社，1997.

[22] 陶文铨. 数值传热学[M]. 西安：西安交通大学出版社，1988.

[23] 苏然然. 瞬态热线法热物性测试技术的数值模拟研究[D]. 华北电力大学，2016.

[24] 杨书伟，梁坤峰，王林，等. 瞬态热线法冰浆热导率的测试分析[J]. 工程热物理学报，2019，40(5)：1010-1015.

[25] MOSER J B, KRUGER O L. Thermal conductivity and heat capacity of the monocarbide, monophosphide, and monosulfide of uranium[J]. Journal of Applied Physics, 1967, 38(8): 3215-3222.

[26] JEON P S, KIM J H, KIM H J, et al. Thermal conductivity measurement of anisotropic material using photothermal deflection

method[J].Thermochimica Acta,2008,477(1):32-37.

[27] 赵世迁. Hot Disk法导热系数测定仪的开发[D]. 天津大学,2009.

[28] JANNOT Y,DEGIOVANNI A,PAYET G. Thermal conductivity measurement of insulating materials with a three layers device[J]. International Journal of Heat and Mass Transfer,2009,52(5-6):1105-1111.

[29] ZHANG Y,CASTILLO E E,MEHTA R J,et al. A noncontact thermal microprobe for local thermal conductivity measurement[J]. Review of Scientific Instruments,2011,82(2):024902.

[30] LI D Z,FANG Y S,JIE Z,et al. Nano-metal film thermal conductivity measurement by using the femtosecond laser pump and probe method[J]. Chinese Physics Letters,2012,29(6):066301.

[31] 朱林. 一维纳米结构导热系数测量的3ω法和悬空微器件法的对比研究[D]. 东南大学,2016.

[32] 陈文,岳亚楠. 拉曼热扫描技术同步测量一维导热和对流换热[J]. 工程热物理学报,2018.

[33] Eckert E,Goldstein R. Measurements in heat transfer[M]. New York:McGraw-Hill Book Co.,1976.

[34] 丁水汀,姜祖岗,徐国强,等. 对流换热系数的瞬态测量技术[J]. 北京航空航天大学学报,2010,36(8):883-886.

[35] MASI J F,TSAI D H,RICE S A. Progress in International Research on Thermodynamic and Transport Properties[J]. Physics Today,1962,15:59.

[36] 范毅,李成伟,戴景民. 利用积分球反射法的动态热物性测量装置研制[J]. 哈尔滨工业大学学报,2003,35(6):671-673.

[37] WANG J H,YUAN Z D,DUAN Y Y,et al. Determination of blackbody cavity reflectance at 633nm by integrating sphere reflectometer[C],The 54th Annual Conference of the Society of Instrument and Control Engineers of Japan (SICE),2015.

[38] 许进堂,邵阶苏,何延才. 热辐射率测试装置的研究[J]. 红外技术,1980(01):14-26.

[39] VUELBAN E M,GIRARD F,BATTUELLO M,et al. Radiometric techniques for emissivity and temperature measurements for industrial applications[J]. International Journal of Thermophysics,2015,36:1545-1568.

[40] BAO H,CHEN J,GU X,et al. A review of simulation methods in micro/nanoscale heat conduction[J]. ES Energy & Environment,2018,1(24):16-55.

第二章
稳态导热问题

　　本章及第三章将对导热问题展开讨论。在工程问题中，传热强化、传热削弱、温度控制都需要准确计算导热物体的温度分布和热流量。本章将讨论稳态导热问题，从傅里叶定律和导热微分方程出发，获得导热问题的数学物理方程，并介绍导热问题常见的定解条件，与导热微分方程构成导热问题完整的数学描述。简单的导热问题可以通过解导热微分方程获得分析解，也可应用傅里叶定律求解，或采用热阻法。这三类方法应用在不同问题上时各有优势，应灵活选用。本章应用这三种方法求常见简单几何的一维稳态导热问题的分析解，讨论了平壁、圆筒、球体导热中不同边界条件、多层介质、含内热源、变截面、变导热系数等问题。本章还介绍了肋片的导热问题解法，通过增加换热表面积，肋片有效增加换热量而成为工程中广泛采用的传热强化方式，由其导热问题求解过程可学习如何简化实际问题并进行物理建模。对于复杂几何或复杂定解问题，本章也简要介绍了数值方法在多维稳态导热问题中的应用，介绍了建立差分方程组的方法和常见的数值算法，而非稳态导热问题将在第三章介绍。

2.1 导热基本定律——傅里叶定律

2.1.1 导热基本定律

导热基本定律由傅里叶定律表述。傅里叶定律并不是由数学方程推导获得,而是基于单位时间内通过单位截面积所传导的热量,正比于该单位截面积法线方向上的温度梯度这一实践经验而来。基于不同的数学表达符号,傅里叶定律数学表达式为

$$\pmb{\Phi} = -\lambda A \cdot \text{grad}\ t = -\lambda A \nabla t = -\lambda A \frac{\partial t}{\partial n}\pmb{n} \tag{2-1}$$

式中:$\pmb{\Phi}$ 为热流量矢量,单位为 W;λ 为导热系数,单位为 W/(m·K);A 为截面面积,单位为 m^2;grad t(或记作∇t)为空间某点的温度梯度,单位为 ℃/m;$\pmb{n}$ 是通过该点的等温线上的法向单位矢量。公式中的负号表示热量传递的方向与温度梯度的方向相反,这是满足热力学第二定律所必需的。

傅里叶定律可用文字表达为:单位时间内通过给定截面的导热量(称为热流量),正比于截面面积和垂直该截面方向上的温度梯度,热量传递的方向与温度梯度的方向相反。

进一步地,定义单位导热截面面积的热流量为热流密度,以 $\pmb{q}$ 表示,单位为 W/m^2,则傅里叶定律用热流密度表示时有下列形式:

$$\pmb{q} = -\lambda\, \text{grad}\ t = -\lambda \nabla t = -\lambda \frac{\partial t}{\partial n}\pmb{n} \tag{2-2}$$

由式(2-1)和式(2-2)可知,若一维导热问题的温度梯度和物体的导热系数已知,即可通过傅里叶定律计算导热过程的热流量或热流密度。

温度梯度的计算取决于温度场,其通常是空间坐标和时间坐标的函数,这与导热问题在一定的空间和时间尺度中进行是一致的。温度场可用函数表达为

$$t = f(x, y, z, \tau) \tag{2-3}$$

式中:x, y, z 为三维空间坐标变量;τ 为时间变量。某一瞬时物体内部的温度分布即称为该物体的温度场,也可以称为温度分布。

导热物体内的温度场不仅随空间位置变化,且也随时间变化,例如烧烤过程中牛排内部的温度场是随时间变化的,这类问题称为非稳态导热问题,也称为非定常导热;如果导热物体内的温度场不随时间变化,而仅仅是空间位置的函数,即具有稳定的温度分布,则称为稳态导热问题,也称为定常导热。定常导热的函数表达简化为

$$t = f(x, y, z),\quad \frac{\partial t}{\partial \tau} = 0 \tag{2-4}$$

对于空间坐标变量 x, y, z 而言,如果温度在空间三个坐标方向都发生变化,则称为三维导热问题。实际问题中如果某个坐标方向或某两个坐标方向的温度变化可以忽略,仅仅需要研究另外两个坐标方向或一个坐标方向的温度变化规律,则称为二维或一维导热问题。需要说明的是,根据具体导热问题,空间坐标系除了采用直角坐标系,还可以采用圆柱坐标系或球坐标系。例

如,对于三维球坐标系下导热问题中的温度场,其函数表达形式为

$$t=f(r,\theta,\varphi) \tag{2-5}$$

以二维稳态导热问题为例,温度场、温度梯度、热流量等概念可以采用等温线及热流线来定量且形象地表述。

图 2-1a 给出了温度场、等温线、温度梯度、热流量等概念的图示表达。图中标记为 t 的实线代表温度为 t 的等温线,其相邻的两条实线分别为 $t+\Delta t$ 和 $t-\Delta t$ 两条等温线,物体内部所有等温线集合即可直观表示出温度场的分布。在等温线 t 上取微元面积 $\mathrm{d}A$,其法向单位矢量表示为 $\boldsymbol{n}$,等温线法线方向上的温度梯度表示为 Δt,沿 $\boldsymbol{n}$ 方向的热流密度矢量表示为 $\boldsymbol{q}$。

图 2-1b 中实线为等温线,虚线为热流线,是温度场中热流密度矢量的切线构成的曲线,与等温线垂直。相邻热流线间通过的热流量处处相等,构成热流通道。

采用等温线(面)的方式表达温度场时,需要关注这种表达方式的主要特点。包括:温度场不同的等温线是不可能相交的;任一条等温线完全封闭或仅在边界中断;沿等温线无热量传递;多条等温线之间的疏密直观反映出温度梯度的大小。

随着计算机技术的发展,对于复杂几何外形和边界条件的导热问题,常采用 2.7 节描述的数值方法计算温度场,图 2-1c 所示为某航空发动机高压涡轮叶片气膜冷却时,等温面的温度场示意图,其中深色为高温区域,浅色为低温区域。

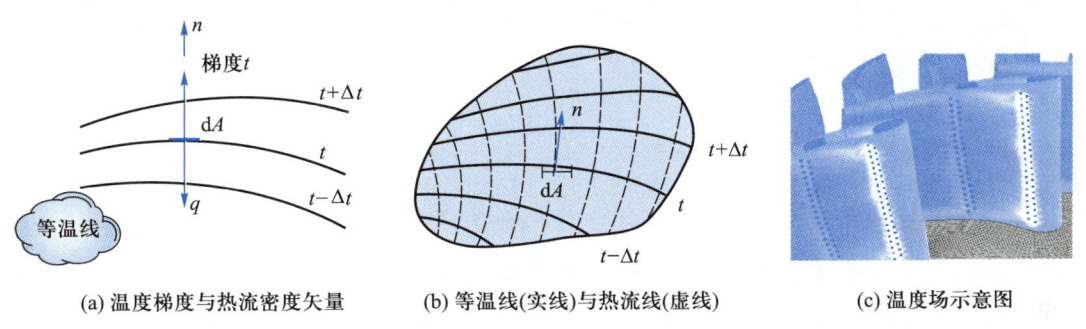

(a) 温度梯度与热流密度矢量　　(b) 等温线(实线)与热流线(虚线)　　(c) 温度场示意图

图 2-1　温度梯度、等温线与热流线

傅里叶定律是导热基本定律,也是导热问题分析计算的最基本手段。结合以上介绍,可进一步归纳傅里叶定律的若干理解如下:

(1) 傅里叶导热基本定律普遍适用;
(2) 温度梯度是引发物体内部及物体间热量传递的根本原因;
(3) 热量传递的方向垂直于等温线,指向温度降低的方向;
(4) 热量传递的大小(热流量、热流密度)取决于温度分布(温度梯度);
(5) 传热学研究中通过导热微分方程得到温度分布后,即可由傅里叶定律求解热流量或热流密度。

2.1.2　物体的导热机理

傅里叶定律是基于实验现象归纳总结而提出的。为了深入了解导热过程,近现代物理学的研究使人们能从分子、原子和自由电子微观运动的角度观察和描述各类物体的导热机理。

一般而言,导热是构成物体本身的基本粒子从能量高的部分向相邻能量低的部分传输的过程。由于构成物体的基本物质属性的差异,气体、液体,固体(导电、非导电)的导热机理是不同的,这也是导热系数作为物质属性各不相同的主要原因。

气体中导热是气体分子不规则热运动时,分子间相互碰撞而传递热量的过程。气体的温度越高,其分子的运动动能越大。不同能量水平的分子相互碰撞使热量从高温处传到低温处。

液体中由于液体分子间的距离比较小,分子间的作用力对碰撞过程的影响远比气体大,宏观上液体的导热系数一般高于气体。

导电固体中的导热是自由电子在构成固体物质的微观晶格之间运动(称为电子气)的过程;晶格结构的振动本身,即原子、分子在其平衡位置附近的振动对于导电固体的导热亦有贡献。非导电固体中的导热主要是晶格结构振动的结果,晶格结构振动的传递在文献中常称为弹性声波,弹性声波能量的量子化表示称为声子(phonon),类似于辐射能量的量子化表示——光子(photon)。

不同物体导热机理的图示见图2-2。导热微观机理的进一步论述已超出本书的范围,有兴趣的读者可参阅相关资料,本书后续论述仅限于导热现象的宏观规律。

图2-2 不同物体导热的机理图示

2.1.3 物体的热物性参数

在分析传热问题时,常会用到物质的热物理性质,包括热传输性质和热力学性质。热传输性质参数衡量能量传输的能力,如导热系数 λ(用于热传递)和运动黏度 ν(用于动量传输);热力学性质参数则关注系统的平衡状态,如密度 ρ 和比热容 c。

1. 导热系数 λ

导热系数 λ 是物质固有的热传输特性参数,代表着物质导热能力的大小。在数值上可根据傅里叶定律定义为单位温度梯度作用下,物体内热流密度矢量的模。物质导热系数的影响因素较为复杂,尚无法通过分析的手段定量计算各种影响因素对导热系数的影响。导热系数的具体大小只能通过专门的实验进行测定。

(1)导热系数与物质种类的关系

金属的导热系数很高。常温(20 ℃)条件下金属导热系数的典型数值是:纯铜为 399 W/(m·K),碳钢(碳质量分数 $w_C \approx 1.59\%$)为 36.7 W/(m·K)。气体的导热系数很小,如 20 ℃ 时干空气的导热系数为 0.025 9 W/(m·K)。液体的导热系数数值介于金属和气体之间,如 20 ℃ 时水的导热系数为 0.599 W/(m·K)。非金属固体的导热系数在很大范围内变化,数值高的与液体相近,如耐火黏土砖 20 ℃ 时的导热系数值为 0.71~0.85 W/(m·K),数值低的则接近甚至低于空气导热系数的数量级。一般来说,如图2-3所示,导电固体的导热系数大于非导电固体,液体的导热系数高于气体,而这些差异主要是分子间距离的差距和导热机理决定的。

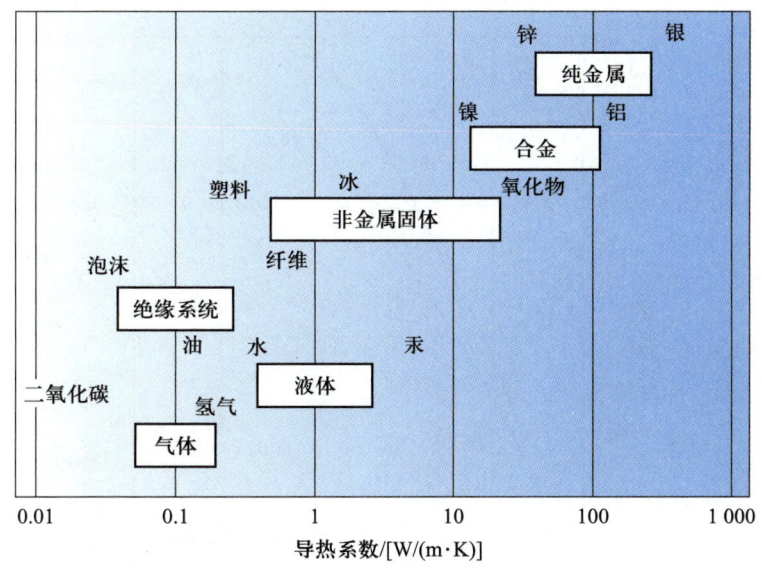

图 2-3 常温常压下各种物质导热系数的量级

（2）导热系数与温度的关系

图 2-4 所示为温度对常见材料导热系数的影响。可见纯金属的导热系数均较大，且大多数纯金属的导热系数随温度的升高而略微减小。纯水的导热系数随温度的增加先略微增加后减小；而除水之外的大多数液体，其导热系数一般随温度的增加而减小。气体的导热系数与其相对分子质量密切相关，相对分子质量越小则导热系数越大。气体的导热系数一般与温度成正比，即随温度的增加而增大。

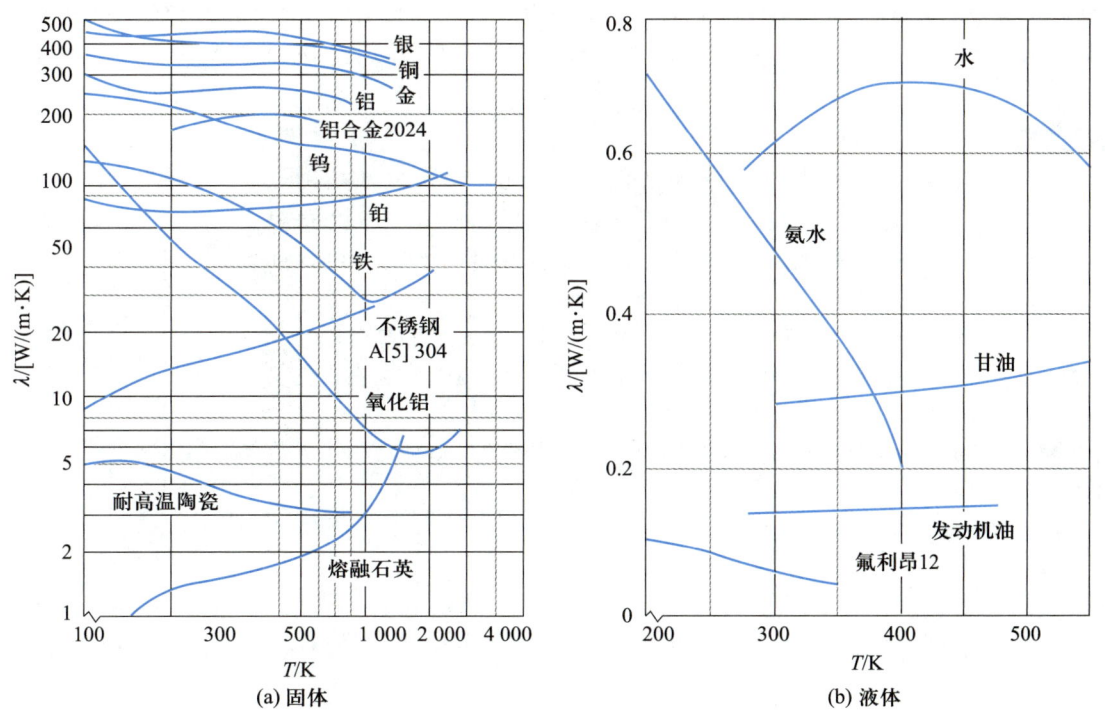

(a) 固体　　　　　(b) 液体

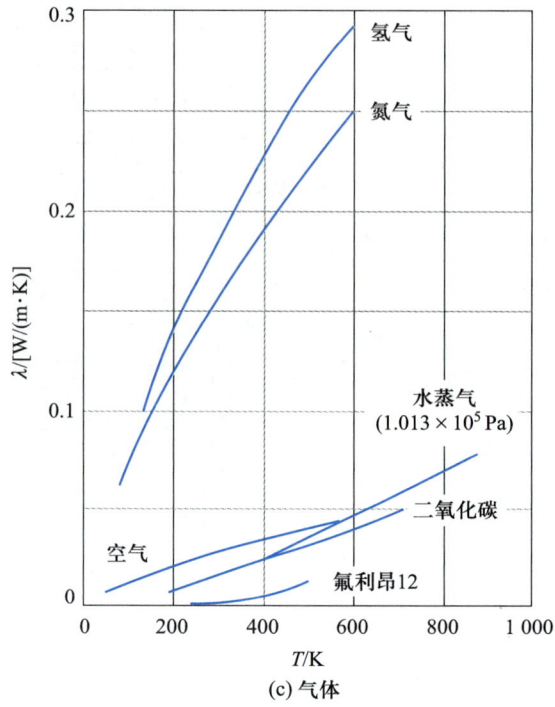

图 2-4 温度对常见材料导热系数的影响

此外,由图 2-4 还可以看到:在工程常见的温度范围区间(200~1 400 K),大多数材料的导热系数 λ 随温度的变化基本保持线性关系,即 $\lambda = \lambda_0(1+bt)$,式中:$t$ 为温度;b 为常量;而 λ_0 是该直线段的延长线在纵坐标上的截距。根据这一线性关系,在分析计算导热问题时往往可以采用平均温度来确定导热系数 λ 的数值。其他常用材料的导热系数可查阅相关资料。

【例 2-1】

硅砖由于其耐火抗酸性侵蚀的能力,可用于炼焦炉中炭化室和燃烧室的隔墙等。如图 2-5 所示,若已知炭化室内燃气温度为 $t_f = 1\,000\,℃$,与隔墙的表面传热系数为 $h_f = 800\,W/(m^2 \cdot K)$,隔墙外侧由燃烧室供热,外壁温度为 $1\,300\,℃$。已知硅砖的导热系数为 $\lambda = 0.93 + 0.000\,7t$,硅砖的厚度为 $\delta = 15\,cm$。求隔墙的热流密度。

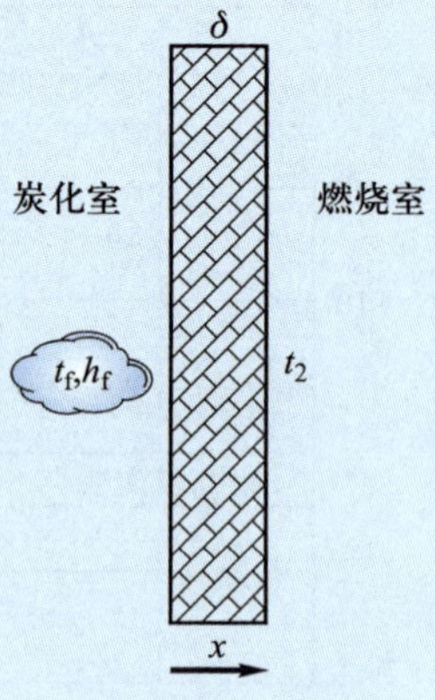

分析:本题已知隔墙一侧的温度和另一侧的对流换热参数,可根据傅里叶定律和能量守恒求解这一稳态问题。由于硅砖的导热系数与温度有关,在积分时需要注意 λ 不能提到积分号外。

解:设隔墙炭化室侧壁面温度为 t_1,隔墙燃烧室侧壁面温度记为 $t_2 = 1\,300\,℃$。

由傅里叶定律

$$\Phi = -\lambda(t)A\frac{dt}{dn}$$

取如图所示的方向为 x 正方向,易知热流、面积项与温度无关,对上式进行变换:

图 2-5 例 2-1 示意图

$$\frac{\Phi}{A}dx = -\lambda(t)dt$$

则可从燃烧室侧向炭化室侧积分

$$\int_0^\delta \frac{\Phi}{A}dx = \int_{t_1}^{t_2} -\lambda(t)dt$$

$$\frac{\Phi}{A}\delta = -\frac{\int_{t_1}^{t_2}\lambda(t)dt}{t_2-t_1}(t_2-t_1)$$

式中：$\dfrac{\int_{t_1}^{t_2}\lambda(t)dt}{t_2-t_1}$ 是 λ 在 t_1 至 t_2 区间内的积分平均值，记为 $\bar\lambda$。对于本题，通过查附表Ⅳ可得：

$$\bar\lambda = 0.93 + 0.0007\frac{t_1+t_2}{2}$$

对于稳态问题，经过硅砖的热流量等于炭化室内燃气对流换热热流，可列等式

$$\Phi = h_f A(t_f - t_1)$$

代入积分后的傅里叶公式

$$h_f \delta(t_f - t_1) = -\bar\lambda(t_2 - t_1)$$

$$t_1 = 1\,004.279\ ℃ \quad \text{或} \quad -346\,518.650\ ℃$$

舍去方程的第二个根，计算热流密度：

$$q = h(t_1 - t_f) = 800\ W/(m^2·℃) \times (1\,004.279\ ℃ - 1\,000\ ℃) = 3\,423.455\ W/m^2$$

讨论：根据上式推导，硅砖的热阻为 $R = \dfrac{t_2-t_1}{q} = \dfrac{\delta}{\bar\lambda}$。对于此类变导热系数问题，可直接采用导热系数在该段的积分平均计算热阻，对于线性变换的问题，积分平均结果即为其算术平均值。

2. 体积热容 ρc

密度 ρ 和比热容 c 在热力学分析中广泛使用，其乘积 ρc 通常称为体积热容，单位为 $J/(m^3·K)$，是衡量材料存储热能能力的热力学参数，表示了单位体积的物体温度升高 1 ℃ 所需的热量。由于高密度物质通常具有较小的比热容，因此许多储热性质良好的固体材料和液体材料具有相当的体积热容（$\rho c > 1\ MJ/(m^3·K)$）。气体一般由于密度过小，不适用于热能存储（$\rho c > 1\ kJ/(m^3·K)$）。常温（20 ℃）情况下，水的体积热容 $\rho c = 4.2 \times 10^6\ J/(m^3·K)$，空气的体积热容 $\rho c = 1\,211\ J/(m^3·K)$。

3. 热扩散率 a

在传热学分析中，导热系数与体积热容之比是一个重要的热物性参数，称为热扩散率 a，或称为导温系数（单位为 m^2/s），其表达式为

$$a = \frac{\lambda}{\rho c} \tag{2-6}$$

由热扩散率的定义式可知：（1）物体的导热系数 λ 越大，在相同的温度梯度下可以传递更多的热量。（2）ρc 可以看作单位体积的物体温度升高 1 ℃ 所需的热量，ρc 越小，温度上升 1 ℃ 所吸收的热量越少，意味着可以有更多的热量继续向物体内部传递，使物体内各点的温度更快地随界面温度的升高而升高。

2.2 导热微分方程与定解条件

傅里叶定律揭示了导热物体内热流量和热流密度矢量与温度梯度之间的关系,为了评估导热物体的热流量和热流密度,需要先计算物体的温度分布以求出温度梯度。而能量守恒定律(热力学第一定律)建立了物体时间-空间的温度变化与所传递的热量之间的关系。因此根据能量守恒定律和傅里叶定律可以建立起导热物体中的温度场应当满足的变化关系式,称为导热微分方程(partial differential equation of heat conduction)。与导热微分方程求解相关的导热物体时间和空间确定性关系式称为定解条件,包括了初始条件(initial condition)和边界条件(boundary condition)。导热微分方程及相应的定解条件构成一个导热问题完整的数学描写(mathematical formulation)。解导热问题逻辑图如图2-6所示。

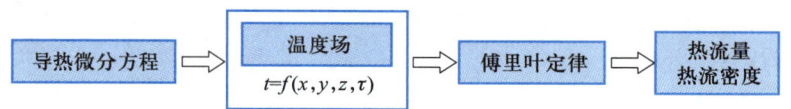

图 2-6 解导热问题逻辑图

2.2.1 导热微分方程

首先推导笛卡儿坐标系(Cartesian coordinates)的导热微分方程,从导热物体中任意取出一个微元平行六面体,根据能量守恒定律,建立该微元体的热平衡关系,如图2-7所示。

> 导入导出微元体的净热流量+微元体内热源生成热 = 微元体热力学能(即内能)的增量

此处需要指出,热力学能本质是物体内部所有分子无规则运动的动能之和,而内能除包括物体内部所有分子无规则运动的动能外,还包括分子间势能的总和,以及原子能和电磁辐射能等。在导热章节中一般仅考虑热力学能,因此导热章节中出现的能量守恒关系式统一用热力学能表示。

假设物体中的内热源为 $\dot{\Phi}$(单位为 W/m^3),表征单位时间内单位体积中产生或消耗的热能(产生取正号,消耗为负号)。

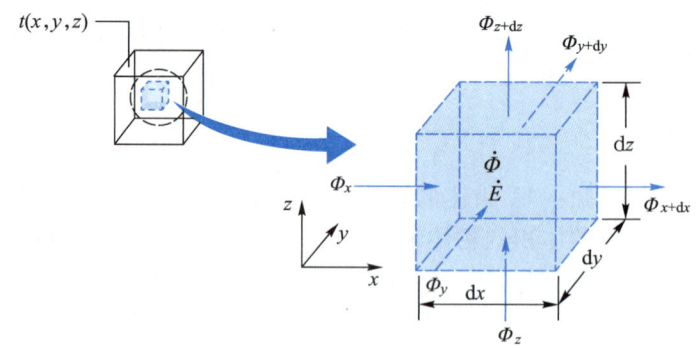

图 2-7 微元体导热平衡分析

导入导出微元体的净热流量可根据傅里叶定律计算得到。微元体任意方向的热流量可沿 x,y,z 坐标轴方向分解为 Φ_x,Φ_y,Φ_z 如图 2-6 所示。以 x 方向为例,通过 $\mathrm{d}x\mathrm{d}y$ 微元表面导入和导出微元体的热流量可根据傅里叶定律写出:

$$\begin{cases} \Phi_x = -\lambda \left(\dfrac{\partial t}{\partial x}\right)_x \mathrm{d}y\mathrm{d}z \\ \Phi_{x+\mathrm{d}x} = \Phi_x + \dfrac{\partial \Phi_x}{\partial x}\mathrm{d}x = \Phi_x + \dfrac{\partial}{\partial x}\left[-\lambda \left(\dfrac{\partial t}{\partial x}\right)_x \mathrm{d}y\mathrm{d}z\right]\mathrm{d}x \end{cases} \tag{2-7a}$$

则从 x 方向导入导出微元体的净热流量为

$$\Phi_x - \Phi_{x+\mathrm{d}x} = \dfrac{\partial}{\partial x}\left[\lambda \left(\dfrac{\partial t}{\partial x}\right)_x \mathrm{d}y\mathrm{d}z\right]\mathrm{d}x \tag{2-7b}$$

根据能量守恒,对于微元体在任一时间间隔内有以下热平衡关系:
导入导出微元体的净热流量+微元体内热源生成热=微元体热力学能的增量
导入导出净热流量

$$\Phi_x - \Phi_{x+\mathrm{d}x}, \quad \Phi_y - \Phi_{y+\mathrm{d}y}, \quad \Phi_z - \Phi_{z+\mathrm{d}z} \tag{2-7c}$$

内热源生成热

$$\dot{\Phi}\mathrm{d}x\mathrm{d}y\mathrm{d}z \tag{2-7d}$$

热力学能增量

$$\rho c \dfrac{\partial t}{\partial \tau}\mathrm{d}x\mathrm{d}y\mathrm{d}z \tag{2-7e}$$

式中:$\rho,c,\dot{\Phi},\tau$ 分别为微元体的密度、比热容、单位时间内单位体积中内热源的生成热及时间。
将式 2.7a~2.7e 代入热平衡关系式,经整理得

$$\rho c \dfrac{\partial t}{\partial \tau} = \dfrac{\partial}{\partial x}\left(\lambda \dfrac{\partial t}{\partial x}\right) + \dfrac{\partial}{\partial y}\left(\lambda \dfrac{\partial t}{\partial y}\right) + \dfrac{\partial}{\partial z}\left(\lambda \dfrac{\partial t}{\partial z}\right) + \dot{\Phi} \tag{2-7f}$$

这是笛卡儿坐标系(Cartesian coordinates)中三维非稳态导热微分方程的一般形式,其中 ρ,c, λ 及 $\dot{\Phi}$ 均可以是变量。式中:等号左边是单位时间内微元体热力学能的增量——非稳态项(transient term),等号右边的前三项之和是通过界面的导热面使微元体在单位时间内增加的能量——扩散项(diffusion term),最后一项是内热源——源项(source term)。分别考虑导热系数为常数($\lambda = \mathrm{const.}$)、无内热源($\dot{\Phi}=0$)稳态热传导$\left(\dfrac{\partial t}{\partial \tau}=0\right)$等一系列具体情形来导出式(2-7)的相应简化形式。需要指出的是,表 2-1 中式(2-7h)出现的 a 即为 2.1.3 节中提到的热扩散率。

表 2-1 式(2-7)的相应简化形式

	简化形式	数学描写	备注
①	$\lambda = $ 定值	$\dfrac{\partial t}{\partial \tau} = a\left(\dfrac{\partial^2 t}{\partial x^2} + \dfrac{\partial^2 t}{\partial y^2} + \dfrac{\partial^2 t}{\partial z^2}\right) + \dfrac{\dot{\Phi}}{\rho c}$	(2-7g)
②	$\lambda = $ 定值 $\dot{\Phi} = 0$	$\dfrac{\partial t}{\partial \tau} = a\left(\dfrac{\partial^2 t}{\partial x^2} + \dfrac{\partial^2 t}{\partial y^2} + \dfrac{\partial^2 t}{\partial z^2}\right)$	(2-7h)

续表

	简化形式	数学描写	备注
③	$\lambda =$ 定值 $\dfrac{\partial t}{\partial \tau}=0$	$\dfrac{\partial^2 t}{\partial x^2}+\dfrac{\partial^2 t}{\partial y^2}+\dfrac{\partial^2 t}{\partial z^2}+\dfrac{\dot{\Phi}}{\lambda}=0$ 泊松(Poisson)方程形式	(2-7i)
④	$\lambda =$ 定值 $\dot{\Phi}=0,\dfrac{\partial t}{\partial \tau}=0$	$\dfrac{\partial^2 t}{\partial x^2}+\dfrac{\partial^2 t}{\partial y^2}+\dfrac{\partial^2 t}{\partial z^2}=0$ 拉普拉斯(Laplace)方程形式	(2-7j)

导热微分公式坐标转化推导

对于圆柱坐标系(又称柱面坐标, cylindrical coordinates)及球坐标系(又称球面坐标, spherical coordinates)中的导热微分方程(推导过程可扫描二维码查看)如下。

圆柱坐标系(图 2-8a)

$$\rho c \frac{\partial t}{\partial \tau}=\frac{1}{r}\frac{\partial}{\partial r}\left(\lambda r \frac{\partial t}{\partial r}\right)+\frac{1}{r^2}\frac{\partial}{\partial \varphi}\left(\lambda \frac{\partial t}{\partial \varphi}\right)+\frac{\partial}{\partial z}\left(\lambda \frac{\partial t}{\partial z}\right)+\dot{\Phi} \quad (2-8)$$

球坐标系(图 2-8b)

$$\rho c \frac{\partial t}{\partial \tau}=\frac{1}{r^2}\frac{\partial}{\partial r}\left(\lambda r^2 \frac{\partial t}{\partial r}\right)+\frac{1}{r^2\sin^2\theta}\frac{\partial}{\partial \varphi}\left(\lambda \frac{\partial t}{\partial \varphi}\right)+\frac{1}{r^2\sin\theta}\frac{\partial}{\partial \theta}\left(\lambda \sin\theta \frac{\partial t}{\partial \theta}\right)+\dot{\Phi} \quad (2-9)$$

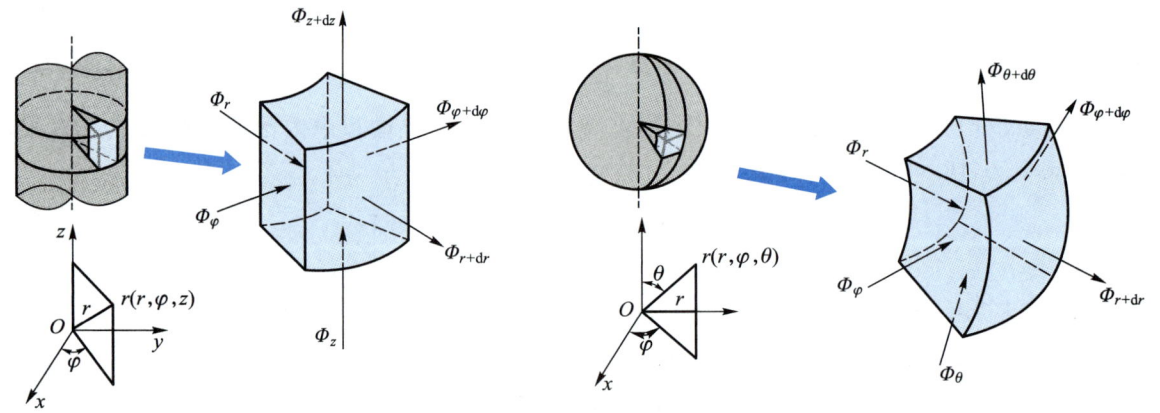

(a) 圆柱坐标系   (b) 球坐标系

图 2-8 圆柱坐标系与球坐标系中的微元体

如果在某一坐标方向上温度不发生变化,该方向的净导热量为零,相应的扩散项即从导热微分方程中消失,不同坐标系下常物性、无内热源的一维稳态导热问题如表 2-2 所示。

表 2-2 不同坐标系下常物性、无内热源一维稳态导热问题微分方程

几何	微分方程	几何	微分方程
一维平板	$\dfrac{d^2 t}{dx^2}=0$	一维球壳	$\dfrac{d}{dr}\left(r^2 \dfrac{dt}{dr}\right)=0$
一维圆筒壁	$\dfrac{d}{dr}\left(r \dfrac{dt}{dr}\right)=0$		

2.2.2 定解条件

式(2-7)~式(2-9)的导热微分方程在数学上可以得到通解。为使微分方程获得适合某一特定问题的解,需要给定一些附加条件,表示开始情况的附加条件称为初始条件,在边界上受约束的条件称为边界条件,初始条件与边界条件总称为定解条件,定解条件分类如图2-9所示。定解条件的确定与微分方程的形式直接相关,导热微分方程中非稳态项是温度对时间的一阶偏导数,因此需要设置一个与时间关联的初始条件;导热微分方程中的扩散项分别是空间三个坐标方向上的二阶偏导数,因此在每个坐标方向需要设置两个与空间位置关联的边界条件。例如,对于一维非稳态导热问题,由于简化后的导热微分方程由温度变量对时间的一阶偏导数,以及对一个空间方向的二阶偏导数组成,因此需要给定的定解条件为一个初始条件和该空间方向上的两个边界条件,即可求得唯一解析解。对于三维稳态导热问题,时间一阶导项为零,需要给定三个坐标方向上,总共六个边界条件即可构成完整的数学描述。对于变物性问题还需要补充物性方程或通过查表获得各空间位置、温度分布对应的物性值。

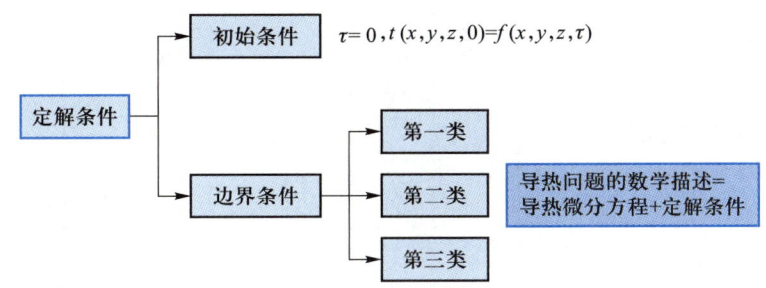

图 2-9 定解条件分类

对应不同的应用场景,三种常见边界条件归纳如下:

(1)第一类边界条件如图2-10所示,规定了边界上的温度值,又称为狄利克雷(Dirichlet)条件。给定的边界温度可以是常数,也可以是随时间变化的空间分布。

对于非稳态导热,边界温度为常值的边界条件可写为以下关系式:

$$\tau > 0, \quad t(0,t) = t_w \qquad (2-10)$$

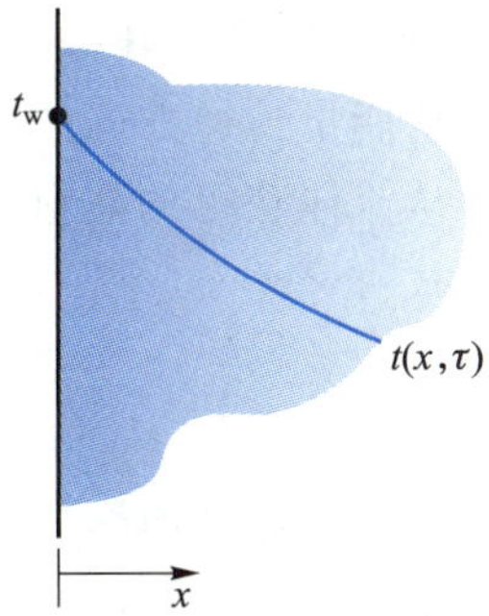

(2)第二类边界条件,规定了边界上的热流密度值,又称为诺伊曼(Neumann)条件。此类边界条件最简单的典型例子就是规定边界上的热流密度保持定值,即 q_w = 定值。例如中央处理器(central processing unit,CPU)表面通过风冷以恒定热流率散热。对于非稳态导热,这类边界条件要求给出以下关系式:

$$\tau > 0, \quad -\lambda \left(\frac{\partial t}{\partial n}\right)_w = q_w \qquad (2-11)$$

式中:n 为表面 A 的外法线方向。

图 2-10 第一类边界条件

为降低热量的损耗,建筑、设备、管道的表面常采用保温材料,估算时可视为绝热壁面。对于绝热壁面边界条件,$\left(\frac{\partial t}{\partial n}\right)_w = 0$。

在物体几何、传热条件都关于对称面对称的情况下,对称面两侧温度必定呈对称分布,因此对称面处的热流密度为零,是绝热壁面,可如图 2-11b 将研究对象简化为原问题的一半。

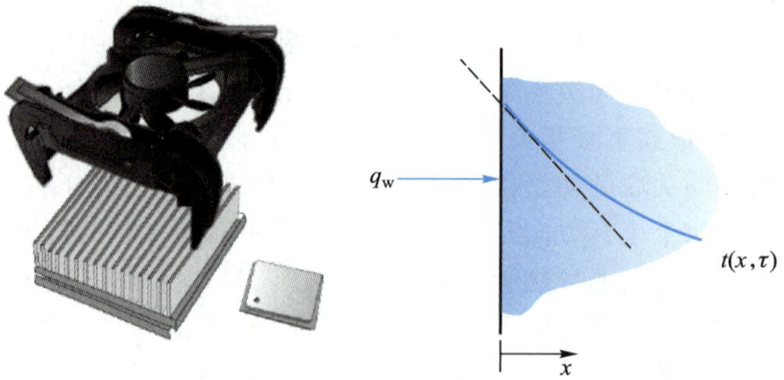

(a) q_w=定值

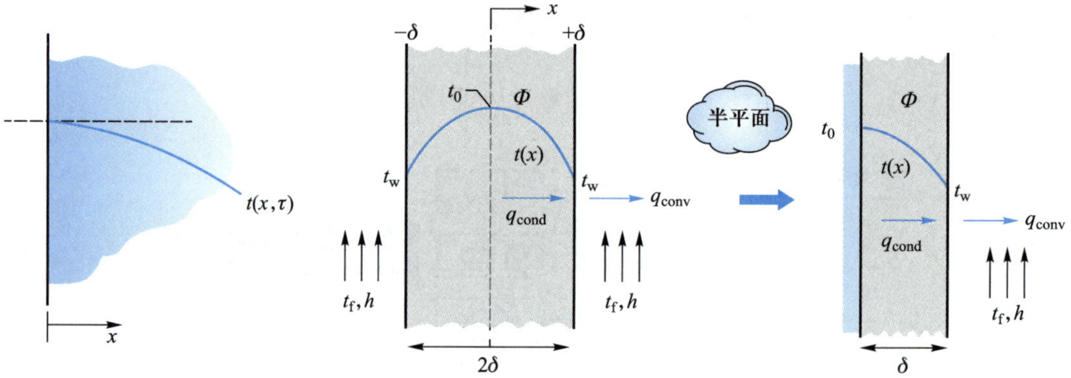

(b) 绝热边界 q_w=0

图 2-11　第二类边界条件

（3）第三类边界条件,规定了边界上物体与周围流体间的表面传热系数 h 及周围流体的温度 t_f,又称为罗宾(Robin)条件,如图 2-12 所示。

从能量传递方向的角度,向物体内侧传递的热量等于物体从流体获得的热量,可列出边界热流密度条件的如下关系式:

$$-\lambda \left(\frac{\partial t}{\partial n} \right)_w = h(t_w - t_f) \qquad (2-12)$$

对于物体被加热的情况: $t_w < t_f$, $h(t_w - t_f) < 0$,对流换热使物体表面温度>内部温度,即 $\left(\frac{\partial t}{\partial n} \right)_w > 0$,上式成立;

对于物体被冷却的情况: $t_w > t_f$, $h(t_w - t_f) > 0$,对流换热使物体表面温度<内部温度,即 $\left(\frac{\partial t}{\partial n} \right)_w < 0$,上式成立。

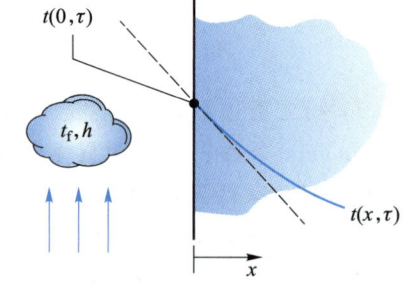

图 2-12　第三类边界条件图示

上式是基于物体边界外法线 n 方向列出的第三类边界条件,在物体被加热和被冷却的工况下都成立。若关于人为设定的坐标轴 x 列方程应用时,应考虑坐标轴正方向与物体外法线方向是否一致,若两者方向相同,只需将微分项分母中的 n 改为 x;若两者方向相反,式(2-12)等号左边的负号需要删去:

$$\lambda \left(\frac{\partial t}{\partial x}\right)_w = h(t_w - t_f) \tag{2-13}$$

除了上述三种经典边界条件,实际应用还会遇到辐射、不均匀材料等复杂问题,对应的边界条件如下:

(1) 辐射边界条件。壁温为 T_w 的边界与 T_e 的外界环境辐射换热的热流密度为

$$-\lambda \frac{\partial T}{\partial n} = \varepsilon\sigma(T_w^4 - T_e^4) \tag{2-14}$$

式中:ε 为导热物体表面的发射率;σ 为黑体辐射常数。辐射相关的传热问题在本书后面章节中展开叙述。

(2) 界面连续条件。如图 2-13 所示,对于两个物性参数不同的材料相接触的导热问题,假设材料接触良好,在接触面上应该满足以下温度与热流密度连续的条件:

$$t_I = t_{II}, \quad \lambda_I \left(\frac{\partial t}{\partial n}\right)_I = \lambda_{II} \left(\frac{\partial t}{\partial n}\right)_{II} \tag{2-15}$$

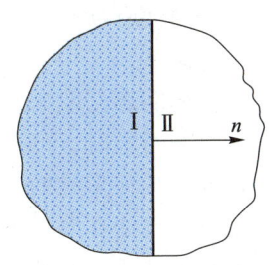

图 2-13 不均匀材料界面条件

对于接触不良好的情况,需引入接触热阻,详见本章 2.3.3 小节。

2.2.3 傅里叶定律及导热微分方程的适用范围

傅里叶定律将导热视为一种准平衡扩散行为,当热量传递速度无限大,在热量导入的同时,物体内产生了对应的温度分布,对于热作用时间较长的稳态传热过程是适用的,但对于极端导热情况,准平衡假设不再适用。凡是傅里叶定律不适用的导热问题统称为非傅里叶导热(non-Fourier heat conduction),如下列三种情形:

(1) 温度效应。当导热物体的温度接近绝对零度时,傅里叶定律不适用。

(2) 时间效应。当导热过程的作用时间过短,与材料的弛豫时间(金属一般在 $10^{-12} \sim 10^{-13}$ s)接近时,物体无法在作用时间内达到热动平衡状态。极短时间的激光脉冲加工、超急速人体脏器官冷冻与解冻等技术应用环境就可能属于这种情况。

(3) 尺度效应。当导热过程聚焦的空间尺度极小,与微观粒子的平均自由程接近时,其导热性质与相同材料正常厚度时具有显著差异。例如,大规模集成电路中金属薄膜可能达到纳米级,其非稳态温度响应求解需依赖实验或非傅里叶导热模型的建立与求解。

这类导热问题的研究是近代微纳米传热学(micro & nano heat transfer)的一个重要内容,由于其实验研究涉及极端条件下的测量,还有待进一步的探索。

2.2.4 求解稳态导热问题的三种通用方法

本小节介绍的导热微分方程及其定解条件共同构成了导热问题完整的数学描述,实际应用中还可以通过直接代入傅里叶定律获得温度在空间上的分布,同时热阻法也提供了一种一维稳态问题易于求解的方法。

1. 求解导热微分方程

对于一维稳态导热问题,物性为常数时,导热微分方程(笛卡儿坐标系)可以简化为

$$\frac{d^2 t}{dx^2} = 0 \tag{2-16}$$

加上边界条件即可获得该导热问题的特解。求解导热微分方程的方法对于任意导热问题都具有良好的适用性,应用在复杂几何和定解条件时,可采用由导热微分方程推导的数值方法,求得数值解,这一部分在 2.7 小节中展开阐述。

2. 傅里叶定律

傅里叶定律给出了热流量、温度梯度与导热系数的关系,可以通过对式(2-1)两边积分,结合定解条件求解得到温度分布函数。该方法对于变截面、变导热系数的问题较求解导热微分方程有更好的便利性。

3. 热阻法

从传热问题与欧姆定律的类比出发,温度差对应电压差,热流密度对应电流,热阻对应电阻,在求解稳态问题时,可通过已知温差、热流、热阻三者之二获得温度分布函数。该方法适用于求解设计规则几何形状的一维问题,如平板、圆筒壁、球壳以及各自组成的串并联问题等。

这三种方法在形式上不同,又是互相关联的。热阻法在形式上是傅里叶定律的变形,而导热微分方程是基于傅里叶定律和能量守恒推导的。在求解稳态导热问题时,可以根据问题的实际情况选取最易于求解的方式。2.3 节~2.5 节对于典型一维稳态导热问题将分别根据上述三种方法求解,读者可从中归纳各方法的适用性,自行选择。

2.3 平壁一维稳态导热问题的分析解

本节介绍典型的平壁与多层平壁一维稳态导热问题的分析解法。所谓"一维",是指导热物体的温度仅在一个坐标方向发生变化。

2.3.1 平壁一维导热问题描述

以等截面平壁为研究对象,如图 2-14 所示。已知平壁厚度为 δ,没有内热源,平壁内温度分布处于稳态。平壁内热流仅沿 x 方向传递,在垂直 x 的方向上温度均匀分布。平壁两端包括三类边界条件,对于一维稳态问题,仅需要两个边界条件即可,见表 2-3。热阻法与欧姆定律类比见表 2-4。

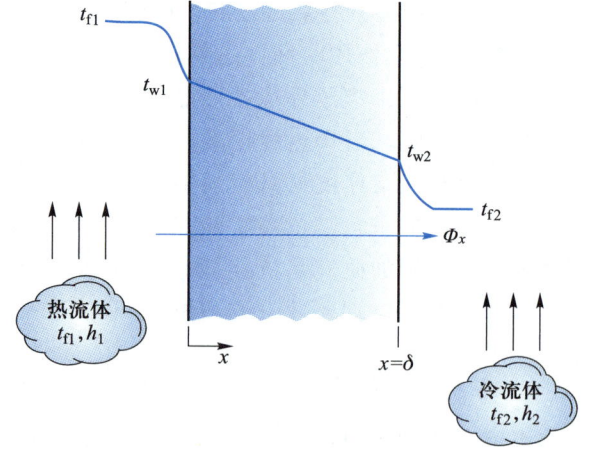

图 2-14 通过平壁的导热

表 2-3 边 界 条 件

边界条件类型	$x=0$	$x=\delta$
I	给定表面温度 $t_0=t_{w1}$	给定表面温度 $t_\delta=t_{w2}$
II	给定表面热流密度值 $q=$常量	
III	给定表面的表面传热系数 h_1 和周围流体温度 t_{f1}	给定表面的表面传热系数 h_2 和周围流体温度 t_{f2}

表 2-4 热阻法与欧姆定律类比

平壁导热（傅里叶定律）	类比	电学（欧姆定律）
$\Phi_x = \dfrac{t_1-t_2}{\left(\dfrac{\delta}{A\lambda}\right)}$ $\Phi_x = \dfrac{t_{f1}-t_{f2}}{\dfrac{1}{h_1 A}+\dfrac{\delta}{\lambda A}+\dfrac{1}{h_2 A}}$	$\Phi_x \Leftrightarrow I$ $\left.\begin{array}{c}t_1-t_2\\t_{f1}-t_{f2}\end{array}\right\} \Leftrightarrow U$ $\left.\begin{array}{c}\dfrac{\delta}{A\lambda}\\[4pt]\dfrac{1}{h_1 A}+\dfrac{\delta}{\lambda A}+\dfrac{1}{h_2 A}\end{array}\right\} \Leftrightarrow R$	$I=\dfrac{U_1-U_2}{R}$

在求分析解的过程中，读者可以根据微积分知识并结合物理意义思考是否任意两个边界条件构成的定解条件都能使该导热问题有唯一存在的解。

2.3.2 平壁一维稳态导热问题

本小节以导热系数为常数、单层等截面平壁，已知两端面温度（t_1，t_2）的情况为例，应用 2.2.4 小节中归纳的三种方法分别求解一维稳态导热问题。

1. 直接求解导热微分方程

（1）第一类边界条件

一维稳态导热微分方程及已知两端面温度（t_1，t_2）的定解条件构成一维导热问题完整的数学描述：

$$\begin{cases}\dfrac{d^2 t}{dx^2}=0\\ x=0, \quad t=t_1 | x=\delta, \quad t=t_2\end{cases} \tag{2-17a}$$

可解得常微分方程的解为

$$t(x)=\dfrac{t_2-t_1}{\delta}x+t_1, \quad 0<x<\delta \tag{2-17b}$$

由于 δ、t_1、t_2 都是定值，所以温度呈线性分布，即温度分布曲线的斜率是常数：

$$\dfrac{dt}{dx}=\dfrac{t_2-t_1}{\delta} \tag{2-17c}$$

代入傅里叶定律的表达式，得到表面积为 A、两侧表面各自维持均匀温度的平板热流量 Φ_x 和热流密度 q_x

$$\Phi_x = \frac{\lambda A(t_1 - t_2)}{\delta} \quad (2\text{-}17\text{d})$$

$$q_x = \frac{\lambda}{\delta}(t_1 - t_2) \quad (2\text{-}17\text{e})$$

（2）第三类边界条件

若已知两端面的第三类边界条件，问题的数学描述变为

$$\begin{cases} \dfrac{d^2 t}{dx^2} = 0 \\ x = 0, \quad -\lambda \left.\dfrac{dt}{dx}\right|_{x=0} = h_1(t_{f1} - t(0)) \\ x = \delta, \quad -\lambda \left.\dfrac{dt}{dx}\right|_{x=L} = h_2(t(\delta) - t_{f2}) \end{cases} \quad (2\text{-}18\text{a})$$

根据解常微分方程的一般方法可解得

$$\Phi_x = \frac{t_{f1} - t_{f2}}{\dfrac{1}{h_1 A} + \dfrac{\delta}{\lambda A} + \dfrac{1}{h_2 A}} \quad (2\text{-}18\text{b})$$

上式表明对于单层平壁的一维稳态导热问题，热流密度和热流量处处相等。结合定解条件可确定微分方程待定系数，求解得温度分布。

如果两端面同时给定第二类边界条件，此时微分方程无定解。只有当一个端面为第二类边界条件，另外一个端面为第一类或者第三类边界条件时，微分方程才存在定解。感兴趣的同学可以自行求解第二类边界条件分别和第一、第三类边界条件组合时的微分方程解，此处不再赘述。

2. 傅里叶定律

根据傅里叶定律，热流量与温度梯度关系如下：

$$\Phi = -\lambda A \frac{dt}{dx} \quad (2\text{-}19)$$

在稳态物体内，热流密度处处相等，若导热系数为常数，则沿 x 方向的温度梯度为常数，可根据两端面温度写出

$$\Phi = -\lambda A \frac{dt}{dx} = -\lambda A \frac{t_2 - t_1}{\delta} \quad (2\text{-}20)$$

对上式积分，并由边界条件确定积分待定系数，可求解得到温度分布函数，与直接求解导热微分方程的结果一致。

3. 热阻法

如果在热量传递的过程中热量处处相等，此时可以采用第一章中介绍的热阻法进行简单而有效的热传导问题的分析。将热量传递与电学里面的欧姆定律进行类比，过程中的转移量等于过程的动力与过程的阻力的比值

$$\text{过程中的转移量} = \frac{\text{过程的动力}}{\text{过程的阻力}}$$

式中：热流量 Φ_x 为导热过程的转移量类比电流 I；温度差值 $t_1 - t_2$ 和 $t_{f1} - t_{f2}$ 为转移过程的动力类

为电压 U；$\dfrac{\delta}{\lambda A}$、$\dfrac{1}{h_1 A}$ 和 $\dfrac{1}{h_2 A}$ 为转移过程的阻力类比为电阻。将热转移过程的阻力称为热阻。热阻（按总面积计）及面积热阻（按单位面积计）分别用符号 R 及 R_A 表示。以后在不引起混淆时均简称为热阻。

与欧姆定律里面的电阻性质类似，热阻同样可以进行串并联，从来可以用来求解多层平壁等复合问题，大大简化了求解一维导热微分方程的复杂度。

考虑图 2-15 所示的多层平壁，两端均为第三类边界条件的求解问题。

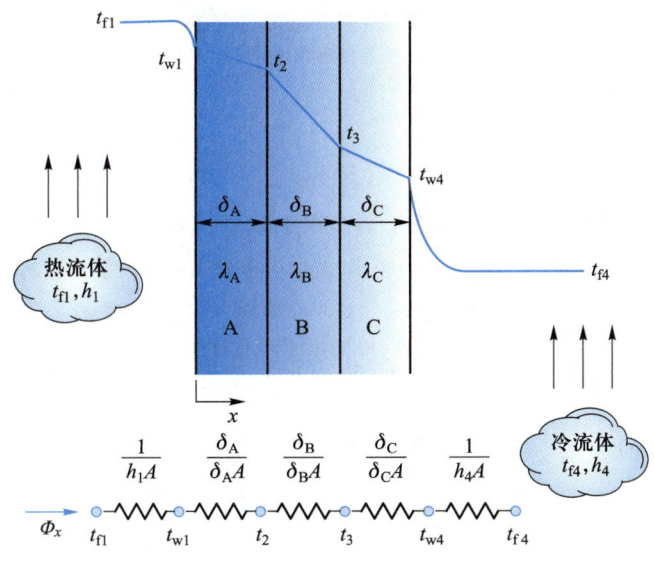

图 2-15　通过多层平壁的导热

根据串联热阻叠加原则，把各层热阻叠加就得到多层壁的总热阻

$$R_{\text{tot}} = \dfrac{1}{h_1 A} + \dfrac{\delta_A}{\lambda_A A} + \dfrac{\delta_B}{\lambda_B A} + \dfrac{\delta_C}{\lambda_C A} + \dfrac{1}{h_4 A} \tag{2-21}$$

于是，可导出热流量的计算公式

$$\Phi_x = \dfrac{t_{f1} - t_{f4}}{R_{\text{tot}}} = kA\Delta t \tag{2-22}$$

式中：k 为总传热系数，单位为 $\text{W}/(\text{m}^2 \cdot \text{K})$。

$$k = \dfrac{1}{R_{\text{tot}} A} \tag{2-23}$$

【延伸问题】
（1）多层平壁中每个接触面的温度如何求解？
（2）如何求解各层的导热系数（考虑迭代）？

当热阻法应用于等截面多层平壁的求解时，类比于欧姆定律，若并联热阻两端的温度差一致，则经过并联热阻的热流率之和等于总热流率，可以用求总电阻的相同方法计算总热阻，求解存在变截面的多层平壁导热问题。图 2-16 所示为此类问题的一个例子，请自行计算。

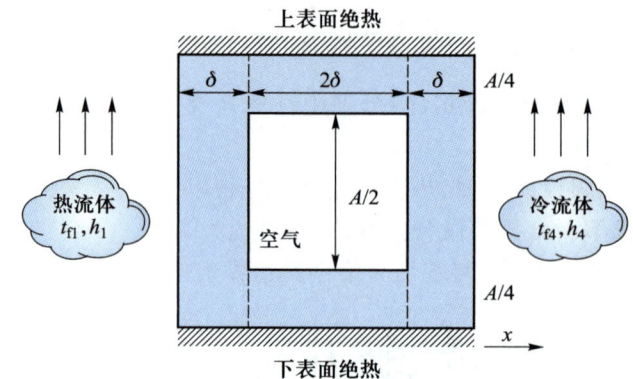

图 2-16 通过多层变截面平壁的导热

【例 2-2】

汽车后窗玻璃可以通过开启空调暖风除雾。若车外温度 $t_{f1} = -10$ ℃,玻璃外侧的表面传热系数为 $h_1 = 75$ W/($m^2 \cdot$ K),对后窗作用温度为 $t_{f2} = 40$ ℃ 的暖风,玻璃内侧的表面传热系数为 $h_2 = 20$ W/($m^2 \cdot$ K),玻璃厚度为 $d = 4$ mm,导热系数为 $\lambda = 0.69$ W/(m·K)。试求车窗内、外表面温度。

分析:已知玻璃两侧的对流换热条件与温差,根据热阻法易解此类问题。

解:分别列出各部分热阻

$$\text{暖风对流换热} \quad \frac{1}{h_2}$$

$$\text{玻璃导热} \quad \frac{d}{\lambda}$$

$$\text{车外对流换热} \quad \frac{1}{h_1}$$

计算热流密度

$$q = \frac{t_2 - t_1}{R_{tot}} = \frac{40-(-10)}{\frac{1}{20}+\frac{4\times 10^{-3}}{0.69}+\frac{1}{75}} \text{ W/m}^2 = 723.27 \text{ W/m}^2$$

则车窗内外侧玻璃温度可计算得

外侧 $\quad t_1 = t_{f1} + \dfrac{q}{h_1} = -0.356$ ℃

内侧 $\quad t_2 = t_{f2} - \dfrac{q}{h_2} = 3.836$ ℃

【例 2-3】

汽车后窗玻璃可以通过附着透明加热层除雾,透明加热层可以提供恒定均匀的热流。若车内、外温度分别为 24 ℃、-10 ℃,玻璃外侧的表面传热系数为 75 W/($m^2 \cdot$ K),在加热层的作用下,玻璃内侧温度保持在 15 ℃,内侧的表面传热系数为 10 W/($m^2 \cdot$ K),玻璃厚度为 4 mm,导热系数为 0.69 W/(m·K)。试计算加热层单位面积的加热功率。

分析:根据已知条件,可以将研究对象分为车内对流换热和玻璃导热和车外对流换热两部分,分别计算热流密度,两者的差值即加热层提供的热流密度。

解:已知玻璃内侧温度和车内对流换热条件,可算得车内对流换热热流密度

$$q_1 = h_1(t_{f1} - t_1) = 10 \text{ W}/(\text{m}^2 \cdot \text{°C}) \times (24 \text{°C} - 15 \text{°C}) = 90 \text{ W}/\text{m}^2$$

车外空气对流换热与玻璃导热可知

$$q_2 = \frac{t_1 - t_{f2}}{\dfrac{1}{h_2} + \dfrac{d}{\lambda}} = 1\,306.82 \text{ W}/\text{m}^2$$

q_2 是车内通过玻璃向车外换热的热流密度,而车内环境给车窗提供的热流密度仅为 q_1,故加热层提供这两者的差值:

$$q_{\text{heat}} = q_2 - q_1 = 406.82 \text{ W}/\text{m}^2$$

[例 2-4]

新型纳米结构的二氧化硅凝胶隔热材料作为保暖衣材质可以抵御极低温环境,其导热系数为 $\lambda_2 = 0.014 \text{ W}/(\text{m} \cdot \text{K})$,考虑人体表面覆有面积为 1.8 m^2,厚度为 $d_1 = 3 \text{ mm}$ 的皮肤脂肪层,导热系数为 $\lambda_1 = 0.3 \text{ W}/(\text{m} \cdot \text{K})$,皮肤外侧温度受环境影响,皮下温度为 35 ℃。试求,在 10 ℃ 的空气或水中,需要多厚的隔热材料能使经过皮肤的散热小于 60 W。(已知,空气与隔热材料的表面传热系数为 $h_1 = 2 \text{ W}/(\text{m}^2 \cdot \text{K})$,水与隔热材料的表面传热系数为 $200 \text{ W}/(\text{m}^2 \cdot \text{K})$)

分析:体表皮肤脂肪层相对人体尺度较小,可认为经过体表的导热为平板一维导热稳态问题。

解:设保暖衣材料厚度为 d_2,使用热阻法,列出问题中各项的热阻

皮肤层导热 $\dfrac{d_1}{\lambda_1}$

保暖衣导热 $\dfrac{d_2}{\lambda_2}$

环境对流换热 空气 $\dfrac{1}{h_1}$

水 $\dfrac{1}{h_2}$

总热阻两端的温差和热流量已知,可求出要求的总热阻如下:

$$R_{\text{tot}} = \frac{t_1 - t_2}{\Phi/A} = \frac{35 \text{°C} - 10 \text{°C}}{60 \text{ W}/1.8 \text{ m}^2} = 0.75 \text{ m}^2 \cdot \text{°C}/\text{W}$$

则可求得保暖衣厚度为

空气中 $d_2 = \lambda_2 \left(R_{\text{tot}} - \dfrac{d_1}{\lambda_1} - \dfrac{1}{h_1} \right) = 3.36 \text{ mm}$

水中 $d_2 = \lambda_2 \left(R_{\text{tot}} - \dfrac{d_1}{\lambda_1} - \dfrac{1}{h_2} \right) = 10.29 \text{ mm}$

讨论:在这两种环境中,由于给定热流量,且皮肤外侧和皮下的导热系数一致,所以皮肤外侧的温度同为 $t_w = t_1 - \dfrac{\Phi}{A}\dfrac{d_1}{\lambda_1} = 34.67 \text{°C}$,相比皮下温度略有降低。若在水中穿着与空气中厚度一致的保暖衣,热流增至 $\Phi = \dfrac{t_1 - t_2}{\dfrac{d_1}{\lambda_1 A} + \dfrac{d_2}{\lambda_2 A} + \dfrac{1}{h_1 A}} = 176.47 \text{ W}$,体表温度下降为 $t_w = t_1 - \dfrac{d_1}{\lambda_1 A}q = 32.79 \text{°C}$,体感温度明显下降。

2.3.3 接触热阻

上文在讨论多层平壁问题时,理想化地认为平壁间完全接触,无任何间隙;但不同材料的接触面之间常常存在一定间隙,间隙中的空气增加了热量传递过程的阻力,接触热阻示意图如图 2-17。接触热阻表征了由于材料存在间隙所引起的额外的热量阻力。单位面积下的接触热阻可以定义为

$$R_{T,c} = \frac{\Delta T}{q_x} \qquad (2-24)$$

单位为 $m^2 \cdot K/W$。

此时,整个系统的热量传递变成了

$$q_x = \frac{t_1 - t_3}{\frac{\delta_A}{\lambda_A} + R_{T,c} + \frac{\delta_B}{\lambda_B}} \qquad (2-25)$$

接触热阻示意图如图 2-17 所示,其影响包括

① 在相同的温差情况下,接触热阻的存在减少了物体之间的热量传递;

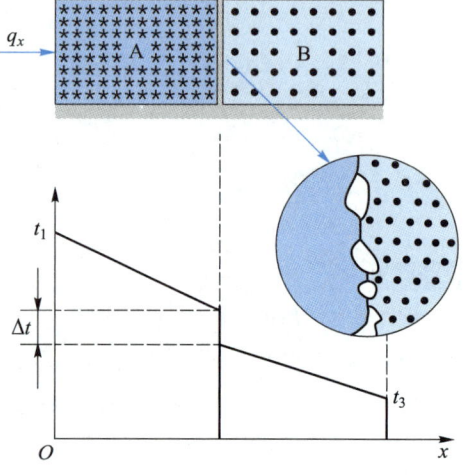

图 2-17 接触热阻示意图

② 接触热阻的大小取决于 A 和 B 的材料、表面光洁度、间隙条件和接触压力等。

对于需要强化换热的情形,接触热阻是有害的,需要减小接触热阻的影响,例如通过在界面间敷设导热系数远较空气大的导热油之类的介质。

2.4 热传导沿半径方向的一维稳态导热问题的分析解

本节讨论热传导仅沿半径方向的一维稳态导热问题,包括圆筒壁和球壳的热传导问题。与平壁热传导不同,这两类问题中,垂直于热量传递方向的面积随半径变化而变化。如套管式换热器的管壁和球状储罐等热传导问题(图 2-18)。

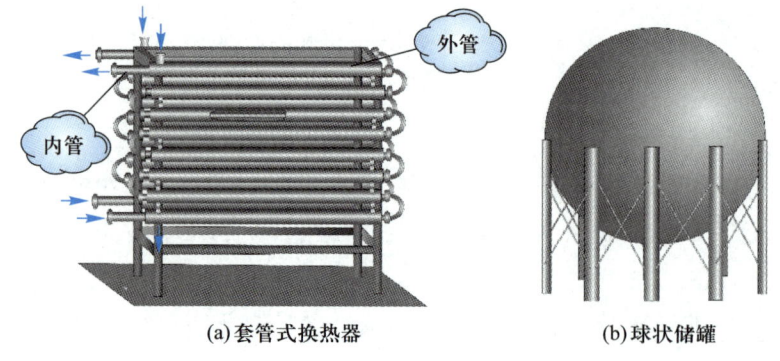

图 2-18 径向传热问题

2.4.1 圆筒壁一维稳态导热问题

1. 单层圆筒壁

对于上、下表面绝热，内、外半径分别为 r_1、r_2，长度为 l 的圆筒壁，假定相同半径的圆筒截面上温度分布均匀，且圆筒壁内部没有内热源。该稳态热传导问题就成为圆柱坐标系下沿半径方向的一维稳态导热问题。通过圆筒壁的导热如图 2-19 所示，圆筒壁的内、外表面均考虑为第一类边界条件的均匀恒定的温度 t_1 和 t_2，假设材料的导热系数为常数。

1）导热问题的数学描述

根据导热微分方程，得到此时导热问题的数学描述：

$$\begin{cases} \dfrac{d}{dr}\left(r\dfrac{dt}{dr}\right)=0 \\ r=r_1, \quad t=t_1; \quad r=r_2, \quad t=t_2 \end{cases} \quad (2-26a)$$

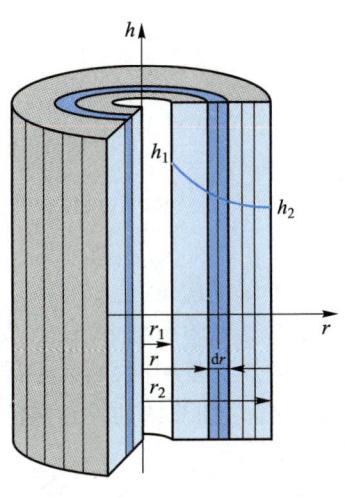

图 2-19　通过圆筒壁的导热

解得

$$t(r)=\frac{t_1-t_2}{\ln(r_1/r_2)}\ln\frac{r}{r_2}+t_2 \quad (2-26b)$$

由此可见，与平壁中的线性温度分布不同，圆筒壁中的温度分布呈对数曲线。根据傅里叶定律计算得到的热流量和热流密度分别为

$$\Phi_r=-\lambda A(r)\frac{dt}{dr}=\frac{2\pi L\lambda(t_1-t_2)}{\ln(r_2/r_1)} \quad (2-26c)$$

$$q_r=\frac{\Phi_r}{A(r)}=\frac{\lambda(t_1-t_2)}{r\ln(r_2/r_1)} \quad (2-26d)$$

由上式可知，在通过圆筒壁的稳态导热中，不同半径处的热流密度与半径成反比。但通过整个圆筒壁的热流量为常量，不随半径变化而变化。

2）直接傅里叶定律求解

由傅里叶定律，该导热问题可视为一个变截面的导热问题

$$\Phi_r=-\lambda A(r)\frac{dt}{dr} \quad (2-27a)$$

$$\Phi_r\frac{dr}{A(r)}=-\lambda dt \quad (2-27d)$$

两边分别积分得到

$$\Phi_r\int_{r_1}^{r_2}\frac{dr}{2\pi rl}=-\lambda\int_{t_1}^{t_2}dt \quad (2-27c)$$

同样可以计算得到热流量和热流密度表达式，分别将上式左、右两边的积分上限改成 r 和 t，并代入热流量表达式，即可得到温度分布。

3）热阻分析法和多层圆筒壁

根据热阻的定义，第三类边界条件下的热阻示意图如图 2-20 单层圆筒热阻所示及通过整个圆管壁的导热热阻为

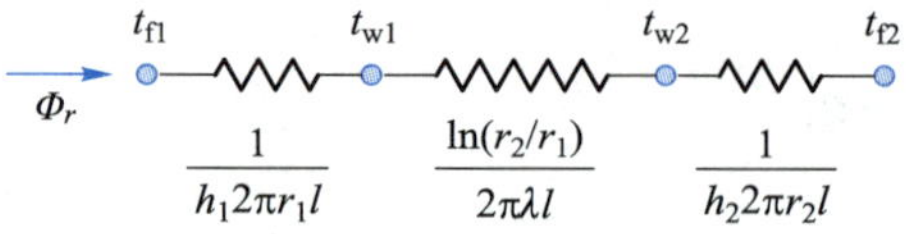

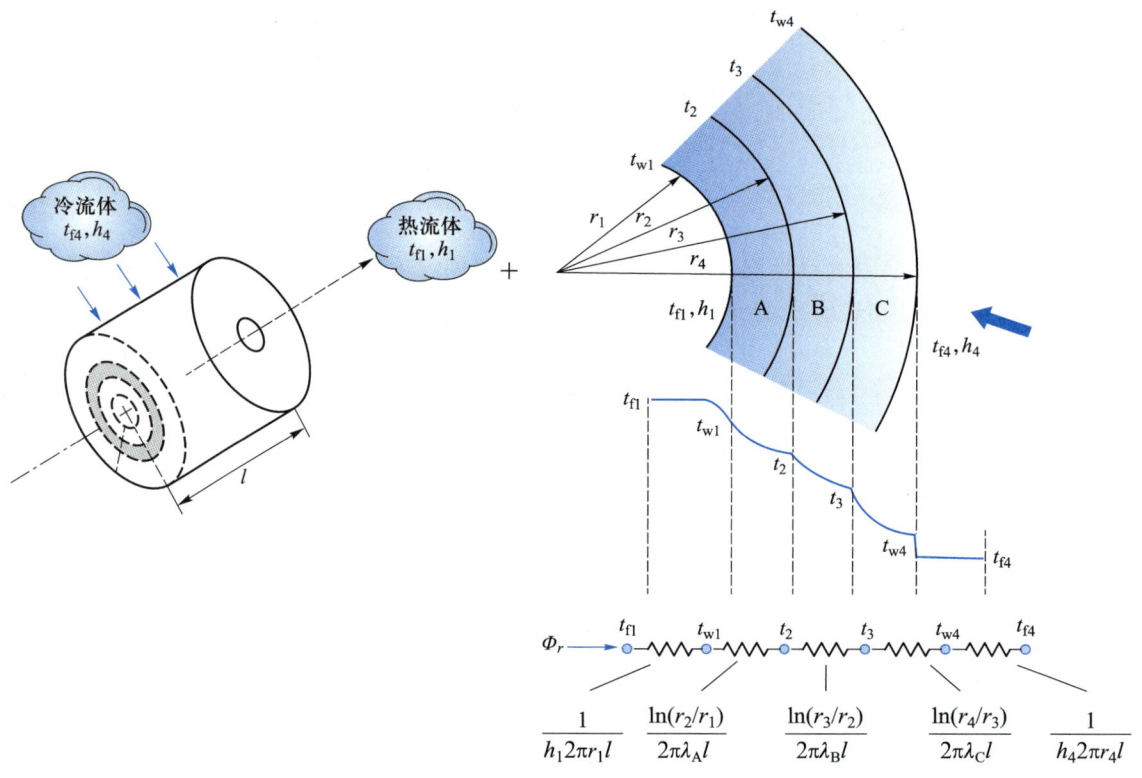

图 2-20　单层圆筒热阻

$$R_{t,cond} = \frac{(t_1 - t_2)}{q_r} = \frac{\ln(r_2/r_1)}{2\pi l \lambda} \tag{2-28}$$

2. 多层圆筒壁

对于复合圆筒壁,假定导热系数 λ 为常数,稳态,没有内热源的一维热传导问题。沿着不同截面上的热流量相同,当忽略接触热阻的影响时。与分析多层平壁一样,运用串联热阻叠加的原则,可得多层圆筒壁的导热热流量,多层圆筒壁导热,如图 2-21 所示。

图 2-21　多层圆筒壁导热

考虑内外圆筒壁为第三类边界条件的复合圆筒壁的总热阻为

$$R_{tot} = \frac{1}{2\pi r_1 l h_1} + \frac{\ln(r_2/r_1)}{2\pi \lambda_A l} + \frac{\ln(r_3/r_2)}{2\pi \lambda_B l} + \frac{\ln(r_4/r_3)}{2\pi \lambda_C l} + \frac{1}{2\pi r_4 l h_4} \tag{2-29}$$

传导热流量为

$$\Phi_r = \frac{t_{f1} - t_{f4}}{R_{tot}} = kA\Delta t \tag{2-30}$$

式中：k 为与平壁类似的总传热系数，$k=\dfrac{1}{R_{\text{tot}}A}$。

2.4.2 球壳一维稳态导热问题

对于内、外半径分别为 r_1、r_2，任意半径截面的温度分布均匀，球壳没有内热源的空心球壁，其导热在球坐标系下是一个温度仅沿着半径方向变化的一维稳态热传导问题，假定内外表面为第一类边界条件的均匀恒定温度 t_{w1} 和 t_{w2}，导热系数 λ 为常数，示意图如图 2-22。

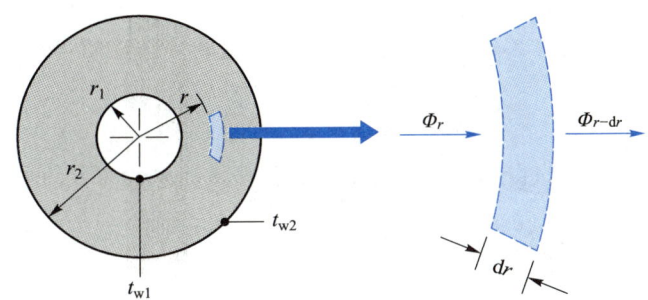

图 2-22 球壳的一维稳态导热示意图

1. 导热问题的数学描述

$$\begin{cases} \dfrac{1}{r^2}\dfrac{\mathrm{d}}{\mathrm{d}r}\left(\lambda r^2 \dfrac{\mathrm{d}t}{\mathrm{d}r}\right)=0 \\ r=r_1,\quad t=t_1;\quad r=r_2,\quad t=t_2 \end{cases} \tag{2-31a}$$

解得

$$t(r)=t_2+(t_1-t_2)\dfrac{\dfrac{1}{r}-\dfrac{1}{r_2}}{\dfrac{1}{r_1}-\dfrac{1}{r_2}} \tag{2-31b}$$

根据傅里叶定律计算得到的热流量和热流密度分别为

$$\Phi_r=\dfrac{4\pi\lambda(t_{w1}-t_{w2})}{\dfrac{1}{r_1}-\dfrac{1}{r_2}} \tag{2-31c}$$

$$q_r=\dfrac{\Phi_r}{A(r)}=\dfrac{\lambda}{r^2}\cdot\dfrac{t_{w1}-t_{w2}}{\dfrac{1}{r_1}-\dfrac{1}{r_2}} \tag{2-31d}$$

由上式可知，在通过球壳的稳态导热中，不同半径处的热流密度与半径平方成反比。但通过整个球壳的热流量为常量，不随半径变化而变化。

2. 直接傅里叶定律求解

由傅里叶定律出发，可视为一个变截面的导热问题

$$\Phi_r=-\lambda A(r)\dfrac{\mathrm{d}t}{\mathrm{d}r} \tag{2-32a}$$

$$\Phi_r \frac{\mathrm{d}r}{A(r)} = -\lambda \mathrm{d}t \tag{2-32b}$$

两边分别积分得到

$$\Phi_r \int_{r_1}^{r_2} \frac{\mathrm{d}r}{4\pi r^2} = -\lambda \int_{t_1}^{t_2} \mathrm{d}t \tag{2-32c}$$

同样可以计算得到热流量和热流密度表达式。此时,将上式左、右两边的积分上限改成 r 和 t,并代入热流量表达式,即可得到温度分布。

3. 热阻分析法和多层圆筒壁

根据热阻的定义,第三类边界条件下通过整个圆管壁的导热热阻为

$$R_{\mathrm{t,cond}} = \frac{t_{w1} - t_{w2}}{\Phi_r} = \frac{1}{4\pi\lambda}\left(\frac{1}{r_1} - \frac{1}{r_2}\right) \tag{2-33}$$

多层球壳的导热量的计算过程参照热阻法求解多层圆筒壁的方式,此处不再赘述。

2.5 具有内热源的一维导热问题

在平壁、圆筒壁和球壳的一维稳态导热问题的讨论中,都没有考虑内热源的存在。实际上,在工程技术领域中常常遇到有内热源的问题,控制体的内热源通常由其他形式的能量转换而来,包括电能、核能和化学能等,例如电器中电流通过时的发热以及化工中的放热、吸热反应以及核能装置中的放射反应等。本章介绍具有内热源的平壁以及圆柱导热问题的分析解。控制体的内热源为 $\dot{E}_g = \dot{\Phi}\mathrm{d}x\mathrm{d}y\mathrm{d}z$,其中单位体积的生成热 $\dot{\Phi}$,单位为 $\mathrm{W/m^3}$。

2.5.1 具有内热源的平板一维稳态导热问题

将具有均匀的内热源 $\dot{\Phi}$ 的平壁(图 2-23)浸入到温度为 t_f 的液体中,其两侧同时与温度为 t_f 的流体发生对流传热,表面传热系数为 h,导热系数为 λ,且为常数,稳态热传导。

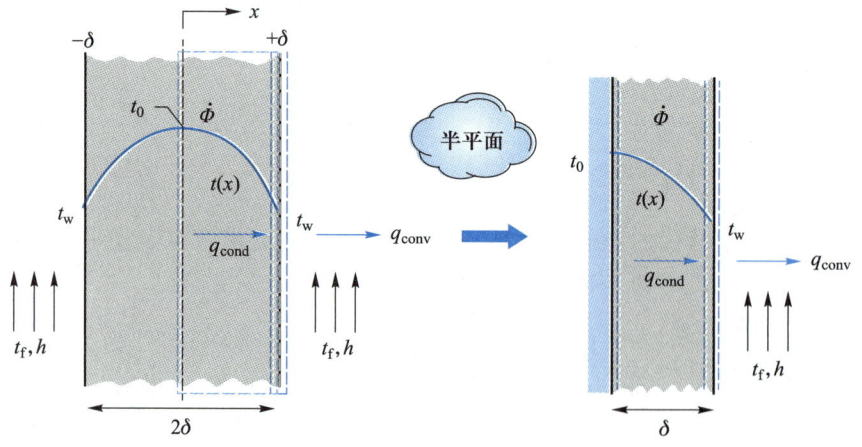

图 2-23 具有均匀内热源的平壁

根据对称性,平壁仅需要考虑一半壁厚处的热传导,对称中心为绝热面,平壁端面为第三类边界条件。此时具有内热源的平壁一维稳态导热问题的数学描述为

$$\begin{cases} \dfrac{d^2 t}{dx^2} + \dfrac{\dot{\Phi}}{\lambda} = 0 \\ x=0, \quad \dfrac{dt}{dx}=0; \quad x=\delta, \quad -\lambda\dfrac{dt}{dx}=h(t-t_f) \end{cases} \quad (2\text{-}34\text{a})$$

解得

$$t = \frac{\dot{\Phi}}{2\lambda}(\delta^2 - x^2) + \frac{\dot{\Phi}\delta}{h} + t_f \quad (2\text{-}34\text{b})$$

由傅里叶定律得到包含内热源的平壁任一位置处的热流量和热流密度:

$$\Phi_x = -\lambda A \frac{dt}{dx} = \dot{\Phi} x A \quad (2\text{-}34\text{c})$$

$$q_x = \dot{\Phi} x \quad (2\text{-}34\text{d})$$

与无内热源的平壁一维稳态导热问题相比,温度分布不再是直线而是抛物线。热流密度和热流量不再是常数,因此不能应用热阻的概念进行求解。

若给定平壁端面为均匀壁温 t_w,此时具有内热源的平壁一维稳态导热问题变成了第二类和第一类边界条件的组合问题,同样的方式可以得到温度分布:

$$t = \frac{\dot{\Phi}}{2\lambda}(\delta^2 - x^2) + t_w \quad (2\text{-}35)$$

值得指出,由于给定壁温的情形可以看成当表面传热系数 h 趋于无穷大时,流体温度等于壁面温度时的一个特例,因此也可直接由式(2-27)得到。

2.5.2 具有内热源的圆柱一维稳态导热问题

如图 2-24 所示,假定一具有均匀内热源 $\dot{\Phi}$ 的圆柱,半径为 r_0,圆柱外表面维持在均匀而且恒定的温度 t_w,导热系数 λ 为常数,分析其一维稳态导热问题。

根据对称性,在圆柱中心 $r=0$ 处为绝热边界。由圆柱坐标系下的导热微分方程,此时具有内热源的一维稳态导热问题的数学描述为

$$\begin{cases} \dfrac{1}{r}\dfrac{d}{dr}\left(r\dfrac{dt}{dx}\right) + \dfrac{\dot{\Phi}}{\lambda} = 0 \\ r=0, \quad \dfrac{dt}{dx}=0; \quad r=r_0, \quad t=t_w \end{cases} \quad (2\text{-}36\text{a})$$

解得

$$t = \frac{\dot{\Phi}}{4\lambda}(r_0^2 - r^2) + t_w \quad (2\text{-}36\text{b})$$

圆柱中的最高温度出现在圆柱中心 $r=0$ 处

$$t_{max} = \frac{\dot{\Phi}}{4\lambda}r_0^2 + t_w \quad (2\text{-}36\text{c})$$

由傅里叶定律得到包含内热源的圆柱任一半径处的热流量和热流密度:

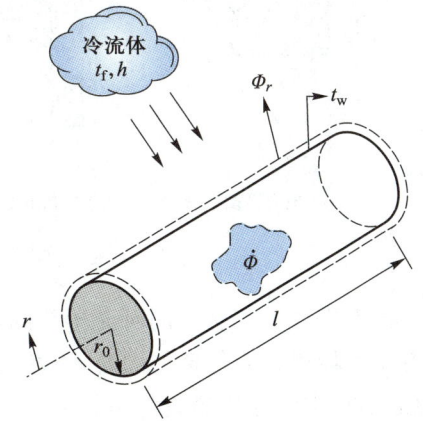

图 2-24 具有内热源的圆柱导热

$$\Phi_r = -\lambda A \frac{\mathrm{d}t}{\mathrm{d}r} = \dot{\Phi}\pi l r^2 \qquad (2\text{-}36\mathrm{d})$$

$$q_r = \frac{\dot{\Phi} r}{2} \qquad (2\text{-}36\mathrm{e})$$

同样的,具有内热源的一维稳态圆柱的热流密度和热流量不再是常数,因此不能应用热阻的概念进行求解。

2.6 一维肋片导热

学习传热学的目的除了运用传热学知识,在存在温差的情况下计算物体内部的温度分布,计算传热过程的热流量和热流密度之外,另一重要目的是根据工程实践的需求寻找强化或削弱传热的方法。本节所介绍的肋片就是一种常用的强化传热的有效途径。

由第一章对流换热基本计算式——牛顿冷却公式可知在流体与物体表面温差(t_w-t_f)为定值的情况下,为增加(强化)对流传热量Φ,一方面可以增加表面传热系数h,另一方面可以增加换热面积A,如何增加表面传热系数h将在对流传热相关章节进行介绍。本节主要介绍一种通过增加换热面积来强化传热的方法,即通过肋片的导热。

肋片也称为翅片,其典型的结构特征是在物体基础表面上有向外突出的扩展表面(或称为伸展体)。图2-25给出了四种工业领域强化传热常用的典型肋片截面构型。在传热学分析中,插入管道的温度探针、航空发动机涡轮叶片等具有类似肋片的结构特征,在经过适当简化后也可参考肋片传热分析方法进行研究。

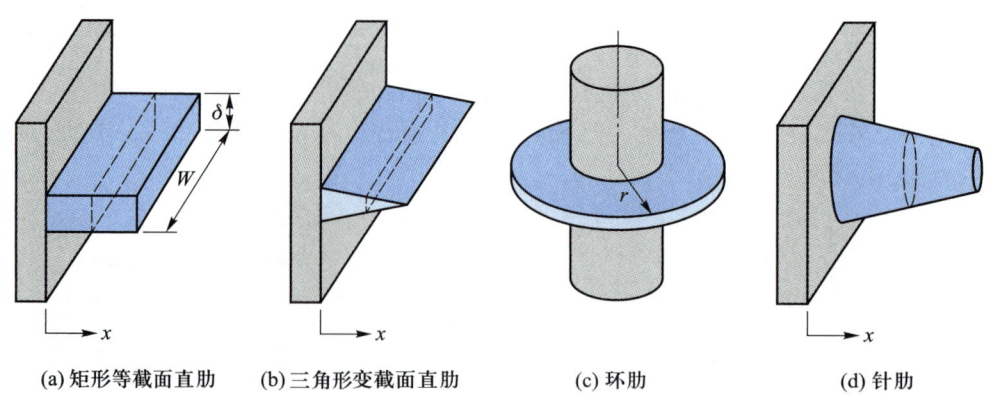

(a) 矩形等截面直肋　　(b) 三角形变截面直肋　　(c) 环肋　　(d) 针肋

图2-25　四种典型肋片截面构型

当考虑增加了肋片的对流传热问题时,在流体与物体表面温差的作用下,热量以导热的形式沿着肋片伸展方向传递的同时,不断通过肋片表面与周围流体及外部空间进行对流传热和辐射传热,肋片中沿导热热流传递的伸展方向上热流量是不断变化的,从而肋片在伸展方向上表面的温度也相应地改变。因此,研究肋片导热重点需要探讨三个问题:一是肋片温度沿伸展方向是如何分布的;二是肋片结构的热流量如何计算;三是如何评价物体基础表面增加肋片结构后强化传热的效果。

本节通过推导和求解肋片导热微分方程来回答上述问题,本节的推导和求解主要基于等截面直肋,对于其他类型的肋片结构形式,读者可以运用已有的数学及传热学知识进行推导和求解。

2.6.1 肋片导热微分方程及其分析解

以等截面直肋为研究对象,其示意图如图 2-26 所示。肋片伸展方向定义为 x,基础表面为 $x=0$,肋片的高度为 L,厚度为 δ,宽度(特指垂直于纸面方向)为 w,且 $w \gg \delta$。由此,对于沿 x 方向任一截面,其周长 $P=2w+2\delta$,截面积 $A_c=w\delta$。

1. 肋片导热问题的基本假定

本节所涉及的肋片导热问题以下列假定为基础:

① 肋片材料的导热系数 λ 为常数;

② 肋片与周围流体仅发生对流传热,忽略辐射传热。为不失一般性,设肋片与壁面基础表面相交处(肋基)温度 $t_b(x=0)$ 大于流体温度 t_f;

③ 表面传热系数 h 沿 x 方向为常数,且流体的温度 t_f 为常数;

④ 肋片仅沿肋片伸展的 x 方向存在温度梯度;

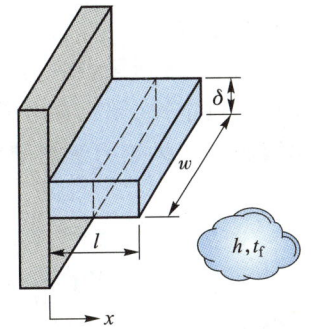

图 2-26 等截面直肋示意图

通过建立上述假定,可将肋片传热问题简化为一维稳态导热问题,即肋片各截面的温度沿且仅沿肋片伸展的 x 方向逐步降低。

在传热学研究中,如何通过适当假定,将多维稳态导热问题简化为一维稳态导热问题,从而便于通过数学推导得到分析解,是一个十分重要的研究方法。上述肋片导热问题的基本假定"肋片仅沿肋片伸展的 x 方向存在温度梯度"是本问题简化成一维稳态导热问题的重要前提,这里就该假定的成立依据说明如下:首先在肋片的宽度 w 方向,由于肋片根部基本表面温度和肋片周围流体温度在 w 方向均为常数,且肋片宽度 w 远大于肋片厚度 δ,因此在宽度方向不存在温度梯度,可以忽略该方向上的导热。在厚度 δ 方向上,借助前述热阻分析的概念,画出厚度 δ(以直角坐标 y 表示)方向的热阻分析图,如图 2-27 所示。

取一微元截面 dA,在 y 方向定义肋片上下表面温度分别为 $t_{y+\delta}$ 和 t_y,可知沿 y 方向存在串联

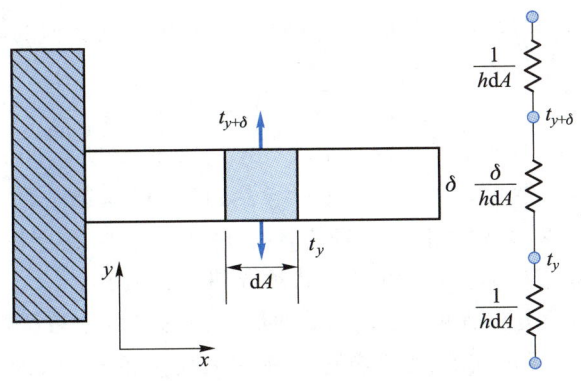

图 2-27 等截面直肋厚度方向热阻分析图

肋片导热热阻 $\dfrac{\delta}{\lambda \mathrm{d}A}$ 和上、下表面两个对流传热热阻 $\dfrac{1}{h\mathrm{d}A}$。在一般的肋片材料与对流流体热物性参数范围内，有 $\dfrac{\delta}{\lambda \mathrm{d}A} \ll \dfrac{1}{h\mathrm{d}A}$，利用热阻分析方法，即可推导出 $t_{y+\delta} \approx t_y$。由此，在肋片的厚度 δ 方向，可以认为平面温度是均匀的。

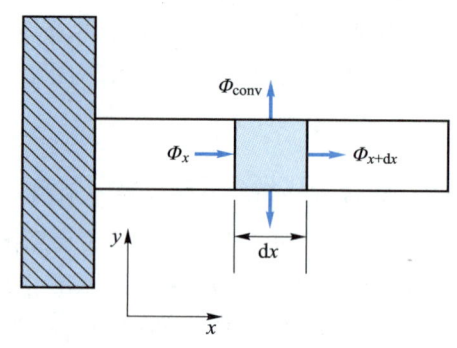

图 2-28　等截面直肋微元体

2. 数学描写

如图 2-28 所示，在肋片上取宽为 $\mathrm{d}x$ 的微元体，根据能量守恒定律，导入导出微元体的净热流量、微元体内热源和微元体热力学能增量如表 2-5 所示。

表 2-5　各项表达式

导入导出微元体的净热流量	一维导热：$\Phi_x - \Phi_{x+\mathrm{d}x}$ 对流换热：$\Phi_w = hA(t-t_f) = hP(t-t_f)\mathrm{d}x$
微元体内热源	无
微元体热力学能增量	稳态导热：0

其中 $\Phi_x - \Phi_{x+\mathrm{d}x} = \lambda A_c \dfrac{\mathrm{d}^2 t}{\mathrm{d}x^2}\mathrm{d}x$。

将上述推导结果代入能量守恒关系式，即可得到一维稳态肋片导热微分方程如下

$$\dfrac{\mathrm{d}^2 t}{\mathrm{d}x^2} - \dfrac{hP}{\lambda A_c}(t-t_f) = 0$$

或写作

$$\dfrac{\mathrm{d}^2 t}{\mathrm{d}x^2} - m^2(t-t_f) = 0 \qquad (2\text{-}37)$$

式中：$m = \sqrt{\dfrac{hP}{\lambda A_c}}$，单位是 m^{-1}。

同样的，肋片导热微分方程也可以通过导热问题的通用格式微分方程简化后获得，依据 2.2 节直角坐标系下导热微分方程的通用格式

$$\rho c \dfrac{\partial t}{\partial \tau} = \dfrac{\partial}{\partial x}\left(\lambda \dfrac{\partial t}{\partial x}\right) + \dfrac{\partial}{\partial y}\left(\lambda \dfrac{\partial t}{\partial y}\right) + \dfrac{\partial}{\partial z}\left(\lambda \dfrac{\partial t}{\partial z}\right) + \dot{\Phi} \qquad (2\text{-}38)$$

等式右边的前三项为扩散项，对于一维肋片导热，仅需保留第一项。对于稳态肋片导热问题，等式左边非稳态项等于零。对于肋片与周围流体的对流传热，在上述方程中可以视为负的内热源予以计算，即可得到式（2-37）的一维稳态肋片导热微分方程。

由一维稳态肋片导热微分方程可见，肋片沿伸展方向的温度分布函数是 x 的二阶导数，因此需要设置两个边界条件，以满足完整数学描写。在伸展肋片的根部，即 $x=0$ 处，已知肋基温度 $t=t_b$，有

$$x = 0, \quad t(0) = t_b \tag{2-39}$$

在伸展肋片的顶部,即 $x=l$ 处,依据肋片顶部对流传热的边界情况,可以分别定义三类边界条件。此处假定肋片顶部端面近似于绝热,即第二类边界条件,有

$$x = l, \quad \frac{dt}{dx} = 0 \tag{2-40}$$

以上式(2-38)~式(2-40)成了一维稳态肋片温度场的完整数学描写。

3. 分析求解

式(2-38)是描述肋片在伸展方向稳态温度分布的二阶非齐次常微分方程。数学上对于该类微分方程的求解思路是通过适当的变换,将非齐次(inhomogeneous)方程转化为齐次(homogeneous)方程。引入过余温度(excess temperature) $\theta = t - t_f$,分别将式(2-37)~式(2-40)齐次化,可得描述肋片在方向稳态温度场的二阶齐次常微分方程及其边界条件如下:

$$\left.\begin{aligned} &\frac{d^2\theta}{dx^2} - m^2\theta = 0 \\ &\theta(0) = t_b - t_f = \theta_b \\ &x = 0, \quad t(0) = t_b; \quad x = l, \quad \frac{d\theta}{dx} = 0 \end{aligned}\right\} \tag{2-41a}$$

式(2-41a)的通解为

$$\theta = c_1 e^{mx} + c_2 e^{-mx} \tag{2-41b}$$

其中 c_1、c_2 由两个边界条件确定,即

$$c_1 + c_2 = \theta_0, \quad c_1 m e^{ml} - c_2 m e^{-ml} = 0 \tag{2-41c}$$

最后可得肋片中的温度分布为

$$\theta = \theta_0 \frac{e^{ml} + e^{2ml}e^{-mx}}{1 + e^{2mL}} = \theta_0 \frac{\cosh[m(x-l)]}{\cosh(ml)} \tag{2-42}$$

令 $x=l$,即可从上式得出肋端温度的计算式。因 $\cosh(0)=1$,故得

$$\theta_l = \frac{\theta_0}{\cosh(ml)} \tag{2-43}$$

由式(2-42)可以绘出一维等截面直肋温度分布曲线,如图 2-29 所示。可见,肋片表面温度沿肋片伸展的方向逐渐降低;且由温度曲线的斜率可以看出,沿此方向斜率逐渐减小,这表明肋片的温度梯度也在逐渐减小,即导热热流密度从根部到顶部是逐渐减小的。

肋片导热热流量或热流密度的计算有两种思路:

第一种思路是由于肋片散入外界的全部热流量都必须通过 $x=0$ 处的肋基截面,将式(2-42)中的 θ 代入傅里叶定律数学表达式,即可求出肋片的热流量为

$$\Phi_{fin} = \Phi_b = -\lambda A_c \left.\frac{d\theta}{dx}\right|_{x=0} = \sqrt{hP\lambda A_c}\,\theta_b \cdot \tanh(ml) \tag{2-44}$$

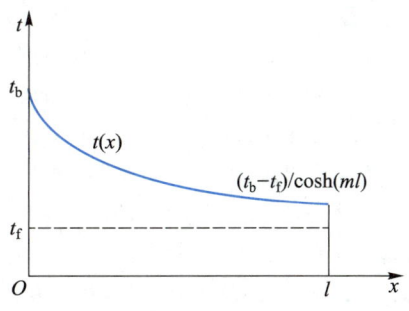

图 2-29 一维等截面直肋温度分布曲线

第二种思路是根据能量守恒定律,肋片散入外界的全部热流量等于周围流体对流传热热流量,可直接求牛顿冷却公式沿肋片伸展的方向的积分,从而得到肋片的

热流量

$$\Phi_{\text{fin}} = \int_{A_f} h\theta(x)\,dA_w \tag{2-45}$$

式中:$dA_w = Pdx$,为单位微元表面积;A_f 为整个肋片的表面积。由此式可见,肋片的导热热流量即为图 2-28 温度分布曲线与流体温度虚线之间的面积。

式(2-42)~式(2-44)中的双曲函数 $\cosh(ml)$ 和 $\tanh(ml)$ 的数值均可从数学手册中查出,或者直接通过 MATLAB 求解。

以上推导和求解中,对于肋片顶部设置了第二类边界条件,表 2-6 给出了其他类型的肋片顶部边界条件下肋片表面温度分布和热流量计算公式。

表 2-6　不同肋片顶部边界条件下的温度分布与热流量计算式

顶端边界条件	温度分布 θ/θ_b	肋片热流率 q_f
对流换热 $\theta(l) = -\dfrac{\lambda}{h}\dfrac{d\theta}{dx}\bigg\|_{x=l}$	$\dfrac{\cosh[m(l-x)] + (h/m\lambda)\sinh[m(l-x)]}{\cosh(ml) + (h/m\lambda)\sinh(ml)}$	$M\dfrac{\sinh(ml) + (h/m\lambda)\cosh(ml)}{\cosh(ml) + (h/m\lambda)\sinh(ml)}$
绝热 $\dfrac{d\theta}{dx}\bigg\|_{x=l} = 0$	$\dfrac{\cosh[m(l-x)]}{\cosh(ml)}$	$M\tanh(ml)$
给定温度 $\theta(l) = \theta_l$	$\dfrac{(\theta_l/\theta_b)\sinh(mx) + \sinh[m(l-x)]}{\sinh(ml)}$	$M\dfrac{[\cosh(ml) - \theta_l/\theta_b]}{\sinh(ml)}$
无限长肋片 ($l \to \infty$) $\theta(l) = 0$	e^{-mx}	M

$$\theta = t - t_f, \quad m^2 = \dfrac{hP}{\lambda A_c}, \quad \theta_b = \theta(0) = t_b - t_f, \quad M = \sqrt{hP\lambda A_c}\,\theta_b$$

4. 解的应用

在传热学分析中,插入管道的温度探针、航空发动机涡轮叶片等具有类似肋片的结构特征,在经过适当简化后也可参考肋片传热分析方法进行研究。此处以分析温度计套管的测温误差为例,讨论肋片导热问题在工程实践中的运用。

【例 2-5】

压气机设备储气筒里的空气温度用一支插入装油的铁套管中的玻璃水银温度计来测量,其示意图如图 2-30。已知温度计的读数为 110 ℃,储气筒与温度计套管连接处的温度 $t_0 = 55$ ℃、套管高 $H = 120$ mm、壁厚 $\delta = 1$ mm、管材导热系数 $\lambda = 64.3$ W/(m·K),管套外表面的表面传热系数 $h = 27.8$ W/(m²·K)。试分析:(1)温度计的读数能否准确地代表被测地点的空气温度? (2)如果不能,分析其误差有多大?

分析:温度计的感温泡与套管顶端接触,可以认为温度计测温即套管顶端壁温 t_H。考虑温度计套管与环境之间发生的热流传递:从套管顶端向根部的导热;从压缩空气向套管外表面的对流传热;从套管外表面向筒身的导热及辐射传热。稳态时,套管从压缩空气获得的热流量正好等于套管向筒身的导热及辐射传热之和,且不为零。因而,套管的壁面温度低于压缩空气温度,必然存在测温误差。

解: 有

$$t_H - t_f = \frac{t_0 - t_f}{\cosh(ml)}$$

整理后可得

$$t_f = \frac{t_H \cosh(mH) - t_0}{\cosh(mH) - 1}$$

本例中,换热周长 $P = \pi d$,套管截面积为 $A_c = \pi d\delta$,根据 mH 定义可得

$$mH = \sqrt{\frac{hP}{\lambda A_c}} H = \sqrt{\frac{h}{\lambda \delta}} H = 2.50$$

计算 $\cosh(mH) = \cosh(2.50) = 6.10$。代入计算可得

$$t_f = 120.8 \text{ ℃}$$

讨论: 计算得到测温误差为 10.8 ℃,这样的精度在实际应用中往往是不足的,那么如何减小测温误差?测温误差的来源是套管壁面和压缩空气在热平衡状态下的温差,减小温差的方式可以从两个角度分析。一方面从温度计套管的一维导热物理过程来看,t_f 与 t_H 之间的温度差可以通过降低两者之间的对流换热热阻,增大辐射热阻和导热热阻实现。另一方面,可以降低 θ_0,增大 mH 以降低温差。对应的措施有以下几种:采用导热系数更小的材料做套管;尽量增加套管高度,减小壁厚;强化套管与流体间换热;在储气筒外包保温材料。

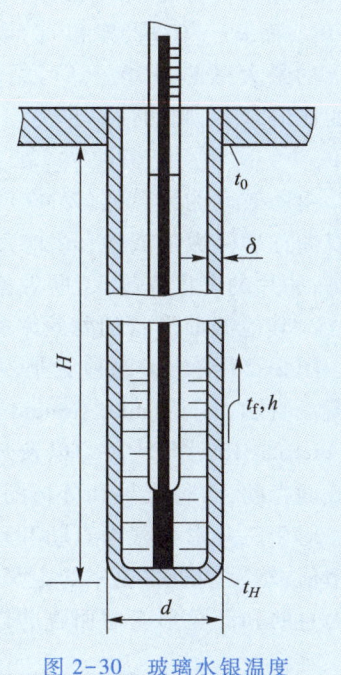

图 2-30 玻璃水银温度计示意图

2.6.2 肋效率

肋片是一种通过增加换热面积来强化传热的途径,工程上常采用肋效率来评估肋片强化传热的效能。

1. 等截面直肋的肋效率

肋效率(fin efficiency)定义为一个肋片的实际散热量与假定整个伸展的肋片表面温度均等于肋基温度时的最大散热量之比,以 η_f 表示。不同肋片顶部边界条件下的实际散热量(热流量)可由表 2-6 计算。当整个肋片表面温度均等于肋基温度时,存在理论上的最大散热量,以 $\Phi_{\max}$ 表示,可知

$$\Phi_{\max} = hA_f\theta_b \tag{2-46}$$

基于上述定义,对于肋顶边界条件为绝热的一维等截面直肋,肋效率为

$$\eta_f = \frac{\Phi_f}{\Phi_{\max}} = \frac{\sqrt{hP\lambda A_c}\,\theta_b \tanh(ml)}{hPL\theta_b} = \frac{\tanh(ml)}{ml} \tag{2-47}$$

基于肋效率定义式中实际散热量、理论最大散热量与肋片伸展方向温度分布曲线之间的关系,肋效率的物理意义可以通过图示方式进行说明,如图 2-31 所示。图中一维等截面直肋的温度分布曲线用 $\theta(x)$ 表示,该温度

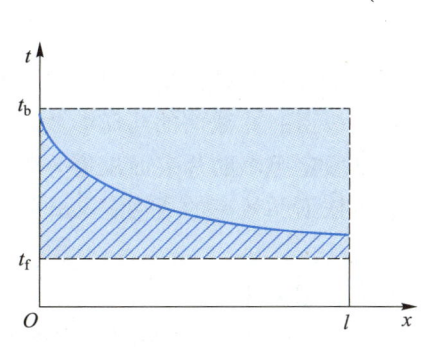

图 2-31 肋效率物理意义的图示

分布曲线与流体温度 t_∞ 虚线之间的面积(图中斜线阴影区域面积)代表一个肋片的实际散热量 Φ_f。而 $x \in [0, l]$，t_b 和 t_∞ 两条虚线之间的矩形截面面积(图中虚线框内灰色区域)代表理论上的最大散热量 Φ_{max}。可见，肋片顶部的温度越高，斜线阴影区面积占虚线框内灰色区域面积的比值越大，则肋效率越高。当一个肋片表面温度恒等于肋基温度 t_b 时，该肋片的肋效率等于1。

由肋效率的计算式(2-47)可以分析肋片的结构参数和热物性参数对于肋效率的影响。根据双曲正切函数的属性，ml 越大，则肋效率 η_f 越低。进一步的，肋片的导热系数 λ 越大，肋效率越高；肋片的厚度 δ 越大，肋效率越高；而肋片的长度 l 越大，肋效率越低。

2. 其他截面形状的肋效率和肋片散热量计算

图 2-25 给出了四种工业领域强化传热常用的典型肋片截面构型。除图 2-25a 所示的矩形等截面直肋(rectangular straight fin)外，还有三角形变截面直肋(triangle straight fin，图 2-25b)、环肋(circular fin，图 2-25c)以及圆形截面的直肋，又称针肋(pin fin，图 2-25d)等。读者可以参考等截面直肋，自行推导和分析图 2-25d 所示针肋的导热微分方程、温度分布、热流量计算和肋效率。对于三角形变截面直肋和环肋，以及其他截面形状的肋片，工程上常采用图表的方式查出肋效率值，然后基于肋效率的定义式来计算肋片的实际散热量。图 2-32 和图 2-33 分别给出了等截面直肋和三角形变截面直肋以及环肋肋效率的曲线。

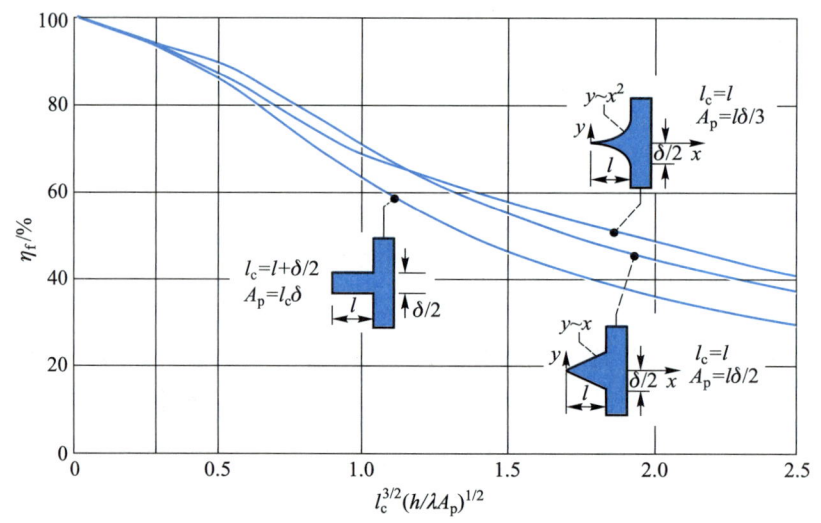

图 2-32　等截面直肋和三角形变截面直肋肋效率曲线

其他截面形状肋片散热量计算步骤：
(1) 根据肋片截面的几何参数，由图 2-32 和图 2-33 查出肋效率的具体数值；
(2) 假定整个肋片表面温度等于肋基温度，依据式(2-46)计算肋片最大散热量 Φ_{max}；
(3) 依据肋效率的通用定义式计算实际散热量

$$\Phi_f = \eta_f \Phi_{max} \tag{2-48}$$

3. 肋面总效率

图 2-32、图 2-33 所示的均为单个肋片的肋效率，实际上肋片总是成组应用于壁面的强化传热。如图 2-34 所示由多个矩形等截面直肋构成肋片组。

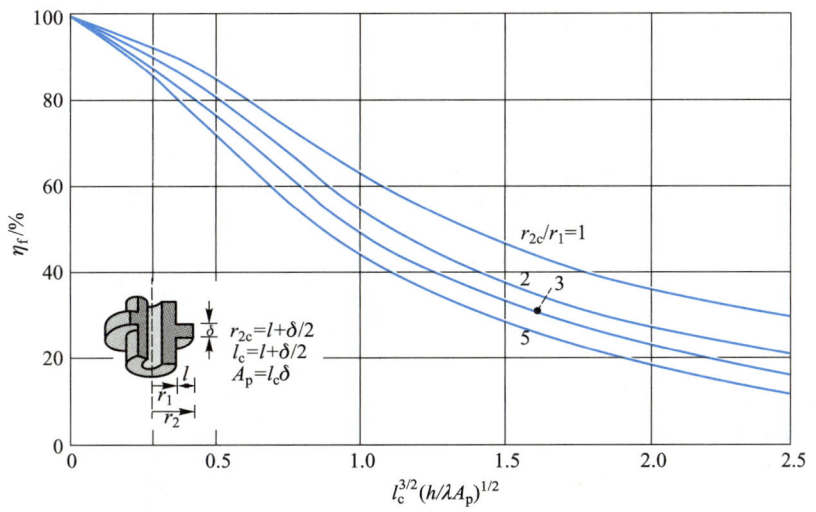

图 2-33 环肋肋效率曲线

设肋片组中肋片的数目为 N,单个肋片的面积为 A_f,壁面直接暴露于流体的面积为 A_b,则肋片组总面积为 $A_t = NA_f + A_b$。假定整个肋片组表面温度均等于肋基温度,可以计算出肋片组最大散热量 Φ_{tbmax}。根据式(2-48)分别计算 N 个矩形等截面直肋的实际散热量,加上壁面直接暴露于流体的对流散热量,即可得到该肋片组的总散热量:

$$\Phi_t = NhA_f\theta_b\eta_f + hA_b\theta_b \qquad (2\text{-}49)$$

进一步地,根据单个肋片肋效率的定义,可以定义肋面总效率(overall fin surface efficiency)如下:

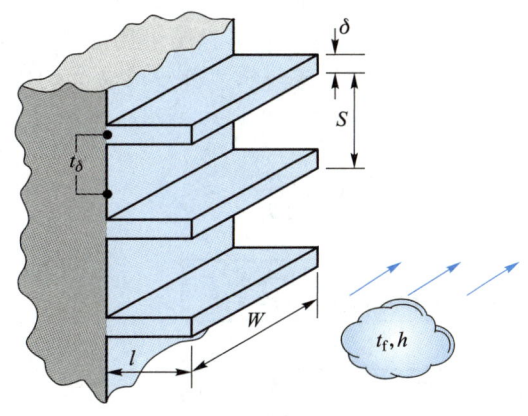

图 2-34 肋片组示意图

$$\eta_0 = \frac{\Phi_t}{\Phi_{max}} = 1 - \frac{NA_f}{A_t}(1-\eta_f) \qquad (2\text{-}50)$$

2.7 热传导问题的数值解法

本章前几节对稳态导热问题进行了介绍,并对简单几何和定解条件的问题给出了导热微分方程的分析解。在工程应用实际中,导热问题研究对象的外形更为复杂、边界条件呈一定的分布,难以得到分析解。为解决这些问题,涌现出了许多数值方法,包括有限差分法、有限元法、边界元法、分子动力学模拟法等,将求解连续的偏微分方程组转化为离散域上的求解。本小节仅介绍有限差分法及其在稳态导热问题上的应用,该方法物理概念明确,较易学习掌握。从数值方法的基本思想出发,本节还介绍有限差分法温度场离散的方法,以及离散数值方法的相容性、收敛性和稳定性,导热问题的研究方法框图如图 2-35 所示。

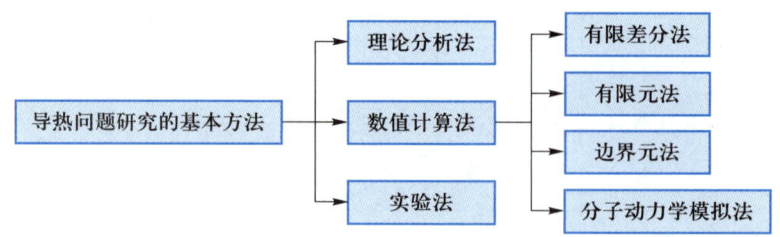

图 2-35　导热问题的研究方法框图

2.7.1　导热问题数值求解的基本思想

有限差分法是非常有用的方法,适于任意复杂难度的导热问题的求解。采用有限差分温度场离散的基本思路是把原来在时间、空间坐标系中连续的温度场,用有限个离散点上构成的网格来代替。连续定解区域上的温度场用在网格上定义的离散变量函数来近似,导热微分方程和定解条件中的微商用差商来近似,从而构建了有限差分方程组,解此方程组就可以得到温度场在离散点上的近似解。这一基本思想可用图 2-36 所示的框图来表示。

下面以图 2-37 所示的二维矩形域内的稳态、无内热源、常物性的导热问题为例,对数值求解过程的五个步骤及解的分析共六个步骤作进一步说明。

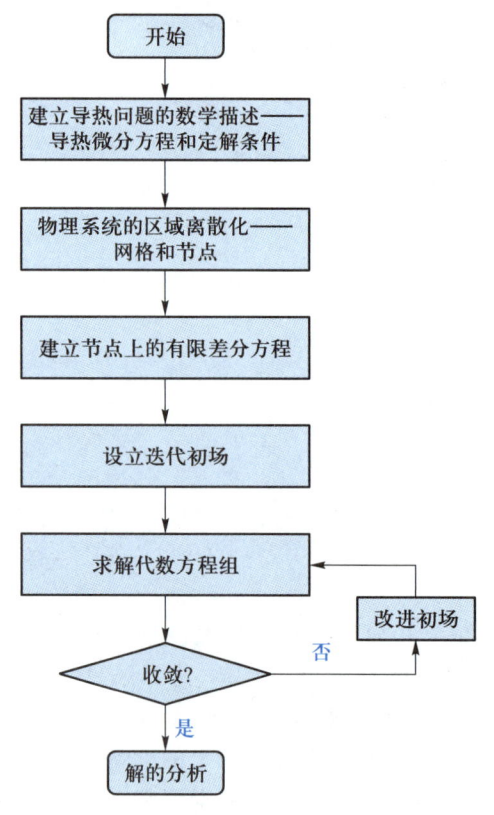

图 2-36　导热问题求解步骤框图

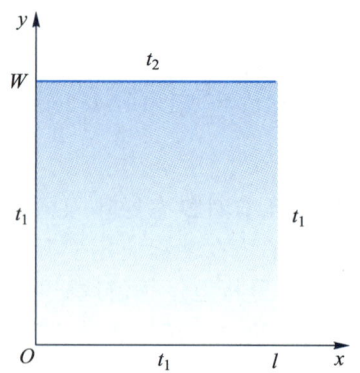

图 2-37　二维稳态导热示例

(1) 建立导热问题的数学描述——导热微分方程和定解条件

二维稳态无内热源的导热问题的数学描述

$$\left.\begin{array}{l} \dfrac{\partial^2 t}{\partial x^2} + \dfrac{\partial^2 t}{\partial y^2} = 0 \\ t(0,y) = t_1, \quad t(l,y) = t_1 \\ t(x,0) = t_1, \quad t(x,W) = t_2 \end{array}\right\} \quad (2\text{-}51)$$

(2) 物理系统的区域离散化——网格和节点

如图 2-38 所示,用一系列与坐标轴平行的网格线把二维物理系统的求解区域划分成许多子区域。网格线的交点称为节点(node),节点可以看作以它为中心的一个小区域的代表,如节点(m,n)所代表的阴影线的小区域,通常由相邻两节点连线的中垂线构成。根据节点所在的物理区域的位置,又分成了内部节点、边界节点和角点等。节点所代表的小区域称为单元(element),又叫控制体积(control volume)。相邻两节点间的距离称为步长(step length),记为$\Delta x, \Delta y$。根据实际问题的需要,网格的划分常常是不均匀的,在温度变化剧烈或者结构比较复杂的位置用细网格,而在结构不复杂且温度变化缓慢的区域用粗网格,这里为简便起见采用均匀划分的网格。

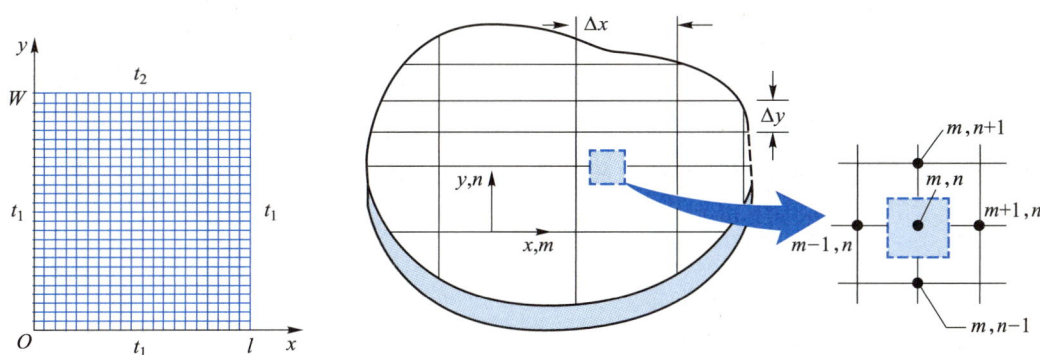

图 2-38 计算区域离散化

(3) 建立节点上的有限差分方程

建立节点上的有限差分方程是数值求解过程中的重要环节,这里仅列出节点(m,n)的代数方程作为示例。当$\Delta x = \Delta y$时,上述二维稳态导热的内节点有限差分方程可以写为

$$t_{m,n} = \frac{1}{4}(t_{m,n+1} + t_{m,n-1} + t_{m+1,n} + t_{m-1,n}) \quad (2\text{-}52)$$

推导过程将在 2.7.2 节予以详细介绍。

(4) 设立迭代初场

所有区域内网格节点上的有限差分方程组成了代数方程组,其求解方法有直接解法与迭代法两大类。对于网格数较少的情况,两种方法都适用。而随着物理系统的复杂程度的增加,网格数越来越多,如航空发动机中的传热问题求解用到的网格数通常都是千万量级以上,此时应主要采用迭代法。对被求解的温度场预先假定一个解,称为初场(initial field)。根据初场,所有网格节点被赋予一个初始值,在求解过程中这一温度场不断得到改进,被赋予新的值。

(5) 求解代数方程组

采用迭代法求解有限差分方程组时首先需要考虑求解的问题是否为线性问题,在本节给出的算例中,假定导热问题是常物性、无内热源的二维稳态问题,因此迭代求解过程中各项的系数不会随着节点温度的变化而变化,这样的问题称为线性问题。如果考虑物性为温度的函数,此时随迭代过程中节点温度值的变化,物性等系数需要不断更新,这种问题称为非线性问题。本节主要考虑线性问题的求解。

(6) 解的分析

通常情况下,在有限差分方程组满足设定的收敛标准得到区域内的温度分布后,需要先确定解的准确性,再进行详细的物理现象分析。由于有限差分法用有限的差商来代替微商,网格尺度 $\Delta x, \Delta y$ 会影响结果的准确性。因此,首先需要进行网格无关性验证。不断减小网格尺度,当网格尺度对所分析结果的数值影响不大时,保留此时的网格大小。网格无关性验证后,通常可以用解析结果、典型计算结果或者实验验证等讨论结果合理性。确定结果合理性后,进行温度场的分析,求解热流量、热应力和热变形等参数,多数的专用传热计算软件可以同时得到以上结果。

以上六个步骤中,导热微分方程和定解条件的建立已经作过详细的介绍;规则区域的均布网格的划分相对较简单。因此后面小节主要针对后面的步骤展开介绍。

2.7.2 内节点有限差分方程的建立

下面介绍上节提到的二维稳态导热问题中位于计算区域内部的节点的有限差分方程的建立方法。建立内节点离散方程的方法有泰勒级数(Taylor series)展开法及热平衡(heat balance)法两种。

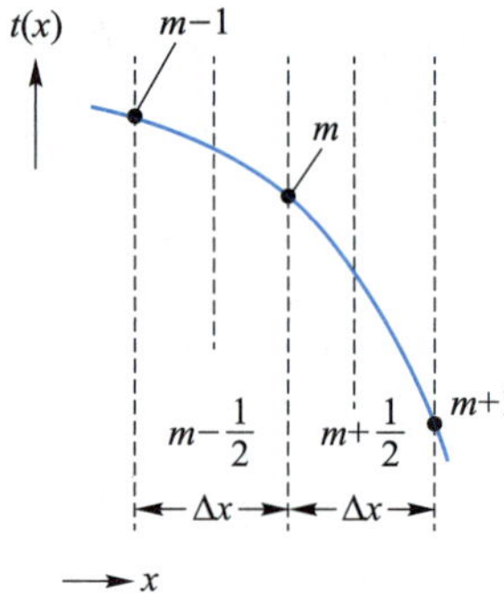

1. 泰勒级数展开法

如图 2-39 所示,以 x 方向为例,节点 $(m+1,n)$ 和 $(m-1,n)$ 分别对节点 (m,n) 写出 t 的函数展开式:

图 2-39 内节点离散方程建立

$$t_{m+1,n} = t_{m,n} + \frac{\partial t}{\partial x}\bigg|_{m,n} \Delta x + \frac{\partial^2 t}{\partial x^2}\bigg|_{m,n} \frac{\Delta x^2}{2!} + \frac{\partial^3 t}{\partial x^3}\bigg|_{m,n} \frac{\Delta x^3}{3!} + \cdots \quad (2\text{-}53\text{a})$$

$$t_{m-1,n} = t_{m,n} - \frac{\partial t}{\partial x}\bigg|_{m,n} \Delta x + \frac{\partial^2 t}{\partial x^2}\bigg|_{m,n} \frac{\Delta x^2}{2!} - \frac{\partial^3 t}{\partial x^3}\bigg|_{m,n} \frac{\Delta x^3}{3!} + \cdots \quad (2\text{-}53\text{b})$$

两式相加得到

$$t_{m+1,n} + t_{m-1,n} = 2t_{m,n} + \Delta x^2 \frac{\partial^2 t}{\partial x^2}\bigg|_{m,n} + \frac{\Delta x^4}{12} \frac{\partial^4 t}{\partial x^4}\bigg|_{m,n} \cdots \quad (2\text{-}53\text{c})$$

上式改写得到

$$\frac{\partial^2 t}{\partial x^2}\bigg|_{m,n} = \frac{t_{m+1,n} - 2t_{m,n} + t_{m-1,n}}{\Delta x^2} + o(\Delta x^2) \quad (2\text{-}53\text{d})$$

同理得到

$$\frac{\partial^2 t}{\partial y^2}\bigg|_{m,n} = \frac{t_{m,n+1} - 2t_{m,n} + t_{m,n-1}}{\Delta y^2} + o(\Delta y^2) \quad (2\text{-}53\text{e})$$

式中: $o(\Delta x^2)$ 和 $o(\Delta y^2)$ 称为截断误差(truncation error),相对 $\Delta x, \Delta y$ 的幂次为 2,又称为二阶精度。在建立有限差分方程组时,略去 $o(\Delta x^2)$ 和 $o(\Delta y^2)$,得到二阶偏导数的中心差分表达式,并

代入导热微分方程得到

$$\frac{t_{m+1,n}-2t_{m,n}+t_{m-1,n}}{\Delta x^2}+\frac{t_{m,n+1}-2t_{m,n}+t_{m,n-1}}{\Delta y^2}=0 \tag{2-53f}$$

若当 $\Delta x = \Delta y$ 时,得到式(2-52):

$$t_{m,n}=\frac{1}{4}(t_{m,n+1}+t_{m,n-1}+t_{m+1,n}+t_{m-1,n})$$

导热微分方程中,主要遇到的是一阶时间项和二阶扩散项的导数,一、二阶导数的常见差分形式见表 2-7。

表 2-7 一、二阶导数的常用差分形式

导数	差分表示式	截断误差	备注
一阶: $\left(\dfrac{\partial t}{\partial x}\right)_i$	$\dfrac{t_{i+1}-t_i}{\Delta x}$	$o(\Delta x)$	i 点的向前差分 一阶精度
	$\dfrac{t_i-t_{i-1}}{\Delta x}$	$o(\Delta x)$	i 点的向后差分 一阶精度
	$\dfrac{t_{i+1}-t_{i-1}}{2\Delta x}$	$o(\Delta x^2)$	i 点的中心差分 二阶精度
二阶: $\left(\dfrac{\partial^2 t}{\partial x^2}\right)_i$	$\dfrac{t_{i+1}-2t_i+t_{i-1}}{\Delta x^2}$	$o(\Delta x^2)$	i 点的中心差分 二阶精度

2. 热平衡法

下面介绍热平衡法,写出每个节点所代表单元的能量守恒表达式,并假定:① 所有热流都进入了目标单元区域;② 稳态热传导;③ 没有内热源。

根据能量守恒

$$\dot{E}_{in}-\dot{E}_{out}=\dot{E}_{st}\rightarrow \dot{E}_{in}=0 \tag{2-54}$$

即热平衡关系满足 $\dot{E}_{in}=\Phi_w+\Phi_e+\Phi_r+\Phi_s=0$

把节点看成单元的代表,如图 2-40 所示。

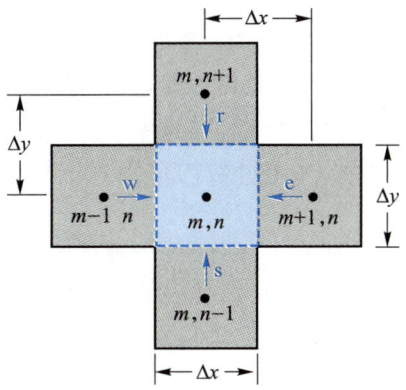

图 2-40 热平衡法建立

通过单元的界面(图 2-40 中的虚线)所传导的热流量可以对有关的两个节点应用傅里叶定律写出,得到

界面 r
$(m,n-1) \to (m,n)$
$\Phi_r = \lambda \Delta x \cdot \dfrac{t_{m,n+1}-t_{m,n}}{\Delta y}$

界面 w
$(m-1,n) \to (m,n)$
$\Phi_w = \lambda \Delta y \cdot \dfrac{t_{m-1,n}-t_{m,n}}{\Delta x}$

无内热源单元

界面 e
$(m+1,n) \to (m,n)$
$\Phi_e = \lambda \Delta y \cdot \dfrac{t_{m+1,n}-t_{m,n}}{\Delta x}$

界面 s
$(m,n+1) \to (m,n)$
$\Phi_s = \lambda \Delta x \cdot \dfrac{t_{m,n-1}-t_{m,n}}{\Delta y}$

整理可得

$$\frac{t_{m+1,n}-2t_{m,n}+t_{m-1,n}}{\Delta x^2} + \frac{t_{m,n+1}-2t_{m,n}+t_{m,n-1}}{\Delta y^2} = 0 \tag{2-55}$$

热平衡法建立单元有限差分方程的思路和过程与 2.2 节中推导微元体导热微分方程的思路和过程基本一致。对于指定节点,确认单元和界线后,热平衡法的物理概念在使用中较清晰,推导过程简洁,对于非均分网格上述推导结果同样适用。因此,这种方法在后续边界节点离散方程的建立中得到了推广。

2.7.3 边界节点有限差分方程的建立及代数方程组的求解

1. 边界节点有限差分方程

对于第一类边界条件的导热问题,由于边界节点上的温度已知,所有内节点的有限差分方程组成了一个封闭的代数方程组,可以直接进行求解。但对于含有第二类或第三类边界条件的导热问题,由于边界节点上的温度未知,必须补充相应的代数方程,使方程组封闭。

在下面的讨论中,把第二类边界条件及第三类边界条件合并成 q_w 代表边界上已知的热流密度值(第二类边界条件,绝热时 $q_w=0$)或热流密度表达式(第三类边界条件,$q_w=h(t_f-t_{m,n})$)。用热平衡方法导出边界节点的有限差分方程,并假定物体具有内热源 $\dot{\Phi}$。典型的边界节点包括平直边界节点、外部角点和内部角点等,本节针对内部角点进行热平衡法的推导,其他两种情况感兴趣的读者可自行推导。

代表边界节点 (m,n) 的单元,包括六个界线,每个界线上的热流均为流向节点,写出各界线上的热流及单元内热源,如图 2-41 所示。

包含内热源情况下,该单元的能量守恒定律写成有限差分方程为

$$\lambda \frac{t_{m-1,n}-t_{m,n}}{\Delta x}\Delta y + \lambda \frac{t_{m+1,n}-t_{m,n}}{2\Delta x}\Delta y + \lambda \frac{t_{m,n+1}-t_{m,n}}{\Delta y}\Delta x +$$

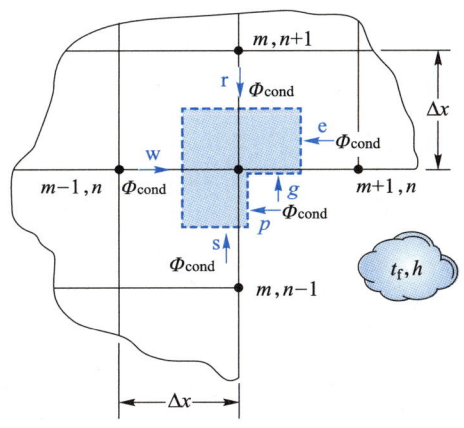

图 2-41 边界节点热平衡法

$$\lambda \frac{t_{m,n-1}-t_{m,n}}{2\Delta y}\Delta x + \dot{\Phi} \cdot \frac{3}{4}\Delta x \Delta y + q_w \cdot \frac{\Delta x + \Delta y}{2} = 0 \qquad (2-56)$$

当 $\Delta x = \Delta y$，且 q_w 为第三类边界条件时，上式整理为

$$2\left(\frac{h\Delta x}{\lambda}+3\right)t_{m,n}=2(t_{m-1,n}+t_{m,n+1})+(t_{m+1,n}+t_{m,n-1})+\frac{3\Delta x^2 \dot{\Phi}}{2\lambda}+\frac{2h\Delta x}{\lambda}t_f \qquad (2-57)$$

这里要特别指出，明确代表节点 (m,n) 的单元和其界线即可，不必强行记忆具体的表达式。

	界面 r $(m,n-1)\rightarrow(m,n)$ $q_s = \lambda \Delta x \cdot \frac{1}{2} \frac{t_{m,n-1}-t_{m,n}}{\Delta y}$	
界面 w $(m-1,n)\rightarrow(m,n)$ $\Phi_w = \lambda \Delta y \cdot \frac{t_{m-1,n}-t_{m,n}}{\Delta x}$	单元内热源 $\dot{\Phi} \cdot \frac{3}{4}\Delta x \Delta y$	界面 e $(m+1,n)\rightarrow(m,n)$ $\Phi_e = \lambda \Delta y \cdot \frac{1}{2}\frac{t_{m+1,n}-t_{m,n}}{\Delta x}$
	界面 s $(m,n+1)\rightarrow(m,n)$ $\Phi_r = \lambda \Delta x \cdot \frac{t_{m,n+1}-t_{m,n}}{\Delta y}$	界面 p,g 边界$\rightarrow(m,n)$ $\Phi_p = \Phi_w \cdot \frac{1}{2}\Delta y / \Phi_g = \Phi_w \cdot \frac{1}{2}\Delta x$

2. 有限差分方程的求解

（1）直接解法

前面已指出，有限差分方程组的求解方法分为直接解法及迭代法两大类。直接解法是指通过有限次运算获得代数方程精确解的方法，像矩阵求逆、高斯消元法等均属于此种方法。例如对于一个 N 维的有限差分方程组，需要求解 N 个未知节点上的温度场，可列出关于这 N 个未知量的方程：

$$a_{11}t_1+a_{12}t_2+\cdots+a_{1N}t_N=C_1$$
$$a_{21}t_1+a_{22}t_2+\cdots+a_{2N}t_N=C_2$$
$$\cdots\cdots\cdots\cdots\cdots\cdots\cdots\cdots\cdots\cdots$$
$$a_{N1}t_1+a_{N2}t_2+\cdots+a_{NN}t_N=C_N$$

(2-58a)

写成矩阵形式

$$[A][t]=[C]$$

(2-58b)

得到温度 t 的直接求解表达式

$$[t]=[A]^{-1}[C]$$

(2-58c)

由于计算机内存和时间的限制，矩阵求逆方法适用于少量未知节点温度。对于较大数量的方程组，迭代法是首选的。

（2）迭代法

在迭代法中先要设定各个节点的温度初场，在迭代计算过程中不断予以改进，直到收敛为止。迭代法中应用较广的是高斯-赛德尔（Gauss-Seidel）法，现以简单的三元方程组为例说明其实施步骤。设有一个三元方程组，记为

$$\begin{cases} a_{11}t_1+a_{12}t_2+a_{13}t_3=C_1 \\ a_{21}t_1+a_{22}t_2+a_{23}t_3=C_2 \\ a_{31}t_1+a_{32}t_2+a_{33}t_3=C_3 \end{cases}$$

(2-59a)

式中：$a_{ij}(i,j=1,2,3)$ 及 $C_i(i=1,2,3)$ 假定为已知的不为零的常系数。采用高斯-赛德尔法求解的步骤如下：

1）写成温度的显式形式的表达式（迭代方程）

$$\begin{cases} t_1=\dfrac{1}{a_{11}}(C_1-a_{12}t_2-a_{13}t_3) \\ t_2=\dfrac{1}{a_{22}}(C_2-a_{21}t_1-a_{23}t_3) \\ t_3=\dfrac{1}{a_{33}}(C_3-a_{31}t_1-a_{32}t_2) \end{cases}$$

(2-59b)

此处需要注意的是，根据显式形式的收敛要求，系数需要满足主对角占优，即

$$\begin{cases} |a_{11}| \geq |a_{12}|+|a_{13}| \\ |a_{22}| \geq |a_{21}|+|a_{23}| \\ |a_{33}| \geq |a_{31}|+|a_{32}| \end{cases}$$

(2-59c)

在用热平衡法导出差分方程时，上述条件必满足，迭代一定收敛，感兴趣的读者可自行查阅相关资料进行证明。

2）设定 $k=0$ 的初始值作为迭代初场，记为 $t_1^{(0)},t_2^{(0)},t_3^{(0)}$。

3）迭代过程的每一个 t_i 值用最接近的 t_i 值来进行计算。

$$\begin{cases} t_1^{(k+1)} = \dfrac{1}{a_{11}}\left[C_1 - a_{12} t_2^{(k)} - a_{13} t_3^{(k)} \right] \\ t_2^{(k+1)} = \dfrac{1}{a_{22}}\left[C_2 - a_{21} t_1^{(k+1)} - a_{23} t_3^{(k)} \right] \\ t_3^{(k+1)} = \dfrac{1}{a_{33}}\left[C_3 - a_{31} t_1^{(k+1)} - a_{32} t_2^{(k+1)} \right] \end{cases} \quad (2\text{-}59\text{d})$$

式中：上角标(k)及$(k+1)$表示迭代次数。以计算所得之值作为初场,重复上述计算过程,直到相邻两次迭代值之差小于允许值。

4) 判断迭代过程是否已经收敛。判断迭代是否收敛的常用判据有以下三种,分别对应绝对偏差、相对偏差和最大偏差：

$$\begin{cases} \max \left| t_i^{(k+1)} - t_i^{(k)} \right| \leqslant \varepsilon \\ \max \left| \dfrac{t_i^{(k+1)} - t_i^{(k)}}{t_i^{(k)}} \right| \leqslant \varepsilon \\ \max \left| \dfrac{t_i^{(k+1)} - t_i^{(k)}}{t_{\max}^{(k)}} \right| \leqslant \varepsilon \end{cases} \quad (2\text{-}59\text{e})$$

其中,ε值常在10^{-3}和10^{-6}之间,视具体情况和迭代收敛曲线的平滑程度而定。$t_{\max}^{(k)}$为第k次迭代计算所得的计算区域中的最大值。通常采用相对偏差作为判据；当计算区域中有接近于零的t时,宜采用最大偏差。

本 章 小 结

本章首先从傅里叶定律切入,介绍了不同物质导热的机理,傅里叶定律的解释与适用范围；接着介绍了重要的热物理参数,其中读者应着重掌握导热系数λ与热扩散率a的定义与物理意义；之后介绍了导热微分方程,从微元体能量守恒的角度,构造了笛卡儿坐标系中三维非稳态导热微分方程的一般形式,对于方程中各项的物理意义,读者应着重掌握；最后由导热微分方程出发,讨论特殊情况与常用几何的解析解,并且介绍了工程中广泛应用的肋片及其导热机理。以下整理了本章的重要知识点,旨在帮助读者复习。

(1) 理解热流密度矢量。热流密度矢量可以表示为$\boldsymbol{q} = -\lambda \nabla t$,即$\boldsymbol{q} = q_x \boldsymbol{x} + q_y \boldsymbol{y} + q_z \boldsymbol{z}$。

(2) 热扩散率$a = \dfrac{\lambda}{\rho c}$表征物质传播温度变化能力大小或对热力学环境变化的响应速度。

(3) 导热微分方程是由能量守恒与傅里叶定律推导得到的。注意掌握导热微分方程各项的物理意义。

(4) 导热微分方程根据问题可简化为四种形式：导热系数为常数,导热系数为常数且无内热源,稳态常物性,稳态常物性、无内热源。后两者是本章讨论的主要依据。

(5) 定解条件分为初始条件和边界条件,其中边界条件类型又分为三种,如表2-8所示。

表 2-8 边界条件类型

边界条件类型	条件
第一类边界条件	$\tau>0$ 时，$t(0,\tau)=t_w$
第二类边界条件	$\tau>0$ 时，$-\lambda\left(\dfrac{\partial t}{\partial n}\right)_w=q_w$
第三类边界条件	$-\lambda\left(\dfrac{\partial t}{\partial n}\right)_w=h(t_w-t_f)$

（6）当考虑导热系数与温度呈线性关系时，可直接用计算区域平均温度下的 $\overline{\lambda}$ 代替原式的 λ 进行计算。

（7）对于四种简单几何导热问题，即单层平壁、多层平壁、单层圆筒壁与多层圆筒壁，本章基于三种方法：求解简化后的导热微分方程、能量守恒与傅里叶定律结合、热阻法，推导了其解析解，读者应根据具体问题选择合适的方法简化问题求解。

（8）对于如下几种典型的一维描述读者应注意简化问题，平壁问题中的无限大，则可简化为厚度方向的一维导热；圆筒壁问题中的无限长，则可简化为径向的一维导热问题；对于轴对称问题，读者也应熟练掌握将其对称面简化为绝热面，只研究一侧的处理方法，绝热面的边界条件为 $-\lambda\left(\dfrac{\partial t}{\partial n}\right)_w=0$（对称面在 w 处）。

（9）实际多层壁面导热存在由于不完全贴合导致的接触热阻，在一些情况下会大大降低当量导热系数，从而影响传热效果，不可忽视。

（10）本章仅讨论了均匀内热源的问题，当求解有内热源的问题时，应注意在微元体能量守恒式中加上内热源带来的热量。同时对有内热源的对流换热的问题，可从整体的角度分析，稳态时物体由内热源带来的能量等于被外部流体带走的能量，使物体内部温度分布不变。

（11）肋片上稳态导热问题：肋片的导热微分方程 $\dfrac{d^2 t}{dx^2}-\dfrac{hP}{\lambda A_c}(t-t_f)=0$。肋效率表征肋片散热的有效程度，定义为 $\eta_f=\dfrac{实际散热量}{假设整个肋表面处于肋基温度下的散热量}=\dfrac{\tanh(ml)}{ml}$，常用于计算肋片散热量。肋片总效率表征的是计入肋基之间面积的一组肋面的散热有效程度，定义为 $\eta_o=\dfrac{\varPhi_t}{\varPhi_{\max}}=1-\dfrac{NA_f}{A_t}(1-\eta_f)$。

（12）导热问题数值求解的基本思想，了解六个步骤的基本内容。

（13）热平衡法求解稳态导热问题的基本步骤，并能写出节点离散方程。

思 考 题

2-1 本章中提出了三种一维稳态导热问题的求解思路，试阐述三种求解思路及其适用场合。

2-2 阐述一种近 10 年提出的超级导热材料的材料特征并简要介绍其在工业中的具体应用。

2-3 双层玻璃相比单层玻璃在冬天可以更好地起到隔热效果,试给出双层玻璃的改型思路以进一步提高双层玻璃的隔热效果。

习 题

平壁导热

2-1 热流计法是常用的导热系数测量方法,操作时将一定厚度的试样放置于两个平板之间,在与平板垂直的方向上通入恒定的热流,再将经修正过的传感器置于平板和试样之间,测量通过试样的热流大小。当观察到两个冷热板的温差趋于定值时,读取试样上下表面温度和通过试样的热流量。该方法可用于测量导热系数低于 20 W/(m·K)的固体或液体。测试中观察到温度分布呈稳态,试样上表面温度为 64 ℃,下表面温度为 25 ℃,热流计读数为 12 100 W/m^2,试样厚度为 15 mm,试求试样的导热系数。

2-2 根据防火要求,沿街房屋外墙需采用岩棉[导热系数为 0.036 W/(m·K)]等 A 级防火保温材料。已知房屋外墙采用一层混凝土板(δ_1 = 200 mm)、一层岩棉(δ_2 = 30 mm),混凝土板的导热系数为 0.79 W/(m·K),有效换热面积为 40 m^2。若室外温度为 38 ℃,室内温度由空调保持在 26 ℃,室内外壁面的表面传热系数分别为 2.5 W/(m^2·K)及 3.2 W/(m^2·K)。考虑室内电器的散热功率为 300 W,求空调的制冷功率。

2-3 冷藏室壁面常采用聚氨酯材料,其导热系数为 0.021 W/(m·K),热阻极大的同时具有防潮、防水性能。已知一冷藏室壁面采用聚氨酯材料,厚度为 240 mm,换热面积为 40 m^2,室外的温度为 26 ℃,室内外壁面的表面传热系数分别为 1.2 W/(m^2·K)及 2.5 W/(m^2·K)。为维持冷藏室内温度恒定为 -7 ℃,试计算冷藏室的冷却功率。由于冷藏室内水汽过重,室内壁结了一层冰,冰[导热系数为 2.22 W/(m·K)]的平均厚度经测量为 12 mm,在相同的冷却功率下,结冰后冷藏室室内温度如何变化?

2-4 国家标准中规定平均温度不高于 350 ℃ 时,导热系数不大于 0.08 W/(m·K)的材料称为保温材料。若一墙面厚度为 27 mm,导热系数为 1.2 W/(m·K),现计划在墙面外侧增加一层保温材料,导热系数为 0.036 W/(m·K),在墙内侧温度 370 ℃、热流密度为 921 W/m^2 的情况下,使墙外侧温度低于 70 ℃,试求保温材料厚度。若使用常见的红砖[导热系数为 0.49 W/(m·K)]增加墙体保温能力,试求所需红砖的厚度。

2-5 有一个方形的粮仓,截面边长 25 m,仓壁四周和上顶厚 0.4 m,高 25 m,导热系数为 0.4 W/(m·K),粮仓内外空气温度分别为 15 ℃ 和 25 ℃,表面传热系数分别 4 W/(m^2·K)和 12 W/(m^2·K)。试求通过粮仓的散热量。

2-6 太阳能电池板的光电转化效率与温度有关。已知太阳能电池板由一层 4 mm 厚的玻璃(导热系数 0.69 W/(m·K))、一层 0.1 mm 厚的胶合剂(导热系数 145 W/(m·K))、一层极薄的多晶硅与底部的基质组成,太阳能电池板受到太阳辐射能为 600 W/m^2,其中 10% 在表面反射,剩下 90% 由下层的硅元件吸收转化为电能,已知光电转化效率是温度的函数 $\eta = 0.61 - 0.002t_{si}$,其中 t_{si} 是硅层的温度。0.81 m^2 太阳能电池板置于 34 ℃ 的空气中,表面传热系数为 3.6 W/(m^2·K)。试求太阳能板的发电功率。

2-7 火车玻璃窗由两层玻璃及其间的空气间隙组成,玻璃每层厚度都为 δ_1 = 6 mm,空气间隙厚度为 δ_2 = 5 mm。冬天车窗内外的温度分别为 t_{f1} = 24 ℃ 和 t_{f2} = -10 ℃。内表面的表面传热系数为 h_{f1} = 12 W/(m^2·K),外表面的表面传热系数为 h_{f2} = 52 W/(m^2·K)。已知玻璃的导热系数 λ_1 = 0.78 W/(m·K),空气的导热系数 λ_2 = 0.022 4 W/(m·K)。不考虑空气间隙的自然对流。试确定该玻璃的热损失(即透过玻璃的热流密度)。

2-8 上题中若采用单层玻璃,其他条件不变,其热损失是双层玻璃的多少倍?

2-9 提高燃气进口温度是提高航空发动机效率的有效方法。为了使发动机的叶片能承受更高的温度而不至于损坏,叶片均用耐高温的合金制成,同时还提出了在叶片与高温燃气接触的表面上涂以陶瓷材料薄层的方法,叶片内部通道则由从压气机来的空气予以冷却。陶瓷层的导热系数为 1.2 W/(m·K),耐高温金属合金能承受的最高温度为 1 300 K,其导热系数为 24 W/(m·K)。耐高温合金与陶瓷层之间有一薄层黏结材料,其造成的接触热阻为 10^{-4} m^2·K/W。如果燃气的平均温度为 1 750 K,与陶瓷层间的表面传热系数为 1 000 W/(m^2·K),

冷却空气的平均温度为 400 K,与内壁间的表面传热系数为 500 W/(m²·K),试分析此时耐高温合金是否可以安全地工作。

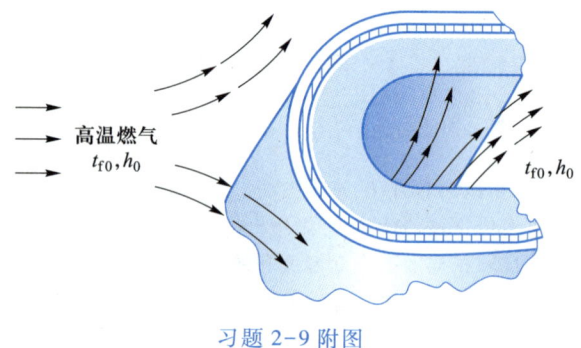

习题 2-9 附图

圆筒壁

2-10 一锅炉外壁受 1 000 ℃烟气加热,锅炉外径为 1 200 mm,壁厚 50 mm,导热系数为 42 W/(m·K),烟气与锅炉外壁的表面传热系数为 100 W/(m²·K),锅炉内为沸水,与内壁的表面传热系数为 3 900 W/(m²·K),试计算锅炉壁单位长度上的热负荷。

2-11 已知电线中铜丝直径为 5 mm,单位长度电阻为 2.7×10^{-3} Ω,外有厚度为 0.8 mm 的绝缘层,导热系数为 0.48 W/(m·K),该绝缘层不耐高低温,工作的温度范围为 $-10 \sim 60$ ℃。试求该电线可用电流大小。

2-12 一根直径为 30 mm,长度为 400 mm 的钢柱,导热系数为 40 W/(m·K),两端分别与 120 ℃、50 ℃ 的两个恒温热源接触。(1) 若钢柱侧面绝热,求钢柱内的温度分布。(2) 若钢柱置于 25 ℃ 的环境中,空气与钢柱侧面的表面传热系数为 2.5 W/(m²·K),试求钢柱体单位时间内从两个热源获得的热量。

2-13 一管道长为 $l(l \gg d)$,内径 $d_1 = 50$ mm,外径 $d_2 = 65$ mm,管道外覆盖一保温层,其厚度 $\delta = 35$ mm,管道内表面温度 $t_1 = 300$ ℃,导热系数为 $\lambda_1 = 18$ W/(m·K),保温层材料导热系数 $\lambda_2 = 0.12$ W/(m·K),环境温度 $t_f = 20$ ℃,保温层与环境表面传热系数 $h = 8$ W/(m²·K)。求保温材料与管道交界面的热流密度。

2-14 液化天然气储存罐内筒的工作温度为 -162 ℃,常采用真空多层绝热设计保证天然气呈液态。一液化天然气储存罐内筒内径为 2 300 mm,筒长 6 000 mm,采用膨胀珍珠岩材料,壁厚为 $\delta_1 = 12$ mm,导热系数为 $\lambda_1 = 0.05$ W/(m·K)。内筒外绝热层厚度为 20 mm,采用铝箔纸与玻璃纤维纸交替布置的形式,其中铝箔纸厚度为 $\delta_2 = 1.2$ mm,导热系数为 $\lambda_2 = 0.037$ W/(m·K),玻璃纤维纸厚度为 $\delta_3 = 8.8$ mm,导热系数为 $\lambda_4 = 0.03$ W/(m·K),夹层间进行高真空处理,忽略接触热阻。试求在温度为 20 ℃,表面传热系数为 2.1 W/(m²·K) 的环境储藏时,该储存罐壁面的热流量。

球壳

2-15 佩戴隐形眼镜后,眼球的散热性质发生了变化。已知将眼球近似视为球体,角膜层的内径 $r_1 = 10$ mm,角膜厚度为 $\delta_2 = 2.5$ mm,导热系数为 $\lambda_2 = 0.35$ W/(m·K),佩戴的隐形眼镜厚度为 $\delta_3 = 3.8$ mm,覆盖眼球 1/3 的面积,导热系数为 $\lambda_3 = 0.8$ W/(m·K)。角膜内液体温度为 $t_i = 37$ ℃,$h_i = 12$ W/(m²·K),眼睛外部环境 $t_o = 37$ ℃,$h_o = 4$ W/(m²·K)。试求佩戴隐形眼镜前后,透过角膜的散热量。

2-16 一小型球形加热罐的外径为 $r_1 = 800$ mm,壁面为厚度 $\delta_2 = 20$ mm 的塑料,导热系数为 $\lambda = 0.15$ W/(m·K)。为保证罐内气体温度 $t_i = 770$ ℃,气体与内壁表面传热系数为 1 200 W/(m²·K),置

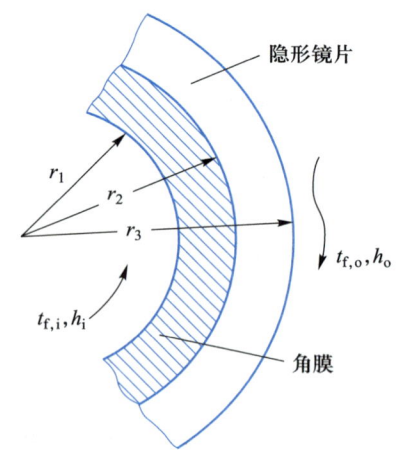

习题 2-15 附图

于 $t_o = 32\ ℃$ 的环境中,表面传热系数为 $14\ W/(m^2·K)$。试求加热罐内壁温度。

2-17 使用冷冻手术刀可杀死有害的体内组织且造成的创口较小。冷冻手术刀的刀头为球体,直径为 3 mm,插入体内的刀头温度保持为 $-35\ ℃$,待去除组织的温度为 $36.5\ ℃$,在刀周围凝结成球状的结构,导热系数 $\lambda = 2\ W/(m·K)$。冷冻的组织球体外表面温度达到 $-4\ ℃$,正常组织与冻结组织之间的换热可等效为表面传热系数为 $50\ W/(m^2·K)$ 的对流换热。试计算冻结组织的厚度。

变截面

2-18 试比较如图所示的三种一维导热问题的热流量大小:凸面锥台、圆柱、凹面锥台。三种形状物体的直径与 x 轴的关系可统一表示为 $d = ax^n$,其中 a 与 n 之值如下:

	凸面锥台	圆柱	凹面锥台
a	0.506	0.08	20.24
n	0.5	0	1.5

三种形状入口的直径一致,两端面温度均为 t_1, t_2。

带内热源

2-19 电子元件芯片的微型化使其散热问题越发突出。若一芯片材料为硅,厚度为 3 mm,截面是边长 50 mm 的正方形,导热系数为 $0.21\ W/(m·K)$,在正常使用时该芯片功率为 25 W。硅质下方连有一层铝质基板,厚度为 8 mm,导热系数为 $239\ W/(m·K)$,不考虑两层间的接触热阻。该芯片采用风冷,上下方空气温度为 24 ℃,表面传热系数为 $120\ W/(m^2·K)$。试求芯片上的最高温度。(芯片侧面视为绝热。)

2-20 核反应堆内一压力容器受射线加热,可视其壁面有内热源 $\dot{\Phi} = \dot{\Phi}_0 e^{-ar}$,壁面内径 r_1,温度为 t_1,外径为 r_2,温度为 t_2,达到热平衡。试求:(1)容器壁径向的温度分布;(2)外壁面的热流密度;(3)单位长度压力容器受到的 γ 射线加热功率。

肋片

2-21 现有一铝制等截面直肋,肋高为 30 mm,肋厚为 2 mm,铝材的 $\lambda = 140\ W/(m·K)$,周围空气的温度为 20 ℃,空气与肋片的表面传热系数为 $h_f = 50\ W/(m^2·K)$。若已知肋基温度为 50 ℃,求肋片内的温度分布和散热量。

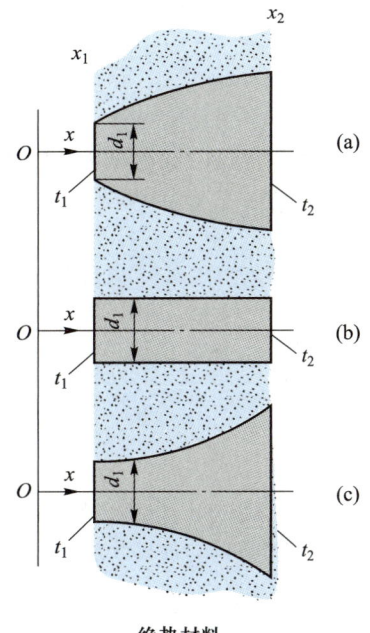

习题 2-18 附图

2-22 使用套管温度计测量热力管道中的蒸汽温度时,测量精度受套管材料影响。现有铜制套管(导热系数 $\lambda_{Cu} = 390\ W/(m·K)$)和钢制套管(导热系数 $\lambda_{Steel} = 50\ W/(m·K)$),两者尺寸一致,外径 $d = 10$ mm,厚度 $\delta = 1.2$ mm,高 $H = 140$ mm,表面传热系数分别为 $h_{Cu} = 20\ W/(m^2·K)$,$h_{Steel} = 16\ W/(m^2·K)$。管壁温度 $t_0 = 25\ ℃$,蒸汽的实际温度为 75 ℃。试求两种温度计测得的蒸汽温度。

2-23 一变截面肋片的肋宽 $w(x) = 48 - 0.4x (0 < x < L)$,长度 $L = 36$ mm、厚度 $\delta = 10$ mm 均为常数。已知肋基温度 $t_b = 90\ ℃$,环境温度 $t_f = 18\ ℃$,表面传热系数 $h_f = 1.8\ W/(m^2·K)$,该肋片的导热系数 $\lambda = 28\ W/(m·K)$。试

列出该肋片的导热微分方程,并计算通过肋片的热流量。

稳态数值

2-24 有一输气通道,外部温度为 $t_{f1} = 22\ ℃$,与壁面的表面传热系数 $h_{f1} = 33\ \text{W}/(\text{m}^2 \cdot \text{K})$,内部流有温度为 $t_{f2} = 175\ ℃$,表面传热系数为 $h_{f2} = 120\ \text{W}/(\text{m}^2 \cdot \text{K})$,通道壁厚 $\Delta x = \Delta y = 25\ \text{mm}$,导热系数 $\lambda = 49\ \text{W}/(\text{m} \cdot \text{K})$。试求列出图中点 $(m-1, n+1)$、点 $(m-1, n)$、点 (m, n) 的离散方程。

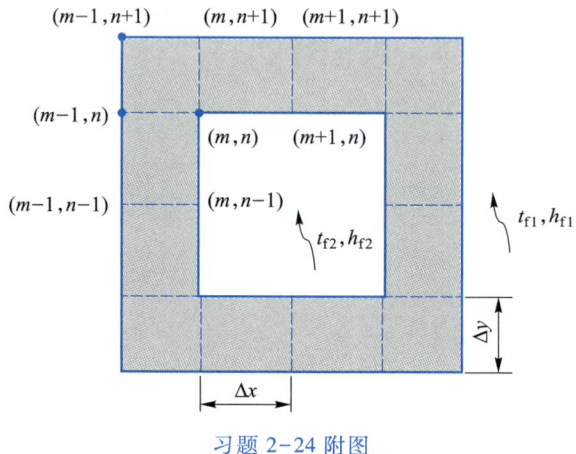

习题 2-24 附图

2-25 有如图所示的等截面直肋,已知 $t_0 = 122\ ℃$,环境温度 $t_f = 30\ ℃$,表面传热系数 $h_f = 45\ \text{W}/(\text{m}^2 \cdot \text{K})$,该肋片的导热系数为 $\lambda = 76\ \text{W}/(\text{m} \cdot \text{K})$。试求:(1) 节点 2、3、4 的离散方程;(2) 节点 2、3、4 的温度。

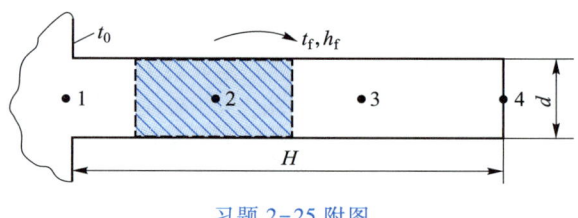

习题 2-25 附图

2-26 以极坐标区域内(如附图所示)的二维、稳态、无内热源、各向同性的导热问题为例,列出处于第三类边界条件下节点 (i, j) 的离散方程。

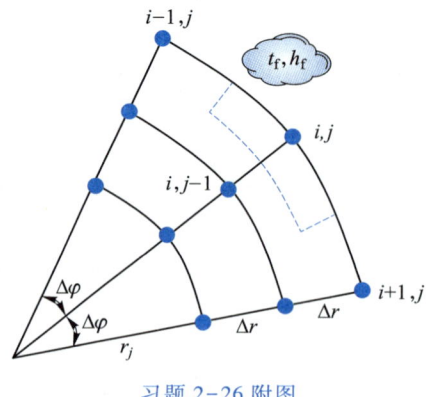

习题 2-26 附图

参 考 文 献

[1] 杨世铭,陶文铨. 传热学[M]. 5版. 北京:高等教育出版社,2019.

[2] KAVIANY M. Heat transfer physics[M]. 2nd ed. Cambridge:Cambridge University Press,2014.

[3] ECKERT E R G,DRAKE R M. Analysis of heat and mass transfer[M]. New York:Hemisphere Publishing Corporation,1987.

[4] KREITH F,BOHN M S. Principle of heat transfer[M]. 5th ed. Boston:PWS Publishing Company,1997.

[5] KLEMENS P G. Thermal conductivity and lattice vibrational modes[J]. Solid State Physics. 1958,7:1-98.

[6] 施明恒,薛宗荣. 热工实验的原理和技术[M]. 南京:南京大学出版社,1992.

[7] 闵凯,刘斌,温广. 导热系数测量方法与应用分析[J]. 保鲜与加工,2005,5(6):35-38.

[8] YANG H S,BAI G R,THOMPSON L J,et al. Interfacial thermal resistance in nanocrystalline yttria-stabilized zirconia[J]. Acta Materialia,2002,50(9):2309-2317.

[9] FOUST O J. Sodium chemistry and physical properties[M]. New York:Gordon and Breach,1972.

[10] 马庆芳,方荣生,项立成,等. 实用热物理性质手册[M]. 北京:中国农业机械出版社,1986.

[11] 姜任秋. 热传导、质扩散与动量传递中的瞬态冲击效应[M]. 北京:科学出版社,1997.

[12] 刘静. 微米/纳米尺度传热学[M]. 北京:科学出版社,2001.

[13] 吕曜,宋青林,夏善红. 固体微/纳米尺度传热理论研究进展[J]. 物理学进展,2004,24(4):424-435.

[14] CHEN G. Particularities of heat conduction in nanostructures[J]. Journal of Nanoparticle Research,2000,2(2):199-204.

[15] MIKIC B B. Thermal contact resistance[D]. Cambridge:Massachusetts Institute of Technology,1967.

[16] YOVANOVICH M M. Recent developments in thermal contact,gap and joint conductance theories and experiment[C]// Proceedings of the 8th International Heat Transfer Conference. San Francisco,CA,USA:Hemisphere Publishing Corporation,1986,1:35-45.

[17] BAHRAMI M,CULHAM J R,YOVANOVICH M M,et al. Thermal contact resistance of nonconforming rough surfaces,part 1:contact mechanics model[J]. Journal of Thermophysics and Heat Transfer,2004,18(2):209-217.

[18] 魏唐棣,胡鸣明,丁勇,等. 地源热泵冬季供暖测试及传热模型[J]. 暖通空调,2000,30(1):12-14.

[19] 陶文铨. 数值传热学[M]. 2版. 西安:西安交通大学出版社,2001.

[20] ANDERSON J D. 计算流体力学基础及其应用[M]. 吴颂平,刘赵淼,译. 北京:机械工业出版社,2007.

第三章
非稳态导热问题

本章讨论非稳态导热（瞬态导热）问题。首先简述非稳态导热的基本概念，然后由简单的零维问题到复杂的一维问题，依次介绍集中零维非稳态导热分析——集中参数法、半无限大物体的非稳态导热。典型一维物体非稳态导热的分析解以及一维非稳态导热问题的数值求解方法。最后总结求解非稳态导热问题的一般策略以及应用实例，如图3-1所示。

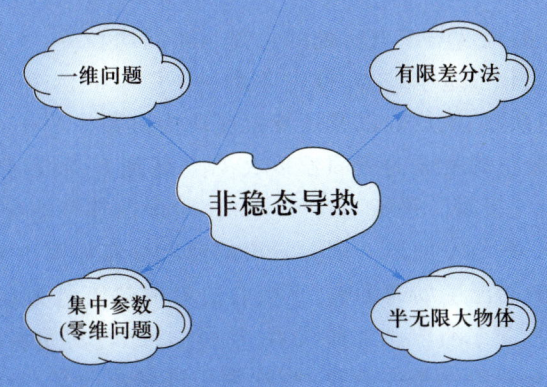

图3-1 非稳态导热问题的主体内容

3.1 非稳态导热的基本概念

3.1.1 非稳态导热的类型及特点

1. 非稳态导热的类型

根据导热微分方程的一般形式(3-1)，一个典型的非稳态导热(unsteady heat conduction)过程是温度随时间和物体内部位置变化而变化的传热过程。研究非稳态导热的主要目的有：① 获取物体内部随时间变化的温度场，或确定物体内部温度场达到某一限值所需要的时间；② 一段时间间隔内的物体的导热热流量。

$$\frac{\partial}{\partial x}\left(\lambda \frac{\partial t}{\partial x}\right)+\frac{\partial}{\partial y}\left(\lambda \frac{\partial t}{\partial y}\right)+\frac{\partial}{\partial z}\left(\lambda \frac{\partial t}{\partial z}\right)+\dot{\Phi}=\rho c_p \frac{\partial t}{\partial \tau} \tag{3-1}$$

在温度变化率很高(式(3-1)等号右侧的极高速非稳态导热)的情况下应当充分考虑非傅里叶导热带来的影响。根据温度随时间变化的规律，非稳态导热可以分为周期性和非周期性非稳态导热。在周期性非稳态导热中，物体中各点的温度和热流密度都随时间呈周期变化，如昼夜交替和季节更替引起建筑外壁的变化；而在非周期性非稳态导热中，当系统运行条件发生变化时，非稳态导热过程产生，直到达到新的稳态(热平衡)。

非稳态导热可以由以下变化导致：

(1) 表面对流条件的改变(h, t_f)；

(2) 表面辐射条件的改变(ε, T)，ε 表示发射率；

(3) 表面温度、热流量或者内热源产生的影响等。

本书主要介绍非周期性非稳态导热过程，对周期性非稳态导热感兴趣的读者可以自行查阅相关资料。

2. 非稳态导热的特点

在非稳态导热中，各点的温度与该点所处的位置与时间均相关，为定性说明非周期性非稳态导热过程中物体内部温度变化的基本趋势，首先考虑一个简单的例子：如图 3-2 所示，一个均匀的无限大平板，假设其导热系数、比热容以及环境温度均为常数。当 $\tau=0$ 时，平板各处的初始温度均为 t_0，在某一时刻，平板左侧表面的表面温度突然升高到 t_1，而右侧表面则保持第三类边界条件不变与温度 $t_f = t_0$ 的空气接触。平板内将发生两个阶段的非稳态导热过程，平板左右表面的热流量分别在图 3-2b 中以 Φ_1、Φ_2 给出。第一阶段的温度分布如图中 $G\text{-}B\text{-}D$、$G\text{-}C\text{-}D$ 所示，此时平板内的温度分布受到初始温度场的影响，平板右边界的热流量为 0，这一阶段称为非正规状况阶段(non-regular regime)；第二阶段则如曲线 $G\text{-}E$ 所示，此时初始温度分布的影响已经消失，物体温度随时间变化主要受到边界条件的控制，称为正规状况阶段(regular regime)。随着时间的继续推移，当平板的左右表面热流量相等时，平板内温度分布如曲线 $G\text{-}F$ 所示。此时平板内的温度不再随时间变化，系统进入到新的稳态阶段。

对平板左右两侧流入和流出热流量进行分析。根据傅里叶定律，初始时刻平板左侧温度梯度大，热流量 Φ_1 最大，随着温度扩散图中，Φ_1 逐渐降低，到达到新的平衡。而对于平板的右侧，

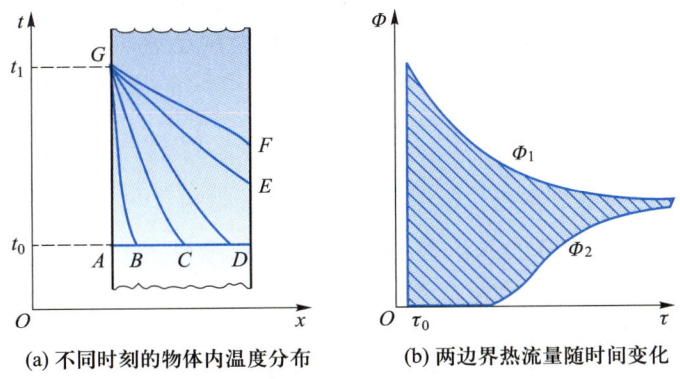

(a) 不同时刻的物体内温度分布　　(b) 两边界热流量随时间变化

图 3-2　非稳态导热过程

平板开始处于非正规状况阶段,到达正规状况后,根据牛顿冷却公式,随着温度的升高,热流量增大,稳定阶段后 Φ_2 与 Φ_1 平衡。曲线 Φ_1、Φ_2 之间的阴影部分表示在整个非稳态导热过程中平板升温所吸收的热量。

具有非正规状况和正规状况两个阶段是非周期性非稳态导热相对于周期性非稳态导热的主要特点之一。正规状况阶段的温度场计算比非正规状况阶段要简单得多,且一般在整个非稳态导热过程中占大部分的时间阶段,因此对正规状况阶段的计算是处理非稳态导热问题的重点。

非稳态导热的分类图如图 3-3 所示,其基本特点包括:

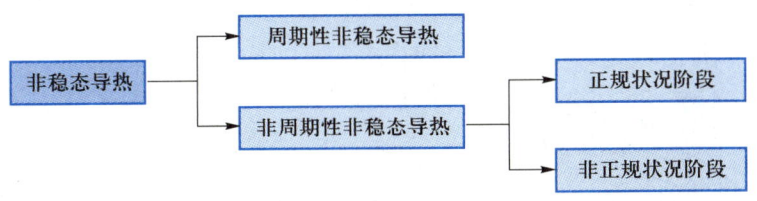

图 3-3　非稳态导热的分类示意图

(1) $\dfrac{\partial t}{\partial \tau} \neq 0$,任何的非稳态导热均伴随加热或冷却的过程;

(2) 非稳态导热过程中,在垂直于热流的方向,各个截面的热流量不相等,不适用热阻分析方法;

(3) 非周期性非稳态导热存在非正规状况阶段(初始阶段)与正规状况阶段;

(4) 非稳态导热的温度分布不仅取决于导热系数 λ(第二、三类边界条件),还取决于热扩散率 a。此处简单对比一下常温(20 ℃)的纯铜和黄金,常温下纯铜的导热系数 λ 大于黄金,而黄金的热扩散系数 a 是纯铜的约 1.1 倍,即若使同样厚度的纯铜和黄金在第一类边界条件下达到相同温度,黄金比铜快。感兴趣的读者可以比较常温下干空气和水的导热系数和热扩散系数,加深印象。

3.1.2　导热微分方程解的唯一性定律

第 2 章中已经指出,导热问题可以由导热微分方程及其定解条件进行描述,其中定解条件包含初始条件及边界条件。求解非稳态导热问题的实质就是对给定定解条件的导热微分方程进行求解。

数学上已经证明[3],通过导热微分方程与给定的定解条件描述的导热问题确定后,该导热问题的解 $t=f(x,y,z,\tau)$ 具有唯一性,即不可能同时存在两个满足导热微分方程与同一定解条件的不同解。这一结论称为导热微分方程解的唯一性定律。本章介绍的几种导热微分方程的分析解都是满足特定导热微分方程与定解条件的唯一解。

3.1.3 毕渥数的概念及对第三类边界条件下物体温度分布的影响

对于第三类边界条件下物体的非稳态导热情况,下面考虑一个简单情况。仍然以无限大平板为例,设平板厚度为 2δ,导热系数为 λ,初始温度为 t_0,两个表面均在温度为 t_f 的流体中冷却,表面传热系数为 h。此时平板内的温度分布主要与两个环节的热阻有关:平板导热的热阻 $R_{cond}=\delta/\lambda$,对流换热的热阻 $1/h$。由于这两个环节热阻的相对大小对平板内部的温度分布有重要的影响,定义导热热阻与对流热阻的比值为毕渥数(Bi),其表达式为

$$Bi = \frac{hl_c}{\lambda} \tag{3-2}$$

其中 l_c 为该特征数①的特征长度(characteristic length),对于厚为 2δ 的平板,这里取特征长度为 δ。根据 Bi 的不同,平板内的温度分布呈现出如图 3-4 所示的三种情况。

1) $Bi \to \infty$

此时,平板的导热热阻远大于对流换热热阻,因此在一开始平板外侧的温度很快降至 t_f,内部各点的温度则缓慢下降。

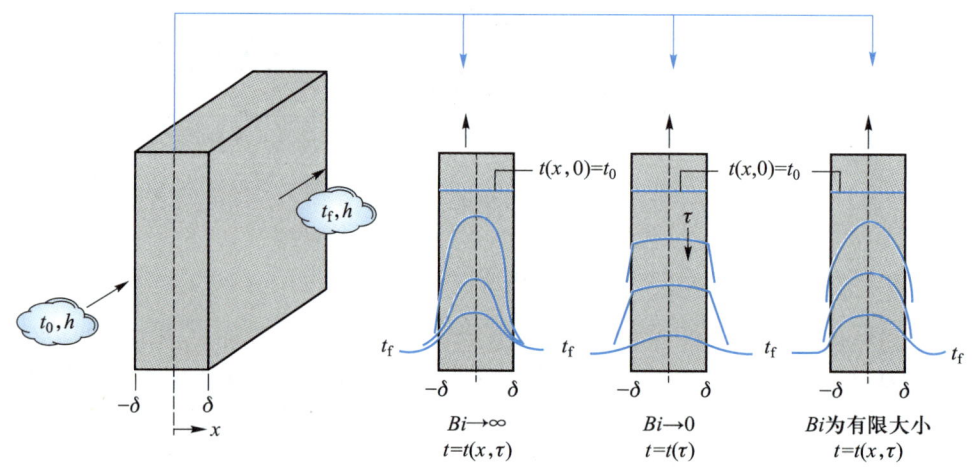

图 3-4 不同 Bi 对平板内温度分布的影响

2) $Bi \to 0$

当毕渥数趋近于 0 时,对流热阻远大于平板内导热的热阻,此时平板中心的热量很快向平板的边界传导,使其内部的温度分布接近均匀,并随时间的推移不断下降。

---

① 特征数(准则数):表征某一类物理现象或物理特征的无量纲数。

3) Bi 为有限大小

此时平板的导热热阻与对流换热的热阻接近,其内部温度分布也介于以上两种情况之间。

由 $Bi \to 0$ 时,物体内部的温度基本一致。可以认定在某一瞬态时刻 τ 的物体内部对应温度值与空间坐标无关,物体的质量 m 和热容量 ρC_p 均集中于一点上。此时热传导可以视作零维问题,用集中参数法(lumped capacitance method,LCM)进行分析。除了集中参数法,非稳态导热的求解还包括解析方式和有限差分法(finite difference method,FDM)等,以上三种方法(图3-5)将在后文中展开介绍。

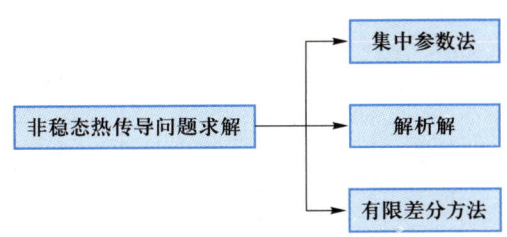

图 3-5 非稳态热传导求解的三种方法

3.2 零维非稳态导热分析——集中参数法

集中参数法的本质是,假设在瞬态过程中的任何时刻,固体的温度在空间上是均匀的,即温度在固体内部的扩散项可以忽略不计。温度分布仅与时间相关,而与空间坐标无关的一类问题,可以理解为将物体简化成一点,变为零维问题。这种将非稳态导热问题简化为仅与时间相关的零维问题的分析方法,就是集中参数法,非稳态导热问题的简化流程如图3-6所示。如果物体与其周围环境之间的传热阻力(即对流和/或辐射阻力)相比,物体内部的传导阻力很小,如上节提到的毕渥数 $Bi \to 0$,则可应用集中参数法分析。

3.2.1 集中参数法温度场的分析解

如图3-7所示,考虑任意形状物体的加热问题,假定任意物体的体积 V,表面积为 A_w,具有初始的温度 t_0,如图3-8所示。在初始时刻 $\tau = 0$ 时,将物体突然放置在温度为 t_f 的流体中,并设 $t_0 < t_f$。物体与流

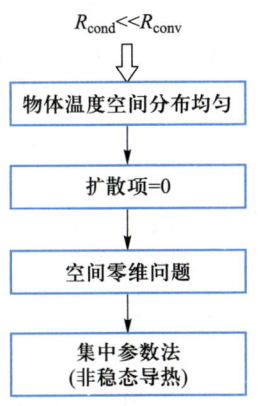

图 3-6 非稳态导热问题的简化流程

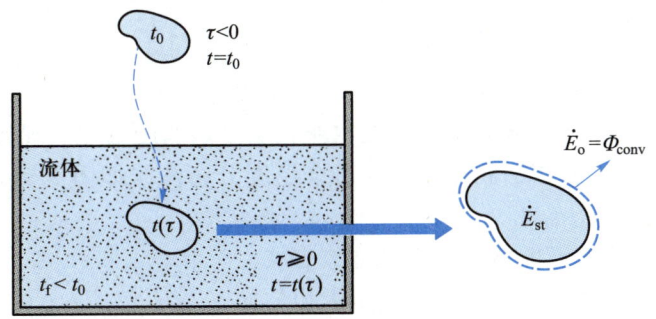

图 3-7 集中参数法示意图

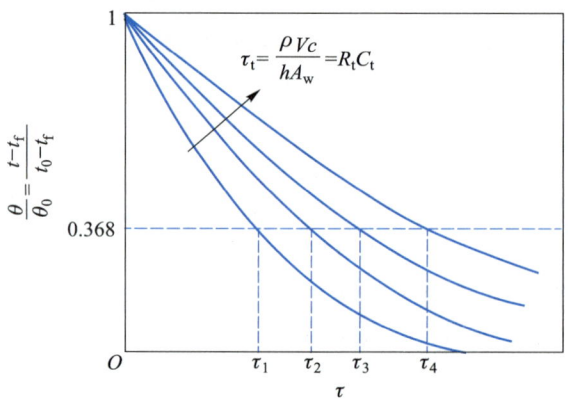

图 3-8　集中参数法物体无量纲过余温度分布曲线

体之间的表面传热系数 h 和物体的物性参数保持不变。

下面将尝试用集中参数法求解该物体内部温度场的演化过程。由于无能量进入控制体,无内热源,根据物体的能量守恒表达式有

$$\dot{E}_{in} + \dot{E}_{g} - \dot{E}_{out} = \dot{E}_{st} \rightarrow -\dot{E}_{out} = \dot{E}_{st} \tag{3-3}$$

式中:$\dot{E}_{in}$ 为通过物体边界流入物体的能量,$\dot{E}_{g}$ 为物体内热源生成的能量,$\dot{E}_{out}$ 为通过物体边界流出物体的能量,$\dot{E}_{st}$ 是物体能量的变化。

根据非稳态导热微分方程,忽略热扩散项,以对流传热为广义热源,得到

$$-hA_{w}(t-t_{f}) = \rho Vc \frac{dt}{d\tau} \tag{3-4}$$

初始条件:$\tau = 0, t = t_{0}$

需要注意的是,由于是零维问题,因此不需要引入边界条件,此处仅列出了初始条件。求解上述微分方程的思路是引入过余温度:

$$\theta = t - t_{f} \tag{3-5}$$

通过分离变量法求解。代入过余温度,上式变为

$$-hA_{w}\theta = \rho Vc \frac{d\theta}{d\tau}, \quad \tau = 0, \quad \theta = \theta_{0} \tag{3-6}$$

对上式进行分析求解,得到结果为

$$\frac{\theta}{\theta_{0}} = \frac{t-t_{f}}{t_{0}-t_{f}} = \exp\left[-\left(\frac{hA_{w}}{\rho Vc}\right)\tau\right] \tag{3-7}$$

上式表明,集中参数法将与时间空间相关的非稳态导热问题近似处理,最终得到了仅与时间相关的温度分布结果,集中参数法物体无量纲过余温度分布曲线如图 3-8 所示。非稳态导热求解显示:

(1) 物体与周围流体的温度差随时间呈指数衰减;

(2) 假设固体在任何时刻的温度在空间上是均匀的,$t(x,y,z,\tau) \approx t(\tau)$。

3.2.2 时间常数、傅里叶数和导热量计算

1. 时间常数

首先定义时间常数

$$\tau_t = \frac{1}{hA_w}\rho Vc = R_t C_t \tag{3-8}$$

式中:R_t 是对流换热热阻,$R_t = 1/(hA_w)$;C_t 是物体的集中热容量 $C_t = \rho Vc$。则式(3-7)得到

$$\frac{\theta}{\theta_0} = \frac{T-T_f}{T_0-T_f} = \exp\left[-\frac{\tau}{\tau_t}\right] \tag{3-9}$$

从上式看,当时间 $\tau=\tau_t$ 时,过余温度降低到初始过余温度的 36.8%;当时间 $\tau=4\tau_t$ 时,过余温度则降低到初始过余温度的 1.83%,基本认为导热体达到新的平衡。即时间常数 τ_t 越小,越能快速反映出流体温度的变化。因此,时间常数对用于测定流体温度的热电偶是一个重要的指标,能够说明热电偶对流体温度变动响应的快慢。时间常数越小,温度响应越快。时间常数不仅取决于物体的几何参数 V/A_w,密度 ρ,比热容 c,还与表面传热系数 h 相关。从物理含义上看,由于式(3-8)中的时间常数可以分为对流换热热阻和物体的热容量两项。当表面换热条件越好,换热热阻越小,温度的响应便越快;当物体的热容量越大,时间常数越大,温度的响应便会越慢。此处需要指出的是,集中参数法适用的条件是 $Bi\to 0$,因此,若采用增大 h 的方式强化对流换热需要满足 $Bi<0.1$ 的前提条件。

【思考】在某厂生产的热电偶说明书上,表明该热电偶的时间常数为 1 s,从传热角度分析其表述是否可信。

2. 傅里叶数

定义特征长度 $l_c = \dfrac{V}{A}$,将式(3-7)中的指数项进行变换得到

$$\frac{hA_w}{\rho Vc}\tau = \frac{hl_c}{\lambda}\cdot\frac{\lambda}{\rho c}\cdot\frac{\tau}{l_c^2} = Bi\frac{a\tau}{l_c^2} = BiFo \tag{3-10}$$

式中:Fo 为傅里叶数,

$$Fo = \frac{a\tau}{l_c^2} = \frac{\tau}{\dfrac{l_c^2}{a}} = \frac{热扰动开始到计算时刻的时间}{边界热扰动扩散到 \, l^2 \, 面积所用的时间} \tag{3-11}$$

傅里叶数 Fo 可以理解为两个具有不同含义的时间之比,是一个无量纲数。分子 τ 是从边界上开始发生热扰动起,到所计算时刻的时间,即换热时间;分母可以认为是边界热扰动穿过物体,扩散到 l^2 面积上所需的时间。故 Fo 表示非稳态导热过程进行的深度,Fo 越大,热扰动就能越深入地传播到物体内部,物体各点的温度就越接近周围介质的温度。

根据 Bi 和 Fo 的定义,对式(3-9)进行变形,得到集中参数法温度场分析解的另一种表示形式:

$$\frac{\theta}{\theta_0} = \frac{t-t_f}{t_0-t_f} = \exp(-BiFo) \tag{3-12}$$

3. 导热量计算

物体在换热边界上的瞬时热流量可以表示为

$$\Phi = \rho c \frac{\partial t}{\partial \tau} = hA_w\theta = hA_w\theta_0 \exp\left(-\frac{\tau}{\tau_t}\right) = hA_w\theta_0 \exp(-BiFo) \tag{3-13}$$

从初始时刻到某一时刻为止的时间间隔内,导热物体释放到流体中的热量可以由瞬时热流量对时间积分所得,对热流密度在时间域上积分可以得到总热量。物体增加的热量与物体释放的热量符号相反,计算式如下:

$$\Delta E_{st} = -\int_0^\tau q d\tau = -\rho Vc\theta_0[1-\exp(-\tau/\tau_t)] \tag{3-14}$$

3.2.3 集中参数法的适用范围

集中参数法能否应用的判别标准是毕渥数 Bi,当 $Bi \to 0$ 时,相对于表面换热热阻导热热阻可以忽略,此时固体内部各处的温度相等,此时可以应用集中参数法。但在实际应用过程中,对于不同几何形状的物体,判别标准存在略微的不同,主要是在特征长度的选取以及判别边界的大小。当限制近似解与精确解的偏差在5%以内时,对 Bi 数的计算和集中参数法的适用范围如下

$$Bi_V = \frac{hl_c}{\lambda} < 0.1M \tag{3-15}$$

对于下面几种简单几何形状,参照表3-1选取不同参数。

表 3-1　几种简单几何形状的特征参数取值

几何形状	特征长度 l_c	M
厚度为 2δ 的大平板	δ	1
横截面半径为 R 的长圆柱	$\dfrac{R}{2}$	$\dfrac{1}{2}$
半径为 R 的球体	$\dfrac{R}{3}$	$\dfrac{1}{3}$

工程上也可以统一为 $Bi_V = \dfrac{hl_c}{\lambda} < 0.1$,此时对于球,最大与最小的过余温度相差约为13%,对圆柱相差约为9%。若对于上述简单几何形状的物体,直接分别取特征长度 l_c 为 δ(厚为 2δ 的大平板),R(长圆柱),R(球),此时表达式统一为

$$Bi = \frac{hl_c}{\lambda} < 0.1 \tag{3-16}$$

需要指出的是选用 l_c 代替 l 的主要目的是可以便于分析复杂对象。综上所述,集中参数法是分析非稳态导热问题中最简单方便的方法,对不规则形状的物体同样适用;但是,由于假设物体内部各处温度相等,故不需要物体内部的温度分布情况;在使用集中参数法时,首先应该计算毕渥数 Bi,再通过 Bi 判断集中参数法是否适用。

【例 3-1】

一块厚 12 mm 的钢板（厚度远小于长、宽方向的尺寸），加热到 $t_0 = 500\ ℃$ 后置于 $t_f = 20\ ℃$ 的空气中冷却，设冷却过程中钢板两侧的平均表面传热系数为 $h = 35\ W/(m^2 \cdot K)$，试计算钢板冷却到 300 ℃ 所需要的时间。钢的物性参数如下：$\lambda = 45\ W/(m \cdot K)$，$\rho = 7\ 753\ kg/m^3$，$c = 0.48\ kJ/(kg \cdot K)$。

解：首先计算 Bi，判断能否应用集中参数法

$$l_c = \frac{V}{A} = \frac{12}{2} = 6\ mm$$

$$Bi = \frac{hl_c}{\lambda} = 0.004\ 7 < 0.1$$

应用集中参数法，计算时间常数

$$\tau_t = \frac{\rho c V}{hA} = 638\ s$$

代入公式(3-9)

$$\frac{\theta}{\theta_0} = \frac{t - t_f}{t_0 - t_f} = \exp\left(-\frac{\tau}{\tau_t}\right)$$

解算出时间

$$\tau = -\tau_t \ln \frac{t - t_f}{t_0 - t_f} = -638\ s \times \ln\left(\frac{300\ ℃ - 20\ ℃}{500\ ℃ - 20\ ℃}\right) = 344\ s = 0.096\ h$$

【例 3-2】

将某温度计插入温度较高的储气罐中测量气体温度，该温度计的水银泡可以近似为长 20 mm，内径 4 mm 的圆柱，并具有初始温度 t_0，忽略水银泡外一层薄玻璃的导热热阻，设水银泡和流体之间的表面传热系数为 $h = 12.75\ W/(m^2 \cdot K)$，试求插入 5 min 后，水银泡的过余温度是初始过余温度的百分之几？水银的物性参数如下：$\lambda = 10.3\ W/(m \cdot K)$，$\alpha = 5.72 \times 10^{-6}\ m^2/s$。

解：首先计算特征长度

$$l_c = \frac{V}{A} = \frac{\pi R^2 l}{\pi R^2 + 2\pi R l} = \frac{Rl}{R + 2l} = \frac{Dl}{D + 4l} = 0.000\ 7\ m$$

计算 Bi，判断能否应用集中参数法（对于圆柱，当 Bi 小于 0.05 时可以应用），

$$Bi = \frac{hl_c}{\lambda} = 8.67 \times 10^{-4} < 0.05$$

故可以应用集中参数法。

计算 Fo

$$Fo = \frac{\alpha \tau}{l_c^2} = 4\ 202$$

由式(3-12)得

$$\frac{\theta}{\theta_0} = \exp(-FoBi) = 2.617\%$$

【例 3-3】

空气与球体的表面传热系数可以通过观察纯铜球的温度-时间曲线来确定。该铜球的直径 $D = 12.7$ mm，具有初始温度 $t_0 = 66$ ℃。$\tau = 0$ 时，铜球被放入恒定 $t_f = 27$ ℃ 的空气中；$\tau = 69$ s 时，铜球表面的热电偶测得温度为 $t = 55$ ℃。试求空气与该铜球之间的表面传热系数 h。铜的物性参数为 $\rho = 8\,930$ kg/m³，$c = 0.386$ kJ/(kg·K)，$\lambda = 398$ W/(m·K)。

解：首先假设任何时刻铜球内各处温度都相等，应用集中参数法。由公式(3-9)得：

$$\frac{\theta}{\theta_0} = \frac{t - t_f}{t_0 - t_f} = e^{-\frac{\tau}{\tau_t}}$$

解得时间常数

$$\tau_t = -\frac{\tau}{\ln\left(\frac{\theta}{\theta_0}\right)} = -\frac{69 \text{ s}}{\ln\left(\frac{55\,℃ - 27\,℃}{66\,℃ - 27\,℃}\right)} = 208 \text{ s}$$

计算球体的特征长度

$$l_c = \frac{R}{3} = \frac{D}{6} = 2.12 \text{ mm}$$

算出表面传热系数

$$h = \frac{\rho c V}{\tau_t A} = \frac{\rho c l_c}{\tau_t} = 35.1 \text{ W/(m}^2\cdot\text{K)}$$

计算 Bi，判断应用集中参数法是否合理

$$Bi = \frac{h l_c}{\lambda} = 1.87 \times 10^{-4} < 0.033$$

故均一温度的假设是合理的。

3.3 半无限大物体的非稳态导热

学习完零维非稳态导热问题的分析方法，接下来将讨论一类特殊的一维非稳态导热问题。如实际生活中在地面下安装水管的问题，如图 3-9 所示，当地面遭遇寒流时，水管需要埋到多深才不会使得管中的水结冰。这类问题是一维平板的特殊情况——半无限大物体（semi-infinite body）。它的特性是从 $x = 0$ 的界面开始可以沿着 x 轴正向和垂直于 x 轴的方向无限延伸，该特性使得同一时刻下与 x 轴垂直的截面上物体温度都相等。

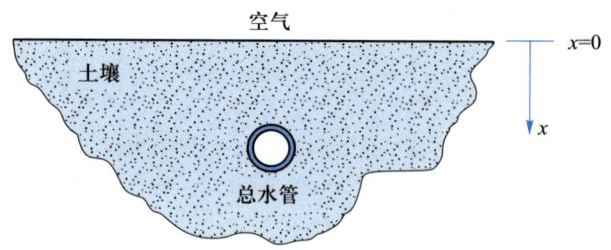

图 3-9 半无限大物体的概念

最初半无限大物体具有相同的温度 t_0，在 $\tau=0$ 时物体表面突然发生工况的突变（例如壁温突然升高到一恒定值、突然受到恒定的热流密度加热或者突然受到温度恒定的流体的加热），物体内部都会发生瞬态的一维导热过程，分析该过程内物体的温度随时间、空间的分布等特征，就是半无限大物体的非稳态导热问题的研究内容。对半无限大非稳态导热的研究可以用于两类实际问题的分析，一类是对近似无限大物体的分析，如将地球当作无限大物体，从而解决近地面的瞬态导热问题；另一类是在研究物体非稳态导热的初始阶段，当扰动仅对物体表面附近产生影响且尚未深入到物体内部时，就可以将该物体视为半无限大物体进行分析，即适用于非周期性非稳态导热中的非正规状况。

3.3.1 半无限大物体的温度控制方程和定解条件

考虑图 3-9 中的半无限大物体，初始温度均为 t_0。在 $\tau=0$ 时，$x=0$ 的壁面突然受到热扰动。热扰动可以归纳为图 3-10 中的三种形式：（1）壁面温度突然变化为 t_w（图 3-10a）；（2）突然受到恒为 q_0 的热流密度加热（图 3-10b）；（3）突然受到温度为 t_f 的流体加热（图 3-10c）。以上三种热扰动的形式构成了三类边界条件。以第一类边界条件为例，导热方程和定解条件为

$$\frac{\partial^2 t}{\partial x^2} = \frac{1}{\alpha}\frac{\mathrm{d}t}{\mathrm{d}\tau} \tag{3-17}$$

$$\tau=0, \quad t(x,0)=t_0$$
$$x=0, t(0,\tau)=t_w; \quad x\to\infty, t(x,\tau)=t_0$$

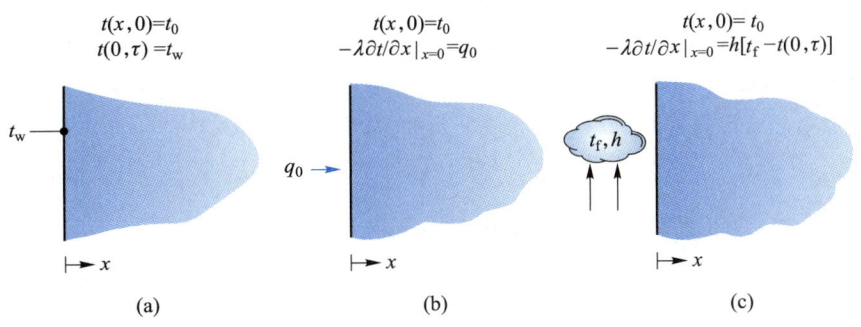

图 3-10　三种热扰动形式

3.3.2 三种边界条件下半无限大物体非稳态导热的分析解

本节直接给出三种边界条件下半无限大物体非稳态导热的分析解。对求解过程感兴趣的读者可以参阅相关文献学习。

1. 第一类边界条件

如图 3-11 所示引入过余温度 $\theta=t-t_f$，此时 $t_f=t_w$ 得到

$$\frac{\theta}{\theta_0} = \frac{t(x,\tau)-t_w}{t_0-t_w} = \mathrm{erf}\left(\frac{x}{2\sqrt{a\tau}}\right) \tag{3-18}$$

式中：$\mathrm{erf}\left(\dfrac{x}{2\sqrt{a\tau}}\right) = \dfrac{2}{\sqrt{\pi}}\displaystyle\int_0^{\frac{x}{2\sqrt{a\tau}}} \mathrm{e}^{-\eta^2}\mathrm{d}\eta$ 称为误差函数。

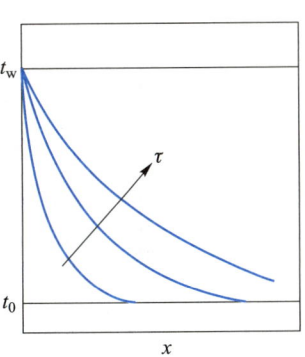

图 3-11　第一类边界条件

其部分的数值会在书末的附表Ⅰ误差函数选摘中给出。

根据傅里叶导热定律,可以由温度分布计算出通过任意截面 x 处的热流密度

$$q_x = -\lambda \frac{\partial \theta}{\partial x} = -\lambda \theta_0 \frac{1}{\sqrt{\pi a \tau}} \exp\left(\frac{-x^2}{4a\tau}\right) \tag{3-19}$$

壁面处的热流密度

$$q_w(\tau) = \frac{\lambda(t_w - t_0)}{\sqrt{\pi a \tau}} \tag{3-20}$$

从上式可以导出在 $[0,\tau]$ 时间间隔内半无限大物体表面与外界的换热量

$$Q = A\int_0^\tau q_w(\tau)\,\mathrm{d}\tau = -2A\sqrt{\frac{\tau}{\pi}}\sqrt{\rho c \lambda}\,\theta_0 \tag{3-21}$$

上述表明,瞬时热流密度 q_x 与 $\sqrt{\tau}$ 成反比;总导热量与 $\sqrt{\tau}$ 成正比、与 $\sqrt{\rho c \lambda}$ 成正比,其中 $\sqrt{\rho c \lambda}$ 又称为吸热系数,将在后面阐述。

2. 第二类边界条件

$$t(x,\tau) - t_0 = \frac{2q_0(a\tau/\pi)^{\frac{1}{2}}}{\lambda}\exp\left(\frac{-x^2}{4a\tau}\right) - \frac{q_0}{\lambda}\mathrm{erfc}\left(\frac{x}{2\sqrt{a\tau}}\right) \tag{3-22}$$

式中:$\mathrm{erfc}\left(\dfrac{x}{2\sqrt{a\tau}}\right) = 1 - \mathrm{erf}\left(\dfrac{x}{2\sqrt{a\tau}}\right)$ 被称为余误差函数。

如图 3-12 所示,通过表面的热流密度为

$$q_w = q_0 \tag{3-23}$$

3. 第三类边界条件

$$\frac{t(x,\tau) - t_0}{t_f - t_0} = \mathrm{erfc}\left(\frac{x}{2\sqrt{a\tau}}\right) - \exp\left(\frac{hx}{\lambda} + \frac{h^2 a\tau}{\lambda^2}\right)\mathrm{erfc}\left(\frac{x}{2\sqrt{a\tau}} + \frac{h\sqrt{a\tau}}{\lambda}\right) \tag{3-24}$$

如图 3-13 所示,通过表面的热流密度为

$$q_w = -\lambda \left.\frac{\partial t}{\partial x}\right|_{x=0} = h[t_f - t(0,\tau)] \tag{3-25}$$

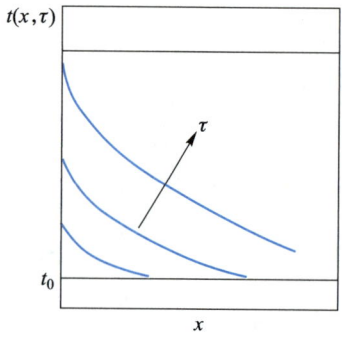

图 3-12 第二类边界条件

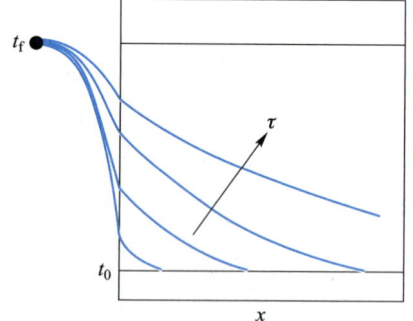

图 3-13 第三类边界条件

3.3.3 分析解的讨论

上述三种边界条件下的分析解都包含一个无量纲参数 $\eta = \dfrac{x}{2\sqrt{a\tau}}$，和误差函数 $\text{erf}(\eta)$，下面以第一类边界条件的解为例分析该无量纲参数的作用。

图 3-14 为误差函数 $\text{erf}(\eta)$ 随无量纲参数 η 的变化曲线。通过计算可知，当 $\eta = 2$ 时，$\text{erf}(\eta) = 0.9953$。结合第一类边界条件的分析解，可以认为当 $\eta \geq 2$ 时（即 $\dfrac{x}{2\sqrt{a\tau}} \geq 2$ 时）对应点的温度依旧等于 t_0，由此可以得到两个重要结论：

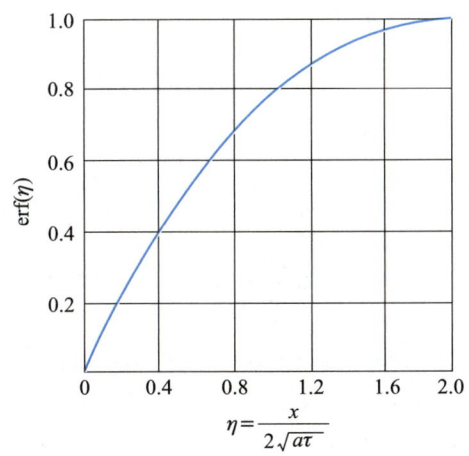

图 3-14 误差函数曲线

（1）从空间维度出发，如果 $x \geq 4\sqrt{a\tau}$，则在 τ 时刻 x 处的温度可以依旧认为等于初始温度，即温度相比初始状态未发生改变；

（2）从时间维度出发，如果 $\tau \leq \dfrac{x^2}{16a}$，则在该时间段内 x 处的温度可以认为不变，因此将 $\dfrac{x^2}{16a}$ 称为惰性时间，该时间段内 x 处的温度等于 t_0。

综合上述两个结论，当傅里叶数 $Fo = \dfrac{a\tau}{x^2} < \dfrac{1}{16} = 0.0625$ 时，可以认为物体处于非稳态导热的初始阶段，即可以将其当作半无限大物体处理；当 Fo 大于 0.0625，可认为处于正规状况阶段，对非稳态导热正规状况阶段的求解方法将在 3.4.3 节讨论。

对比 $a = \dfrac{\lambda}{\rho c}$ 与 $\sqrt{\rho c \lambda}$：

热扩散率 a（物性参数）：表征了导热能力与储热能力的比值，例如一根铁棒一端置于火炉中，手执的另一端很快发热，可以得到铁棒一旦获得热量会很快扩散。

吸热系数 $\sqrt{\rho c \lambda}$（物性参数）：代表物体从与其接触的高温物体吸热的能力，关系到物体的冷却速度等。例如，在很冷的冬天室外握同样温度的铁和木头，会感觉到铁更冷。

【思考】"冰冻三尺，非一日之寒"。假设土壤温度为 4 ℃，$\lambda = 0.6 \text{ W}/(\text{m} \cdot \text{K})$，$a = 0.194 \times$

10^{-6} m²/s，当某天遭遇寒流，地表温度变为 -10 ℃ 并保持在这一温度，则地表下 1 m 处需要多久会冰冻。

【例 3-4】
在寒冷地区铺设地下水管时需要考虑铺设深度对温度的影响，避免水管出现结冰的情况。今有一水管铺设在地表下 1 m 的位置。初始时，地壳温度均匀且维持在 15 ℃；当地表温度骤降并维持 -20 ℃，地表以下的地壳温度会发生变化，该过程持续 50 天。试判断在这 50 天内，水管温度是否会降到 0 ℃ 以下。假设地壳是一个半无限大物体，热扩散率 $a = 1.65 \times 10^{-7}$ m·s^{-2}。

解：首先计算无量纲数 η

$$\eta = \frac{x}{2\sqrt{a\tau}} = 0.60$$

由附表 I 查得

$$\mathrm{erf}(\eta) = 0.604$$

代入公式 (3-18)

$$\frac{t - t_w}{t_0 - t_w} = \mathrm{erf}(\eta) = 0.604$$

解得地下 1 m 处的温度为

$$t = 0.604 \times (t_0 - t_w) + t_w = 0.604 \times [15 \text{ ℃} - (-20 \text{ ℃})] - 20 \text{ ℃} = 1.14 \text{ ℃}$$

故水管不会结冰。

讨论：在实际情况下，很多因素都能影响地壳的物性参数。在本例的计算中，结果的准确性在很大程度上依赖于热扩散率的取值。例如，当 a 增大 15%，就会令水管温度降到 0 ℃ 以下。因此，应该选择可靠的物性参数以获得较为准确的计算结果。此外，将本例当作第一类边界条件下的半无限大物体非稳态导热问题处理，只是一个较为粗略的估计；若需更精确的计算，还应考虑地表温度的变化过程、地壳物性参数随空间、时间、温度等因素的变化。作为一种工程上的估算，本例的结果仍有其参考意义。

【例 3-5】
医学研究表明，若人体组织处于温度高于 48 ℃ 的环境中超过 10 s，组织细胞将会死亡。假设人体皮肤突然接触到 75 ℃ 的热表面，请分别计算 10 s 后、20 s 后和 30 s 后皮肤的烧伤深度（温度达到 48 ℃ 的深度）。假设人体组织是各向同性材料，忽略接触热阻，人体初始温度为 37 ℃，热扩散率为 $a = 1.52 \times 10^{-7}$ m²/s。

解：先计算误差函数值

$$\mathrm{erf}(\eta) = \frac{t - t_w}{t_0 - t_w} = \frac{48 \text{ ℃} - 75 \text{ ℃}}{37 \text{ ℃} - 75 \text{ ℃}} = 0.7105$$

由附表 I 查得无量纲参数 η 的取值

$$\eta = \frac{x}{2\sqrt{a\tau}} = 0.75$$

求出与 τ 的关系式

$$x = 1.5\sqrt{a\tau}$$

代入数据，求出不同时间对应的深度：

τ/s	10	20	30
x/mm	1.85	2.62	3.20

讨论：x 与 $\tau^{-1/2}$ 成正比变化；10 s 时烧伤深度已经超过真皮，影响皮下组织；以人的手掌为例，假设厚度为 1 cm，算得 $Fo=0.045<0.06$，故能用半无限大模型。当 Fo 大于 0.06 时则需要使用 3.4 节中介绍的非稳态导热的解析解或者近似公式进行计算。

3.4 典型一维物体非稳态导热的分析解

当 $Bi>0.1$ 时，如果不能进行集中参数法近似，则必须考虑瞬态过程中温度的空间和时间变化，上一节介绍的半无限大物体是一类特殊的一维非稳态导热问题。在传热学研究中，通过适当的简化可以将许多实际问题看作无限大平板、无限长圆柱或球的非稳态导热问题。对于上述三种形状的物体，当其每个表面的边界条件一致时，在非稳态导热过程中温度只沿平板厚度或圆柱与球的半径发生变化，因此这三种物体可以作为典型的一维物体进行分析。本节主要介绍这三类一维物体非稳态导热过程中温度场的分析解及其应用方法。

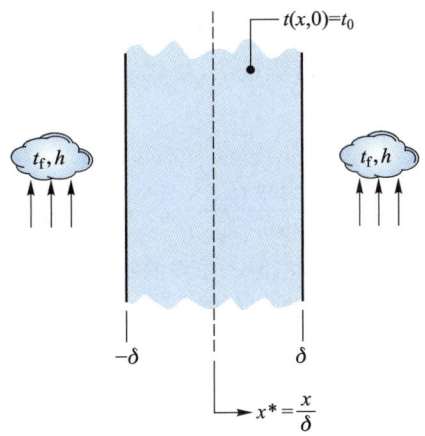

图 3-15 无限大平板对流换热示意图

3.4.1 一维物体非稳态导热的数学模型

首先考虑一个第三类边界条件下无限大平板的情况，平板厚为 2δ，初始温度为 t_0。在 $\tau=0$ 时，将平板放入温度为 t_f 的流体中，如图 3-15 所示。

由于平板的边界条件沿平板的中面对称，在每一时刻该平板内的温度分布也都是对称的。该一维非稳态问题的数学表述为

一维非稳态导热微分方程：

$$\frac{\partial^2 t}{\partial x^2} = \frac{1}{a}\frac{dt}{d\tau} \tag{3-26}$$

$$\tau=0, \quad t(x,0)=t_0$$

$$x=0, \quad \left.\frac{\partial t}{\partial x}\right|_{x=0}=0$$

$$x=\delta, \quad -\lambda\left.\frac{\partial t}{\partial x}\right|_{x=\delta}=h[t(\delta,\tau)-t_f]A$$

对于一个抛物线型的偏微分方程，其求解的形式中包含的已知和未知的变量包括

$$t=t(x,\tau,t_0,t_f,\delta,\lambda,a,h) \tag{3-27}$$

为了简化求解形式，引入下列无量纲数：

$$\Theta = \frac{\theta}{\theta_0} = \frac{t-t_f}{t_0-t_f}, \quad x^* = \frac{x}{\delta}, \quad \tau^* = \frac{a\tau}{\delta^2} = Fo, \quad Bi = \frac{hl_c}{\lambda} \tag{3-28}$$

可以将上述方程化为

$$\frac{\partial^2 \Theta}{\partial x^{*2}} = \frac{\partial \Theta}{\partial Fo} \tag{3-29}$$

$$\Theta(x^*,0) = 1$$

$$\left.\frac{\partial \Theta}{\partial x^*}\right|_{x^*=0} = 0, \quad \left.\frac{\partial \Theta}{\partial x^*}\right|_{x^*=1} = -Bi\Theta(1,Fo)$$

此时方程的解的形式变为

$$\Theta = f(x^*, Fo, Bi) \tag{3-30}$$

上式显示,引入无量纲数 x^*, Fo, Bi 后,平板内部的无量纲温度场可以表示成这三个无量纲数的函数。从实验角度分析,无量纲数的引入,使得待分析的变量大大减少,便于寻找规律,这一方法在表面对流换热中应用广泛。根据导热微分方程解的唯一性定律可知,由式(3-29)完整描述的非稳态导热问题的解是唯一的,下面将给出分析解的表达式。

3.4.2 一维非稳态导热问题的分析解

通过分离变量法,可以求解该抛物线性偏微分方程,其分析解的形式为

$$\Theta = \sum_{n=1}^{\infty} C_n \exp(-\zeta_n^2 Fo) \cos(\zeta_n x^*) \tag{3-31}$$

式中:$C_n = \frac{4\sin \zeta_n}{2\zeta_n + \sin(2\zeta_n)}$,$\zeta_n$ 是超越方程 $\zeta_n \tan \zeta_n = Bi$ 的根,对于处于同样边界条件下的无限长圆柱和球,其导热微分方程的结构相似,三种典型一维物体非稳态导热分析解分别在表 3-2 中列出,其中三个超越方程 ζ_n 的前五项取值可以通过查阅相关文献获取①。

表 3-2 三种典型一维物体非稳态导热分析解（注:表中 $r^* = \frac{r}{R}$）

	Θ	C_n	ζ_n
厚为 2δ 的无限大平板	$\sum_{n=1}^{\infty} C_n \exp(-\zeta_n^2 Fo)\cos(\zeta_n x^*)$	$\frac{4\sin \zeta_n}{2\zeta_n + \sin(2\zeta_n)}$	$\zeta_n \tan \zeta_n = Bi$
横截面半径为 R 的无限长圆柱	$\sum_{n=1}^{\infty} C_n \exp(-\zeta_n^2 Fo) J_0(\zeta_n r^*)$	$\frac{2}{\zeta_n} \frac{J_1(\zeta_n)}{J_0^2(\zeta_n)+J_1^2(\zeta_n)}$	$\zeta_n \frac{J_1(\zeta_n)}{J_0(\zeta_n)} = Bi$
半径为 R 的球	$\sum_{n=1}^{\infty} C_n \exp(-\zeta_n^2 Fo) \frac{1}{\zeta_n r^*}\sin(\zeta_n r^*)$	$\frac{4[\sin(\zeta_n) - \zeta_n\cos(\zeta_n)]}{2\zeta_n - \sin(2\zeta_n)}$	$1-\zeta_n \cot \zeta_n = Bi$

3.4.3 正规状况阶段一维非稳态导热分析解的简化与计算

一维非稳态导热问题的分析解可以准确表述每一时刻一维物体内的温度分布,但由于解的

---

① INCROPERA F P, DEWITT D P, BERGMAN T L, 等. 传热与传质基本原理[M]. 葛新石, 叶宏, 译. 原著第六版. 北京: 化学工业出版社, 2007: 176-184.

形式为无穷级数,在数值上难以计算,需要采用合适的方法对该分析解进行简化。观察平板分析解的通项可知,由于解的特征值都是 Bi 的函数,在一定 Bi 下,ζ_n 随 n 增大,迅速增大。例如,在 $Bi=1.0$ 时,$\zeta_n \tan \zeta_n = Bi$ 的前四个根分别为 0.860 3、3.425 6、6.437 3、9.529 3,如图 3-16 所示。此时观察 $\exp(-\zeta_n^2 Fo)$,随着 Fo 增大,$\exp(-\zeta_n^2 Fo)$ 迅速衰减。数值计算表明,当 $Fo>0.2$ 时,分析解中除第一项以外的各项之和对解的数值的影响已经小于1%,此时 $C_n(n \geq 2)$ 的系数取为0。需要注意的是此处的 $Fo>0.2$ 是一个统一值,实际计算中为了使偏差小于1%,若为平板,则 $Fo>0.24$、若为圆柱,则 $Fo>0.21$、若为球,则 $Fo>0.18$。

为了进一步理解该简化,以平板为例,如图 3-17 所示,平板中任意一点处 $\left(x^* = \dfrac{x}{\delta}\right)$ 与平板中心 $x^*=0$ 处的过余温度 $\theta_m = \theta(0,\tau)$ 之比在简化形式下为

$$\frac{\theta(x^*,\tau)}{\theta_m} = \cos(\zeta_1, x^*) \tag{3-32}$$

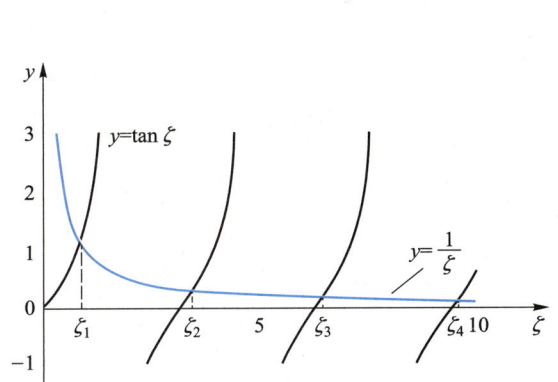

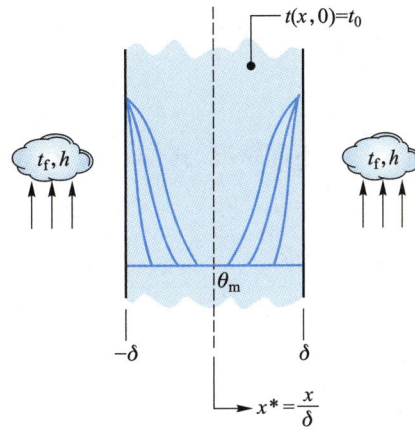

图 3-16 特征值 ζ_n 的前四个根 　　　　　图 3-17 平板温度分布

该比值与时间无关,仅取决于 ζ_1。也就是说,此时平板内部不存在初始温度为 t_0 的点。假定这样的点存在,则此时 $\theta_m = \theta_0$;相应的,$\dfrac{\theta(x^*,\tau)}{\theta_m}$ 必定随时间变化,与结果不符。因此,可以理解为 C_n 的无穷取值是为了满足初始条件 t_0 而存在的。而 $Fo>0.2(C_{n \geq 2}=0)$ 则意味着初始条件的影响消失,物体处于正规状况阶段。非稳态导热的主要阶段是初始条件消失的阶段,所以三个分析解无穷级数的第一项就是正规状况阶段温度场的解。

平板

$$\Theta = C_1 \exp(-\zeta_1^2 Fo) \cos(\zeta_1 x^*) \tag{3-33}$$

圆柱

$$\Theta = C_1 \exp(-\zeta_1^2 Fo) J_0(\zeta_1 r^*) \tag{3-34}$$

球

$$\Theta = C_1 \exp(-\zeta_1^2 Fo) \frac{1}{\zeta_1 r^*} \sin(\zeta_1 r^*) \tag{3-35}$$

从式(3-33)~式(3-35)可以看出,这三种一维物体中心位置(即 $x^*=0$ 或 $r^*=0$)的温度的

计算公式是一致的,即:

$$\Theta_m = C_1 \exp(-\zeta_1^2 Fo) \qquad (3-36)$$

而仅有温度沿壁厚或半径的分布函数 $f(\zeta_1 x^*)$ 不同。因此可以将这三种情况正规状况阶段温度场的解统一为

$$\Theta = C_1 \exp(-\zeta_1^2 Fo) \cdot f(\zeta_1 x^*) \qquad (3-37)$$

根据能量守恒定律,从初始条件开始,到新的稳态建立结束的全部非稳态导热过程中,传递热量为

$$Q_0 = \rho c V(t_0 - t_f) \qquad (3-38)$$

这是整个非稳态导热过程所能传递的最大热量,而从初始时刻到非稳态导热结束前的某一时刻 τ 的传递热量 Q 与 Q_0 之比,这里直接给出其形式:

$$\frac{Q}{Q_0} = \frac{\rho c \int_V [t_0 - t(x,\tau)] dV}{\rho c V(t_0 - t_f)} = 1 - \frac{1}{V}\int_V \Theta dV = 1 - \overline{\Theta} \qquad (3-39)$$

当 $Fo>0.2$ 时,代入上述三种物体正规状况分析解,得到导热量比值的统一式:

$$\frac{Q}{Q_0} = 1 - C_1 \exp(-\zeta_1^2 Fo) \cdot B \qquad (3-40)$$

对于三种不同情况,式(3-37)和式(3-40)中 C_1、B 与 $f(\zeta_1 \eta)$ 的取值由表 3-3 列出。

表 3-3　C_1、B、$f(\zeta_1 \eta)$ 的表达式

几何形状	C_1	B	$f(\zeta_1 \eta)$
平板	$2\dfrac{\sin \zeta_1}{\zeta_1 + \sin \zeta_1 \cos \zeta_1}$	$\dfrac{\sin \zeta_1}{\zeta_1}$	$\cos(\zeta_1 \eta)$
圆柱	$2\dfrac{J_1(\zeta_1)}{\zeta_1 [J_0^2(\zeta_1) + J_1^2(\zeta_1)]}$	$2\dfrac{J_1(\zeta_1)}{\zeta_1}$	$J_0(\zeta_1 \eta)$
球	$2\dfrac{\sin \zeta_1 - \zeta_1 \cos \zeta_1}{\zeta_1 - \sin \zeta_1 \cos \zeta_1}$	$3\dfrac{\sin \zeta_1 - \zeta_1 \cos \zeta_1}{\zeta_1^3}$	$\dfrac{\sin(\zeta_1 \eta)}{\zeta_1 \eta}$

虽然在正规状况阶段可以通过取无穷级数第一项得到非稳态导热的近似解,但由于计算时涉及超越方程的根 ζ_1 与贝塞尔函数(Bessel Function)J_0、J_1,在解的计算中仍然存在着不便。为了在工程中快速得到近似解的数值,在传热学的发展中出现了两种实用计算方法。一种是海斯勒图,它是将级数第一项绘制成线图的形式,通过 Fo 与 Bi 查找对应每个时间的温度分布情况。但由于图线方法的分辨率较低,且需要进行多次迭代计算,所以工程计算中主要采用另一种方法,即近似拟合公式的方法。对三种几何形状的第一特征值 ζ_1 与分析解中的 C_1,B 和贝塞尔函数 J_0 有如下的近似拟合公式:

$$\zeta_1^2 = \left(a + \frac{b}{Bi}\right)^{-1}, \quad C_1 = a + b(1 - \exp(-cBi)), \quad B = \frac{a + cBi}{1 + bBi} \qquad (3-41)$$

$$J_0 = a + bx + cx^2 + dx^3 \qquad (3-42)$$

公式中的常数取值见表 3-4、表 3-5。

表 3-4　近似拟合公式中的常数取值

计算的量		几何形体		
		无限大平板	无限长圆柱	球
特征值 ζ_1	a	0.402 2	0.170 0	0.098 8
	b	0.918 8	0.434 9	0.277 9
系数 C_1	a	1.010 1	1.004 2	1.000 3
	b	0.257 5	0.587 7	0.985 8
	c	0.427 1	0.403 8	0.319 1
系数 B	a	1.006 3	1.017 3	1.029 5
	b	0.547 5	0.598 3	0.648 1
	c	0.348 3	0.257 4	0.195 3

表 3-5　计算 $J_0(x)$ 的常数

a	b	c	d
0.996 7	0.035 4	−0.325 9	0.057 7

3.4.4　一维非稳态导热问题分析解的适用范围

从一维平壁非稳态导热问题的数学表述很容易看出,这一分析解同样适用于一侧为第三类边界条件,另一侧为绝热边界条件 $\Phi=0$ 的平板。

接下来探讨 Bi 对温度场的影响。仍以平板为例,当 $Bi \to 0$ 时,从求解特征值 ζ 的超越方程 $\zeta_n \tan \zeta_n = Bi$ 中可以得到 $\zeta_1 = Bi$,此时有 $C_1 = 2 \times \dfrac{Bi}{2Bi} = 1$,则分析解的第一项化为

$$\frac{\theta}{\theta_0} = \exp(-Bi \cdot Fo) \tag{3-43}$$

式(3-43)即为集中参数法中得到的随时间变化的物体无量纲数,与温度有关(式 3-12),此时使用分析解与集中参数法得到的结果是相同的。由于集中参数法的运算更为简单,因此在解决非稳态导热问题时总应先判断 Bi 是否满足集中参数法的适用条件。

当 $Bi \to \infty$ 时,由于对流换热的热阻远小于导热的热阻,因此平壁的边界过余温度迅速变化到 0 并不再改变,因此可以将此时的流体温度 t_f 等效为给定的壁面温度,第三类边界条件也转化为第一类边界条件。因此一维非稳态导热问题的分析解也适用于对称的第一类边界条件(两壁面的温度相等),或一侧为第一类边界条件,一侧为绝热边界条件的情形。

综上所述,一维非稳态导热问题分析解的适用范围如下:

(1) 对于正规状况,需要满足 $Fo>0.2$,此时级数可取首项 $n=1$;而对于 $0.062\,5<Fo<0.2$,此时求解则需要采用完整的级数表达式。

(2) 导热物体的初始温度 t_0 分布均匀。

(3) 适用于对称的第一类和第三类边界条件,或一侧为第一类或第三类边界条件,另一侧为

多维非稳态导热问题的乘积解法

绝热边界条件。

对于第一类和第二类边界条件下一维非稳态导热问题的分析解及其简化,读者可以自行参阅相关资料。通过将一维非稳态导热问题的精确解相乘,也可以得到一些简单几何体的非稳态导热问题解析解,这称为多维非稳态导热问题的乘积解法(production solution method)。

[例 3-6]

现有一厚 $2\delta = 0.4$ m 无限大平壁,其物性参数为 $\lambda = 0.50$ W/(m·K),$\rho = 1\,500$ kg/m³,$c = 0.75$ kJ/(kg·K)。在 $\tau = 0$ 时温度为 15 ℃ 且均匀分布,两侧边界条件为第三类边界条件 $t_f = 0$ ℃,壁面的表面传热系数 $h = 7.5$ W/(m²·K)。试求 8 h 后的平壁中心与表面温度。

解: 首先计算平壁的热扩散率

$$a = \frac{\lambda}{\rho c} = \frac{0.50 \text{ W/(m·K)}}{1\,500 \text{ kg/m}^3 \times 750 \text{ J/(kg·K)}} = 4.44 \times 10^{-7} \text{ m}^2/\text{s}$$

然后确定计算中的 Fo 和 Bi

$$Fo = \frac{a\tau}{\delta^2} = \frac{4.44 \times 10^{-7} \text{ m}^2/\text{s} \times 28\,800 \text{ s}}{(0.2 \text{ m})^2} = 0.32$$

$$Bi = \frac{h\delta}{\lambda} = \frac{7.5 \text{ W/(m}^2\text{·K)} \times 0.2 \text{ m}}{0.50 \text{ W/(m·K)}} = 3$$

由于 Bi 较大,不能使用集中参数法进行求解。又因为 $Fo > 0.2$,因此可以使用一维非稳态导热分析解的正规状况简化进行计算。

当 $Bi = 3$ 时,$\zeta_1 = 1.192\,5$。因此根据平板的无量纲温度分布

$$\Theta = C_1 \exp(-\zeta_1^2 Fo) \cos(\zeta_1 x^*)$$

得到 $x^* = 0$ 的中心无量纲过余温度

$$\Theta_m = 2\frac{\sin 1.192\,5}{1.192\,5 + \sin 1.192\,5 \times \cos 1.192\,5} \exp(-1.192\,5^2 \times 0.32) = 0.767\,8$$

以及 $x^* = 1$ 的表面无量纲过余温度

$$\Theta_w = \Theta_0 \cos 1.192\,5 = 0.283\,6$$

由于 $\theta_0 = 15$ ℃,可以得到平板的中心温度与表面温度:

$$t_m = t_\infty + \theta_0 \Theta_m = 11.517 \text{ ℃}$$
$$t_w = t_\infty + \theta_0 \Theta_w = 4.254 \text{ ℃}$$

使用拟合公式方法,查表 3-4 可以得到拟合公式中的参数取值:

$$\zeta_1^2 = \left(0.402\,2 + \frac{0.918\,8}{3}\right)^{-1} = 1.411\,5$$

$$C_1 = 1.010\,1 + 0.257\,5 \times [1 - \exp(-0.427\,1 \times 3)] = 1.196\,1$$

即可得到中心的无量纲过余温度:

$$\Theta_m = 1.196\,1 \exp(-1.411\,5 \times 0.32) = 0.761\,4$$

中心温度为

$$t_m = t_f + \theta_0 \Theta_m = 11.421 \text{ ℃}$$

此时拟合公式方法与第一项级数所求得的温度偏差不超过 1%,这在工程计算中是可以接受的。

【例 3-7】
现有一淬火后的长棒材,材料为 45 钢,其内部温度可以认为是 50 ℃ 且均匀分布。对其进行高温回火处理,将材料放入温度为 650 ℃ 的加热炉中,表面传热系数 $h = 14 \text{ W}/(\text{m}^2 \cdot \text{K})$,试求 15 min 后钢棒中心的温度以及钢棒在这一段时间内的吸热量大小。已知棒材的横截面半径 $R = 10$ cm,长度 $l = 2.5$ m。

分析: 由于碳钢的导热系数随温度改变而变化,而一维非稳态导热的分析解是通过常物性问题导出的,因此在传热问题的计算中需要确定一个温度下的材料热物性,这样的温度被称为定性温度(reference temperature)。当定性温度选取合适,且物体热物性的变化不太大时,使用定性温度下的物性进行计算一般足够准确。在本例中,首先假设基于一个温度(如 550 ℃)确定定性温度,再根据该定性温度下的计算结果验证假设的准确性。

解: 取定性温度为 $(50+550)/2$ ℃ $= 300$ ℃,查附表 2 可得钢的导热系数 $\lambda = 42.0 \text{ W}/(\text{m} \cdot \text{K})$,密度 $\rho = 7\,840 \text{ kg}/\text{m}^3$,比热容 $c = 465 \text{ J}/(\text{kg} \cdot \text{K})$。

首先求钢材的热扩散率

$$a = \frac{\lambda}{\rho c} = \frac{42.0 \text{ W}/(\text{m} \cdot \text{K})}{7\,840 \text{ kg}/\text{m}^3 \times 465 \text{ J}/(\text{kg} \cdot \text{K})} = 1.152 \times 10^{-5} \text{ m}^2/\text{s}$$

然后确定 Fo 和 Bi 的大小

$$Fo = \frac{a\tau}{R^2} = \frac{1.152 \times 10^{-5} \text{ m}^2/\text{s} \times 900 \text{ s}}{(0.1 \text{ m})^2} = 1.036\,8$$

$$Bi = \frac{hR}{\lambda} = \frac{140 \text{ W}/(\text{m}^2 \cdot \text{K}) \times 0.1 \text{ m}}{42.0 \text{ W}/(\text{m} \cdot \text{K})} = 0.333\,3$$

因此使用正规工况的简化分析解,这里用拟合公式法进行计算:

$$\zeta_1^2 = \left(0.170\,0 + \frac{0.434\,7}{0.333\,3} \right)^{-1} = 0.678\,3$$

$$C_1 = 1.004\,2 + 0.587\,7 \times (1 - \exp(-0.403\,8 \times 0.333\,3)) = 1.078\,2$$

$$B = \frac{1.017\,3 + 0.257\,4 \times 0.333\,3}{1 + 0.598\,3 \times 0.333\,3} = 0.919\,7$$

则棒材中心的无量纲过余温度为

$$\Theta_m = 1.078\,2 \exp(-0.678\,3 \times 1.036\,8) \times 0.996\,7 = 0.531\,9$$

实际温度为

$$t_m = 650 \text{ ℃} - 600 \text{ ℃} \times 0.531\,9 = 330.86 \text{ ℃}$$

接下来求棒材的吸热量。棒材的体积为

$$V = \pi R^2 l = 0.078\,5 \text{ m}^3$$

则最大导热量

$$\Phi_0 = \rho c V(t_0 - t_f) = 7\,840 \text{ kg}/\text{m}^3 \times 465 \text{ J}/(\text{kg} \cdot \text{K}) \times 0.078\,5 \text{ m}^3 \times 600 \text{ ℃} = 1.717\,1 \times 10^8 \text{ J}$$

15 min 时,导热量的比值为

$$\frac{\Phi}{\Phi_0} = 0.509\,2$$

则这一段时间内棒材的吸热量大小为

$$\Phi = 8.743\,5 \times 10^7 \text{ J}$$

由导热量比值可知,在 15 min 时,钢棒内的平均温度为 $\bar{t} = 355.5$ ℃,与初始假设的 550 ℃ 存在一定的偏差,但这一物性偏差对最终结果的影响不大。读者可以取 200 ℃ 为定性温度,查找碳钢的物性重新进行计算,经过迭代后可以得到一个较准确的解。

3.5 一维非稳态导热问题的数值求解方法

前面几节中介绍了忽略物体内温度分布，适合 Bi 接近 0 的物体的集中参数法，以及半无限大物体与一维物体的分析解及其计算方法。但实际工程中面对的物体往往具有更复杂的几何特征与导热工况，求出这些物体的分析解往往是非常困难或不可能的，必须借由数值方法分析其导热过程。本节中非稳态导热问题的数值解法采用与稳态导热相似的有限差分方式，主要差别是控制方程中含有非稳态项，需要考虑时间的影响。因此，本节首先介绍时间-空间区域的离散化，从而得到描述非稳态导热内点与边界的离散方程，最终给出显式和隐式格式离散方程组的求解方法及注意事项。

3.5.1 非稳态导热节点离散方程的建立

2.7.2 小节中对空间区域的离散化进行了介绍。在此用同样的泰勒级数展开法与热平衡方法建立内节点的离散方程。

1. 泰勒级数展开法

以一维非稳态导热为例，在时间坐标上将非稳态导热的计算时间段平均划分为 $(i-1)$ 份，每一份时间段的长度均为 $\Delta \tau$。与空间上的离散类似，在节点 p 处同样可以通过泰勒展开式得到温度对时间导数的离散形式。根据展开处理的不同而有向前差分、向后差分以及中心差分三种形式。三种差分表达式及截断误差如表 3-6 所示：

表 3-6 三种对时间差分形式

差分表示式	截断误差	备注
$\dfrac{t^{(i+1)}-t^{(i)}}{\Delta \tau}$	$o(\Delta \tau)$	p 点的向前差分，一阶精度
$\dfrac{t^{(i)}-t^{(i-1)}}{\Delta \tau}$	$o(\Delta \tau)$	p 点的向后差分，一阶精度
$\dfrac{t^{(i+1)}-t^{(i-1)}}{2\Delta \tau}$	$o(\Delta \tau^2)$	p 点的中心差分，二阶精度

空间域上的划分根据第二章介绍的稳态导热有限差分法的离散形式，采用中心差分的方式离散空间两阶偏微分方程，非稳态项的离散采用了向前差分。根据上述方法，由忽略内热源的导热微分方程形式

$$\frac{\partial t}{\partial \tau} = a \frac{\partial^2 t}{\partial x^2} \tag{3-44}$$

可以得到在时间与空间上均为离散化的方程形式：

$$\frac{t_n^{(i+1)} - t_n^{(i)}}{\Delta \tau} = a \frac{t_{n+1}^{(i)} - 2t_n^{(i)} + t_{n-1}^{(i)}}{\Delta x^2} \tag{3-45}$$

2. 热平衡法

均分的网格使用泰勒级数展开法进行处理比较方便,而更一般的方法应根据稳态导热有限差分章节提到的热平衡法,考虑非稳态导热的有限差分离散。对图 3-18 左侧所示的一维平板中边界节点的控制体应用热力学第一定律,在每一个时间段 $\Delta\tau$ 中,从各个方向流入控制体的总热量都等于控制体热力学能的增量,即

$$\dot{E}_{\text{in}} = \dot{E}_{\text{st}} \tag{3-46}$$

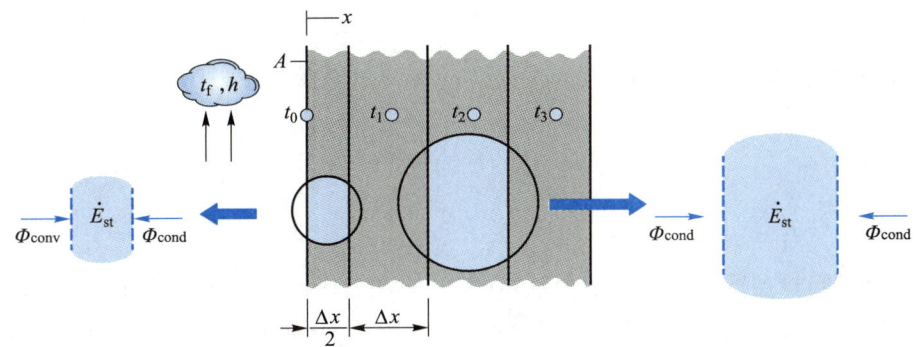

图 3-18 一维非稳态导热问题节点离散示意图

据此得到内部节点和边界节点的有限差分方程如下:

1) 内部节点

$$\rho c A \Delta x \frac{t_n^{(i+1)} - t_n^{(i)}}{\Delta \tau} = \lambda A \frac{t_{n-1}^{(i)} - t_n^{(i)}}{\Delta x} + \lambda A \frac{t_{n+1}^{(i)} - t_n^{(i)}}{\Delta x} \tag{3-47}$$

整理后得到

$$\frac{t_n^{(i+1)} - t_n^{(i)}}{\Delta \tau} = a \frac{t_{n+1}^{(i)} - 2 t_n^{(i)} + t_{n-1}^{(i)}}{\Delta x^2} \tag{3-48a}$$

$$t_n^{(i+1)} = \frac{a \Delta \tau}{\Delta x^2} (t_{n+1}^{(i)} + t_{n-1}^{(i)} - 2 t_n^{(i)}) + t_n^{(i)} \tag{3-48b}$$

2) 边界节点

对边界节点来说,在第 i 个时间步上,单位时间内流入的热量包括左侧边界的对流换热以及控制体右侧传入的导热量,即

$$\dot{E}_{\text{in}} = \Phi_{\text{cond}} + \Phi_{\text{conv}} = h A (t_{\text{f}} - t_0^{(i)}) + \lambda A \frac{t_1^{(i)} - t_0^{(i)}}{\Delta x} \tag{3-49}$$

而单位时间内热力学能的增加量为

$$\dot{E}_{\text{st}} = \rho c A \frac{\Delta x}{2} \frac{t_0^{(i+1)} - t_0^{(i)}}{\Delta \tau} \tag{3-50}$$

因此边界节点在下一时刻的温度可以从方程中得到,其表达式为

$$t_0^{(i+1)} = \frac{2 h \Delta \tau}{\rho c \Delta x} (t_{\text{f}} - t_0^{(i)}) + \frac{2 a \Delta \tau}{\Delta x^2} (t_1^{(i)} - t_0^{(i)}) + t_0^{(i)} \tag{3-51}$$

3.5.2 显式格式的离散方程组与稳定性分析

对于式(3-48)和式(3-51)这种形式的离散方程,只要已知第 i 时间步上各个节点的温度,就可以通过单个方程直接计算出第 $(i+1)$ 时间步上该节点的温度,这种计算格式称为显格式(explicit scheme)。该格式的计算工作量小,但对构建离散方程组时的时间与空间步长有一定的限制,否则会出现不稳定的解。下面对显格式离散方程组的求解与解的稳定性进行详细说明。

为了分析方便,将以空间步长为特征长度的傅里叶数 $Fo_\Delta = \dfrac{a\Delta\tau}{\Delta x^2}$ 与毕渥数 $Bi_\Delta = \dfrac{h\Delta x}{\lambda}$,分别称为网格傅里叶数和网格毕渥数。则图 3-18 所示的各节点的离散方程化为

内部节点:
$$t_n^{(i+1)} = Fo_\Delta (t_{n+1}^{(i)} + t_{n-1}^{(i)}) + (1 - 2Fo_\Delta) t_n^{(i)} \tag{3-52}$$

边界节点:
$$t_0^{(i+1)} = 2Fo_\Delta \cdot Bi_\Delta t_f + 2Fo_\Delta t_1^{(i)} + (1 - 2Fo_\Delta \cdot Bi_\Delta - 2Fo_\Delta) t_0^{(i)} \tag{3-53}$$

显然,通过时间步推进而求解以上方程组时,较小的时间与空间步长意味着更加准确的计算结果,但同时也意味着到达一个时间点所需的计算量更大,所需的时间更长。为了减少迭代的步数,可以适当放宽 $\Delta\tau$,但必须使式(3-52)与式(3-53)中当前时间步温度前的系数大于零,即 $Fo_\Delta \leq \dfrac{1}{2}$ 与 $Fo_\Delta \leq \dfrac{1}{2(1+Bi_\Delta)}$。否则将意味着当前时刻温度较高的点的温度会在下一时间步下降过多,进而在迭代过程出现温度的波动,得到违反热力学第二定律的结论。这种温度的波动称为解的数值不稳定性(numerical instability),因此在显式格式的数值计算中必须同时满足上述的稳定性条件。在包含第三类边界条件时,边界节点 $Fo_\Delta \leq \dfrac{1}{2(1+Bi_\Delta)}$ 的限制条件更加严格,因此可以作为稳定性的判据;而当物体仅有第一类或第二类边界条件时,只需满足内点的网格傅里叶数 $Fo_\Delta \leq 1/2$ 即可。关于离散格式带来的数值稳定性问题的详细讨论可以自行参阅相关资料。

【例 3-8】

对于一个厚度 $2\delta = 0.1$ m 的无限大平板,初始温度为 $t_0 = 200$ ℃。在初始 $\tau = 0$ 时平板两侧突然暴露在 $t_f = 24$ ℃ 的流体中,表面传热系数 $h = 1\,000$ W/(m²·K),平板内的导热系数 $\lambda = 250$ W/(m·K),密度 $\rho = 2\,500$ kg/m³,比热容 $c_p = 800$ J/(kg·K)。试通过数值方法求 $\tau = 1$ s,10 s,20 s 时平板内的温度分布情况。

解:由于对称性,可以只取平板的一半进行分析。取 $\Delta x = 0.01$ m,可以得到 0~6 号共 7 个节点。其中节点 1 为对称(绝热)边界节点,而节点 6 为对流边界节点。各个节点显式格式的离散控制方程分别为

$$t_0^{(i)} = t_2^{(i)}$$

$$t_n^{(i+1)} = Fo_\Delta (t_{n+1}^{(i)} + t_{n-1}^{(i)}) + (1 - 2Fo_\Delta) t_n^{(i)} \quad (n = 1,2,3,4,5)$$

$$t_6^{(i+1)} = 2Fo_\Delta \cdot Bi_\Delta t_f + 2Fo_\Delta t_5^{(i)} + (1 - 2Fo_\Delta \cdot Bi_\Delta - 2Fo_\Delta) t_6^{(i)}$$

再加入初始条件

$$t_n^{(0)} = 200\ ℃, \quad n = 0 \sim 6$$

就可以对平板内的温度场进行迭代求解。为了确定显式格式的稳定性条件,对 Bi_Δ 进行计算:

$$Bi_\Delta = \dfrac{h\Delta x}{\lambda} = \dfrac{1\,000\ \text{W/(m}^2\cdot\text{K)} \times 0.01\ \text{m}}{250\ \text{W/(m}\cdot\text{K)}} = 0.04$$

当 Fo_Δ 小于 $\dfrac{1}{2(1+Bi_\Delta)}$ 时稳定。取 $Fo_\Delta = 0.25$ 即 $\Delta\tau = 0.2$ s,可以得到迭代过程及结果如表 3-7 所示。

表 3-7　迭代过程及结果　　　　　　　　　　　　　　　　　　　　　单位:℃

τ/s	t_1	t_2	t_3	t_4	t_5	t_6
0	200	200	200	200	200	200
0.2	200	200	200	200	200	196.48
0.4	200	200	200	200	199.12	194.79
0.6	200	200	200	199.78	198.258	193.539
0.8	200	200	199.945	199.454	197.459	192.508
1	200	199.986	199.836	199.078	196.72	191.613
10	189.28	188.668	186.832	183.78	179.524	174.09
20	174.513	173.949	172.26	169.46	165.569	160.617

由表 3-7 可以绘出平板内的温度分布曲线如图 3-19 所示。读者可以自行通过一维无限大平板与半无限大物体非稳态导热的分析解计算并比较数值与分析解的异同。

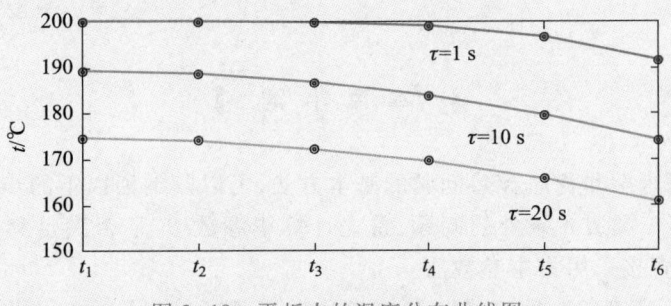

图 3-19　平板内的温度分布曲线图

讨论:若在迭代时取 $\Delta\tau = 1$ s,此时的 Fo_Δ 为 1.25,不满足稳定性判据,因而会出现振荡的解。此时前 5 步的数值解如表 3-8 所示。

表 3-8　$\Delta\tau = 1$ s,$Fo_\Delta = 1.25$ 时的数值解

τ/s	t_1	t_2	t_3	t_4	t_5	t_6
0	200	200	200	200	200	200
1	200	200	200	200	200	182.4
2	200	200	200	200	178	210.56
3	200	200	200	172.5	246.2	110.504
4	200	200	165.625	299	-15.545	441.094
5	200	157.031	375.312	-260.9	948.434	-742.212

可以看出,从 $\tau = 2$ s 开始,节点的温度开始出现振荡,且振荡的幅度逐渐加大,出现了偏差较大的计算结果。这不仅意味着在求解过程中出现了违反热力学第二定律的情况,更说明此时数值解法根本无法得到正确的解。因此对数值稳定性的判定在数值计算中是十分重要的。

3.5.3 隐式格式的离散方程组

如果在构建离散方程组时,将扩散项表示为$(i+1)$时间步时温度的函数,则内节点方程可以写为

$$(1+2Fo_\Delta)t_n^{(i+1)} - Fo_\Delta(t_{n+1}^{(i+1)} + t_{n-1}^{(i+1)}) = t_n^{(i)} \tag{3-54}$$

边界点的方程为

$$(1+2Fo_\Delta \cdot Bi_\Delta + 2Fo_\Delta)t_0^{(i+1)} - 2Fo_\Delta \cdot Bi_\Delta t_f - 2Fo_\Delta t_1^{(i+1)} = t_0^{(i)} \tag{3-55}$$

可以看出,方程中的已知项仅有等号右侧的i时间步上的节点温度,而等号左侧的温度均为待求的下一时间步温度,因此此时不能从单一的方程求出某一节点下一时间步的温度,必须联立所有节点的方程同时求解。这种离散方程的形式称为隐格式(implicit scheme)。

二维非稳态导热问题的离散形式方程

隐格式的缺点是计算量较显格式较大,求解的方法更加复杂,但隐格式具有无条件稳定的优点,对于时间与空间步长没有限制。应该注意的是,过长的时间与空间步长仍然会导致数值解的准确性降低,这主要是由于有限差分方法产生了截断误差。

本小节给出了一维非稳态导热的显式数值求解方法,对于二维非稳态导热问题,感兴趣的读者可以参考网格划分方法结合本节所介绍的非稳态项离散自行推导离散格式的方程以及显式时的稳定性条件,通过扫描切口二维码可查看网格长短边长相等时的推导结果。

本 章 小 结

本章主要介绍了求解非稳态导热问题的基本方法,可以归纳为以下的步骤:

(1)对于符合第三类边界条件的问题,首先计算毕渥数Bi是否满足集中参数法的要求,如果满足$Bi<0.1$,即可直接采用集中参数法。

(2)如果$Bi>0.1$或者符合第一类或第二类边界条件的问题,不能用集中参数法,需计算傅里叶数Fo,如果满足$Fo<0.0625$,则可以将导热问题简化为对半无限大物体问题的求解,得出物体内部温度场的解析解。

(3)如果$Bi>0.1$且$0.0625<Fo<0.2$,导热物体可以当作一维物体处理时,需要采用形如式(3-31)的完整级数解。

(4)如果$Bi>0.1$且$Fo>0.2$,可以对一维物体采用简化解(包括近似公式和海斯勒图)。

(5)如果上述方法仍不能解决导热问题(比如辐射边界条件,多维导热问题),则考虑采用数值求解方法。

思 考 题

3-1 一个长、宽均为a,厚度为b的微控制器芯片热设计功耗为P。芯片的底部安装在集成电路板上,可视为绝热,四周及顶部则直接通过与室温t_f下的空气自然对流散热,表面传热系数为h,芯片材料的导热系数为λ,密度和比热容分别为ρ与c。芯片初始温度为室温,假设芯片可以看作具有均匀内热源,试列出当芯片开始以最大负荷持续运行时芯片内部的非稳态导热方程。

3-2 假设五块具有相同初始温度t_0的同样厚度的无限大平板,分别由银、铜、钢、玻璃和软木制成,五种材

料的热扩散系数分别为 $170\times10^{-6}\ m^2/s$、$103\times10^{-6}\ m^2/s$、$12.9\times10^{-6}\ m^2/s$、$0.59\times10^{-6}\ m^2/s$ 和 $0.115\times10^{-6}\ m^2/s$。五块平板被同时放入同一流体中冷却,试比较五者的中心温度冷却到某一温度 $t(\neq t_0)$ 的时间长短。

3-3 设有一块厚度为 2δ 的平板,初始时刻具有均匀的温度,突然受到温度为的流体对称加热,试完成下述任务。

(1) 若 $Bi\to\infty$,试画出四个不同时刻平板内的温度分布(四个时刻分别为初始状态、稳定状态和两个中间状态);

(2) 若 $Bi\to\infty$,试画出平板表面和中心温度随时间的变化;

(3) 若 $Bi\to 0$,重新回答(1)和(2)中的问题。

3-4 现代微波炉的加热原理是利用高频电磁波使物体中的分子极化从而产生振荡,结果相当于在物体中产生了一个接近于均匀分布的内热源,而一般的烘箱则是从物体的表面上进行接近于恒流热源的加热。设把一块牛排当作厚 2δ 的无限大平板,试定性画出采用微波炉及烘箱对牛排加热(从 $0\ ^\circ\!C$ 到 $90\ ^\circ\!C$)过程中牛排内的温度分布曲线(画出初始状态、加热过程中某一状态和加热结束三个状态)

习 题

集中参数法

3-1 一块单侧表面积为 A 的平板,厚度为 $\delta=8\ mm$,具有初始温度 $t_0=200\ ^\circ\!C$。平板一侧绝热,另一侧突然受到温度为 $t_f=20\ ^\circ\!C$ 的流体冷却,表面传热系数为 $h=30\ W/(m^2\cdot K)$,求 $\tau=300\ s$ 后平板的温度。设平板的物性参数为 $\lambda=45\ W/(m\cdot K)$,$\rho=7\ 800\ kg/m^3$,$c=500\ J/(kg\cdot K)$。

3-2 假设有一无限长圆柱,直径未知,具有初始温度 t_0。$\tau=0\ s$ 时突然受到温度恒为 t_f 的流体冷却,表面传热系数为 $h=20\ W/(m^2\cdot K)$,要求在 $0.8\ h$ 内过余温度降低到初始过余温度的 20%,试求该圆柱的直径最大为多少?设圆柱的物性参数为 $\lambda=45\ W/(m\cdot K)$,$\rho=7\ 840\ kg/m^3$,$c=465\ J/(kg\cdot K)$。

3-3 一个直径为 $12\ mm$ 的钢球被加热到 $1\ 150\ K$,随即被放入 $T_f=325\ K$ 的空气中冷却,假设表面传热系数为 $h=20\ W/(m^2\cdot K)$,试计算钢球冷却到 $400\ K$ 的时间。钢的物性参数为 $\lambda=40\ W/(m\cdot K)$,$\rho=7\ 800\ kg/m^3$,$c=600\ J/(kg\cdot K)$。

3-4 假设习题3-3中空气温度是按 $t_f(\tau)=325\ K+a\tau$ 的规律变化,其中 $a=0.187\ 5\ K/s$。试计算钢球温度随时间变化的表达式。

3-5 一热电偶的热接点可近似地看成球体,初始温度 $t_0=25\ ^\circ\!C$,后被置于 $t_f=200\ ^\circ\!C$ 的气流中。欲使热电偶的时间常数 $\tau_t=1\ s$,问热接点的直径 D 该取多大?假设热接点与气流间的表面传热系数为 $h=350\ W/(m^2\cdot K)$,忽略热接点导线的导热。热接点的物性参数是 $\lambda=20\ W/(m\cdot K)$,$c=400\ J/(kg\cdot K)$,$\rho=8\ 500\ kg/m^3$。

3-6 一曲轴加热到 $800\ ^\circ\!C$ 后置于空气中回火,空气温度为 $22\ ^\circ\!C$。已知曲轴的质量为 $10\ kg$,表面积为 $900\ cm^2$,其比热容 $c=0.42\ kJ/(kg\cdot K)$,冷却过程中表面传热系数 $h=28.0\ W/(m^2\cdot K)$,导热系数 $\lambda=45.0\ W/(m\cdot K)$,密度 $\rho=2\ 700\ kg/m^3$。若曲轴冷却到与大气温度相差 $20\ ^\circ\!C$,求冷却时间 τ。

3-7 将一保险丝视为直径 $D=1\ mm$ 的无限长圆柱,暴露在 $t_f=20\ ^\circ\!C$ 的空气中,保险丝的表面传热系数 $h=30\ W/(m^2\cdot K)$,此时通过保险丝的电流为 $1\ A$,保险丝的温度稳定在初始温度 $t_0=30\ ^\circ\!C$。在 $\tau=0\ s$ 时,通过保险丝的电流突然上升至 $5\ A$ 并保持不变,求保险丝温度升高到 $t=65\ ^\circ\!C$ 所需要的时间。设保险丝的电阻、物性参数不随温度变化。保险丝的物性参数为 $\rho=11\ 340\ kg/m^3$,$c=128\ J/(kg\cdot K)$,$\lambda=35.3\ W/(m\cdot K)$。

半无限大物体

3-8 在实验中将较大量的液氮($-196\ ^\circ\!C$)被倒入泡沫塑料[$\lambda=0.03\ W/(m\cdot K)$,$\rho=50\ kg/m^3$,$c=2.1\ kJ/(kg\cdot K)$]制成的容器中。由于液氮发生沸腾传热,容器的内表面迅速被降至液氮的温度。已知 $5\ min$ 后,该容器的外表面温度没有下降,试求容器的壁厚至少应为多少。已知导入液氮前容器的温度与室内气温均为19 ℃。

3-9 恒定作用热源法是一种用于测量材料热扩散率的方法。该方法采用厚度大于渗透厚度的材料试样,并通过恒定的热源加热试样的表面,一段时间后同时测量试样表面与内部某一点的温度。现使用一平面热源加热一个材料试样,热源的热流密度恒定为 q_w。在 $\tau=0$ 时试样的初始温度为 t_0,此时开始加热,并在 $\tau=\tau_1$ 时测得试样的表面温度和内部深度为处的温度分别为 t_w 和 t_1。试推导材料热扩散率 a 与导热系数 λ 的表达式。

3-10 在沥青路的施工过程中,需要将加热融化后的沥青摊铺在基层路面上。假设基层具有初始温度 t_0 = 30 ℃,沥青在铺设前后温度不变并维持在 t_w = 135 ℃。将基层视为无限大物体,试计算在沥青铺设后10 min,基层内部距离接触面5 cm处的温度。假设基层的物性参数为 ρ = 2 300 kg/m³, c = 920 J/(kg·K), λ = 1.51 W/(m·K)。

3-11 在夏天的高速公路上,由于太阳的暴晒,路面可能会达到50 ℃的高温。假设初始时路面以及路面下方的混凝土具有均一的温度50 ℃,一阵暴雨将路面温度骤降为20 ℃并保持不变,降雨持续了10 min。试求降雨过程路面单位面积所释放的热量。混凝土的物性参数为 ρ = 2 300 kg/m³, c = 0.88 kJ/(kg·K), λ = 1.4 W/(m·K)。

一维平壁

3-12 在室外气温为 -25 ℃的冬季,一块绝热材料制成的平板表面由于积水而结了均匀的3 mm厚冰壳。现将该平板拿到气温15 ℃的室内,问多长时间后冰壳开始融化?并求此时该绝热材料表面的温度。冰与空气之间的表面传热系数 h = 6 W/(m²·K)。

3-13 一块厚 2δ = 10 cm 的厚钢板[λ = 48.5 W/(m·K),a = 12.7×10⁻⁶ m²/s]从高温炉中取出后放在气流中冷却。钢板的初始温度为630 ℃,空气温度为30 ℃,表面传热系数为 h = 150 W/(m²·K),试求10 s、30 s、1 min后钢板表面的温度,并讨论取级数项的多少对计算精度的影响。

3-14 一块厚10 mm的平板玻璃[λ = 0.76 W/(m·K),a = 3.62×10⁻⁷ m²/s]被放置在热风炉中进行处理,热风炉中的温度为420 ℃,玻璃表面的表面传热系数为 h = 55 W/(m²·K)。玻璃初温为22 ℃,试画出玻璃被加热过程中内部最大温差随时间变化的曲线。

3-15 在某时刻,一无内热源的无限大平板内温度分布可以由二次函数 $t = Ax^2 + B$ 表示,其中 A、B 为已知的常数。试确定:(1) 此时在平板表面(x = 0)处的热流密度;(2) 此时平板平均温度随时间的变化率,平板的物性均为已知常数。

3-16 某型号火箭发动机使用陶瓷涂层进行喷管钢结构内表面的热防护。已知喷管在工作过程中受到温度2 700 K的燃气加热,表面传热系数为 λ = 4 000 W/(m²·K),陶瓷涂层厚10 mm,热物性为 λ = 10 W/(m·K)、a = 6×10⁻⁶ m²/s。为运行安全考虑,限制喷管钢结构的温度不得超过1 500 K,试保守估计300 K环境温度下火箭发动机允许的最长工作时间。

3-17 在某种混凝土材料的热物理性质测试中,试样为厚 2δ = 55 mm 的平板,在测试前需要先将平板在温度为105 ℃的加热炉内进行加热以去除试样中的水分。现有一试样在加热炉内均匀烘干后被拿出放在 t_f = 25 ℃的空气中冷却,试估计使平板中心温度降至40 ℃所需的时间。假设平板表面的表面传热系数 h = 8 W/(m²·K),混凝土材料的导热系数 λ = 0.47 W/(m·K),密度为1 314 kg/m³,比热容为0.75 kJ/(kg·K)。

一维圆柱

3-18 设一无限长圆柱,横截面直径为 D = 10 cm,初始温度 t_0 = 200 ℃,突然被置于 t_f = 25 ℃的流体中冷却,圆柱表面的表面传热系数为 h = 2 000 W/(m²·K),试计算5 min后圆柱的中心温度、表面温度以及从初始时刻开始通过圆柱表面传递的热量。圆柱的物性参数为:ρ = 7 800 kg/m³, c = 450 J/(kg·K), λ = 50 W/(m·K)。

3-19 设一横截面直径为40 cm的长轴在加热炉内被加热到某一温度,随后从炉内移出并送往热加工车间进行热加工,热加工过程要求轴的最低温度不得低于450 ℃。考虑到热加工过程速度较低,部分轴出炉后需要在空气中等待一段时间。设轴出炉最多等待时长为30 min,该过程中轴与 t_f = 30 ℃的空气发生对流换热,表面传热系数为 h = 20 W/(m²·K),试求轴在炉内至少需要加热到多少摄氏度?轴的物性参数为 λ = 25 W/(m·K),

$a=9\times10^{-6}$ m²/s。

3-20 设一长圆柱,直径为 $D=20$ cm,初始温度为 $t_0=20$ ℃,被置于 $t_f=100$ ℃ 的流体中加热,圆柱的表面传热系数 $h=400$ W/(m²·K),求经过多长时间才能使圆柱的中心温度达到 80 ℃。圆柱的物性参数为 $\lambda=109$ W/(m·K), $a=3.43\times10^{-5}$ m²/s。

3-21 一个横截面直径 20 mm 的长圆柱工件的热处理工艺如下:先将工件加热到 650 ℃ 并保温至内部温度场达到均匀,然后在 25 ℃ 的空气中空冷降温至中心温度为 350 ℃,最后在 25 ℃ 的水中淬火至中心温度为 50 ℃。已知空冷过程中工件表面的表面传热系数为 10 W/(m²·K),淬火过程中表面传热系数为 5 000 W/(m²·K),工件的物性参数为 $\rho=4\,000$ kg/m³, $c=500$ J/(kg·K), $\lambda=25$ W/(m·K)。求冷却过程中每一步处理所需要的时间以及过程中单位长度圆柱所放出的能量。

一维球

3-22 某型号滚珠轴承的钢球直径为 0.2 m,在制造过程中需要进行淬火处理。将被均匀加热到 810 ℃ 的钢球放入 $t_f=60$ ℃ 的油中冷却,表面传热系数为 550 W/(m²·K)。试求钢球在 5 min 后的表面及中心温度。轴承钢的物性参数可以采用碳质量分数 1.0% 的碳钢物性参数进行计算。

3-23 在一种食品的制作过程中,肉丸中心温度达到 90 ℃ 后才可以食用。将室温(25 ℃)下放置的肉丸浸没在 $t_f=180$ ℃ 的热油中炸制,表面传热系数 $h=2\,000$ W/(m²·K)。肉丸可以看作直径 30 mm 的球,至少应炸制多长时间后才能出锅?假设油炸过程中肉丸的物性不变。

3-24 一太阳能集热器蓄热系统采用卵石作为蓄热材料,卵石的平均粒径为 6 cm,空隙率为 0.45。卵石初始温度为 23 ℃,通过与 68 ℃ 的热空气换热进行蓄热,表面传热系数 $h=40$ W/(m²·K)。卵石的比热容为 879 J/(kg·K),密度为 2 900 kg/m³,导热系数 $\lambda=2.88$ W/(m·K)。试以 5 min 为单位时间段,计算每段时间后单位堆放体积所储存的能量总量,并绘出每段时间内平均蓄热功率随运行时间的变化曲线。

3-25 为验证流体外掠球的实验关联式,某小组采用如下的方案测量流体外掠球的表面传热系数:在一直径为 4 cm 的塑料实心球球心处布置热电偶,并将球体浸没在温度为 60 ℃ 的水流中测量球心处的温度变化。假设初始时球体内部的温度均匀分布且为 14 ℃,球的导热系数 $\lambda=0.3$ W/(m·K),比热容 $c=2.1$ kJ/(kg·K),密度 $\rho=1\,200$ kg/m³。实验开始 15 min 后测得球心温度为 52 ℃,求此过程中的表面传热系数。

数值计算

3-26 有一放置在常温(25 ℃)下的 6 mm 厚平板,其内部导热系数 $\lambda=25$ W/(m·K),热扩散率为 $a=8.1\times10^{-6}$ m²/s。现将平板放入 4 ℃ 的空气中,表面传热系数 $\lambda=7.35$ W/(m²·K),试通过数值方法求出 $\tau=1$ min、2 min、5 min 平板非稳态导热的分析解进行比较。

3-27 一纯铝制成的圆柱形针肋长 24 mm,横截面直径为 4 mm,初始温度为 25 ℃。设备启动时,肋基处温

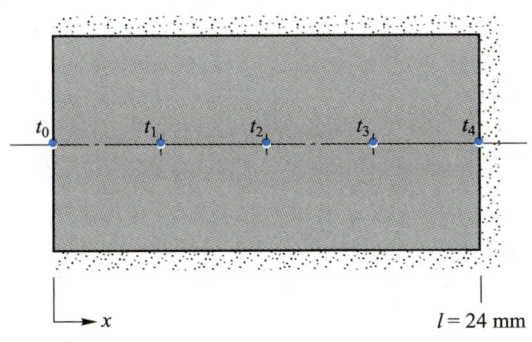

习题 3-27 附图

度迅速升至120 ℃,同时针肋受到强制对流冷却,$h = 100$ W/($m^2 \cdot $K),$t_f = 25$ ℃。试将该针肋按如下方法离散:沿轴向将肋分为三段,对应节点温度分别为 $t_1 \sim t_3$、t_0 和 t_4 则分别对应定温和对流的边界条件,建立显格式的离散方程组,并求出从开始加热起到稳态建立过程中沿径向的温度分布情况。

3-28 考虑习题3-26中的混凝土平板试样,初始时温度均匀为25 ℃,在测试过程中分别将平板的两面温度迅速控制在40 ℃和18 ℃。试建立该试样的离散格式方程组,并使用数值方法求出试样中心温度开始发生改变的时间,绘制 $\tau = 500$ s 和 $1\,000$ s 时的平板内温度分布图像。

3-29 温室墙体可以视为一维物体进行非稳态导热计算。已知根据某地观测资料,一日的室外气温和室内气温可以用傅里叶级数展开表示为

$$t_{\text{out}}(\tau) = \bar{t}_{\text{out}} + (\Delta t_{\text{out}})\left(a + m_{o1}\cos\left(\frac{\pi\tau}{12} - \phi_{o1}\right) + m_{o2}\cos\left(\frac{\pi\tau}{6} - \phi_{o2}\right)\right)$$

$$t_{\text{in}}(\tau) = \bar{t}_{\text{in}} + \Delta t_{\text{in}}\left(b + m_{i1}\cos\left(\frac{\pi\tau}{12} - \phi_{i1}\right) + m_{i2}\cos\left(\frac{\pi\tau}{6} - \phi_{i2}\right) + m_{i3}\cos\left(\frac{\pi\tau}{4} - \phi_{i3}\right)\right)$$

式中 $\bar{t}$ 为一日最高、最低气温的平均值,Δt 为当日的最大温差。式中各系数的取值为: $a = -0.066\,3$, $b = -0.038\,5$, $m_{o1} = 0.462$, $m_{o2} = 0.127$, $m_{i1} = 0.465$, $m_{i2} = 0.121$, $m_{i3} = 0.04$, $\phi_{o1} = 3.8$, $\phi_{o2} = 0.5$, $\phi_{i1} = 3.88$, $\phi_{i2} = 0.37$, $\phi_{i3} = 2.5$。设墙体内、外表面的表面传热系数分别为 $h_{\text{in}} = 8.7$ W/($m^2 \cdot $K) 与 $h_{\text{out}} = 23$ W/($m^2 \cdot $K),单层墙体的密度 $\rho = 1\,800$ kg/m^3,导热系数 $\lambda = 0.81$ W/($m \cdot $K),比热容 $c = 1\,050$ J/(kg $\cdot $K)。忽略墙体受到的辐射,试用数值方法计算室外气温为 $-5 \sim 15$ ℃,室内气温为 $10 \sim 30$ ℃ 时一天内墙内温度场的变化情况。

(提示:可以以任意的初始温度场进行计算,温度以24 h为周期变化,直到相邻两个周期内相同时刻的温度场不再发生变化为止)

参 考 文 献

[1] 陶文铨. 传热学[M]. 5版. 北京:高等教育出版社, 2019:96.

[2] 章熙民,朱彤,安青松,等. 传热学[M]. 6版. 北京:中国建筑工业出版社,2014:57-86.

[3] 赵镇南. 传热学[M]. 3版. 北京:高等教育出版社,2019:119-154.

[4] 上海交通大学数学系. 数学物理方法[M]. 2版. 上海:上海交通大学出版社,2016:250-252,271-274.

[5] INCROPERA F P, DEWITT D P, BERGMAN T L, 等. 传热与传质基本原理[M]. 葛新石,叶宏,译. 原著第六版. 北京:化学工业出版社,2007:176-184.

[6] SCHNEIDER P J. Conduction heat transfer[M]. Cambridge: Addison-Wesley Publishing Company,1955:384-386.

[7] HEISLER M P. Temperature charts for induction and constant temperature heating[J]. Journal of Fluids Engineering-Transactions of the ASME,1947,69(3):227-236.

[8] CAMPO A. Rapid determination of spatio-temporal temperatures and heat transfer in simple bodies cooled by convection: usage of calculators in lieu of heisler-gröber charts [J]. International Communications in Heat and Mass Transfer,1997,24(4):553-564.

[9] ЛЫКОВ А В. 热传导理论[M]. 裘烈钧,丁履德,译. 北京:高等教育出版社,1955:83-276.

[10] 陶文铨. 数值传热学[M]. 2版. 西安:西安交通大学出版社,2001:82-86.

[11] LIU M Y J, ALENGARAM U J, JUMAAT M Z, et al. Evaluation of thermal conductivity, mechanical and transport properties of lightweight aggregate foamed geopolymer concrete [J]. Energy and Buildings,2014,72:238-245.

[12] 马承伟,陆海,李睿,等. 日光温室墙体传热的一维差分模型与数值模拟[J]. 农业工程学报,2010,26(6):231-237.

第四章
对流传热理论基础与单相对流传热实验关联式

对流传热概述

对流传热是指流体流过与之温度不同的固体壁面时发生的热量传递现象,是流体的宏观运动与微观热运动综合作用的结果。

对流传热涉及流体的运动、导热及热对流现象,传热机理相对复杂。对流传热主要包括两部分内容:一是对流传热的理论基础,揭示该现象的物理机制、控制方程和定解条件等;二是获得计算对流传热过程的方法和应用。

本章首先从对流传热的物理过程出发,概述对流传热的主要特点及影响因素,获得对流传热的控制方程组,介绍边界层理论,并获得边界层问题的简化方程,从外掠平板对流传热出发,简述比拟理论的方法和用途。相似原理指导模化实验作为研究对流传热的重要方法之一,本章进行了较为详细的介绍,并在此基础上详细介绍了单相对流传热的部分实验关联式,包括外部流动、内部流动及自然对流。

4.1 对流传热概述

4.1.1 身边的对流传热

在工业生产与日常生活中,对流传热现象几乎无处不在。思考下面几个常见现象带来的问题:

(1) 炎热的夏天,吹一吹风扇会感觉凉爽,这是为什么?

(2) 暖水壶、中药罐、浴缸等需要加热的设备,其热源总是位于加热对象的下方,为什么热源不放在上方?

(3) 为什么白天的海风多是从海面吹向陆地,而晚上海风则是从陆地吹向海面?

(4) 图4-1所示为常用CPU冷却换热器结构,其工作原理是什么?如何计算和优化该换热器的性能?

随着对本章学习的深入,这些问题都会找到相应的答案。

4.1.2 对流传热的基本特征

对流传热发生于流体和固体表面之间,具有以下主要特点:

(1) 导热与热对流同时存在的复杂传热过程。

(2) 流体与固体之间必须直接接触,存在相对运动与温差。

(3) 对流传热的基本计算公式是牛顿冷却公式:

$$\Phi = qA = hA(t_w - t_f) \quad (4-1)$$

式中:Φ为热流量,W;q为热流密度,W/m²;A为传热面积,m²;h为表面传热系数,W/(m²·K);t_w与t_f分别为壁面与流体的平均温度,℃。

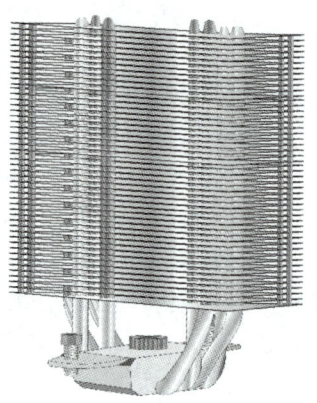

图4-1 常用CPU冷却换热器结构

值得注意的是,式(4-1)中的表面传热系数是与对流传热过程有关的过程量,而非流体或固体的物性参数。牛顿冷却公式只是对流传热量计算的基本公式,其并未揭示对流传热的内在规律。

4.1.3 对流传热的影响因素

当温差与换热面积确定时,对流传热量由表面传热系数决定。表面传热系数主要受以下五个方面的影响。

1. 流动的起因

根据流动的引发方式不同,对流传热可以分为自然对流传热与强制对流传热。自然对流是由温差而诱发的浮力引起的对流,又称自由对流;强制对流是由机械手段(如泵或风机等)强制引发的对流。在实际对流中,也有浮力和机械力共同作用的流动,称为混合对流。两种流动的起因不同,流体内部的速度分布不同,所以传热规律不同。

2. 流体的流动状态

由流体力学知识可知,黏性流体流态可分为层流、湍流及介于二者之间的过渡流态。流态为层流时流体质点作规律运动,轨迹是光滑的曲线,彼此不相掺混,而流态为湍流时流体内部存在强烈的脉动和旋涡,使流体各部分发生剧烈的混合。在相同条件下,湍流对流传热强度较层流更强,表面传热系数更大。

3. 换热表面状态及结构

换热表面的状态及结构主要包括换热面的形状、大小、表面粗糙度、固体各表面的温度分布及换热面与流体运动的相对位置等。图 4-2a 为飞机机翼绕流,属于外部流动(external flow);图 4-2b 为计算机中的水冷管,属于内部流动(internal flow),这两种流动形式的换热规律是不同的。而对于自然对流,换热面的布置方式会对对流传热产生影响,比如水平壁面自然对流传热,热面朝上和热面朝下时的散热规律不同;换热面水平布置还是竖直布置的换热特性也有所不同。

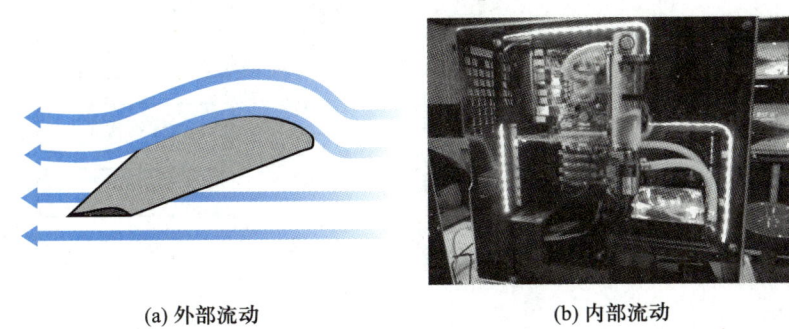

(a) 外部流动   (b) 内部流动

图 4-2 不同流动形式

4. 流体是否存在相变

单相对流传热与相变对流传热呈现出不同的规律。前者的热量传递是由流体显热的变化实现的,后者的热量传递则常常是流体相变热(潜热)的吸收或释放起到主要作用。

5. 流体的物性参数

对流传热受流体的物理性质影响。对于单相对流传热,流体的密度 ρ、导热系数 λ、比定压热容 c_p 以及动力黏度 μ 等参数会影响流体中的速度分布及热量传递,从而影响对流传热。对于相变传热,流体的相变潜热也会影响对流传热。

4.1.4 对流传热的分类

影响对流传热的因素有很多,不同条件下对流传热的规律各不相同。为了便于研究及总结表面传热系数的计算方法,按照影响因素,对对流传热进行一定的分类。

图 4-3 为对流传热的主要分类。值得注意的是,按照流动状态,每一类对流传热均可分为层流、湍流和过渡流三种流态,本书主要讨论层流和湍流的对流传热。为表达简洁,图中并未给出这种分类,但在后面的学习中要特别注意。

4.1.5 对流传热的研究方法

对流传热研究的主要目标是分析对流传热的物理过程,并在此基础上获得表面传热系数的计算方法。目前,对流传热的研究方法主要有以下四种:理论分析法、实验研究法、比拟法和数值计算法。下面分别对四种方法作简要介绍。

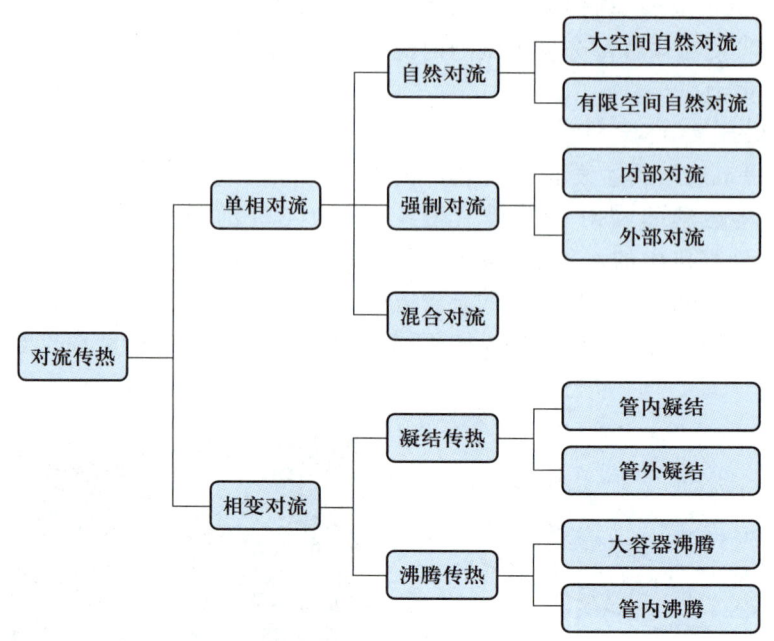

图 4-3 对流传热分类

1. 理论分析法

理论分析法是指分析对流传热的物理过程,建立描述对流传热问题的偏微分方程及其定解条件,通过数学方法对方程进行求解,从而获得速度场与温度场分析解的方法,是得到表面传热系数最为准确的方法。然而,由于方程求解的困难,目前只能得到个别简单的对流传热问题的分析解。分析解能够深刻揭示各个物理量对表面传热系数的影响规律,从而深入理解对流传热现象,是其他研究方法的基础,因此本章将对对流传热控制方程的建立进行适当地介绍。

2. 实验研究法

由于目前大量对流传热问题无法通过理论分析进行准确求解,通过实验测量而获得的计算表面传热系数的实验关联式仍是目前工程应用的主要依据。为减少实验次数,提高关联式的通用性,实验的设计、布置、实施及结果的应用应遵循相似原理的指导。相似原理下的实验研究是目前获得表面传热系数计算式的主要方法。本书将重点讨论对流传热的相应关联式。

3. 比拟法

比拟法是指通过研究动量传递及热量传递的共性或相似特性,从而建立表面传热系数与阻力系数间相互关系的方法。相较表面传热系数,阻力系数的实验测量更为简单,因此将表面传热系数测量问题转化为更为简单的阻力系数测量问题,简化了对流传热问题。在传热学发展的早期阶段,该方法曾广泛应用于湍流对流传热的计算,虽然近年来应用较少。但该方法所依据的动量传递与热量传递的比拟思想,对理解对流传热过程很有帮助,因此本章将对比拟理论进行适当地介绍。

4. 数值计算法

近年来,随着计算机技术的发展,数值计算成为科学研究的重要方法之一。该方法同样被应用在对流传热的研究之中,发表了大量的相关论文。由于对流传热的数值计算相较导热问题更为复杂,因此本书不作详细介绍,感兴趣的读者可自行查阅相关资料学习。

4.2 对流传热问题的数学描写

对流传热问题的数学描写主要包括对流传热的控制方程组及其定解条件。其中,控制方程组主要包括质量守恒方程、动量守恒方程及能量守恒方程,方程推导的基本思想是设定流动空间内的控制体,从而考虑控制体内各物理量的平衡关系。质量守恒方程与动量守恒方程已有详细的推导过程,这里不再详细介绍。本节将重点关注能量守恒方程的推导过程、控制方程组及定解条件的建立。

4.2.1 利用温度场计算表面传热系数的方法

求解对流传热问题的控制方程可以获得流体的速度场及温度场,下面介绍利用温度场分布求解表面传热系数的方法,这是理论分析研究对流传热问题的基础,对实验研究和数值计算同样具有意义。

黏性流体流经壁面时,由于黏性力的作用,在靠近壁面的地方速度逐渐减小,贴壁处流体与壁面的相对速度为零。图4-4定性地表示了流体外掠平板运动时贴壁处的速度分布情况。不考虑辐射换热的影响,由于贴壁处流体与壁面无相对运动,因此热量通过该不流动的薄层的方式只能是导热。由能量守恒可知,在贴壁处传递的总热量等于壁面和流体间的对流传热量。其中,对流传热量可以由牛顿冷却公式(4-1)计算,而壁面处的导热量可由傅里叶定律计算,为

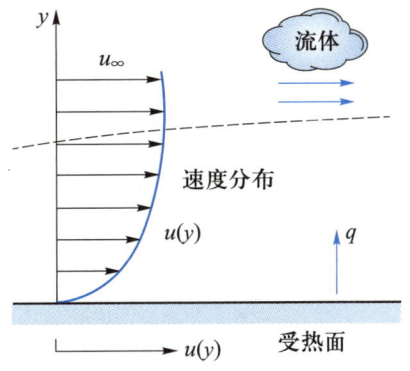

图4-4 贴壁处速度分布

$$q = -\lambda \frac{\partial t}{\partial y}\bigg|_{y=0} \quad (4-2)$$

式中:λ 为流体的导热系数;$\frac{\partial t}{\partial y}\bigg|_{y=0}$ 为贴壁处壁面法线方向上的流体温度梯度。联立式(4-1)与式(4-2)可得局部表面传热系数 h_x:

$$h_x = -\frac{\lambda}{t_w - t_f} \frac{\partial t}{\partial y}\bigg|_{y=0} \quad (4-3)$$

式中,下标 x 表示位置。式(4-3)将对流传热的表面传热系数与温度场分布联系起来,在对流传热计算中具有广泛的应用。

对于整个换热面的平均表面传热系数,可由局部表面传热系数积分平均得到:

$$h = \frac{1}{A_w} \int_0^{A_w} h_x \, \mathrm{d}A_x \quad (4-4)$$

4.2.2 能量微分方程的推导

在忽略热辐射并不考虑内热源的条件下,通用能量守恒方程可化简为式(4-5)的形式。本

节将给出该公式的推导过程。

$$\nabla \cdot (\lambda \nabla t) - \nabla \cdot (\rho c_p V t) = \frac{\partial}{\partial \tau}(\rho c_p t) \tag{4-5}$$

1. 基本假设

为简化分析过程进行如下假设:(1)流体为连续介质;(2)流体的物性参数为常数,不随温度变化;(3)流体为不可压缩的牛顿流体,切应力服从牛顿黏性定律 $\tau = \mu \partial u / \partial y$;(4)无内热源,忽略黏性耗散所产生的耗散热。

2. 微元体能量分析

能量微分方程的推导基于能量守恒定律及傅里叶导热定律。分析图4-5所示微元控制体,它固定于空间某一位置,从边界处不断有流体流入和流出,从而使能量进出控制体,是一个开口系统。根据热力学第一定律可得:

$$\Phi = \frac{\partial U}{\partial \tau} + q_{m,o}\left(h + \frac{1}{2}u^2 + gz\right)_o - q_{m,i}\left(h + \frac{1}{2}u^2 + gz\right)_i + W \tag{4-6}$$

式中:q_m 为质量流量;h 为流体的比焓;下标 i 及 o 分别表示流入和流出;U 为微元体的热力学能;Φ 为外界导入微元体的热流量;W 为流体所做的功。

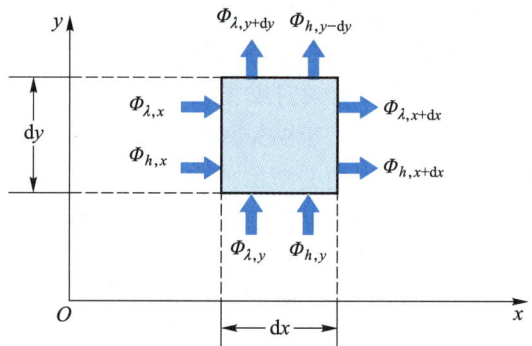

图 4-5 微元控制体

流体流入微元体时发生的势能和动能的变化可忽略不计,流体不做功,可得:

$$\Phi = \frac{\partial U}{\partial \tau} + q_{m,o}h_o - q_{m,i}h_i \tag{4-7a}$$

在 $d\tau$ 时间内,由导热进入微元体的能量为

$$\Phi d\tau = \lambda \left(\frac{\partial^2 t}{\partial x^2} + \frac{\partial^2 t}{\partial y^2} + \frac{\partial^2 t}{\partial z^2}\right) dxdydzd\tau \tag{4-7b}$$

在 $d\tau$ 时间内,微元体中热力学能的增量为

$$\Delta U = \rho c_p dxdydz \frac{\partial t}{\partial \tau} d\tau \tag{4-7c}$$

x 方向上,在 $d\tau$ 时间内由 x 截面处进入微元体的焓值为

$$H_x = \rho c_p ut dydzd\tau \tag{4-7d}$$

在 $d\tau$ 时间内由 $x+dx$ 截面处进入微元体的焓值为

$$H_{x+dx} = \rho c_p \left(u + \frac{\partial u}{\partial x}dx\right)\left(t + \frac{\partial t}{\partial x}dx\right) dydzd\tau \tag{4-7e}$$

将式(4-7e)减式(4-7d),略去高阶小量后,可得在 dτ 时间内在 x 方向净流出微元体的热能:

$$\Delta H_x = \rho c_p \left(u \frac{\partial t}{\partial x} + t \frac{\partial u}{\partial x} \right) dxdydzd\tau \tag{4-7f}$$

同理可得,在 dt 时间内 y 方向和 z 方向上净流出微元体的热能分别为

$$\Delta H_y = \rho c_p \left(v \frac{\partial t}{\partial y} + t \frac{\partial v}{\partial y} \right) dxdydzd\tau \tag{4-7g}$$

$$\Delta H_z = \rho c_p \left(w \frac{\partial t}{\partial z} + t \frac{\partial w}{\partial z} \right) dxdydzd\tau \tag{4-7h}$$

由此可得,单位时间内由于流体流动带出微元体的净热能为

$$q_{m,o} h_o - q_{m,i} h_i = \rho c_p \left(u \frac{\partial t}{\partial x} + v \frac{\partial t}{\partial y} + w \frac{\partial t}{\partial z} \right) dxdydzd\tau \tag{4-7i}$$

将式(4-7b)、式(4-7c)、式(4-7i)代入式(4-7a),化简后可得三维、常物性、无内热源的能量微分方程:

$$\rho c_p \left(\frac{\partial t}{\partial \tau} + u \frac{\partial t}{\partial x} + v \frac{\partial t}{\partial y} + w \frac{\partial t}{\partial z} \right) = \lambda \left(\frac{\partial^2 t}{\partial x^2} + \frac{\partial^2 t}{\partial y^2} + \frac{\partial^2 t}{\partial z^2} \right) \tag{4-7j}$$

式中:等号左侧第一项为微元体中流体温度随时间的变化,称为非稳态项;等号左侧第二、三、四项为流体流入流出微元体所产生的净热量,称为对流项。当流体静止时,对流项消失,方程便是常物性、无内热源的导热微分方程。方程右侧称为扩散项,这说明流体在流动过程中除对流项引起的能量变化外,还存在导热引起的扩散作用。当存在内热源时,在式(4-7j)等号右侧加上内热源项即可,单位为 W/m³。

4.2.3 对流传热控制方程组及定解条件

下面给出常物性、无内热源、不可压缩的三维流体对流传热控制方程组。

(1)质量守恒方程(连续性方程):

$$\frac{\partial u}{\partial x} + \frac{\partial v}{\partial y} + \frac{\partial w}{\partial z} = 0 \tag{4-8}$$

(2)动量守恒方程(N-S 方程):

$$\rho \left(\frac{\partial u}{\partial \tau} + u \frac{\partial u}{\partial x} + v \frac{\partial u}{\partial y} + w \frac{\partial u}{\partial z} \right) = F_x - \frac{\partial p}{\partial x} + \mu \left(\frac{\partial^2 u}{\partial x^2} + \frac{\partial^2 u}{\partial y^2} + \frac{\partial^2 u}{\partial z^2} \right)$$

$$\rho \left(\frac{\partial v}{\partial \tau} + u \frac{\partial v}{\partial x} + v \frac{\partial v}{\partial y} + w \frac{\partial v}{\partial z} \right) = F_y - \frac{\partial p}{\partial y} + \mu \left(\frac{\partial^2 v}{\partial x^2} + \frac{\partial^2 v}{\partial y^2} + \frac{\partial^2 v}{\partial z^2} \right)$$

$$\rho \left(\frac{\partial w}{\partial \tau} + u \frac{\partial w}{\partial x} + v \frac{\partial w}{\partial y} + w \frac{\partial w}{\partial z} \right) = F_z - \frac{\partial p}{\partial z} + \mu \left(\frac{\partial^2 w}{\partial x^2} + \frac{\partial^2 w}{\partial y^2} + \frac{\partial^2 w}{\partial z^2} \right) \tag{4-9}$$

(3)能量守恒方程:

$$\frac{\partial t}{\partial \tau} + u \frac{\partial t}{\partial x} + v \frac{\partial t}{\partial y} + w \frac{\partial t}{\partial z} = \frac{\lambda}{\rho c_p} \left(\frac{\partial^2 t}{\partial x^2} + \frac{\partial^2 t}{\partial y^2} + \frac{\partial^2 t}{\partial z^2} \right) \tag{4-10}$$

式(4-9)中:F_x、F_y 和 F_z 分别为 x、y 和 z 方向上的体积力。

确定了控制方程组后,还需要得到与之相关的定解条件,即初始条件和边界条件,包括初始时的温度、速度分布与边界上的参数分布情况。对于能量守恒方程,可以规定边界处流体的温度

分布情况（第一类边界条件），或给出边界处的热流密度（第二类边界条件），对流传热问题基本上没有第三类边界条件。

对流传热问题的控制方程组共有五个方程，其中包括 u、v、w、t、p 五个未知量，理论上方程是封闭的，可以进行求解。但由于方程的复杂性及非线性，对整个流场参数直接进行求解是非常困难的。但是，借助某些理论对方程进行一定的简化，如边界层理论等，可以得出某些对流传热问题的分析解。

4.3 边界层理论

边界层理论对于理解流体与固体表面间的对流传热与传质至关重要。根据边界层特性，对对流传热控制方程组进行简化，可以得到一些黏性流动的分析解。本节将对边界层理论及边界层流动控制方程的简化进行详细介绍。

4.3.1 流动边界层基本概念

为介绍边界层的概念，考虑图 4-6 中的外掠平板流动。由于黏性作用，当流体与表面接触时，速度会大大降低，并可认为壁面处流体相对平板静止（称之为无滑移边界）。这些速度降低的流体对相邻流体的运动会起到阻滞作用，依此类推，但越远离壁面，这种阻滞作用就会越弱，并最终达到可以忽略不计的程度，而这个距离相对于流体流动的距离来讲很小，也就是说，黏性力仅仅作用于靠近壁面的薄层之中，薄层内有较高的速度梯度，而薄层外流体速度均可认为与主流速度相等。这一薄层称为流动边界层或速度边界层。在流动边界层内部，可以通过数量级分析的方法简化控制方程；而在边界层外部，可以忽略黏性力的作用，该区域的流动可以按理想流体处理，从而为边界层流动问题的求解提供了可能。通常定义流体内速度达到主流速度的 99% 处沿 y 方向到壁面的距离为边界层厚度，记为 δ。对于外掠平板流动，随着距离平板前缘距离的增加，黏性的影响会更深入地渗透到主流中，因此边界层厚度随距前缘距离 x 的增大而增大，如图 4-7 所示。由图可知，边界层厚度比平板长度小一个数量级以上，因此，边界层内的速度梯度是很大的。

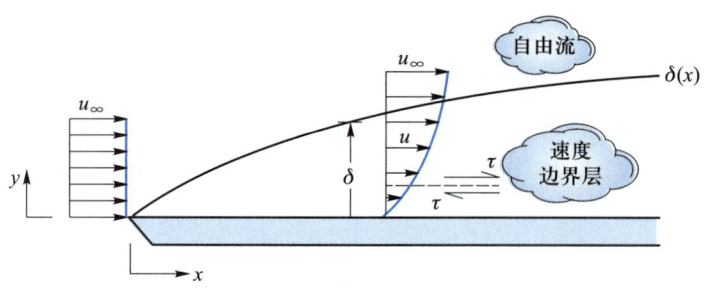

图 4-6 外掠平板边界层

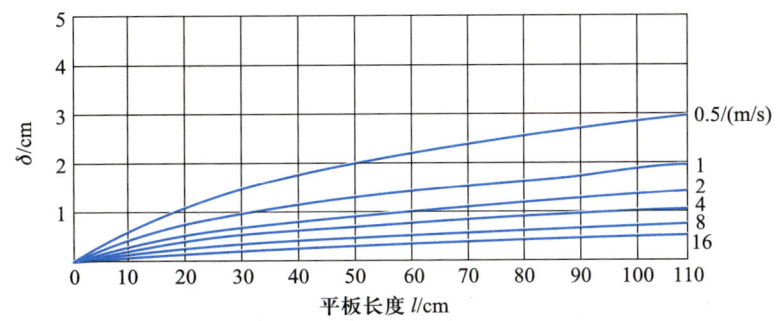

图 4-7 边界层厚度随前缘距离的变化

与主流相同,边界层内流动也会呈现出层流和湍流两种不同的流动状态。外掠平板流动的边界层发展过程如图 4-8 所示,流体刚接触到平板时,由于黏性作用,速度降低,边界层开始形成,但此时的边界层内黏性力对流动起主导作用,边界层内为层流。随着流动的深入,来流中的微小扰动和壁面的摩擦作用不断积累,边界层内流动变得不稳定,层流逐渐向湍流过渡。湍流的过渡取决于惯性力与黏性力的对比,即无量纲量雷诺数 Re。如果雷诺数小,则惯性力相对于黏性力较小,层流不会过渡到湍流,反之则容易过渡到湍流。

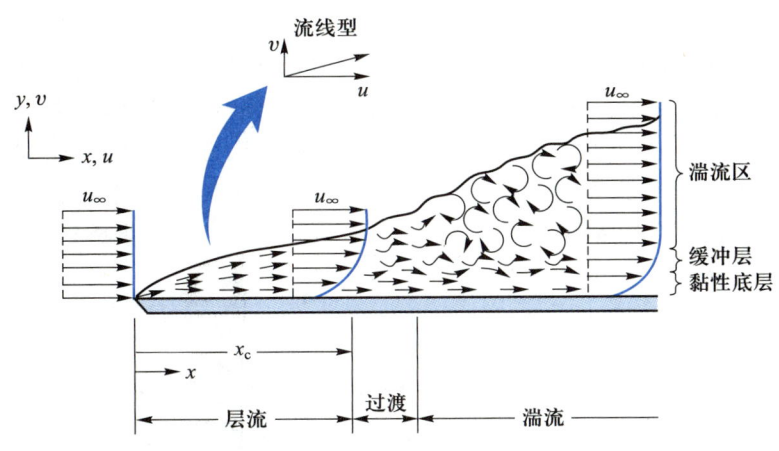

图 4-8 不同流态边界层

对于外掠平板边界层流动,雷诺数的特征尺寸取距前缘的距离 x。根据壁面粗糙度及来流的扰动程度,由层流向湍流过渡的临界雷诺数(Re_c)介于 10^5 到 $3×10^6$ 之间。在实际应用中,较有代表性的临界雷诺数取值为 $5×10^5$。

层流边界层与湍流边界层呈现出不同的特性,图 4-9 为流动过程中外掠平板边界层厚度及表面传热系数变化情况。

在层流边界层中,流体流动是高度有序的,可以识别出流体运动的流线。随着边界层厚度的增大,局部表面切应力减小,高度有序的流动一直持续到过渡区的位置。过渡区中发生了层流向湍流的转换。

充分发展湍流的边界层内流动是高度不规则的,各层之间通过涡旋发生强烈混合。湍流中的相互干扰甚至可以超过主流速度以波的形式传播,发生非线性相互作用。湍流边界层中可以

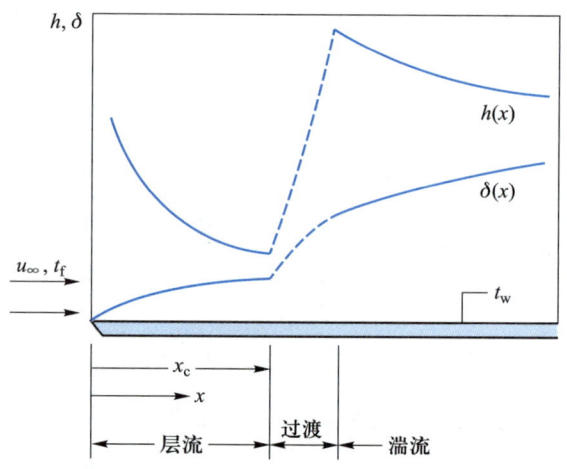

图 4-9　外掠平板边界层厚度及表面传热系数变化情况

划分为三个区域。贴壁处由于黏性力仍起主导作用，表现出层流的特性，称为黏性底层，黏性底层中速度梯度较大。黏性底层上方为缓冲层。此外，还有以湍流混合为主导的湍流层。

4.3.2　热边界层基本概念

温度边界层如图 4-10 所示，与流动边界层类似，若流体流过壁面时流体主流温度与壁面温度不同，壁面处流体与壁面处于热平衡，在靠近壁面的一个薄层中，流体温度沿壁面法线方向由壁面温度剧烈变化为流体主流温度，而在薄层外流体温度可认为与主流温度相同，这一薄层称为热边界层或温度边界层。热边界层厚度记为 δ_t，一般选取过余温度为达到来流过余温度的 99% 处作为外边界。随着距平板前缘距离的增加，热传递的影响会进一步渗透到主流中，热边界层厚度也会增加。

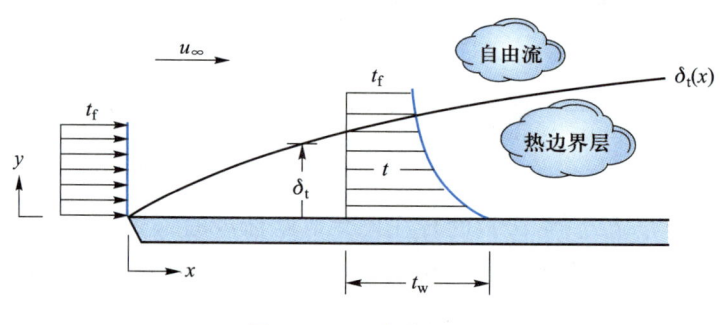

图 4-10　温度边界层

4.3.3　层流边界层控制方程

作为温度和速度变化共存的流体流动，边界层内流体的流动也一定要符合流体运动的控制方程组，但利用边界层的特征，可以对边界层内的控制方程进行适当的简化，为获得分析解提供可能。为了简单起见，以二维边界层控制方程为例。

对边界层内控制方程组简化的基本思想是数量级分析法。通过比较方程组中各项数量级的相对大小,保留大量级项,舍弃小量级项,从而实现方程组的化简。

在边界层问题中,从壁面到边界层厚度 $y=\delta$ 处,主流方向速度的积分平均绝对值显然要远远大于垂直于主流方向的流速积分平均绝对值。因此,如果将边界层内主流速度 u_x 的数量级设为1,则 u_y 的数量级必定为小量,用 δ 表示。类似地,确定方程中各物理变量的数量级,见表4-1。利用这种思想,对4.2节中在二维对流换热的条件下的微分控制方程进行逐一分析。

表4-1 各物理变量数量级

变量	x	y	u	v	t
数量级	1	δ	1	δ	1

质量守恒方程:

$$\frac{\partial u}{\partial x}+\frac{\partial v}{\partial y}=0 \tag{4-11}$$

数量级:
$$\left(\frac{1}{1} \quad \frac{\delta}{\delta}\right)$$

x 方向的动量守恒方程:

$$\rho\left(u\frac{\partial u}{\partial x}+v\frac{\partial u}{\partial y}\right)=-\frac{\partial p}{\partial x}+\mu\left(\frac{\partial^2 u}{\partial x^2}+\frac{\partial^2 u}{\partial y^2}\right) \tag{4-12}$$

数量级:
$$1\left(1\frac{1}{1} \quad \delta\frac{1}{\delta}\right) \quad \frac{1}{1} \quad \mu\left(\frac{1}{1^2} \quad \frac{1}{\delta^2}\right)$$

值得注意的是,在上述方程中,为使方程前后具有相同的数量级,动力黏度 μ 必须具有 δ^2 的数量级。

y 方向的动量守恒方程:

$$\rho\left(u\frac{\partial v}{\partial x}+v\frac{\partial v}{\partial y}\right)=-\frac{\partial p}{\partial y}+\mu\left(\frac{\partial^2 v}{\partial x^2}+\frac{\partial^2 v}{\partial y^2}\right) \tag{4-13}$$

数量级:
$$1\left(1\frac{\delta}{1} \quad \delta\frac{\delta}{\delta}\right) \quad \Delta \quad \delta^2\left(\frac{\delta}{1^2} \quad \frac{\delta}{\delta^2}\right)$$

能量守恒方程:

$$u\frac{\partial t}{\partial x}+v\frac{\partial t}{\partial y}=a\left(\frac{\partial^2 t}{\partial x^2}+\frac{\partial^2 t}{\partial y^2}\right) \tag{4-14}$$

数量级:
$$1\frac{1}{1} \quad \delta\frac{1}{\delta} \quad \delta^2\left(\frac{1}{1^2},\frac{1}{\delta^2}\right)$$

与 μ 类似,为使方程前后数量级相同,热扩散率 a 必须具有 δ^2 的数量级。除液态金属外,实际流体均满足这一分析。

综上所述,保留大量级项,舍弃小量级项,得到二维、稳态、无内热源的层流流动边界层控制方程组如下:

$$\frac{\partial u}{\partial x}+\frac{\partial v}{\partial y}=0 \tag{4-15a}$$

$$\rho\left(u\frac{\partial u}{\partial x}+v\frac{\partial u}{\partial y}\right)=-\frac{\mathrm{d}p}{\mathrm{d}x}+\mu\frac{\partial^2 u}{\partial y^2} \tag{4-15b}$$

$$u\frac{\partial t}{\partial x}+v\frac{\partial t}{\partial y}=a\frac{\partial^2 t}{\partial y^2} \qquad (4-15c)$$

式中：$\frac{\mathrm{d}p}{\mathrm{d}x}$ 可以通过边界层外理想流体的伯努利方程求解，为已知量。方程组中共有 u,v,t 三个未知量，因此方程是封闭的。

对于主流区域温度为 u_∞，温度为 t_f 的流动，壁面温度一定时，方程组的定解条件为

$$y=0: u=0, \quad v=0, \quad t=t_w \qquad (4-16)$$
$$y=\infty: u \to u_\infty, \quad t \to t_f \qquad (4-17)$$

上述方程组配上边界条件，便可对边界层对流传热问题进行求解。

4.4 外掠平板对流传热分析

流体外掠等温平板对流传热过程分为层流和湍流两种状态，对于层流流动，可以通过求解边界层控制方程组获得解析解；而对于湍流流动，可以将动量方程与能量方程进行比拟以获得表面传热系数，这一方法被称为比拟理论。

4.4.1 外掠平板层流流动解析解

外掠平板层流流动是最简单的二维边界层流动形式。在流动过程中，采用定壁温边界条件，且主流速度恒定，在边界层动量守恒方程中可以认为 $\frac{\mathrm{d}p}{\mathrm{d}x}=0$。利用边界层流动的控制方程组，可以得到外掠平板层流流动速度场与温度场的解析解。下面列出求解获得的主要结果，具体求解过程不再给出，感兴趣的读者可以自行参阅相关资料学习。

（1）距平板前缘距离 x 处的流动边界层厚度：

$$\frac{\delta}{x}=\frac{5.0}{\sqrt{Re_x}} \qquad (4-18)$$

（2）局部摩擦系数：

$$c_f=\frac{\tau_s}{\frac{\rho u_\infty^2}{2}}=\frac{0.664}{\sqrt{Re_x}} \qquad (4-19)$$

（3）流动边界层与热边界层厚度之比：

$$\frac{\delta}{\delta_t} \cong \left(\frac{\nu}{a}\right)^{\frac{1}{3}} \qquad (4-20)$$

（4）局部表面传热系数：

$$h_x=0.332\frac{\lambda}{x}\left(\frac{u_\infty x}{\nu}\right)^{\frac{1}{2}}\left(\frac{\nu}{a}\right)^{\frac{1}{3}} \qquad (4-21)$$

利用上式，可得外掠等温平板层流对流换热壁面任意位置表面传热系数的解析解。

4.4.2 特征数

观察式(4-21),可以发现,等式右侧第一个括号内的参数组为雷诺数(Re_x),第二个括号内的参数组为流动边界层与热边界层厚度之比,同样为无量纲数,定义为普朗特数(Pr)。因此,将式(4-21)改写为

$$\frac{h_x x}{\lambda} = 0.332 \left(\frac{u_\infty x}{\nu}\right)^{\frac{1}{2}} \left(\frac{\nu}{a}\right)^{\frac{1}{3}} \quad (4-22)$$

由于等式右侧各项均为无量纲数,故等式左侧必定为无量纲数。式(4-22)中,从左到右,三个无量纲的特征数分别为:$Nu = hx/\lambda$ 称为努塞尔数(Nusselt number);$Re = u_\infty x/\nu$ 称为雷诺数(Reynolds number)以及 $Pr = \nu/a$ 称为普朗特数(Prandtl number)。雷诺数表征流动过程中惯性力与黏性力之比,下面介绍努塞尔数和普朗特数。

1. 努塞尔数

考虑流体与固体壁面之间的对流传热现象,由牛顿冷却定律,表面传热系数与流体中的温度场关系如下:

$$h(t_w - t_f) = -\lambda \left(\frac{\partial t}{\partial y}\right)_{y=0} \quad (4-23)$$

其中,t_w 与 t_f 分别为壁面与主流温度。下面我们以 $t_w - t_f$ 作为温度的标尺,以对流传热表面某一特征尺寸 l 作为长度的标尺将上式无量纲化,可得:

$$\frac{hl}{\lambda} = \frac{\partial \left(\frac{t_w - t}{t_w - t_f}\right)}{\partial \left(\frac{y}{l}\right)}\bigg|_{y=0} \quad (4-24)$$

上式右端为无量纲温度场在壁面处的梯度,左侧为与对流传热相关的特征数,为纪念德国物理学家努塞尔(W. Nusselt)对对流传热理论研究做出的杰出贡献,将其命名为努塞尔数,记为 Nu。

努塞尔数的物理意义是壁面处流体的无量纲温度梯度,是表征对流传热强烈程度的准则数。值得注意的是,准则数中的导热系数为流体的导热系数,因此努塞尔数也表征了流体层导热热阻与对流传热热阻之比。

2. 普朗特数

普朗特数的定义为流体的运动黏度与热扩散系数之比,其命名是为了纪念对边界层理论做出重要贡献的德国物理学家普朗特,符号为 Pr。由式(4-20)可知,普朗特数表征了流动边界层与热边界层厚度的相对大小。下面从对流传热的控制方程入手,进一步讨论普朗特数的物理意义。

考虑流体外掠平板强制流动,在流动过程中,压力梯度为零,忽略重力的影响,动量守恒方程(4-14)可以化简如下形式:

$$u\frac{\partial u}{\partial x} + v\frac{\partial u}{\partial y} = \nu \frac{\partial^2 u}{\partial y^2} \quad (4-25)$$

上式与能量守恒方程(4-17)对比,可以发现,两式在表达形式上基本相同,唯一的区别在于运动

黏度 ν 与热扩散率 a。假设 $\nu=a$，即普朗特数为 1，在给定相同形式的边界条件时，边界层内动量守恒方程与能量守恒方程应具有相同的无量纲解，即 $\dfrac{u-u_w}{u_\infty-u_w}$ 与 $\dfrac{t-t_w}{t_f-t_w}$ 的分布应完全相同，这种情况下，流动边界层与热边界层的厚度自然相等，即 $\delta=\delta_t$。因此，普朗特数可以表征层流流动边界层与热边界层的相对厚度，即普朗特数反映了流体内部动量扩散与热量扩散能力的相对大小。

普朗特数由流体物性决定，常见流体普朗特数范围如图 4-11 所示。液态金属普朗特数较小，数量级为 $10^{-3}\sim10^{-2}$，常见气体的普朗特数大多在 0.6~0.7，黏度较高的油类其普朗特数可达数百甚至数千。

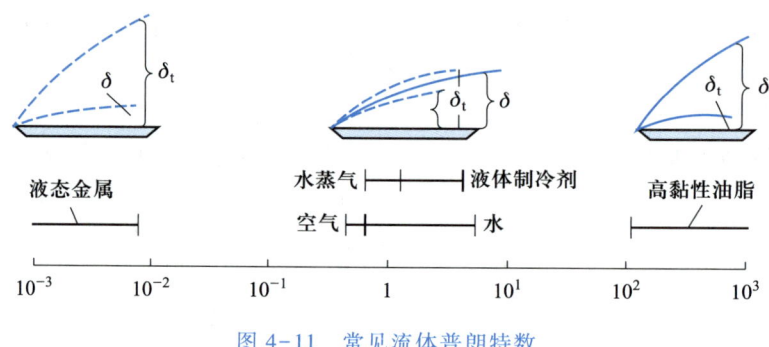

图 4-11　常见流体普朗特数

4.4.3　特征数方程

将相关特征数代入式（4-22）可得：

$$Nu_x = 0.332 Re_x^{\frac{1}{2}} Pr^{\frac{1}{3}} \tag{4-26}$$

像上式这种由特征数组成的计算式称为特征数方程（characteristic number equation），又称为关联式或准则（correlation）方程。式（4-26）即为流体外掠等温平板对流传热的准则方程。对流传热的研究便是通过各种方法获得准则方程，从而计算表面传热系数。

由准则数方程（4-26）计算得到的为局部表面传热系数，为获得整个平板的平均表面传热系数，需要在板长上对式（4-26）进行积分平均，从而得到平均表面传热系数：

$$Nu_l = 0.664 Re_l^{\frac{1}{2}} Pr^{\frac{1}{3}} \tag{4-27}$$

值得注意的是，准则数中具有长度量纲的量被称为特征尺度，其选取原则通常是取对该对流传热过程影响最大或最典型的那个尺度量；用于确定准则数中物性的温度称其为定性温度，不同对流传热过程的定性温度选取方式也有所不同，但总的原则是选取最能表征对流传热过程的那个温度或平均温度。如前述的流体外掠等温平板，定性温度确定为 $t_m=\dfrac{t_w+t_f}{2}$。用实验方法获得关联式时，特征尺度和定性温度选取方式不同，所获得的准则数方程表达式也会不同。此外，利用准则式时，还要注意方程的应用范围，主要包括雷诺数、普朗特数的范围及几何参数的范围。对式（4-27），特征尺度取整个平板的长度，定性温度取平板表面温度与主流温度的平均值。准则式在 $Re_l<2\times10^5$ 时与实验值的拟合很好，其应用范围可近似推广到雷诺数小于 5×10^5 的全部

层流范围。此外,该式适用于普朗特数在 0.6 以上的流体,并不适用于液态金属。对于所有普朗特数都适用的努塞尔数,常用以下关联式计算:

$$Nu_x = \frac{0.338\,7 Re_x^{\frac{1}{2}} Pr^{\frac{1}{3}}}{[1+(0.046\,8/Pr)^{\frac{2}{3}}]^{\frac{1}{4}}} \tag{4-28}$$

4.4.4 比拟理论

为获得外掠平板湍流对流传热关联式,首先对比拟理论进行简单介绍。

比拟理论(analogy theory)是实验分析方法的一种,它是根据两种物理现象之间的比拟关系,通过对一种物理现象的观察实验,研究另一种物理现象的方法,目的是利用比较容易测量的物理量来获得不容易测量的物理量。例如,将热流密度与电流密度、热阻与电阻相类比,就是一种简单的比拟思想。在对流传热的研究中,由于早期测量手段的局限性,比拟理论曾广泛应用于表面传热系数关联式的获取。本节将从外掠平板湍流对流传热控制方程出发,说明对流传热过程中动量交换与热量交换的比拟过程。

湍流过程中,流体微团不仅存在主流方向运动,还会作不规则的脉动。当流体微团发生位移时,会由于脉动在不同流层之间产生附加动量交换和热量交换,产生的附加切应力和热流密度分别称为湍流切应力与湍流热流密度。由于湍流中的附加动量交换和热量交换均由流体微团的脉动引起,所以湍流中动量传递与热量传递必定存在某种相互关系。在对流传热中拟根据这种关系,建立二者的比拟关系。

类比分子扩散所造成的切应力,考虑流体微团脉动的湍流总切应力计算公式为

$$\tau = \tau_l + \tau_t = \rho(\nu + \nu_t)\frac{du}{dy} \tag{4-29}$$

式中:下标 t 表示湍流。类似地,湍流总热流密度为

$$q = q_l + q_t = -\rho c_p (a + a_t)\frac{dt}{dy} \tag{4-30}$$

式中:ν_t 和 a_t 分别称为湍流动量扩散率和湍流热量扩散率。u,t 均为主流时均值。基于以上定义,可以得到湍流边界层的动量方程和能量方程:

$$u\frac{\partial u}{\partial x} + v\frac{\partial u}{\partial y} = (\nu + \nu_t)\frac{\partial^2 u}{\partial y^2} \tag{4-31}$$

$$u\frac{\partial t}{\partial x} + v\frac{\partial t}{\partial y} = (a + a_t)\frac{\partial^2 t}{\partial y^2} \tag{4-32}$$

上述两个公式看起来形式上完全相同,但要想获得相同的解,还需要其边界条件形式上也相同,为此,需要引入无量纲量:

$$x' = \frac{x}{l}, \quad y' = \frac{y}{l}, \quad u' = \frac{u}{u_\infty}, \quad v' = \frac{v}{v_\infty}, \quad \Theta = \frac{t - t_w}{t_f - t_w}$$

代入方程得:

$$u'\frac{\partial u'}{\partial x'} + v'\frac{\partial u'}{\partial y'} = \frac{1}{u_\infty l}(\nu + \nu_t)\frac{\partial^2 u'}{\partial y'^2} \tag{4-33}$$

$$u'\frac{\partial \Theta}{\partial x'} + v'\frac{\partial \Theta}{\partial y'} = \frac{1}{u_\infty l}(a + a_t)\frac{\partial^2 \Theta}{\partial y'^2} \tag{4-34}$$

边界条件为

$$y'=0: u'=0, \quad v'=0, \quad \Theta=0$$

$$y'=\frac{\delta}{l}: u'=1, \quad v'=\frac{v_\delta}{u_\infty}, \quad \Theta=1$$

由于附加切应力与附加热流密度均由湍流脉动导致，可以假定 $\nu_t=a_t$，即湍流普朗特数 $Pr_t \approx 1$。实验研究表明，实际流体运动中湍流普朗特数一般介于 1.0~1.6，这里近似假定湍流普朗特数为 1 是可以接受的。当普朗特数 $Pr=1$ 时，此时式（4-33）与式（4-34）以及边界条件是完全相同，此时速度场与无量纲过余温度场的解应该是相同的，因此有

$$\left.\frac{\partial u'}{\partial y'}\right|_{y'=0}=c_f\frac{Re}{2}=\left.\frac{\partial \Theta}{\partial y'}\right|_{y'=0}=Nu \tag{4-35a}$$

由上述推导可知，在平板任意位置 x 处，有以下关系：

$$Nu_x=c_f\frac{Re_x}{2} \tag{4-35b}$$

这样就建立了外掠平板湍流对流传热动量传递与热量传递的比拟理论，可以通过相对容易获得的局部摩擦系数 c_f 得到局部努塞尔数 Nu_x。

4.4.5 外掠平板湍流对流传热特征数方程

实验测量结果表明，外掠平板湍流流动的局部摩擦系数可以按以下计算式计算：

$$c_f=0.0592Re_x^{-\frac{1}{5}}, \quad (Re_x\leq 10^7) \tag{4-36a}$$

将上式代入式（4-35b）可得：

$$Nu_x=0.0296Re_x^{\frac{4}{5}} \tag{4-35c}$$

上式称为雷诺比拟，其应用条件是 $Pr=1$。之后，考虑 Pr 的影响对该式进行修正，获得了修正雷诺比拟：

$$c_f=\frac{2Nu}{RePr^{\frac{1}{3}}}=2StPr^{2/3}=2j, \quad (0.6<Pr<60) \tag{4-36b}$$

式中：$St=Nu/(RePr)$ 称为斯坦顿（Stanton）数，j 称为 j 因子。

当平板长度大于临界长度时，在整个板上层流与湍流共存，因此可以将平板划分为层流区与湍流区，取层流向湍流过渡的临界雷诺数为 5×10^5，对两个区域的局部表面传热系数表达式进行积分，便可获得整个板上的平均表面传热系数关联式：

$$Nu_m=(0.037Re^{\frac{4}{5}}-871)Pr^{\frac{1}{3}} \tag{4-35d}$$

【例 4-1】

标准大气压下，25 ℃的空气纵向掠过一块长 300 mm，温度为 75 ℃的平板，空气流速为 5 m/s，平板宽度为 1 m。

（1）求平板中心位置处流动边界层与热边界层的厚度；

（2）求空气与平板的对流传热量。

解：定性温度为 50 ℃，查附表Ⅲ可得，$Pr=0.698$，$\nu=1.795\times 10^{-5}$ m^2/s，$\lambda=0.0283$ W/(m·K)。

$$Re = \frac{ul}{\nu} = \frac{5 \text{ m/s} \times 0.3 \text{ m}}{1.795 \times 10^{-5} \text{ m}^2/\text{s}} = 83\,565$$

整个平板上均处于层流状态。

(1) 中心位置流动边界层厚度为

$$\delta = \frac{5.0x}{\sqrt{Re_x}} = 5.0\sqrt{\frac{\nu x}{u}} = 0.003\,7 \text{ m}$$

热边界层厚度为

$$\delta_t = \frac{\delta}{Pr^{\frac{1}{3}}} = \frac{0.003\,7 \text{ m}}{0.698^{\frac{1}{3}}} = 0.004\,2 \text{ m}$$

(2) 对流传热的平均表面传热系数：

$$Nu = 0.664 Re^{\frac{1}{2}} Pr^{\frac{1}{3}} = 0.664 \times (83\,565)^{\frac{1}{2}} \times 0.698^{\frac{1}{3}} = 170.3$$

$$h = Nu \frac{\lambda}{l} = \frac{0.028\,3 \text{ W/(m·K)} \times 170.3}{0.3 \text{ m}} = 16.1 \text{ W/(m}^2\text{·K)}$$

对流传热量：

$$\Phi = hA\Delta t = 16.1 \text{ W/(m}^2\text{·K)} \times 1 \text{ m} \times 0.3 \text{ m} \times 50 \text{ K} = 241.5 \text{ W}$$

4.5 相似原理

上一节介绍了表面传热系数计算的特征方程，并通过求解控制方程组获得了外掠平板层流流动表面传热系数的解析解。然而，对于实际的对流换热问题，只有很少一部分可以获得准确的解析解。为获得复杂流动过程的表面传热系数，实验测量是最直观有效的方法，然而，直接通过实验测量获得关联式的过程面临如下困难：

(1) 变量太多。如管内单相强制对流传热的表面传热系数 h 是 6 个自变量的函数，$h = f(u, d, \lambda, \rho, c_p, \mu)$，如果每个变量变化 10 次，同时控制其他 5 个变量不变，则要进行 10^6 次实验，通常来讲，实验的准备时间比较长，若每天做两次实验，则需要 50 万天，与实际生活不符，需考虑如何开展实验。

(2) 数据量太大。影响变量多也意味着测量得到的实验数据量非常庞大，需要思考如何高效而有规律地整理这些实验数据？

(3) 无法在实际条件下开展的实验。由于实验条件等因素限制，有些实验无法在实际条件下开展，如剧毒工质或实验件尺寸太大等，需要思考这时如何开展实验。

相似原理将回答上面的三个问题。

4.5.1 物理现象的相似性

相似性最初为几何概念，如图 4-12 所示。若两个几何图形各对应角相等，各对应边成比例，则这两个图形是相似的，换句话说，两个相似的图形是成比

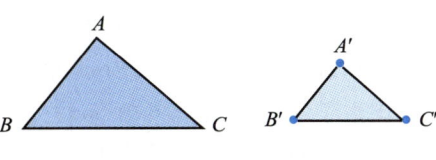

图 4-12 几何相似

例的,形状相同而大小不同,其中一个图形可以由另一个图像按一定比例放大或缩小得到。此后,物理学家将相似性推广到物理现象。若两个同类的物理现象在对应的时刻与对应的空间点上与该现象相关的物理量对应成比例,则称这两个物理现象相似。

同类现象是指描述这种现象的控制方程具有相同的形式及内容。例如,对于几何条件相似的外掠平板流动,可以考虑其速度场的相似性,而对于外掠平板流动中动量交换与热流交换之间的关系,由于二者不是同类物理现象,不能称之为相似,只能称为"比拟"。

同类物理现象之间若存在相似的关系,那么与该现象相关的物理量均要对应成比例。如图4-13所示圆管内的流动现象,与之相关的物理量包括与流动传热相关的时间度量、几何条件、速度、受力情况及流体的物性参数等,只有这些物理量各自对应成比例,才可以称两个对流传热现象相似。

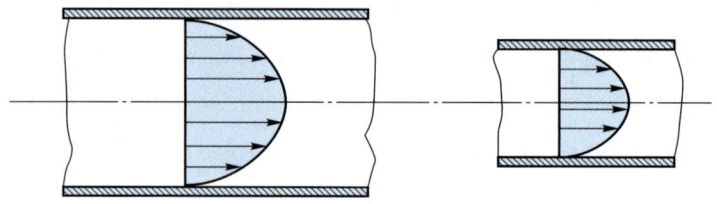

图 4-13 圆管内的流动现象

4.5.2 相似原理

1. 相似的物理现象,与该现象相关的同名特征数相等

对于相似的物理现象,其物理量一定可以用统一的无量纲数表示,且同名的特征数应是相等的。

以两相似的外掠平板层流流动过程为例,其无量纲的同名物理量的场是相同的。考虑温度场分布,由于两现象的无量纲温度场相同,故两现象壁面处的无量纲温度梯度也相等。由4.4节可知,壁面处的无量纲温度梯度可以用努塞尔数表征,因此,对于这两个现象1和2,有

$$\frac{h_1 l_1}{\lambda_1} = \frac{h_2 l_2}{\lambda_2} \tag{4-37}$$

因此,相似的对流传热过程,其 Nu 应相等。这也是利用关联式计算表面传热系数的理论基础。

2. π 定理

同类型物理现象与诸多物理量有关,各物理量之间往往不是相互独立的,而是与其他物理量相互影响。各物理量能够组合成多个特征数,共同构成特征关联式。π 定理指出了物理量与可以组成的特征数个数之间的关系,具体内容为:若有一个物理上有意义的方程式,其中有 n 个物理量,而这些物理量共有 r 个基本量纲,则原方程式可以写成由 $n-r$ 个无量纲特征数。π 定理最早由美国物理学家白金汉(E.Buckingham)提出,因此又称为白金汉 π 定理,不过该定理的证明最早由法国数学家勃兰特(J.Bertrand)完成。

3. 同类物理现象相似的充要条件

同类物理现象相似的充要条件有两个:物理现象的同名特征数相等和单值性条件相似。

同名特征数相等较好理解。例如,在外掠平板对流传热问题中,共有三个特征数,其中,Re 和 Pr 为已知特征数,Nu 为未知特征数,不过当两问题相似时,Re 和 Pr 相等,由此计算获得的 Nu 也是相等的。

单值性条件是指能使所研究问题能被唯一确定的条件,主要包括:
（1）初始条件。指非稳态问题中初始时刻各物理量的分布。稳态问题不需要考虑初始条件。
（2）边界条件。指边界处各物理量的分布规律。
（3）几何条件。指与物理现象相关的几何结构、位置等。
（4）物理条件。指与物理现象相关的物理参数,如材料、物性等。

4.5.3 特征数的确定方法

特征数与各物理量的构成密切相关,其常用确定方法有方程分析法和量纲分析法,将在本节进行介绍。

1. 方程分析法

方程分析法是从描述物理现象的控制方程及定解条件入手,推导各无量纲数的相互关系。

为了说明方程分析法原理以及考虑到简单起见,这里以常物性、无内热源的一维非稳态导热问题的方程为例,采用第三类边界条件,导出与过余温度相关的特征数及特征数方程。

$$\frac{\partial \theta}{\partial \tau} = a \frac{\partial^2 \theta}{\partial x^2} \tag{4-38a}$$

$$x=0, \quad \frac{\partial \theta}{\partial x}=0; \quad x=\delta, \quad -\lambda \frac{\partial \theta}{\partial x}=h\theta \tag{4-38b}$$

$$\tau=0, \quad \theta=\theta_0 \tag{4-38c}$$

引入过余温度 $\theta_0 = t_0 - t_f$,以平板板厚度 δ 为长度标尺,δ^2/a 为时间标尺,对方程及边界条件进行无量纲化:

$$\frac{\partial \left(\dfrac{\theta}{\theta_0}\right)}{\partial \left(\dfrac{a\tau}{\delta^2}\right)} = \frac{\partial^2 \left(\dfrac{\theta}{\theta_0}\right)}{\partial \left(\dfrac{x}{\delta}\right)^2} \tag{4-38d}$$

$$\frac{x}{\delta}=0, \quad \frac{\partial \left(\dfrac{\theta}{\theta_0}\right)}{\partial \left(\dfrac{x}{\delta}\right)}=0, \quad \frac{x}{\delta}=1, \quad \frac{\partial \left(\dfrac{\theta}{\theta_0}\right)}{\partial \left(\dfrac{x}{\delta}\right)}=-\frac{h\delta}{\lambda}\frac{\theta}{\theta_0} \tag{4-38e}$$

$$\frac{a\tau}{\delta^2}=0, \quad \frac{\theta}{\theta_0}=1 \tag{4-38f}$$

以上各式中,无量纲数 $h\delta/\lambda$ 为 Bi,$a\tau/\delta^2$ 为 Fo,记无量纲过余温度 $\Theta = \theta/\theta_0$,代入各式得:

$$\frac{\partial \Theta}{\partial (Fo)} = \frac{\partial^2 \Theta}{\partial \left(\dfrac{x}{\delta}\right)^2} \tag{4-38g}$$

$$\frac{x}{\delta}=0, \quad \frac{\partial \Theta}{\partial \left(\dfrac{x}{\delta}\right)}=0, \quad \frac{x}{\delta}=1, \quad \frac{\partial \Theta}{\partial \left(\dfrac{x}{\delta}\right)}=-Bi\Theta \tag{4-38h}$$

$$Fo = 0, \quad \Theta = 1 \tag{4-38i}$$

由以上各式可知，无量纲过余温度的解必定为 Bi、Fo 及 x/δ 的函数：

$$\Theta = f\left(Bi, Fo, \frac{x}{\delta}\right) \tag{4-38j}$$

上式表明，一维无限大平板的非稳态导热现象有关的特征数共有四个，且以函数的形式联系在一起。当单值性条件相似时，若这四个特征数一一对应相等，则非稳态导热现象便是相似的。

相同的方法，可以从动量守恒方程中导出：

$$\frac{u_1 l_1}{\nu_1} = \frac{u_2 l_2}{\nu_2} \tag{4-39a}$$

即：$Re_1 = Re_2$。上式表明，若流体的运动过程相似，则 Re 必定相等。

同理，由能量守恒方程可以导出：

$$\frac{u_1 l_1}{a_1} = \frac{u_2 l_2}{a_2} \tag{4-39b}$$

即：$Pe_1 = Pe_2$。Pe 称为佩克莱（Peclet）数，可以表示为：$Pe = \frac{\nu}{a} \frac{ul}{\nu} = PrRe$。两热量传递现象相似时，$Pe$ 必定相等。

对于自然对流现象，动量守恒方程右侧需要添加体积力项。体积力与压力梯度共同组成浮升力：$F_{浮升力} = (\rho_\infty - \rho)g = \rho \alpha_V \theta g$。式中：$\alpha_V$ 为流体的体胀系数；g 为重力加速度；θ 为过余温度。

自然对流的动量守恒方程为

$$u\frac{\partial u}{\partial x} + v\frac{\partial u}{\partial y} = g\alpha_V \theta + \nu \frac{\partial^2 u}{\partial y^2} \tag{4-39c}$$

可以得出与自然对流相关的无量纲准则数：$Gr = \dfrac{g\alpha_V(t_w - t_f)l^3}{\nu^2}$，$Gr$ 为格拉晓夫（Grashof）数。

以上导出的各无量纲准则数在对流传热研究中经常用到，其具体物理意义及应用将在之后几节进行介绍。

2. 量纲分析法

对于管内单相强制对流传热问题，可以认为表面传热系数的函数表达如下所示：

$$h = f(u, l, \lambda, \mu, \rho, c_p) \tag{4-40}$$

下面，利用量纲分析法确定对流传热相关的特征数。

首先，在物理量中找出基本量纲的数量。式（4-40）中，共有 7 个物理量，这些物理量由 4 个基本量纲组成——时间量纲 T、尺寸量纲 L、质量量纲 M 及温度量纲 Θ。根据 π 定理，这 7 个物理量可以组成 3 个无量纲的特征数。因此，需要选择 4 个物理量作为基本物理量，这 4 个物理量必须包含全部基本量的量纲。这里选取 u、l、λ、μ 作为基本物理量。

之后将基本物理量与其余各量组成无量纲量。无量纲量采用各物理量的幂指数形式表示，其中指数值待定。用字母 π 表示各无量纲量可以得到：

$$\pi_1 = h u^{a_1} l^{b_1} \lambda^{c_1} \mu^{d_1}$$

$$\pi_2 = \rho u^{a_2} l^{b_2} \lambda^{c_2} \mu^{d_2}$$

$$\pi_3 = c_p u^{a_3} l^{b_3} \lambda^{c_3} \mu^{d_3}$$

以 π_1 为例，列出各物理量的量纲：

$$\dim h = M\Theta^{-1}T^{-3}, \quad \dim l = L$$
$$\dim \lambda = ML\Theta^{-1}T^{-3}, \quad \dim \mu = ML^{-1}T^{-1}$$
$$\dim u = LT^{-1}$$

将各物理量的量纲代入，并将量纲相同的项组合到一起，可以得到：

$$\dim \pi_1 = L^{a_1+b_1+c_1-d_1}M^{c_1+d_1+1}T^{-a_1-3c_1-d_1-3}\Theta^{-c_1-1}$$

上式中等号左侧为无量纲量，因此等号右侧各量纲均为零，可以得到：

$$a_1+b_1+c_1-d_1=0$$
$$c_1+d_1+1=0$$
$$-a_1-3c_1-d_1-3=0$$
$$-c_1-1=0$$

解得 $a_1=0, b_1=1, c_1=-1, d_1=0$，由此可得：

$$\pi_1 = hu^0 l^1 \lambda^{-1} \mu^0 = \frac{hl}{\lambda} = Nu$$

用同样的方法，可得：

$$\pi_2 = \frac{\rho u l}{\mu} = Re$$

$$\pi_3 = \frac{c_p \mu}{\lambda} = Pr$$

因此，可以得到：

$$Nu = f(Re, Pr) \tag{4-41}$$

4.5.4 相似原理的应用

相似原理广泛应用于各领域的工程实验中，本节主要从对流传热领域出发，介绍相似原理的应用。

图 4-14 为对流传热研究的一种实验系统。流体来流速度和温度保持某一定值，流体与具有某一几何结构的固体壁面（图中以平板示意）发生对流传热。利用电加热（或其他方式）以一定功率对壁面进行加热，除了换热面外的其他壁面全部敷设保温材料以减小热量损失。当达到稳

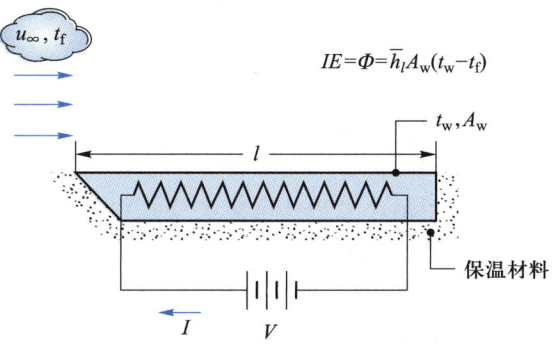

图 4-14 对流传热实验系统

态后,固体壁面温度保持恒定,此时加热功率等于对流传热率,与对流传热相关的温度、速度等参数均能容易测出,这样便可以利用牛顿冷却公式获得表面的平均表面传热系数。

上述实验中,如果通过改变每一个与对流传热相关的物理量来研究表面传热系数的计算式,将 n 个物理量改变 10 次,那么需要进行 10^n 次实验,工作量很大。由相似理论,我们得到了式(4-41),只要 Re 和 Pr 不变时,Nu 便是不变的。因此,我们将 Re 和 Pr 作为自变量,Nu 作为因变量,每个无量纲自变量改变 10 次,只需要进行 100 次实验,便可以得到实验关联式的形式,而且,由相似理论可知,每一组实验结果都适用于与该组实验相似的对流传热过程,因此这样获得的实验关联式是具有通用性的。因此,在相似理论的指导下,可以大大简化实验的工作量。在图 4-14 所描述的对流传热实验系统中,我们可以通过改变流体速度、几何尺寸等方法改变 Re,通过改变流体种类改变 Pr。

相似原理告诉我们实验结果应整理成关联式的形式,但无法获得关联式的具体函数形式及与之相关的参数选取方法。这些问题的确定,大多带有基于经验的判断。

在对流传热的研究中,幂指数的关联式形式与实验结果吻合很好,如:

$$Nu = CRe^n Pr^m \tag{4-42}$$

式中:C、n、m 均为常数,由实验数据确定。

利用双对数坐标系处理幂指数形式的关联式十分方便,对式(4-42)等式两侧取对数,可以得到:

$$\lg Nu = \lg C + n\lg Re + m\lg Pr \tag{4-43}$$

这样,当固定一个特征数时,Nu 与另一特征数的关系为线性,其斜率便是该特征数的幂指数。例如,对于管内湍流对流传热,采用不同工质通过实验测量得到同一 Re 下 $\lg Pr$ 与 $\lg Nu$ 之间的关系,确定 m,之后,再固定 Pr,Nu 随 Re 的变化如图 4-15b 所示。这样,可以获得式(4-42)中 n、m 的值。之后,根据直线的截距,可以确定 C 的值。

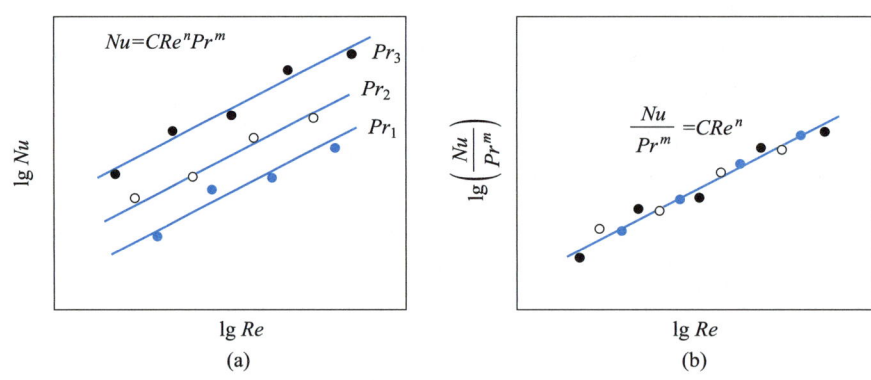

图 4-15 Nu 随 Re 的变化

对于大量实验数据的整理,采用最小二乘法确定关联式中各常数的值可以尽可能减小误差,使结果较为可靠;有多个影响因素的实验数据,可以采用多元回归的技术。

此外,对于对流传热现象,当 Re 和 Pr 的取值范围较大时,其常数的取值可能出现变化,这时可以采取分段函数的办法,确定不同范围内的常数值,或者利用较复杂的函数形式,将所有实验结果统一于同一个关联式中。

利用相似原理还可以指导模化实验的进行。模化实验是指通过简化且可控制的方法,模拟实际发生的物理现象。因受到实验条件的限制,有时对实际物理现象进行实验非常困难,例如飞机机翼的绕流实验,在实验室中对体积巨大的整体机翼进行风洞实验是不现实的。此时,根据相似理论,通过缩小模型体积,利用模型的实验结果反映实际物理规律。在模化实验过程中,要求实际装置与模型中的物理现象的单值性条件相似,同名特征数相等。然而,严格做到这一点往往十分困难。以对流传热为例,单值性条件相似包括流场物性的相似,即实际装置与模型对应点上流体的物性相似,在实验中这一点是难以实现的,因此目前实验中常采用近似模化的方法,即仅要求对物理现象具有决定性影响的因素相似。

值得注意的是,对流传热现象是一个复杂的物理过程,对对流传热的研究经过了长期的探索,因此对同一类对流传热问题,历史上往往先后建立数个实验关联式。由于早期实验条件的限制,部分关联式被新提出的更准确的关联式取代,而有的关联式在今天依旧使用。每个实验关联式均有一定的误差,又称为不确定度(uncertainty)。关联式的不确定度可达±15%~±25%。对于一般的工程应用,这样的不确定度是可以接受的。

本章对相似理论及对流传热的实验研究方法进行了一定的介绍。从4.6节开始,将介绍不同对流传热现象的常用实验关联式。

【例 4-2】
利用 50 ℃ 空气模拟 400 ℃ 烟气外掠圆管强制对流传热过程,实际过程中烟气的速度为 20 m/s,模型管径与实物管径相同,模型中空气的流速应为多少?
解:根据相似理论,实验与实际中流体流动的雷诺数应相等。
查表得:50 ℃ 空气的 $\nu = 1.795 \times 10^{-5}$ m²/s,400 ℃ 烟气的 $\nu = 6.038 \times 10^{-5}$ m²/s。

$$Re_1 = Re_2$$

可得: $u_2 = \dfrac{1.795 \times 10^{-5} \text{ m}^2/\text{s}}{6.038 \times 10^{-5} \text{ m}^2/\text{s}} \times 20 \text{ m/s} = 5.95 \text{ m/s}$

讨论:查附表Ⅲ可知,50 ℃ 空气的 $Pr = 0.698$,400 ℃ 烟气的 $Pr = 0.64$,二者并不严格相等。但考虑到两数相差不大,且 Pr 不是影响传热的主要因素,故模化实验的结果仍是有意义的。

4.6 内部强制对流传热实验关联式

强制对流可以分为内部强制对流和外部强制流动。流体外掠平板是一种典型的外部流动,其特点是换热壁面上流体边界层可以自由地发展,因此,边界层区域外部存在一个主流区域,在该区域内速度梯度和温度梯度可以忽略不计。不同于外部流动,内部流动的边界层发展受到流道壁面的约束,因此内部流动和外部流动的对流传热规律有所不同。本节首先介绍内部流动的对流传热过程。

4.6.1 入口段与充分发展段

为获得管内强制对流传热的关联式,首先要理解该物理过程的基本规律及典型特征,特别边界层效应的特点。

管内强制流动过程如图 4-16 所示。考虑半径为 r_0 的圆形管内的层流流动，流体以均匀的速度 u_B 进入管中。当流体与固体壁面接触时，黏性作用变得十分重要，并且边界层随着进入管内的长度 x 的增加而发展。这种发展是以无黏性流动区域的收缩为代价的，并且以边界层边界在管道中心线合并而结束。合并之后，黏性效应会扩展到整个流动横截面，并且速度分布不会继续随 x 的增加而改变。当流动边界层汇合于管道中心线之后，称此时流动传热是充分发展的（fully developed），并且达到该条件时距入口的距离称为流动入口段（hydrodynamic entrance region）。对于圆管内的层流流动，充分发展段的速度分布曲线是抛物线形的；对于湍流流动，由于径向上的湍流混合，速度分布更为平坦。流动入口段的长度规律同样与流动状态有关。内部流动的临界 Re 为 2 300，特征长度取管道内径 D，一般认为 Re 大于 10 000 时为旺盛湍流，2 300 ~ 10 000 时为过渡流。对于圆管内的层流流动，入口段长度与 Re 有关：

$$\frac{l}{D} \approx 0.05 Re \tag{4-44a}$$

湍流时，入口段长度不再依赖于 Re：

$$\frac{l}{D} > 10 \tag{4-44b}$$

一般来说，湍流流动入口段长度比层流段要短，内部流动过程如图 4-16 所示。

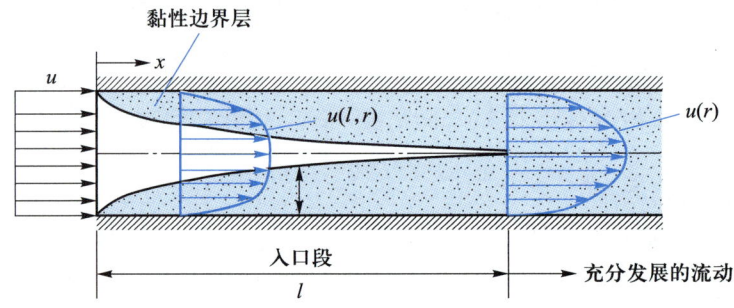

图 4-16　内部流动过程

与速度场类似，温度场也存在入口段。假设整个管道壁面被同等加热或冷却（等热流条件或等壁温条件），温度边界层从入口处开始发展，最终在某处汇合于管道截面中心线上，这一温度边界层的发展段称为温度入口段（thermal entrance region），其后为充分发展的温度场（fully-developed temperature field）。

层流在温度入口段的长度为：

$$\frac{l}{D} \approx 0.05 Re Pr \tag{4-45a}$$

湍流在温度入口段的长度为：

$$\frac{l}{D} > 10 \tag{4-45b}$$

层流时入口段边界层较薄，换热效果要好于充分发展段，因此工程中常使用短管来强化传热。湍流时，流动入口段长度与温度入口段长度基本相等，由于流体的剧烈掺混，入口段影响并不明显。

4.6.2 均匀壁温与均匀热流边界条件

内部流动过程中,流体与壁面的对流传热受壁面的热状况(即壁面的热边界条件)影响。在实际工程应用中,壁面的热边界条件是较为复杂的。为便于研究,从各种热边界条件中抽象出两种典型边界条件:当轴向和周向壁温均匀时,称为均匀壁温边界条件;当轴向和周向壁面热流密度均匀时,称为均匀热流边界条件。采用蒸汽冷凝加热或液体沸腾冷却时,可以认为是均匀壁温边界条件;利用电加热等方式定功率加热壁面时,可以认为是均匀热流边界条件。

图 4-17 为两种热边界条件下流体平均温度 t_m 与壁面温度 t_s 的沿程变化情况,假设壁面温度高于流体平均温度。对于均匀热流边界条件,入口段由于沿程边界层逐渐增厚,局部表面传热系数不断减小,因此壁面与流体的温度差逐渐增大,进入充分发展段时,壁面与流体的温差为定值;对于均匀壁温边界条件,沿程的壁面与流体温差逐渐减小。两种热边界条件下的对流传热,在大多数情况下其差别是不容忽视的。

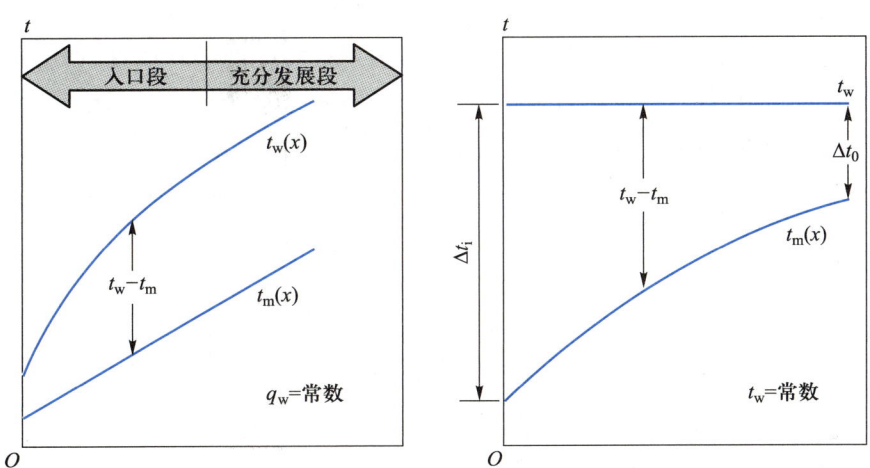

图 4-17 两种热边界条件下平均温度与壁面温度的沿程温度变化

在实验关联式中,确定物性时需要用到定性温度,对于内部流动过程,定性温度常采用同一截面上流体的平均温度或进出口截面平均温度。某一截面处的流体平均温度定义为

$$t_f = \frac{\int_{A_c} c_p \rho u t \mathrm{d}A}{\int_{A_c} c_p \rho u \mathrm{d}A} \tag{4-46}$$

利用牛顿冷却公式计算表面的平均表面传热系数时,要用到流体与壁面的平均温差。对于均匀热流边界条件,当管道足够长时,流动大多处于充分发展段,可以取充分发展段的温差作为平均温差。而对于均匀壁温边界条件,流体平均温度与壁面温度的差值是不断变化的,此时应利用热平衡式确定平均对流传热温差:

$$h_m A \Delta T_m = q_m c_p (T_f'' - T_f') \tag{4-47}$$

式中:q_m 为质量流量,T_f'' 和 T_f' 分别为进出口截面的平均温度,ΔT_m 按照对数平均温差计算:

$$\Delta T_{\mathrm{m}} = \frac{T_{\mathrm{f}}'' - T_{\mathrm{f}}'}{\ln\left(\dfrac{T_{\mathrm{w}} - T_{\mathrm{f}}'}{T_{\mathrm{w}} - T_{\mathrm{f}}''}\right)} \tag{4-48}$$

当进口截面温差与出口截面温差比为 0.5~2.0 时,对数平均温差与算数平均温差 $t_{\mathrm{w}} - \dfrac{t_{\mathrm{f}}' + t_{\mathrm{f}}''}{2}$ 间的差别小于 4%。

4.6.3 管内湍流强制对流传热关联式

1. 圆管内强制对流实验关联式

由于湍流流动难以从理论分析法入手,因此湍流表面传热系数的获得更多依赖于经验性的实验关联式。对于光滑圆管内充分发展段湍流强制对流传热,迪图斯——贝尔特(Dittus-Boelter)公式为应用最为广泛的关联式:

$$Nu_{\mathrm{f}} = 0.023 Re_{\mathrm{f}}^{0.8} Pr_{\mathrm{f}}^{n} \tag{4-49}$$

加热流体时,$n = 0.4$;冷却流体时,$n = 0.3$。定性温度取流体的平均温度,即管道进出口截面平均温度的算数平均值,特征长度取管道内径,应用范围为 $0.6 \leqslant Pr_{\mathrm{f}} \leqslant 160, Re_{\mathrm{f}} \geqslant 10\ 000, l/d \geqslant 10$。

式(4-49)适用于流体与壁面温差不大的情况,气体一般不超过 50 ℃,水不超过 30 ℃。

尽管关联式(4-49)结构简单,目前仍在工程中广泛应用,但该式计算准确度较差(误差可达25%)。目前,计算准确度最高的关联式为 Gnielinski 公式:

$$Nu_{\mathrm{f}} = \frac{\left(\dfrac{f}{8}\right)(Re - 1\ 000) Pr_{\mathrm{f}}}{1 + 12.7\sqrt{\dfrac{f}{8}}\left(Pr_{\mathrm{f}}^{\frac{2}{3}} - 1\right)}\left[1 + \left(\dfrac{D}{l}\right)^{\frac{2}{3}}\right] \tag{4-50}$$

式中:D 为管径;l 为管长;f 为湍流流动的 Darcy 阻力系数,计算方法为

$$f = (1.8\lg Re - 1.5)^{-2} \tag{4-51}$$

式(4-51)的应用范围为 $0.6 \leqslant Pr_{\mathrm{f}} \leqslant 10^5, 2\ 300 \leqslant Re_{\mathrm{f}} \leqslant 10^6$。该式所依据的实验数据中,90%数据与关联式的最大误差在 ±20% 以内,且大部分在 ±10% 以内。对计算准确度要求较高时,建议采用该关联式。此外,该式也可用于过渡区的估算。

每个关联式的适用范围均包括流体与壁面的温差范围。考虑温差的影响,实际上是考虑不同流体热物性随温度变化而产生的影响。在有换热的条件下,管道截面上的温度分布是不均匀的,会导致物性场的不均匀性,从而影响对流传热过程,这种影响视气体还是液体,加热还是冷却,以及流体与壁面温差的大小而不同。

考虑较大温差下关联式的修正,可在式(4-49)和式(4-50)的右端乘上温度修正系数 c_{f},其取值方法为:

(1)对于式(4-49)(此时 n 恒取 0.4)

对气体,被加热时:

$$c_{\mathrm{f}} = \left(\dfrac{t_{\mathrm{f}}}{t_{\mathrm{w}}}\right)^{0.5} \tag{4-52a}$$

被冷却时:

$$c_f = 1.0 \tag{4-52b}$$

对液体,被加热时:

$$c_f = \left(\frac{\mu_f}{\mu_w}\right)^{0.11} \tag{4-52c}$$

被冷却时:

$$c_f = \left(\frac{\mu_f}{\mu_w}\right)^{0.25} \tag{4-52d}$$

式中:T 为热力学温度;μ 为动力黏度;下标 f,w 分别表示以流体平均温度与壁面温度得到的动力黏度。

(2) 对于式(4-50)

对气体:

$$c_f = \left(\frac{t_f}{t_w}\right)^{0.45}, \quad \frac{t_f}{t_w} = 0.5 - 1.5 \tag{4-53a}$$

对液体:

$$c_f = \left(\frac{Pr_f}{Pr_w}\right)^{0.11}, \quad \frac{Pr_f}{Pr_w} = 0.05 - 20 \tag{4-53b}$$

当流体与壁面温差较大时,还可以采用以下通用关联式:

$$Nu_f = 0.027 Re_f^{\frac{4}{5}} Pr_f^{\frac{1}{3}} \left(\frac{\mu_f}{\mu_w}\right)^{0.14} \tag{4-54}$$

上式应用范围为 $0.7 \leqslant Pr_f \leqslant 16\,700, Re_f \geqslant 10\,000, l/F \geqslant 10$。

以上关联式均不适用于液态金属。这是由于液态金属 Pr 很小,流动边界层与热边界层的相互关系与常规流体完全不同,因此对流传热规律不同。对于光滑圆管中液态金属充分发展湍流,可以用以下实验关联式进行计算:

对均匀壁温边界条件:

$$Nu_f = 5 + 0.025 Pe_f^{0.8} \tag{4-55}$$

其中,定性温度取流体平均温度,特征长度为管道内径,应用范围为 $3\,600 \leqslant Re_f \leqslant 9.05 \times 10^5, 100 \leqslant Pe_f \leqslant 10\,000$。

对均匀热流密度边界:

$$Nu_f = 4.82 + 0.018\,5 Pe_f^{0.827} \tag{4-56}$$

式中定性温度与特征长度取法同式(4-55),应用范围为 $Pe_f \geqslant 100$。

此外,以上各式应用条件均为光滑管。对于粗糙管内的湍流,表面传热系数随壁面粗糙度的增大而增大。粗糙管内的表面传热系数可以利用 Gnielinski 公式进行估算,其中阻力系数采用粗糙管内的计算值。尽管总体趋势上表面传热系数随阻力系数的增大而增大,但当粗糙管内的阻力系数增大到光滑管内的阻力系数 4 倍以上时,随着附加阻力系数的增大,表面传热系数不再发生变化。对于壁面粗糙度对湍流充分发展段对流传热过程影响的更多内容,感兴趣的读者可以自行查阅相关资料学习。

对于湍流流动,一般不考虑入口段效应的影响。当 $\frac{l}{D} > 60$ 时,以充分发展段的表面传热系数代替整个管的表面传热系数,其误差小于 15%。

2. 非圆截面管内湍流强制对流传热

到目前为止,所有的讨论仅限于圆形截面管的内部流动,但在工程应用中,经常涉及非圆形截面管道内的对流传热问题。在这里引入当量直径(equivalent diameter)的概念,采用当量直径作为特征长度,便可以利用圆管内的关联式对非圆管道内部流动表面传热系数进行近似地计算。当量直径的计算方法为

$$D_e = \frac{4A_c}{P} \tag{4-57}$$

式中:A_c 为管道的流动截面积;P 为湿润周长;即管道内壁与流体接触面的长度。例如,对于内管外径为 D_1,外管内径为 D_2 的同心圆环管,如图 4-18 所示,其当量直径为

$$D_e = \frac{4\pi(D_2^2 - D_1^2)}{4\pi(D_2 + D_1)} = D_2 - D_1 \tag{4-58}$$

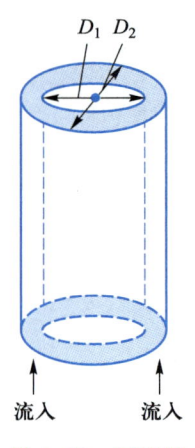

图 4-18 圆环管示意图

值得注意的是,在非圆截面管内,表面传热系数在周向上一般是不相等的,在拐角处表面传热系数约为零。因此,利用圆管关联式获得的非圆管表面传热系数为整个周向上的平均值。

3. 螺旋管内湍流传热

内部强制对流传热实验关联式

螺旋管在工程实际中应用十分广泛,例如螺旋管换热器便是一种常用换热设备。下面介绍螺旋管对对流传热的影响。

螺旋管内的流动如图 4-19 所示。螺旋管内的流体在流动过程中会不断地改变运动方向,在这种情况下,流体中的离心力会引起由一对纵向涡流组成的二次环流(secondary flow),从而在周向上导致表面传热系数的不均匀。二次环流增大了摩擦损失,提高了总体传热量。相较于直管流动,二次环流减小了入口长度,从而减小了层流与湍流表面传热系数之间的差异。对于螺旋管内湍流对流传热的计算,工程实际中经常采用的方法是利用直管的准则数计算出平均 Nu 后,再乘以一个螺旋管修正系数 c_r。修正系数的计算方法为

对于气体:

$$c_r = 1 + 1.77 \frac{D}{R} \tag{4-59a}$$

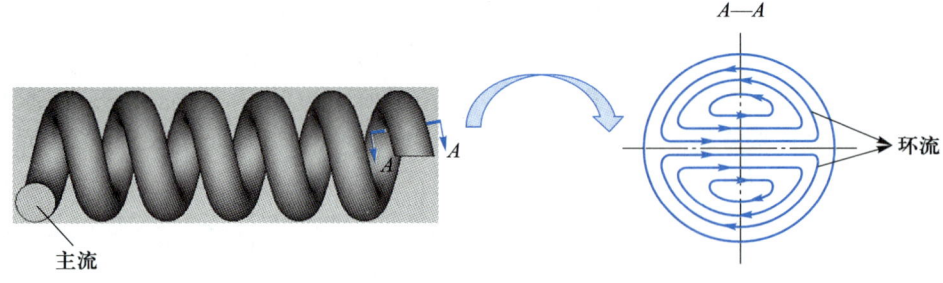

图 4-19 螺旋管内流动

对于液体：

$$c_r = 1 + 10.3 \left(\frac{D}{R}\right)^3 \quad (4-59b)$$

对于螺旋管换热技术的研究，感兴趣的读者可以自行参阅相关资料学习。

4.6.4 管内层流强制对流传热关联式

目前，管内层流充分发展段对流传热的理论分析工作较为充分，得到了一些解析解。圆管内层流充分发展段对流传热的解析解及其求解过程可以自行参阅相关资料学习。表4-2～表4-4给出了管内层流对流传热的一些代表性结果。

表4-2 不同形状管内层流充分发展段对流传热Nu

截面形状		$Nu = hD_e/\lambda$		$fRe\left(Re = \dfrac{uD_e}{\nu}\right)$
		均匀热流	均匀壁温	
正三角形		3.11	2.47	53
正方形		3.61	2.98	57
正六边形		4.00	3.34	60.22
圆形		4.36	3.66	64
矩形	$b/a = 2$	4.12	3.39	62
	$b/a = 3$	4.79	3.96	69
	$b/a = 4$	5.33	4.44	73
	$b/a = 8$	6.49	5.60	82
	$b/a = \infty$	8.23	7.54	96

表4-3 环形管内层流充分发展段对流传热Nu（一侧绝热，一侧均匀壁温）

内、外径之比	内壁Nu（外壁绝热）	外壁Nu（内壁绝热）
0	—	3.66
0.05	17.46	4.06
0.10	11.56	4.11
0.25	7.37	4.23
0.50	5.74	4.43
1.00	4.86	4.86

表4-4 环形管内层流充分发展段对流传热Nu（内外壁均为均匀热流条件）

内外径之比	内壁Nu（外壁绝热）	外壁Nu（内壁绝热）
0	—	4.364

内外径之比	内壁 Nu（外壁绝热）	外壁 Nu（内壁绝热）
0.05	17.81	4.792
0.10	11.91	4.834
0.20	8.499	4.833
0.40	6.583	4.979
0.60	5.912	5.099
0.80	5.580	5.240
1.00	5.385	5.385

由表 4-2，管内层流充分发展段对流传热有以下特点：(1) 对于同一形状截面管道，均匀热流边界条件下的 Nu 总是大于均匀壁温边界条件下的 Nu，可见层流流动时热边界条件的影响不可忽略。(2) 对于表中所列形状管道，与湍流对流传热不同，层流充分发展段的 Nu 与 Re 无关。(3) 即使采用当量直径作为特征长度，不同形状管道层流充分发展段的 Nu 也不相等，说明对于层流流动，当量直径只是计算过程中采用的一几何参数，不能用该参数统一不同形状管道对流传热的计算关联式。

实际应用中，经常使用短管，利用入口段效应强化传热。对于这种情况，建议采用齐德-泰特（Sider-Tate）公式计算长度为 l 的管道的平均 Nu：

$$Nu_f = 1.86 \left(\frac{Re_f Pr_f}{\frac{l}{D}} \right)^{\frac{1}{3}} \left(\frac{\mu_f}{\mu_w} \right)^{0.14} \tag{4-60}$$

管壁为均匀壁温条件，除由壁温确定外，式 (4-60) 中定性温度取流体平均温度，特征长度为管道内径。该式的应用范围为：

$$0.48 \leqslant Pr_f \leqslant 16\,700, \quad 0.004\,4 \leqslant \frac{\mu_f}{\mu_w} \leqslant 9.75, \quad \left(\frac{Re_f Pr_f}{l/D} \right)^{\frac{1}{3}} \left(\frac{\mu_f}{\mu_w} \right)^{0.14} \geqslant 2$$

【例 4-3】
水流过长度 $l = 5$ m、内径 $D = 40$ mm 的圆管，管壁温度均匀，进口水温为 27 ℃，出口水温为 33 ℃，水的流速为 1 m/s，求表面传热系数。

解： 定性温度取水的平均温度：

$$t_f = \frac{t_f' + t_f''}{2} = \frac{27\ ℃ + 33\ ℃}{2} = 30\ ℃$$

根据定性温度，查附表 Ⅳ 得：

$$\lambda = 0.618\ \text{W}/(\text{m} \cdot \text{K}), \quad \nu = 0.805 \times 10^{-6}\ \text{m}^2/\text{s}, \quad Pr_f = 5.42$$

计算 Re：

$$Re_f = \frac{uD}{\nu} = \frac{1\ \text{m/s} \times 0.04\ \text{m}}{0.805 \times 10^{-6}\ \text{m}^2/\text{s}} = 4.97 \times 10^4 > 10^4$$

流动处于旺盛湍流状态。
利用关联式(4-49)求解 h：

$$Nu_f = 0.023 Re_f^{0.8} Pr_f^{0.4} = 0.023 \times (4.97 \times 10^4)^{0.8} \times 5.42^{0.4} = 258.5$$

$$h = \frac{\lambda}{D} Nu_f = \frac{0.618 \text{ W/(m·K)}}{0.04 \text{ m}} \times 258.5 = 3\,394 \text{ W/(m}^2\cdot\text{K)}$$

每秒钟水的吸热量：

$$\Phi = \rho u \frac{\pi D^2}{4} c_p (t_f'' - t_f') = 3.13 \times 10^4 \text{ W}$$

计算壁面温度：

$$t_w = t_f + \frac{\Phi}{hA} = 30 \text{ ℃} + \frac{3.13 \times 10^4 \text{ W}}{3\,994 \text{ W/(m}^2\cdot\text{K)} \times 0.04 \text{ m} \times 3.14 \times 5 \text{ m}} = 42.5 \text{ ℃}$$

温差为 12.5 ℃，满足关联式(4-49)的应用范围，因此计算所得表面传热系数 h 是有效的。

【例 4-4】
空气在内径为 20 mm 的圆管内流动并被冷却，在充分发展段管道中心流速为 2 m/s，在断面 a 处管道内壁温度为 250 ℃，沿流动方向距断面 a 1 m 的断面 b 处管道内壁温度为 200 ℃。假设该管道受均匀热流加热，取 a、b 断面处壁温的平均温度作为定性温度。求 a、b 断面处空气的平均温度。

解：定性温度为：

$$t_m = \frac{t_{wa} + t_{wb}}{2} = \frac{250 \text{ ℃} + 200 \text{ ℃}}{2} = 225 \text{ ℃}$$

根据定性温度，查表得：

$$\lambda = 0.041 \text{ W/(m·K)}, \quad \nu = 3.773 \times 10^{-5} \text{ m}^2/\text{s}, \quad r = 0.678\,5$$
$$c_p = 1\,032 \text{ J/(kg·K)}, \quad \rho = 0.71 \text{ kg/m}^3$$

假定为层流流动，则管内平均流速为 $u = 1$ m/s。

$$Re_f = \frac{uD}{\nu} = \frac{1 \text{ m/s} \times 0.02 \text{ m}}{3.773 \times 10^{-5} \text{ m}^2/\text{s}} = 530 < 2\,300$$

故层流假设正确。
由圆管内层流充分发展段对流传热规律可知：

$$Nu = \frac{hF}{\lambda} = 4.36$$

$$h = \frac{\lambda}{D} Nu = \frac{0.041 \text{ W/(m·K)}}{0.02 \text{ m}} \times 4.36 = 8.94 \text{ W/(m}^2\cdot\text{K)}$$

空气与壁面之间的换热量：

$$q = \frac{\Phi}{A} = \frac{\rho u \frac{\pi D^2}{4} c_p (t_{fa} - t_{fb})}{\pi D l} = 183 \text{ W/m}^2$$

a、b 断面处空气的平均温度为

$$t_{fa} = t_{wa} + \frac{q}{h} = 250 \text{ ℃} + \frac{183 \text{ W/m}^2}{8.94 \text{ W/(m}^2\cdot\text{K)}} = 270 \text{ ℃}$$

$$t_{fb} = t_{wb} + \frac{q}{h} = 200 \text{ ℃} + \frac{183 \text{ W/m}^2}{8.94 \text{ W/(m}^2\cdot\text{K)}} = 220 \text{ ℃}$$

4.7 外部强制对流传热实验关联式

与内部流动不同,外部流动在换热壁面上流体边界层可以自由地发展,不会受到流道的约束,因此除边界层区域外,外部流动存在一个较大主流区,在该区域内速度梯度和温度梯度可以忽略不计。之前已讨论过外掠平板对流传热的关联式,本节将讨论其他几种典型的外部强制对流传热实验关联式。

4.7.1 横掠单管强制对流传热关联式

1. 流体横掠单管典型特征

横掠单管是指流体垂直于管道轴线冲刷管道表面的运动,如图4-20所示,流体垂直轴线冲刷圆柱表面,垂直方向上管道与壁面的距离足够远,圆柱表面上的边界层可以自由发展。流体横掠单管的典型特征之一为除存在边界层流动外,还存在边界层的分离现象。所谓边界层的分离,是指原本紧贴壁面的边界层脱离壁面的现象。如图4-21a所示,当流体流过圆管所在位置时,由于流动截面的缩小,流体速度增加,压力下降,流体到达圆管后半部分时,由于流动截面的增大,压力上升。横掠单管过程中,在边界层内流体靠自身的动量克服压力增长而向前流动,速度分布趋于平缓。贴壁处流体由于

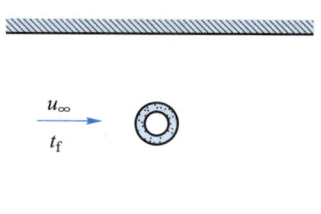

图4-20 流体横掠单管

自身动量较小,在克服压力上升过程中越来越困难,最终在壁面某点速度梯度变为零,从该点起边界层内缘脱离壁面,因此该点称为流动分离点(flow separation point)。这一现象又称为绕流脱体。发生绕流脱体后,脱离壁面后的空间通常由后部的倒流流体填充,形成涡旋,图4-21b为圆柱绕流后部出现的"猫眼"涡旋。

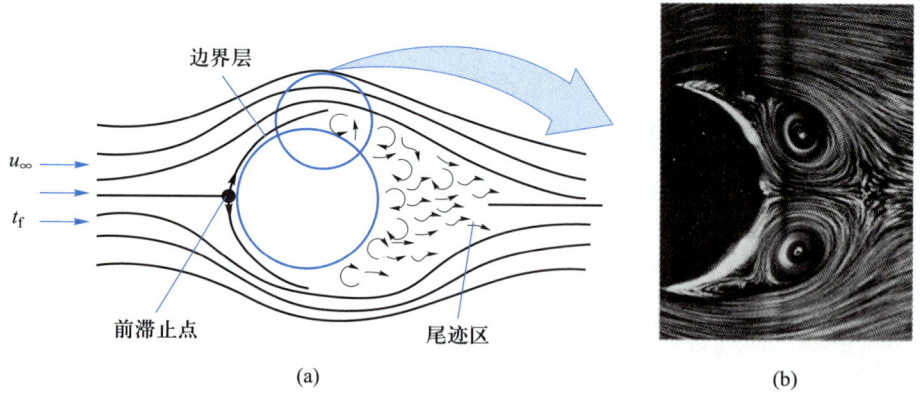

图4-21 边界层分离

边界层分离的起点位置由 Re 决定。$Re<10$ 时不发生边界层分离现象;$10<Re\leqslant 1.5\times 10^5$ 时,边界层分离发生于角度 $\varphi=80°\sim 85°$ 处。当 $Re>1.5\times 10^5$ 时,在发生分离前边界层流动已转变为

湍流,边界层分离的位置出现于 $\varphi=140°$ 左右。

由于横掠单管过程中流速的变化以及边界层分离现象的存在,表面传热系数受到边界层特性的强烈影响,分布是不均匀。图 4-22 为流体横掠圆管表面 Nu 分布情况。在流动进入圆管区域的初始阶段,Nu 随角度的增大不断减小,这是层流边界层不断变厚的原因。对于层流流动,Nu 在 $\varphi=80°$ 左右开始增大,这是由于此处开始发生边界层的分离,脱体区内由于涡旋等因素扰动强烈,表面传热系数大。对于雷诺数较大的湍流流动,Nu 存在两个峰值点。第一次提高是由于流动从层流转变为湍流;第二次提高在 $\varphi=140°$ 左右,是由于边界层分离导致的。

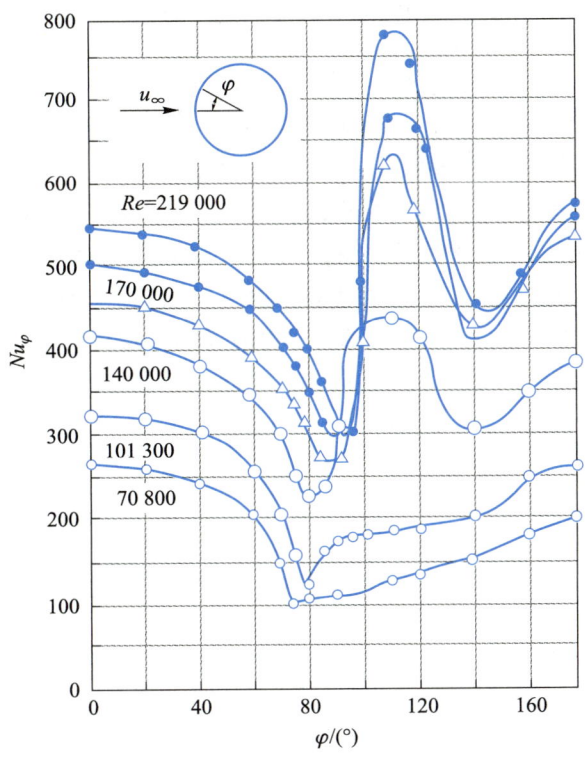

图 4-22 流体横掠圆管表面 Nu 分布

2. 流体横掠单管实验关联式

表面传热系数在管道表面分布是不均匀的,工程应用中使用更多的是平均表面传热系数的计算方法。

对于流体横掠圆管的平均表面传热系数计算,希尔伯特(Hilpert)提出以下实验关联式:

$$Nu = CRe^m Pr^{\frac{1}{3}} \tag{4-61}$$

上式被广泛应用于 $Pr>0.7$ 的流体。该式定性温度取流体与壁面的平均温度,特征长度取圆管直径。C、m 为常数,其值见表 4-5。

表 4-5 式(4-61)中常数取值

Re	C	m
0.4~4	0.989	0.330

Re	C	m
4~40	0.911	0.385
40~4 000	0.683	0.466
4 000~40 000	0.193	0.618
40 000~400 000	0.026 6	0.805

丘吉尔（Churchill）等对流体横掠单管提出了以下应用范围更为广泛的关联式：

$$Nu = 0.3 + \frac{0.62 Re^{\frac{1}{2}} Pr^{\frac{1}{3}}}{\left[1+\left(\frac{0.4}{Pr}\right)^{\frac{2}{3}}\right]^{\frac{1}{4}}}\left[1+\left(\frac{Re}{282\,000}\right)^{\frac{5}{8}}\right]^{\frac{4}{5}} \qquad (4-62)$$

对应的范围内均可使用该式计算，定性温度取流体与壁面的平均温度$(t_f+t_w)/2$，特征长度采用圆管外径 D，特征速度采用来流平均速度 u_∞。该公式适用于 $Pe>0.2$ 的情况。

对于气体横掠非圆截面管道，平均表面传热系数可以用式（4-61）进行计算，其中 C、m 的取值见表 4-6，其中 D 为计算中选取的特征长度，定性温度均采用流体与壁面的平均温度。

表 4-6　气体横掠非圆管道关联式（4-61）中常数取值

管道截面形状	Re	C	m
◇ (菱形)	$5\times10^3\sim10^5$	0.246	0.588
□ (方形)	$5\times10^3\sim10^5$	0.102	0.675
⬡ (六边形，尖端朝前)	$5\times10^3\sim1.95\times10^4$ $1.95\times10^4\sim10^5$	0.160 0.038 5	0.638 0.782
⬢ (六边形，平面朝前)	$5\times10^3\sim10^5$	0.153	0.638
▯ (竖板)	$4\times10^3\sim1.5\times10^4$	0.228	0.731

4.7.2　流体外掠球体实验关联式

与横掠圆管相同，流体外掠球体过程中同样存在边界层分离的现象，其平均表面传热系数常用以下关联式计算：

$$Nu = 2 + \left(0.4 Re^{\frac{1}{2}} + 0.06 Re^{\frac{2}{3}}\right) Pr^{0.4}\left(\frac{\mu_\infty}{\mu_w}\right)^{\frac{1}{4}} \qquad (4-63)$$

上式中，特征长度取球体直径，定性温度取来流温度，适用范围为 $0.71 \leq Pr \leq 380$，$3.5 \leq Re \leq 76\,000$。

4.7.3 流体横掠管束实验关联式

流体横向冲刷一束管道的对流传热在工业应用中十分常见,例如锅炉管束和空调管束等,通常是一种流体在管道内流动,另一种流体横向掠过管束。

管子可以在流动方向上对齐或交错排列,分别称为顺排和叉排布置,如图 4-23 所示。顺排具有容易清洗的优点;叉排中流体主流路径更为曲折,不断发生收缩和扩张,相较顺排在管间扰动更为强烈,一般换热效果优于顺排,但叉排的流动阻力损失较顺排更大。

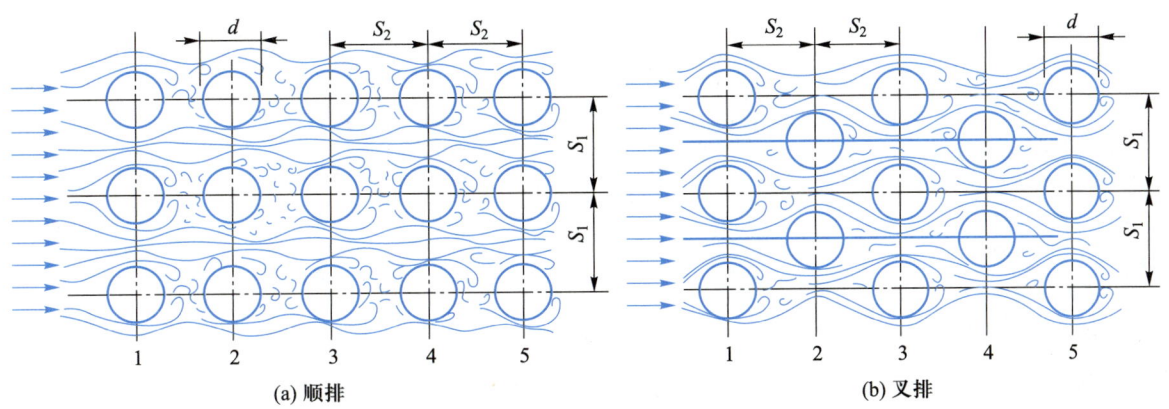

图 4-23 管束布置方式

流体横掠管束过程中,沿流动方向上第一排的流动与横掠单管流动特性类似,因此第一排的表面传热系数大约等于横掠单管的表面传热系数。在下游流动中,对流传热受到边界层分离和上一排尾流相互作用的影响,管束的排列方式以及管间距离对表面传热系数影响很大,尤其是对叉排管束的情形。沿主流方向,根据管束排列方式,流体的运动呈周期性重复,当流过主流方向的管排数达到一定数目后,每排管道的表面传热系数基本为常数。

通常希望获得整个管束的平均表面传热系数。茹卡乌斯卡斯(A. Zhukauskas)总结了计算流体横掠管束一系列关联式,见表 4-7 和表 4-8。这些公式用于计算沿主流方向排数大于或等于 16 时的管束平均表面传热系数。式中,特征长度取管道外径,定性温度取管束进出口截面流体的平均温度,Re 中的流速取管束中最小流动截面处的平均流速。这些关联式一般用于 $0.7 \leq Pr \leq 500$ 的流体。当管道排数小于 16 时,通过引入修正系数 n,将表中关联式计算所得表面传热系数乘以该修正系数,从而获得修正值。修正系数的取值见表 4-9。

表 4-7 流体横掠顺排管束平均表面传热系数关联式(≥ 16 排)

关联式	Re 范围	
$Nu_f = 0.9 Re_f^{0.4} Pr_f^{0.36} (Pr_f/Pr_w)^{0.25}$	$1 \sim 100$	(4-64a)
$Nu_f = 0.52 Re_f^{0.5} Pr_f^{0.36} (Pr_f/Pr_w)^{0.25}$	$100 \sim 1\,000$	(4-64b)
$Nu_f = 0.27 Re_f^{0.63} Pr_f^{0.36} (Pr_f/Pr_w)^{0.25}$	$1\,000 \sim 2 \times 10^5$	(4-64c)
$Nu_f = 0.033 Re_f^{0.8} Pr_f^{0.36} (Pr_f/Pr_w)^{0.25}$	$2 \times 10^5 \sim 2 \times 10^6$	(4-64d)

表 4-8　流体横掠叉排管束平均表面传热系数关联式（≥16 排）

关联式	Re 范围	
$Nu_f = 1.04 Re_f^{0.4} Pr_f^{0.36} (Pr_f/Pr_w)^{0.25}$	$1 \sim 500$	(4-65a)
$Nu_f = 0.71 Re_f^{0.5} Pr_f^{0.36} (Pr_f/Pr_w)^{0.25}$	$500 \sim 1\,000$	(4-65b)
$Nu_f = 0.35 \left(\dfrac{s_1}{s_2}\right)^{0.2} Re_f^{0.6} Pr_f^{0.36} (Pr_f/Pr_w)^{0.25}$	$1\,000 \sim 2\times 10^5$	(4-65c)
$Nu_f = 0.031 \left(\dfrac{s_1}{s_2}\right)^{0.2} Re_f^{0.8} Pr_f^{0.36} (Pr_f/Pr_w)^{0.25}$	$2\times 10^5 \sim 2\times 10^6$	(4-65d)

表 4-9　茹卡乌斯卡斯公式的修正系数

排数	1	2	3	4	5	7	11	13
顺排	0.70	0.80	0.86	0.90	0.93	0.96	0.98	0.99
叉排	0.64	0.76	0.84	0.89	0.93	0.96	0.98	0.99

【例 4-5】

利用热线风速仪测量空气流速，热线（通电加热的细金属丝）直径为 $50\ \mu m$，空气与热线的平均表面传热系数为 $800\ W/(m^2\cdot K)$。忽略热线热容和辐射换热，估算空气流速。已知空气热物性：运动黏度为 $2.3\times 10^{-5}\ m^2/s$，热扩散率为 $3.4\times 10^{-5}\ m^2/s$，导热系数为 $0.029\,8\ W/(m\cdot K)$。

解：该对流传热为横掠圆管强制对流传热。

计算 Nu 和 Pr：

$$Nu = \frac{hD}{\lambda} = \frac{800\ W/(m^2\cdot K)\times 50\times 10^{-6}\ m}{0.029\,8\ W/(m\cdot K)} = 1.34$$

$$Pr = \frac{\nu}{a} = \frac{2.3\times 10^{-5}\ m^2/s}{3.4\times 10^{-5}\ m^2/s} = 0.676$$

假设 Re 为 $0.4\sim 4$，关联式为

$$Nu = 0.989 Re^{0.33} Pr^{\frac{1}{3}}$$

$$1.34 = 0.989\times Re^{0.33}\times 0.676^{\frac{1}{3}}$$

求解得：

$$Re = 3.67$$

满足假设条件。

空气流速为

$$u = Re\frac{\nu}{D} = \frac{3.67\times 2.3\times 10^{-5}\ m^2/s}{50\times 10^{-6}\ m} = 1.69\ m/s$$

4.8 射流冲击传热实验关联式

射流冲击一直广泛应用于燃气轮机转子的冷却、飞机系统的除冰等领域,目前在精密电子仪器冷却领域也得到了有效的利用。射流冲击是指流体在压差作用下通过喷嘴喷射到换热表面的对流传热方式,射流冲击速度较大,能够在局部区域内产生很强的换热效果。

4.8.1 射流冲击对流传热特点

射流冲击流场分布如图 4-24 所示。喷嘴通常为圆形或矩形狭缝结构。在喷嘴出口区域,速度一般可以认为是均匀分布的,但随着与出口之间距离的增加,射流与周围环境不断发生动量交换,射流的直径不断增大,在射流中心处存在一个核心区域,该区域内速度是均匀分布的,随着射流的前进,核心区的范围不断缩小,最终在整个射流截面上速度分布是不均匀的,呈现中间大、边缘小的特点。且中心最大速度随着距喷嘴出口距离的增大而减小。射流到达冲击物体前不受冲击物体表面影响的流动区域称为自由射流。

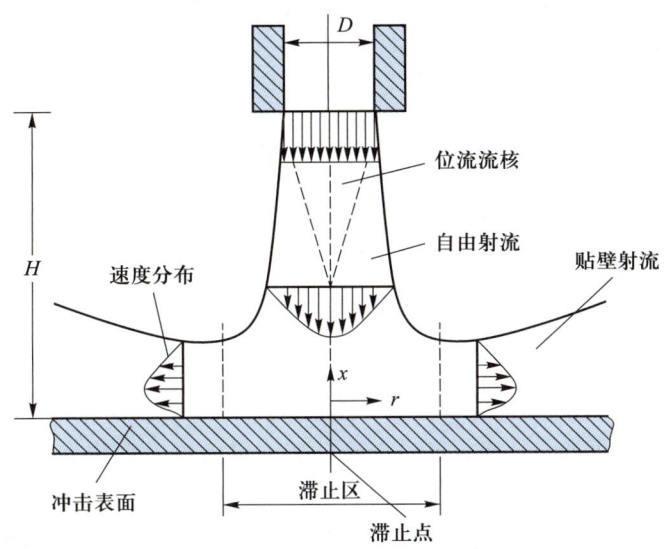

图 4-24 射流冲击流场分布

当射流到达冲击表面时,流体受壁面结构的影响,在射流轴线方向减速,而在横向上加速。由于流动会受周围无动量流体的影响,横向上的加速度不会无限持续,沿平行于表面向外方向,射流横向速度从零增加至某个最大值,之后衰减为零。被冲击表面正对喷嘴的位置称为滞止区,与射流中心对应的点称为滞止点。滞止区是射流冲击局部表面传热系数最高的点。

工程实际中经常会应用到射流冲击阵列,利用多股射流共同冲击壁面换热。射流阵列流动中,在冲击表面相邻的射流会发生相互作用,形成次级滞止区,流动情况较单喷嘴射流更为复杂。

图 4-25 为射流冲击流场分布,表明了空气射流表面局部 Nu 与离开滞止点距离的变化规律。由图可知:(1) 当喷嘴出口离开被冲击物体的相对距离 H/D 较大时,局部 Nu 随离开滞止点的距离增大而减小,随距离的增大,减小趋势逐渐减慢。(2) 当 H/D 减小到 5 时,随着 Re_D 的增大,局部 Nu 存在第二个峰值。(3) 进一步减小 H/D 到 1 后,第二个峰值的存在十分明显,且峰值处的局部 Nu 与滞止点接近。射流离开喷嘴后由于气流的卷吸作用而使流动中的湍动度增加,气流冲击物体表面时,气流与表面的相互作用也会加大气流内部的扰动。多种因素综合作用下,一定条件下局部 Nu 会出现第二个峰值,这一现象也说明了射流冲击传热的复杂性。

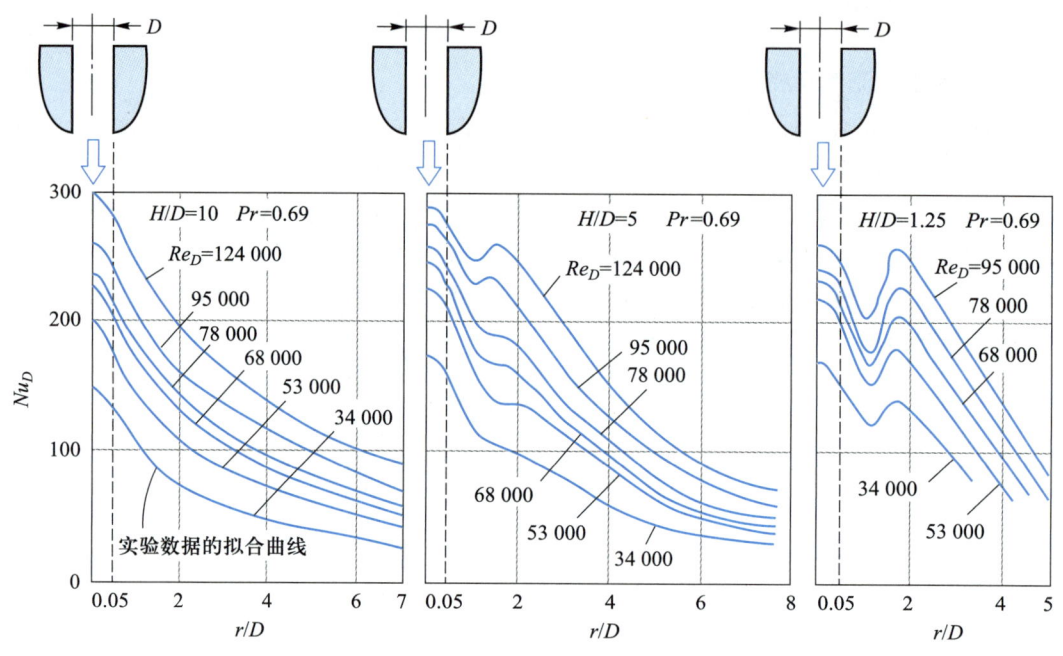

图 4-25 射流冲击流场分布

4.8.2 单个喷嘴射流冲击传热关联式

由于射流冲击传热的复杂性,本节仅讨论单个喷嘴射流冲击平均表面传热系数的关联式,关于射流冲击更多的研究结果读者可自行参阅相关文献学习。

根据射流冲击传热特点,以滞止点为圆心,半径为 r 的圆内,平均表面传热系数可以表示为以下形式:

$$\frac{h_m D}{\lambda} = (Nu_D)_m = f\left(\frac{H}{D}, \frac{r}{D}, Re_D, Pr\right) \tag{4-66}$$

单个圆喷嘴的平均表面传热系数可以用以下关联式计算:

$$(Nu_D)_m = 2Re_D^{0.5} Pr^{0.42} (1+0.005 Re_D^{0.55})^{0.5} \frac{1-1.1\dfrac{D}{r}}{1+0.1\left(\dfrac{H}{D}-6\right)\dfrac{D}{r}} \frac{D}{r} \tag{4-67}$$

式(4-67)中,定性温度取流体与壁面的平均温度,应用范围为

$$2\times10^3 \leqslant Re_D \leqslant 4\times10^5, \quad 2 \leqslant \frac{H}{D} \leqslant 12, \quad 2.5 \leqslant \frac{r}{D} \leqslant 7.5$$

单个矩形狭缝喷嘴在宽度 $2x$ 范围内(x 为离开滞止点的距离)的平均表面传热系数为

$$(Nu_b)_m = \frac{3.06}{\frac{x}{b}+\frac{H}{b}+2.78} Re_b^m Pr^{0.42}, \quad m = 0.695 - \left[\frac{x}{2b}+\left(\frac{H}{2b}\right)^{1.33}+3.06\right]^{-1} \quad (4-68)$$

式中:b 为狭缝宽度,定性温度取流体与壁面的平均温度,特征长度为 $2b$,特征速度为喷嘴出口处平均速度,应用范围为

$$3\times10^3 \leqslant Re_b \leqslant 9\times10^4, \quad 2 \leqslant \frac{H}{b} \leqslant 10, \quad 4 \leqslant \frac{x}{b} \leqslant 20$$

4.9 自然对流传热实验关联式

由流体被加热或冷却导致的密度差引起的对流,称为自然对流。相较强制对流,自然对流没有泵或风机等外力的推动,而是由于自身温度场的不均匀导致了密度场的不均匀,从而产生了浮升力。浮升力是驱动自然对流的动力,因此一般情况下,自然对流的速度较强制对流低得多,因此对流传热速率也较小。然而,自然对流在工业实际中应用也十分广泛,尤其是对于需要最小化传热速率或最小化运行成本的情况下,自然对流相较强制对流更合适。本节将介绍自然对流的流动传热特点及相应实验关联式。

4.9.1 自然对流基本特征

本节重点讨论边界层自然对流。以空间中一竖直平板周围的自然对流现象为例,采用某种加热方式对平板加热,使平板保持恒定温度。根据边界层理论,贴壁处流体温度等于壁面温度,随着离开壁面的距离增大,流体温度逐渐降低,直至达到环境温度,因此由于温度场的不均匀导致的流体不均匀密度场仅存在于贴壁的薄层内,如图 4-26a 所示。在自然对流中,由于没有外力的推动,远离壁面处流体的速度应为零,贴壁处由于黏性的作用,流体速度也为零,而在密度场不均匀的薄层内,流体在浮升力的驱动下产生自然对流,因此从贴壁处沿离开壁面方向,流体的速度先从零升高到一定值,之后又下降为零,呈现"两头小,中间大"的分布。

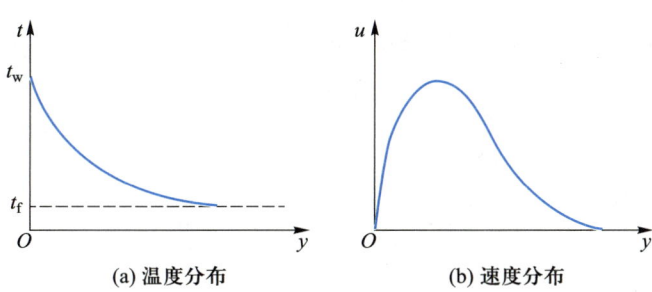

图 4-26 竖直平板附近流体速度温度分布

与强制对流类似,自然对流同样存在层流与湍流的区别。以竖直平板附近的自然对流为例。在平板的下方,流动刚开始形成时流态为规则的层流;若壁面足够高,则在上部会形成湍流。图 4-27 为竖直平板附近自然对流边界层形态,从图 4-27a 到图 4-27d 高度逐渐升高。图 4-27a 和图 4-27b 中,等温线条纹与壁面基本平行,说明流动为层流;图 4-27c 中等温线条纹发生不规则的弯曲,表明流动已向湍流过渡;图 4-27d 中湍流更为明显。

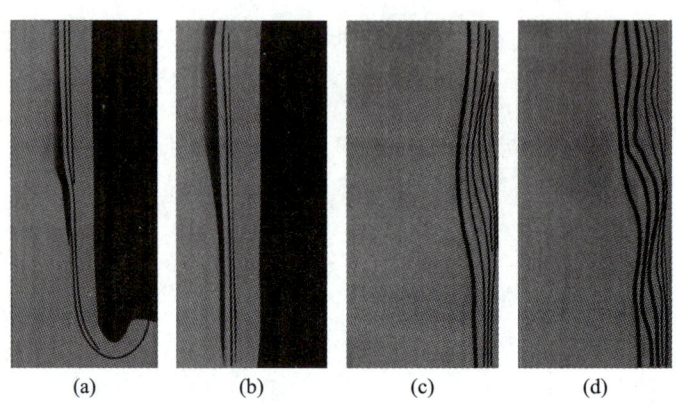

图 4-27　竖直平板附近自然对流边界层形态

流体的流态对自然对流传热具有决定性影响。流态为层流时,换热热阻完全取决于薄层的厚度,随着高度的升高,边界层逐渐增厚,局部表面传热系数降低(图 4-28 区域 A)。流动进入湍流后,局部表面传热系数有所升高(图 4-28 区域 B),旺盛湍流阶段表面传热系数基本为常数(图 4-28 区域 C)。

4.9.2　自然对流传热控制方程及特征数

下面从自然对流传热控制方程入手,推导表征自然对流的相似特征数。

考虑图 4-28 中的竖直平板自然对流,重力沿 x 轴反方向。自然对流传热可以用二维对流传热控制方程组来描述,略去主流方向的二阶导数,考虑重力的影响,可以得到:

$$u\frac{\partial u}{\partial x}+v\frac{\partial u}{\partial y}=-g-\frac{1}{\rho}\frac{\mathrm{d}p}{\mathrm{d}x}+v\frac{\partial^{2}u}{\partial y^{2}} \quad (4\text{-}69\mathrm{a})$$

在薄层外,流体各方向上的速度均为零,可以得到:

$$\frac{\mathrm{d}p}{\mathrm{d}x}=-\rho_{\infty}g \quad (4\text{-}69\mathrm{b})$$

将式(4-69b)代入式(4-69a)得:

$$u\frac{\partial u}{\partial x}+v\frac{\partial u}{\partial y}=\frac{g}{\rho}(\rho_{\infty}-\rho)+v\frac{\partial^{2}u}{\partial y^{2}} \quad (4\text{-}69\mathrm{c})$$

引入体积膨胀系数:

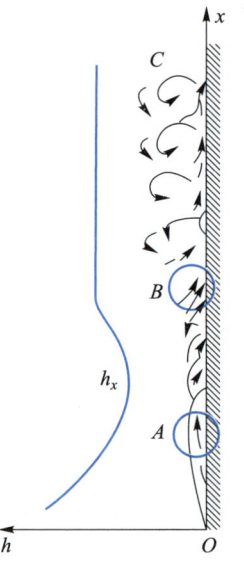

图 4-28　竖直平板附近自然对流边界层局部表面传热系数

$$\alpha_V = -\frac{1}{\rho}\frac{\partial \rho}{\partial t_P} \tag{4-69d}$$

体积膨胀系数可以近似为

$$\alpha_V \approx -\frac{1}{\rho}\frac{\rho_\infty - \rho}{t_f - t} \tag{4-69e}$$

可得：

$$\rho_\infty - \rho \approx \rho\alpha_V(t_f - t) \tag{4-69f}$$

令 $\theta = t - t_f$，可以得到：

$$u\frac{\partial u}{\partial x} + v\frac{\partial u}{\partial y} = g\alpha_V\theta + v\frac{\partial^2 u}{\partial y^2} \tag{4-69g}$$

上式即为自然对流传热的动量方程。除动量方程外，自然对流其余控制方程与强制对流完全相同。下面将从动量方程导出表征自然对流的特征数。

以 u_0、l 及 $\Delta t = t_w - t_f$ 分别作为速度、长度及过余温度的标尺，根据式(4-69g)可得：

$$\frac{u_0^2}{l}\left(u^*\frac{\partial u^*}{\partial x^*} + v^*\frac{\partial u^*}{\partial y^*}\right) = g\alpha_V\Delta t\Theta^* + \frac{vu_0}{l^2}\frac{\partial^2 u^*}{\partial y^{*2}} \tag{4-69h}$$

式中：$\Theta^* = \dfrac{t - t_\infty}{t_w - t_\infty}$，上标 * 表示无量纲量。等号两边同除以 $\dfrac{vu_0}{l^2}$ 可得：

$$\frac{u_0 l}{v}\left(u^*\frac{\partial u^*}{\partial x^*} + v^*\frac{\partial u^*}{\partial y^*}\right) = \frac{g\alpha_V\Delta t l^2}{vu_0}\Theta^* + \frac{\partial^2 u^*}{\partial y^{*2}} \tag{4-69i}$$

式中：左侧无量纲数 $\dfrac{u_0 l}{v}$ 为雷诺数，反映了相似流动现象中 Re 相等的原则；等式右侧无量纲数与 Re 相乘可得：

$$Gr = \frac{u_0 l}{v}\frac{g\alpha_V\Delta t l^2}{vu_0} = \frac{g\alpha_V\Delta t l^3}{v^2} \tag{4-70}$$

特征数 Gr 称为格拉晓夫数。Gr 在自由对流中的作用与雷诺数在强制对流中的作用相同。Gr 在物理意义上表征浮升力与黏性力之比。从控制方程组其他方程可以得到 Re、Pr、Nu 等准则，其中 Re 是 Gr 的函数，并非独立的准则。自然对流传热的关联式应为

$$Nu = f(Gr, Pr) \tag{4-71}$$

自然对流中另一个经常使用的无量纲数称为瑞利数：

$$Ra = GrPr = \frac{g\alpha_V\Delta t l^3}{av} \tag{4-72}$$

4.9.3 大空间自然对流传热实验关联式

自然对流可以分为大空间自然对流(natural convection in an infinite space)与有限空间自然对流(natural convection in enclosures)。大空间自然对流是指边界层可以自由发展，不受约束或干扰的自然对流，又称外部自然对流；有限空间自然对流是指流体流动受到约束或边界层发展受到干扰的自然对流，又称内部自然对流。下面介绍大空间自然对流的实验关联式。

1. 均匀壁温边界条件

环境温度为 t_∞ 的流体在温度为 t_w 的壁面周围发生大空间自然对流，Gr 中的温差取环境与壁面的温差。工程中经常使用如下形式的关联式计算大空间表面传热系数：

$$Nu_m = C\ (GrPr)_m^n = C Ra_m^n \tag{4-73}$$

上式计算获得的是表面的平均表面传热系数，定性温度取边界层的算数平均温度。对于理想气体，Gr 中的体积膨胀系数为热力学温度的倒数 $1/(t_m)$。

常数 C、n 根据实验结果确定。换热面的热边界条件、几何结构以及流动状态等均会影响 C、n 的值。

（1）竖直平板和水平圆柱

竖直平板和水平圆柱大空间自然对流关联式中常数的取值见表 4-10。对于竖平板和竖圆柱，特征长度取高度，横圆柱取外径。流态的转变根据 Gr 确定。式（4-73）对气体工质均适用，对于液体工质，为考虑物性与温度的关系，需要在等式右侧乘上一个修正系数，一般采用 $(Pr_f/Pr_w)^{0.11}$，其中 f、w 分别表示取流体与壁面的温度作为定性温度。

值得注意的是，表 4-10 中竖圆柱与竖平板采用同样关联式及常数取值仅限于以下条件：

$$\frac{d}{H} \geq \frac{35}{Gr_H^{\frac{1}{4}}} \tag{4-74}$$

对于直径较小或高度较高的竖直圆柱，边界层的厚度可达到直径的量级，此时曲率的影响不能忽略。对于细长竖圆柱外的自然对流，读者可自行查阅相关文献学习其实验关联式。

（2）水平板

对于平板的大空间自然对流传热，冷热面的分布（图 4-29）、倾斜角度等均会影响换热效果。本节仅讨论水平板的对流传热。

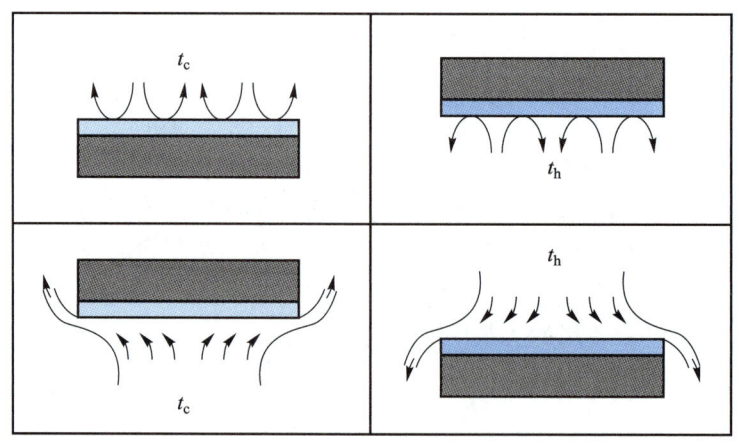

图 4-29　水平板自然对流

对于热面向上（冷面向下）的水平板：

$$Nu = 0.54\ (GrPr)^{\frac{1}{4}},\quad 10^4 \leq GrPr \leq 10^7 \tag{4-75a}$$

$$Nu = 0.15\ (GrPr)^{\frac{1}{4}},\quad 10^7 \leq GrPr \leq 10^{11} \tag{4-75b}$$

表 4-10 关联式(4-73)常数取值

换热表面形状与位置	流动情况	流态	系数 C	系数 n	Gr 适用范围
竖平板或竖圆柱		湍流	0.11	1/3	$> 2 \times 10^{10}$
		过渡	0.029 2	0.39	$3 \times 10^9 \sim 2 \times 10^{10}$
		层流	0.59	1/4	$1.43 \times 10^4 \sim 3 \times 10^9$
横圆柱		湍流	0.11	1/3	$> 4.65 \times 10^9$
		过渡	0.016 5	0.42	$5.76 \times 10^8 \sim 4.65 \times 10^9$
		层流	0.48	1/4	$1.43 \times 10^4 \sim 5.76 \times 10^8$

对于热面向下(冷面向上)的水平板：

$$Nu = 0.27(GrPr)^{\frac{1}{4}}, \quad 10^5 \leqslant GrPr \leqslant 10^{11} \tag{4-76}$$

以上各式中,定性温度为 $t_m = (t_w + t_\infty)/2$,特征长度为

$$l = \frac{A_p}{P} \tag{4-77}$$

式中：A_p、P 分别为平板的换热面积及周界长度。

(3) 球

球的大空间自然对流传热关联式为：

$$Nu = 2 + \frac{0.589(GrPr)^{\frac{1}{4}}}{\left[1 + \left(\frac{0.469}{Pr}\right)^{\frac{9}{16}}\right]^{\frac{4}{9}}} \tag{4-78}$$

式中：定性温度为 $t_m = (t_w + t_\infty)/2$,应用范围为 $Pr \geqslant 0.7$, $GrPr \leqslant 10^{11}$。

2. 均匀热流边界条件

对于竖直平板,当采用平板中点处的温度作为确定 Gr 中温差的壁面温度,则采用均匀壁温条件下获得的实验关联式所得表面传热系数仍能够较好地应用于均匀热流密度条件下的自然对流传热。

对于均匀热流条件,水平板自然对流可以采用以下关联式计算：

$$Nu = B(GrNuPr)^m \tag{4-79}$$

式中常数的取值见表 4-11。

表 4-11 关联式(4-79)常数取值

换热表面形状与位置	流动情况	系数及指数 B	m	Gr 适用范围
热面向上 (冷面向下)		1.076	1/6	$6.37\times10^5 \sim 1.12\times10^8$
热面向下 (冷面向上)		0.747	1/6	$6.37\times10^5 \sim 1.12\times10^8$

对于式(4-79),定性温度取平均温度 t_m,特征长度取矩形的短边长。以上结果是在二维条件下获得的,对于长边长度与短边长度接近的情况,其长边的端部影响不可忽略,准则数计算获得的 Nu 将偏小。

4.9.4 有限空间自然对流传热实验关联式

图 4-30 所示为一封闭空腔,腔体两壁面温度不相等,分别为 t_c、t_h,图中未注明温度的两个壁面绝热。由于温度差,封闭空腔内会发生自然对流传热,不同于大空间自然对流,此时流体运动受到约束,属于有限空间自然对流。这种条件下,Gr 与牛顿冷却公式中的温差取两壁面的温差 t_h-t_c,流体的定性温度取 $(t_h+t_c)/2$,特征长度取夹层的厚度 δ。因此,夹层内 Gr 的表达式为

$$Gr_\delta = \frac{g\alpha_V(t_h-t_c)\delta^3}{\nu^2} \tag{4-80}$$

对于竖直夹层当 $Gr \leq 2860$,水平夹层(底面为热面)$Gr \leq 2430$ 时,夹层内的热量传递主要依靠导热,Gr 大于该数值后,夹层内开始形成自然对流,且 Gr 越大,自然对流越剧烈。且当 Gr 达到一定值后,会出现层流向湍流的过渡。

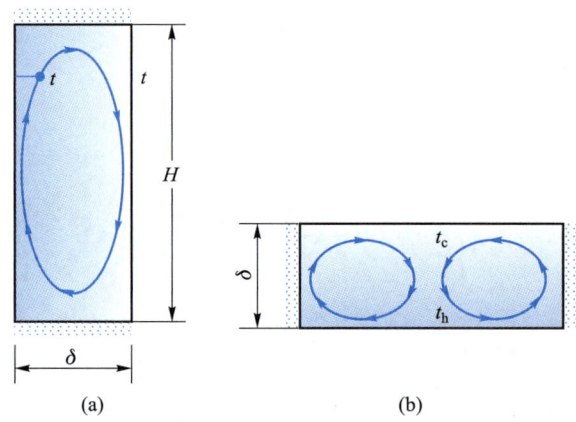

图 4-30 封闭空腔

对于空气在竖直夹层内的自然对流,可以采用以下关联式:

$$Nu = 0.197(Gr_\delta Pr)^{\frac{1}{4}}\left(\frac{H}{\delta}\right)^{-\frac{1}{9}}, \quad 6\times10^3 \leq Gr_\delta \leq 2\times10^5 \tag{4-81a}$$

$$Nu = 0.073\,(Gr_\delta Pr)^{\frac{1}{3}}\left(\frac{H}{\delta}\right)^{-\frac{1}{9}}, \quad 2\times10^5 \leqslant Gr_\delta \leqslant 1.1\times10^7 \tag{4-81b}$$

上式的应用范围为 $11 \leqslant H/\delta \leqslant 42$。

水平夹层(底面向上散热)内的自然对流,采用以下关联式:

$$Nu = 0.212\,(Gr_\delta Pr)^{\frac{1}{4}}, \quad 1\times10^4 \leqslant Gr_\delta \leqslant 4.6\times10^5 \tag{4-82a}$$

$$Nu = 0.061\,(Gr_\delta Pr)^{\frac{1}{3}}, \quad Gr_\delta > 4.6\times10^5 \tag{4-82b}$$

4.9.5 混合对流

实际中,有时存在自然对流与强制对流均不可忽略的情况,此时需要考虑两种对流方式的综合作用。工程中,采用以下准则判断自然对流的影响程度:

$$\frac{Gr}{Re^2} = \frac{g\alpha_V \Delta t l^3}{\nu^2} \frac{\nu^2}{u^2 l^2} \tag{4-83}$$

该准则表示浮升力与惯性力的对比。一般来说,当 $Gr/Re^2 \leqslant 0.1$ 时自然对流的影响可忽略,为强制对流;$Gr/Re^2 \geqslant 10$ 时,强制对流相对于自然对流可以忽略,为自然对流;除此之外,两种对流方式都不容忽视。

混合对流的一种简单计算方法为

$$Nu_M^n = Nu_F^n \pm Nu_N^n \tag{4-84}$$

式中:Nu_M、Nu_F、Nu_N 分别为混合对流、强制对流、自然对流努塞尔数,利用自然对流与强制对流关联式计算 Nu,两种流动方式同向相加、异向相减,从而得到混合对流 Nu,其中的 n 可取 3。

【例 4-6】
一边长为 300 mm 的正方形薄板,板内利用电加热装置加热,垂直放置于空气中,左侧绝热。空气温度为 35 ℃。为防止平板内电热丝过热,其表面温度不允许超过 150 ℃。平板表面辐射换热的表面传热系数为 9 W/(m²·K)。求电加热器装置的最大加热功率。

解: 该问题为大空间自然对流传热与辐射换热的复合换热问题。

定性温度为

$$t_m = \frac{t_w + t_f}{2} = \frac{150\,\text{℃} + 35\,\text{℃}}{2} = 92.5\,\text{℃}$$

根据定性温度,查表得:

$$\lambda = 0.031\,5\,\text{W/(m·K)}, \quad \nu = 2.236\times10^{-5}\,\text{m}^2/\text{s}, \quad Pr = 0.689\,5$$

计算 Gr:

$$Gr = \frac{g\alpha_V \Delta t l^3}{\nu^2} = \frac{9.8\,\text{m/s}^2 \times 115\,\text{℃} \times 0.3^3\,\text{m}}{(2.236\times10^{-5}\,\text{m}^2/\text{s})^2 (273+92.5\,\text{K})} = 1.67\times10^8$$

查表可得关联式如下:

$$Nu = 0.59(GrPr)^{\frac{1}{4}} = 0.59\times(1.67\times10^8 \times 0.689\,5)^{\frac{1}{4}} = 61.07$$

$$h = \frac{\lambda}{l} Nu = \frac{0.031\,5\,\text{W/(m·K)}}{0.3\,\text{m}} \times 61.07 = 6.41\,\text{W/(m}^2\text{·K)}$$

平板散热量即为电加热装置的最大加热功率:

$$\Phi = (h + h_r) A (t_w - t_f) = (6.41+9)\,\text{W/(m}^2\text{·K)} \times (0.3\,\text{m})^2 \times 115\,\text{℃} = 159.5\,\text{W}$$

本 章 小 结

本章主要介绍对流传热的理论基础、研究方法及单相对流传热的关联式。

对流传热的基本原理

对流传热是指流体流动时,由于存在温差而发生的与所流经的固体表面之间的热量传递现象,是导热与热对流同时存在的复杂传热过程,受多种因素的影响。对流传热量的基本计算公式是牛顿冷却公式。

理解边界层理论对对流传热问题至关重要。在边界层流动中,黏性力仅仅作用于靠近壁面的薄层内,有较高的速度梯度,薄层外速度梯度基本为零,这个薄层称为流动边界层,类似地存在温度边界层。利用数量级差异,对边界层内对流传热的控制方程组进行简化,可以获得不少对流传热问题的解析解。

对流传热的研究方法

对流传热的主要研究路线是:推导对流传热的相关特征数,获得计算表面传热系数的关联式。对流传热的主要研究方法有理论分析法、实验研究法、比拟法和数值计算法。理论分析法通过求解边界层方程组,获得表面传热系数的解析解,如外掠平板层流流动、管内层流强制对流等;比拟法通过对动量传递与热量传递过程进行比拟,获得局部摩擦系数与表面传热系数的关系,如外掠平板湍流流动的雷诺比拟及其修正;数值计算法通过计算机实现对流传热的数值模拟,获得速度场与温度场分布,从而获得表面传热系数。本章重点介绍了基于相似原理的实验研究法,通过建立相似特征数指导实验的设计与进行,总结实验研究结果获得实验关联式,每一个特征数均有其物理意义,表 4-12 为常用特征数的定义式及其物理意义。

表 4-12 常用特征数的定义式及其物理意义

特征数	定义式	物理意义
Bi	$\dfrac{hl}{\lambda}$	固体内部导热热阻与边界处换热热阻之比
Fo	$\dfrac{a\tau}{l^2}$	非稳态过程的无量纲时间,表征过程进行深度
Gr	$\dfrac{g\alpha_V \Delta t l^3}{\nu^2}$	浮升力与黏性力之比的量度
j 因子	$\dfrac{Nu}{RePr^{1/3}}$	无量纲表面传热系数
Ja	$\dfrac{c_p \Delta t}{r}$	液体显热与潜热之比
Nu	$\dfrac{hl}{\lambda}$	壁面处流体无量纲温度梯度

续表

特征数	定义式	物理意义
Pr	$\dfrac{\nu}{a}$	动量扩散能力与热量扩散能力之比
Ra	$\dfrac{g\alpha_V \Delta t l^3}{a\nu}$	浮升力与体积的乘积与热扩散率与动量扩散乘积的之比的度量
Re	$\dfrac{ul}{\nu}$	惯性力与黏性力之比的度量
St	$\dfrac{Nu}{RePr}$ or $\dfrac{h}{\rho c_p}$	流体实际传递的热流密度与可能传递的最大热流密度之比

单相对流传热关联式

使用关联式计算表面传热系数时,需要注意以下问题:

(1) 特征长度和定性温度的选取。对于不同的关联式,相同几何体的特征长度选取方法也可能存在不同。定性温度是确定物性参数的温度,正确选取定性温度对关联式计算结果的正确性十分重要。对于自然对流,还要注意 Gr 中温差的确定方法。

(2) 流动状态的确定及关联式的应用范围。层流和湍流的对流传热规律是不相同的,选择关联式时,首先要确定流体的流态。此外,使用关联式计算时要注意关联式的应用范围,包括关联式的适用场景、关联式中特征数的范围、热边界条件等。

(3) 关联式计算获得的是局部表面传热系数还是平均表面传热系数。工程实际中,一般应用整个换热面的平均表面传热系数,但是有的关联式计算的是局部表面传热系数,要特别注意。

(4) 本章所给出的关联式只是到目前所提出的大量关联式中的一部分。使用实验关联式计算获得的结果均有一定的不确定度。

表 4-13 对本章主要关联式进行了总结。

表 4-13 本章主要关联式

关联式应用场合	关联式编号	应用条件
外掠平板层流强制对流	(4-22)	—
外掠平板湍流强制对流	(4-36)	—
管内湍流强制对流	(4-49)	中等以下温差
管内湍流强制对流	(4-50)	—
管内湍流强制对流	(4-55)	液态金属,定壁温
管内湍流强制对流	(4-56)	液态金属,定热流
管内层流强制对流	(表 4-2)	充分发展段
管内层流强制对流	(4-60)	短管
外掠单管强制对流	(4-61),(4-62)	—

续表

关联式应用场合	关联式编号	应用条件
外掠球体强制对流	(4-63)	—
外掠管束强制对流	(表4-7)	顺排
外掠管束强制对流	(表4-8)	叉排
射流冲击对流传热	(4-67)	圆喷嘴
射流冲击对流传热	(4-68)	狭缝喷嘴
竖壁、横圆柱大空间自然对流	(4-73)	定壁温
水平板大空间自然对流	(4-75)	定壁温、热面向上
水平板大空间自然对流	(4-76)	定壁温、热面向下
球体大空间自然对流	(4-78)	定壁温
水平板大空间自然对流	(4-79)	定热流
竖直夹层自然对流	(4-81)	—
水平夹层自然对流	(4-82)	—

思 考 题

4-1 利用对流传热的知识,解释4.1.1节中的现象。

4-2 对于外掠平板层流流动,已知局部表面传热系数 h_x 变化为 $x^{-0.5}$,其中 x 是距平板前缘的距离。请问求前缘到平板上某点 x 之间的平均表面传热系数与 x 处的局部表面传热系数的比率是多少?

4-3 根据理想气体状态方程,推导理想气体体积膨胀系数的计算表达式。

4-4 利用数量级分析的方法,假设流体物性为常数,压力梯度为零,从对流传热动量方程中导出外掠平板流动中边界层厚度的如下关系:

$$\delta/x \sim 1/\sqrt{Re_x}$$

习 题

对流传热基本理论

4-1 一个流量计模型是实物尺寸的1/4,模型用30 ℃的水测试,而实物在80 ℃条件下工作。实物中,流量计中心位置直径为0.2 m,该处速度为4 m/s,为满足相似性,模型中对应位置的流速应为多少?

4-2 20 ℃的空气以20 m/s的速度流过一形状不规则的固体,与之发生对流传热,该固体的特征尺寸为5 m,表面温度为100 ℃,测得此时平均对流传热热流密度为3 000 W/m²,若固体和来流空气温度保持不变,固体缩小为原来的一半,形状保持不变,空气来流速度增大至40 m/s,求此时的平均对流传热热流密度。

4-3 实验研究表面,流体外掠粗糙平板的对流传热过程存在如下关系:

$$Nu_x = 0.05 Re_x^{0.8} Pr^{1/3}$$

Nu_x 为局部努塞尔数,x 是距平板前缘的距离。求平板上某点 x 的局部范宁摩擦系数。

4-4 外掠正方形平板流动传热实验中,平板边长为0.3 m,采用电加热方式,对平板均匀加热,加热效率为

70%,流体温度为80 ℃。当加热功率为50 W时,壁面温度保持40 ℃。求平板的平均表面传热系数。

4-5 温度为20 ℃、速度为3 m/s的空气外掠平板流动,在距离平板前缘点距离为2 m处局部切应力为多大?

4-6 温度为60 ℃的平板放置于来流温度为20 ℃的气流中,假设平板表面某点在壁面法线方向的温度梯度为40 ℃/mm,贴壁处气体的导热系数为0.03 W/(m·K),求该点的热流密度。

外掠平板流动传热

4-7 一同学希望观察空气外掠平板流动的湍流流态,在室温(25 ℃)下进行实验,实验中选用的风机可提供10 m/s的均匀空气流,为达到实验目的,选取的平板长度至少应为多少?

4-8 空气外掠一长度为5 m的平板,计算当空气来流温度分别为30 ℃,50 ℃及100 ℃时在平板上达到湍流流态的最小来流速度。

4-9 标准大气压下,温度为20 ℃的空气掠过一块长为300 mm、温度为40 ℃的平板,流速为3 m/s。求距离前缘50 mm,100 mm及200 mm处的流动边界层及热边界层厚度。

4-10 标准大气压下,速度为10 m/s的80 ℃的空气外掠一光滑平板,对于层流流动,试求距离前缘多长时流动边界处厚度可以达到30 mm。

4-11 压力为1个标准大气压,温度为30 ℃的空气外掠一边长为50 cm的正方形平板,空气速度为10 m/s,平板温度恒定为70 ℃,计算平板的散热量。

4-12 标准大气压下,25 ℃的空气外掠60 cm的正方形平板,空气流速为20 m/s,平板温度为95 ℃。计算空气与平板的对流传热量。

4-13 有一正方形粗糙大平板固定在地面上,其边长为2 m,表面温度为30 ℃,10 ℃的空气以50 m/s的速度掠过该平板,测得空气对平板的摩擦切应力为4 N,计算空气与平板的对流传热量。

4-14 30 ℃的空气外掠长度为40 cm,温度为70 ℃的平板,在平板中心位置,雷诺数为2×10^5,求整个平板与空气的对流传热量。

4-15 25 ℃的水流过一边长为30 cm的正方形平板表面,水的速度为6 m/s,平板温度为45 ℃,求平板的散热量。

内部强制对流传热

4-16 20 ℃的水流过一直径为0.01 m的长直圆管,水的流速为0.02 m/s,计算流动入口段与热入口段的长度。

4-17 水平光滑管内壁温度为60 ℃,平均温度为40 ℃的水以0.04 m/s的速度在管内流动,管长为2 m,内径为3 mm,求水与管壁的对流传热量。

4-18 平均温度为100 ℃的液态汞以2 m/s的速度在直径为10 mm的圆管内流动,管壁温度恒定,计算表面传热系数。

4-19 平均温度为20 ℃的水以0.01 m/s的速度在一5 mm×10 mm的长方形管内流动,管壁温度维持在90 ℃不变,求单位长度管道的散热量。

4-20 某电子元器件采用水冷方式,用于冷却的铜管直径为2 cm,水以1 kg/s的流量流过铜管,水从35 ℃被加热到40 ℃,管壁温度恒为60 ℃,求冷却铜管的长度。

4-21 采用11号润滑油对轴承进行润滑,进油管为一直径1.25 cm,长度3 m的圆管,管壁温度为70 ℃,润滑油在管内的平均温度为45 ℃,流速为30 cm/s,计算润滑油在进油管内的吸热量。

4-22 计算下列管道的当量直径:(a)边长为a和$2a$的矩形管道;(b)内径为d,外径为$2d$的环形管道。

4-23 已知某种油类的物性参数为:$Pr=1\,960$,密度为860 kg/m³,黏度为1.6×10^{-4} m²/s,导热系数为0.14 W/(m·K),该油进入内径为2.5 mm,长度为60 cm的圆管内流动,入口平均速度为0.2 m/s,流体平均温度为 40 ℃,管壁温度恒为 120 ℃,计算表面传热系数及对流传热量。

4-24 工业上一种螺旋管换热器,其几何参数为:管道直径为 10 mm,螺旋数为 4,螺旋直径为 200 mm。流动平均温度为 60 ℃ 的水以 1 m/s 的速度在换热器内流动,管壁平均温度为 80 ℃,计算水流过换热器的吸热量。

4-25 标准大气压下,质量流量为 0.5 kg/s 的空气流过直径为 7.5 cm,长为 5 m 的圆管,管壁平均温度维持在 250 ℃,管道中空气的平均温度为 300 ℃,求空气流过管道后温度的变化情况。

4-26 水流过一直径为 6 mm 的光滑管道,管道壁面利用电加热提供均匀热流密度输入,使得管壁温度总比水温高 20 ℃。假设用于计算表面传热系数的雷诺数的值为 50 000,求水温由 20 ℃ 升高为 80 ℃ 所需管长。

4-27 平均温度为 20 ℃ 的空气在管道内作层流流动,在均匀热流密度下,计算单位长度下以下管道的对流传热量:
(1) 直径为 10 mm 的长圆管;
(2) 边长为 10 mm 的正方形管。

4-28 标准大气压下,平均温度为 40 ℃ 的空气以 2 m/s 的速度在一边长为 10 mm 的正三角形管道内流动,管壁温度恒为 100 ℃,管长为 1 m,计算对流传热量。

4-29 水以 8 m/s 的平均速度流入内径为 2 cm 的圆管,管壁温度保持恒定。若水的进口温度为 20 ℃,出口温度为 30 ℃,管道长度为 1.0 m,计算圆管内壁温度。

4-30 有一长 10 cm,内径为 10 mm 的短管,平均温度为 40 ℃ 的水以 0.1 m/s 的流速在管道内流动,管壁温度维持在 60 ℃,计算水流过管道吸收的热量。

4-31 水以 1.5 m/s 的平均流速流过内径为 20 mm 的长圆管,计算以下两种情况下的表面传热系数,并讨论造成差别的原因:(1) 管壁温度为 70 ℃,水从 40 ℃ 加热到 60 ℃;(2) 管壁温度为 30 ℃,水从 60 ℃ 冷却到 40 ℃。

外部强制对流传热

4-32 某次实验结束后,需要将实验中加热过的一直径为 2 cm 的热圆管冷却,将该圆管放置于 1 个标准大气压下 25 ℃ 的空气中进行强制冷却,开始冷却时圆柱表面温度为 215 ℃,空气流速为 10 m/s。计算开始冷却时每米长圆柱的散热量。

4-33 人体可以近似看作一直径为 30 cm,高度为 1.7 m 的圆柱。已知一成年人的体表温度为 25 ℃,计算此人站在 5 ℃、30 km/h 的风中时每小时的散热量。

4-34 一直径为 0.15 mm,长为 12 mm 的导线暴露于标准大气压下 -30 ℃ 的空气流中,气流速度为 20 m/s。导线采用电加热,加热效率为 85%。为使导线表面温度维持 150 ℃,求电加热所需功率。

4-35 压力为 1 个标准大气压、温度为 300 K 的氦气横掠一管径为 3 mm 的圆管,圆管温度为 500 K,氦气流速为 5 m/s,求每米圆管吸收的热量,并比较在相同条件下,空气介质中圆管的吸热量。

4-36 直径为 2 mm 的细长圆管,管壁温度保持在 60 ℃,计算下列两种情况下每米管道的对流传热量:(a) 空气温度为 20 ℃,压力为 1 个标准大气压;(b) 水温为 20 ℃。其中,空气和水的流速均为 6 m/s。

4-37 有两根管子,一根为直径 4 cm 的圆管,另一根为边长 4 cm 的正方形管。压力 1 atm,温度 30 ℃ 的空气以 10 m/s 的速度横掠两根管子,管壁温度维持 50 ℃,计算两根管子的对流传热量并比较。

4-38 表面温度恒定为 80 ℃ 的球体,放置于 20 ℃ 的水流中冷却,水的流速为 3 m/s,球体直径为 4 cm,计算球体的散热量。

4-39 工业上利用压力为 1 个标准大气压,温度为 25 ℃ 的空气冷却顺排管束,流动方向管排数为 16,管子直径为 2 cm,管子的中心距在横向和纵向上均为 5 cm,管壁温度为 95 ℃,空气进入管排的流速为 10 m/s。

4-40 在高压锅炉的空气预热器中,采用叉排管束对空气进行预热,管子呈正三角形布置,相邻管子的中心线距离为 50 mm,管外径为 30 mm,测得最小截面处空气的流速为 4 m/s,流体温度为 120 ℃。流动方向上管排数为 11,管壁平均温度为 160 ℃,求空气与管束间的平均表面传热系数。

射流冲击传热

4-41 有一直径为 5 mm 的圆形喷嘴,20 ℃的空气从喷嘴中以 10 m/s 的速度喷出,垂直冲击到壁面温度为 120 ℃的平板上,喷嘴距离平板中心(滞止点)的位置为 15 cm,计算从滞止点向外 10 cm 的范围内射流冲击的平均表面传热系数。

自然对流传热

4-42 大气压下,一温度恒定为 80 ℃的竖直平板放置于环境之中,环境温度为 20 ℃,平板高度为 50 cm,计算单位宽度上平板的散热量。

4-43 边长为 1 m 的正方形竖平板放置于 20 ℃的房间内,平板表面温度保持 220 ℃,计算平板单面上的散热量。

4-44 有一圆管式加热器,直径为 6 cm,高度为 1.8 m,表面温度恒定为 90 ℃,放置于 30 ℃的环境中,计算加热器的加热功率。

4-45 一建筑外墙高度为 5 m,表面接受来自太阳辐射的 1 000 W/m² 的均匀热流密度,外墙表面的温度为 60 ℃,计算外墙表面通过导热向墙内传递的热量。假设环境温度为 20 ℃。

4-46 将人体近似看作一直径为 30 cm,高度为 1.7 m 的圆柱,体表温度为 25 ℃,计算 15 ℃环境中人体表面通过自然对流散失的热量。

4-47 在某次流体加热实验中,要用到一直径为 10 cm,长度为 2 m 的圆管,实验结束后将该圆管横向置于 20 ℃的环境中进行自然冷却,圆柱表面温度为 100 ℃,求开始冷却时圆柱的散热功率。

4-48 一直径为 30 cm 的球壳,内部采用电加热,放置于 30 ℃的水中,为使球壳表面温度维持在 50 ℃,需要多大的加热功率。

4-49 一水平封闭夹层,上下表面的距离为 15 mm,夹层内为压力为 1 个标准大气压的空气,其中上表面温度为 60 ℃,下表面温度为 20 ℃,计算通过夹层单位面积的传热量。

参 考 文 献

[1] 阴继翔. 比拟法在《传热学》教学中的作用[J]. 太原理工大学学报(社会科学版), 2001, (3): 64-66.

[2] 陶文铨. 数值传热学[M]. 西安: 西安交通大学出版社, 2001.

[3] YOUNG D F, MUNSON B R, OKIISHI T H, et al. A brief introduction to fluid mechanics[M]. United States: Wiley, 2010.

[4] SCHLICHTING H, GERSTEN K. Boundary-layer theory [M]. Berlin: Springer, 2017.

[5] HOF B. Experimental observation of nonlinear traveling waves in turbulent pipe flow[J]. Science, 2004, 305(5690): 1594-1598.

[6] INCROPERA F P, LAVINE A S, BERGMAN T L, et al. Fundamentals of heat and mass transfer [M]. United States: Wiley, 2007.

[7] CHURCHILL S. W, OZOE H. A correlation for laminar free convection from a vertical plate[J]. Journal of Heat Transfer, 1973, 95(4): 540-541.

[8] SCHLICHTING H, GERSTEN K. Boundary layer theory [M]. Berlin: Springer, 2000.

[9] CHILTON T H, COLBURN A P. Mass transfer (absorption) coefficients prediction from data on heat transfer and fluid friction [J]. Industrial & Engineering Chemistry, 1934, 26(11): 1183-1187.

[10] HART G W. Multidimensional analysis: algebras and systems for science and engineering[M]. Netherlands: Springer Nature, 2012.

[11] 胡冬奎, 王平. 相似理论及其在机械工程中的应用[J]. 现代制造工程, 2009, (11): 9-12.

[12] 刘沛清. 空气螺旋桨理论及其应用[M]. 北京: 北京航空航天大学出版社, 2006.

[13] WINTERTON R H S. Where did the dittus and boelter equation come from? [J]. International Journal of Heat and Mass Transfer, 1998, 41(4): 809-810.

[14] Gnielinski V. New equations for heat and mass transfer in turbulent pipe and channel flow[J]. International Chemical Engi-

neering, 1976, 16(2): 359-368.

[15] 锅炉机组热力计算标准方法[M]. 北京锅炉厂设计科, 译. 北京:机械工业出版社, 1976, 47-75

[16] SIEDER E N, TATE G E. Heat transfer and pressure drop of liquids in tubes[J]. Industrial & Engineering Chemistry, 1936, 28(12): 1429-1435.

[17] KAKAC S, SHAH R K, AUNG W. Handbook of single-phase convective heat transfer[M]. New York: Wiley-Interscience 1987.

[18] 张小艳, 姜芳芳. 螺旋管换热技术的研究现状综述[J]. 制冷与空调, 2014, (1):75-80.

[19] 杨强生, 浦保荣. 高等传热学[M]. 上海:上海交通大学出版社, 1996

[20] COUTANCEAU M, JEAN-RENÉ D. Circular cylinder wake configurations: a flow visualization survey[J]. Applied Mechanics Reviews, 1991, 44(6): 255.

[21] CHURCHILL S W, BERNSTEIN M. A correlating equation for forced convection from gases and liquids to a circular cylinder in crossflow[J]. ASME Transactions Journal of Heat Transfer, 1977, 99(2): 300-306.

[22] SPARROW E M, ABRAHAM J P, TONG J C K. Archival correlations for average heat transfer coefficients for non-circular and circular cylinders and for spheres in cross-flow[J]. International Journal of Heat and Mass Transfer, 2004, 47(24): 5285-5296.

[23] STEPHEN W. Forced convection heat transfer correlations for flow in pipes, past flat plates, single cylinders, single spheres, and for flow in packed beds and tube bundles[J]. Aiche Journal, 1972, 18(2): 361-372.

[24] HARTNETT J P, IRVINE T F. Heat transfer from tubes in crossflow[J]. Advances in Heat Transfer, 1987, 18: 87-159.

[25] MARTIN H. Heat and mass transfer between impinging gas jets and solid surfaces[M]. United States: Elsevier, 1977, Advances in Heat Transfer. Elsevier, 1977, 13: 1-60.

[26] 徐惊雷, 徐忠, 肖敏, 等. 冲击射流的研究概述[J]. 力学与实践, 1999, 21(06): 8-17.

[27] WEBB B W, MA C F. Single-phase liquid jet impingement heat transfer[M]. United States: Elsevier, 1995, Advances in heat transfer. Elsevier, 1995, 26: 105-217.

[28] 杨世铭. 细长竖圆柱外及竖圆管内的自然对流传热[J]. 西安交通大学学报, 1980, 14(3): 119-135.

[29] CHURCHILL S W. Free convection around immersed bodies[J]. Heat Exchanger Design Handbook, 2002, 2.

[30] SPARROW E M, CARLSON C K. Local and average natural convection Nusselt numbers for a uniformly heated, shrouded or unshrouded horizontal plate[J]. International Journal of Heat and Mass Transfer, 1986, 29(3): 369-379.

[31] CHAMBER B, LEE T Y T. A numerical study of local and average natural convection Nusselt numbers for simultaneously convection above and below a uniformly heated horizontal thin plate[J]. ASME Journal Heat Transfer, 1997, 119: 102-108.

第五章
相变对流传热

本章主要研究与流体相变有关的传热过程，重点讨论固液界面发生的沸腾传热及固气界面发生的凝结传热。由于涉及流体运动，沸腾和冷凝被归类为对流传热的形式，但它们与单相对流传热规律又有很大的不同，相变热在其中起到了很大作用，可以在小温差下获得较大的传热速率。许多工程应用中涉及沸腾和凝结传热，例如，在闭环动力循环系统中，加压液体在锅炉中转化为蒸汽，蒸汽在涡轮机中膨胀后，蒸汽在冷凝器中恢复为液态，然后将其送到锅炉以重复该循环。

本章首先对对流传热现象进行了概述，之后对沸腾传热和凝结传热进行了详细介绍，包括相变过程的传热机理、影响因素及传热计算关联式，最后对相变材料及其应用进行了简要介绍。

5.1 相变对流传热概述

相变传热广泛应用于工程实际中。与单相对流传热不同,相变对流存在不同相之间的相互转化,不同相之间的转化必定存在着热量传递过程。由于相变传热过程不仅有显热的交换,还伴随潜热的释放和吸收,因此,相变传热较单相对流传热更为复杂。

5.1.1 相变传热现象

相变传热过程在工业上有较为广泛的应用,如:

(1) 燃煤发电过程中,水受热形成过热水蒸气驱动汽轮机;

相变传热过程的工业应用

(2) 生活中常用的空调外机利用凝结传热向环境中释放热量,从而保持室内温度的舒适。

(3) 在运输需要冷冻的货物时,常常加入干冰,利用干冰的升华吸收热量,维持货物处于较低的温度环境。

以上过程中均涉及物相的变化,利用相变过程中的热量传递实现温度的调节。学习过本章之后,读者将更为深刻地理解以上现象。

5.1.2 相变传热基本特征

相变传热主要具有以下主要特征:

(1) 一般来说,相变涉及固、液、气三相,相变过程中至少两相共存,存在界面将不同的相分隔。

(2) 不同相中的分子会存在迁移,如气液相变,分子既从气相进入液相,也会从液相进入气相。

(3) 相变传热过程中,传热表面存在一定的过热度和过冷度。

5.1.3 相变传热研究方法

1. 理论分析法

由于相变传热过程较为复杂,对相变传热进行数学描写及方程的求解相较于单相对流传热具有更大的挑战性。

建立相变传热的数学模型主要有两种方法,温度法和焓法。温度法以温度为唯一的因变量,分别在不同相区内建立能量守恒方程;焓法以焓和温度共同作为因变量,无须区分相区,直接建立全区域的控制方程。

目前已有一些研究获得了一些相变对流传热的解析解,如半无限大物体凝固过程中的诺曼解,其给出了固相和液相内温度分布的解析解;努塞尔通过简化凝结传热过程,获得了层流膜状凝结传热表面传热系数的解析解,本书将在之后章节进行较详细的介绍。

2. 实验分析法

在受控条件下进行传热过程参数的实验测量是传热学的基本研究方法,并根据测量参数获得适当的无量纲参数(特征数)之间的关联式,即实验关联式。采用量纲分析法,利用 π 定理可以获得相变对流传热相关的无量纲特征数。本章重点介绍沸腾传热与凝结传热的实验关联式。

采用量纲分析法,表面传热系数的影响因素包括:壁面温度与饱和温度之差 Δt(过热温度),由于液体与蒸汽的密度差造成的体积力 $g(\rho_l-\rho_v)$,相变潜热 r,表面张力 σ,特征长度 l,以及液体或气体的热物性参数,包括 ρ、c_p、λ 和 μ。因此:

$$h = f(\Delta t, g(\rho_l-\rho_v), r, \sigma, l, \rho, c_p, \mu, \lambda) \tag{5-1}$$

利用 π 定理可以得到:

$$\frac{hl}{\lambda} = f\left[\left(\frac{\rho g(\rho_l-\rho_v)l^3}{\mu^2}\right), \frac{c_p \Delta t}{r}, \frac{\mu c_p}{\lambda}, \frac{g(\rho_l-\rho_v)l^2}{\sigma}\right] \tag{5-2a}$$

上式准则数形式为

$$Nu = f\left[\left(\frac{\rho g(\rho_l-\rho_v)l^3}{\mu^2}\right), Ja, Pr, Bo\right] \tag{5-2b}$$

除 Nu 和 Pr 外,相变对流传热中引入三个新特征数,式(5-2b)等号右侧第一个无量纲数与 Gr 类似,表征了浮升力引起的流体运动对传热的影响,后两个特征数分别称为雅各布(Jakob)数和邦德(Bond)数,分别记作 Ja 和 Bo。Ja 是凝结或沸腾过程中液体吸收或气体释放的最大显热与液体或气体潜热的比,Bo 为浮升力与表面张力的比。根据实验测量获得式(5-2a)中的所有参数。

式(5-2b)为相变对流传热关联式的一种表达方式。与第 5 章所学单相对流传热关联式不同,在相变对流传热关联式的实际应用中,并非所有关联式都是写作无量纲特征数的形式,有的关联式整理为直接计算表面传热系数的形式,有的关联式计算则可直接计算热流密度,在今后的学习中,这点要尤为注意。

3. 数值计算法

利用计算机对相变传热过程进行数值模拟是解决相变传热问题的有效手段,这一方法在目前已得到了广泛的应用。

数值计算首先需要考虑控制方程组。利用温度法建立的控制方程组需要考虑相界面的影响,在数值计算过程中需要随时跟踪相界面,在相界面两侧需采取不同的方程,较为复杂;利用焓法建立的控制方程组不需要跟踪相界面,因此在数值计算中较为方便。

相变传热的数值计算过程中,往往对相变传热进行一定的等效或简化。在对相变传热模型进行求解时,主要有等效热容法、焓法等。等效热容法把物质的相变潜热看作在足够宽的相变区域内有一个很大的显热热容;焓法是以焓作为因变函数,将其代入传热微分方程对温度场进行求解的一种计算方法。此外,移动热源法广泛应用于固液相变的数值计算,其基本思想是将熔化和凝固过程中吸收或释放的热量看作随固液相界面移动的热源。

相变传热问题的数值计算模型和方法在此不作详细的讨论,读者可自行参阅相关资料学习。

本节对相变传热的研究方法进行了简要介绍,从 5.2 节开始,将对两种典型相变传热过程——沸腾传热和凝结传热进行详细介绍,主要包括两种现象的传热机理及计算方法。

5.2 沸腾传热机理

沸腾是指液体整体或局部温度超过其饱和温度时,在液体内部和加热表面同时发生的剧烈汽化现象。沸腾的主要特征是以气泡的形式进行液体的汽化。根据流体动力学,沸腾过程可以分为大容器沸腾和管内强制沸腾(in-tube boiling)两种。大容器沸腾又称为池内沸腾(pool boiling),流体的运动是由温差和气泡的扰动造成的,管内强制沸腾则需要外加压差作用才能维持。本节重点介绍大容器沸腾及其关联式,对管内强制沸腾则进行简单的介绍。

5.2.1 大容器饱和沸腾曲线

图 5-1 中为可测量获得大容器饱和沸腾的沸腾曲线的大容器饱和沸腾实验系统。将镍铬合金丝放入饱和水中,通过电加热使金属丝表面产生气泡,加热功率可通过输入电流和电压确定,金属丝温度通过测量其电阻,根据电阻随温度的变化规律获得。实验中,可以获得图 5-2 所示饱和沸腾曲线。

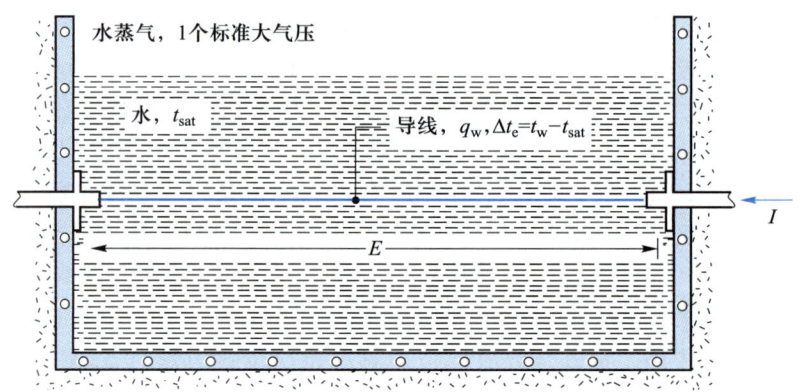

图 5-1 大容器饱和沸腾实验系统

根据饱和沸腾曲线,可以将大容器饱和沸腾划分为以下几个区域:

(1) 自然对流(free convection boiling)区

实验观察到,若要维持沸腾过程中气泡的产生,换热表面温度必须略高于饱和温度,即壁面必须存在一定的过热度。对于水在一个标准大气压下的饱和沸腾,该过热度约为 4 ℃。在这一过热度以下,换热表面没有气泡产生,传热主要以自然对流传热为主。

(2) 核态沸腾(nucleate boiling)区

当换热表面过热度超过气泡产生所需过热度后,壁面上个别区域开始产生孤立的气泡,如图 5-3a 所示。这些区域称为汽化核心。当气泡与表面分离时会引起表面大量流体的混合,从而提高了传热热流密度。这种情况下,大部分热交换是通过换热表面直接传递到表面附近的液体。随着表面过热度的进一步增大,汽化核心增加,气泡形成速度加快,引起气泡间的相互干扰和聚集,蒸汽以射流或柱状溢出,形成蒸汽团,此时传热热流密度进一步增大。由于在该区域汽化核心对传热起着决定性作用,因此该区域的沸腾称为核态沸腾,或泡核沸腾。在曲线上略低于核态沸腾热流密度峰值的某点,由于大量气泡的形成阻碍了换热表面向液体的传热,热流密度上升速度开始减缓,该点现象称为偏离核态沸腾(departure from nucleate boiling,DNB)。此后,热流密度以较缓慢的速度上升到峰值点。

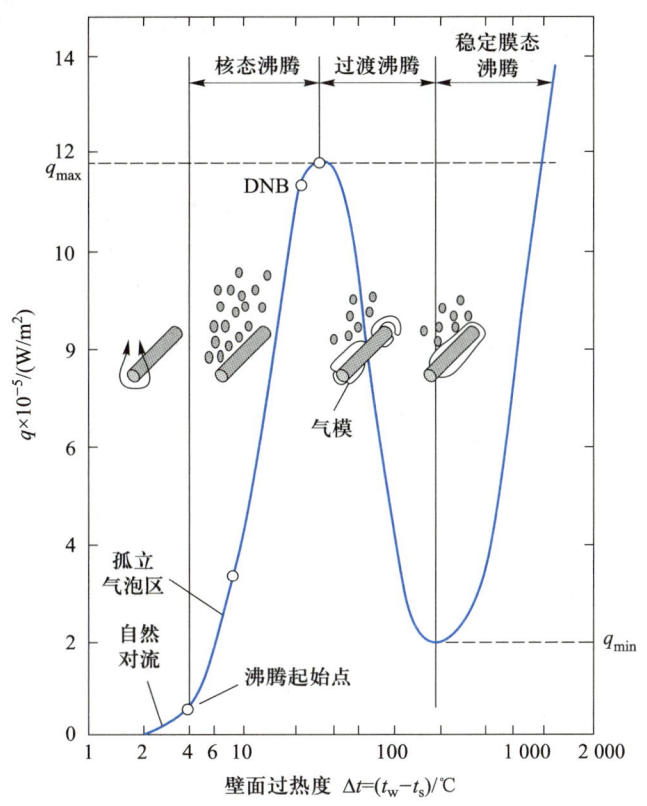

图 5-2 饱和沸腾曲线

(3) 过渡沸腾(transition boiling)区

从热流密度峰值点进一步提高过热度,传热规律出现了反常,热流密度随着过热度的提高不断下降。这是由于大量气泡覆盖于换热表面,而蒸汽的排出速度慢于气泡的产生堆积速度,造成传热恶化。该区域换热表面的任一点可能在核态沸腾和膜态沸腾间不断变化,因此称为过渡沸腾区。过渡沸腾区热流密度最低点称为莱顿弗罗斯特(Leidenfrost)点。

(4) 膜态沸腾(film boiling)区

在莱顿弗罗斯特点继续提高过热度,热流密度重新开始上升。这是由于换热表面已形成稳定的蒸汽膜,如图 5-3b 所示。此时从换热表面到液体的热传递主要通过蒸汽膜的热传导以及辐射进行。随着过热度的提高,膜态沸腾传热速率提高。

核态沸腾的热流密度峰值在工程实际中具有重要意义,称为临界热流密度(critical heat flux density,CHF)。对于电加热等控制热流密度加热的器件,一旦热流密度大于 CHF,工况将沿 CHF 点的虚线向右跳跃至膜态沸腾对应的热流密度点,此时器件表面温度将猛升近 1 000 ℃,容易烧毁器件,因此,临界热流密度点又称为烧毁点。对于控制热流密度加热的器件,在使用时必

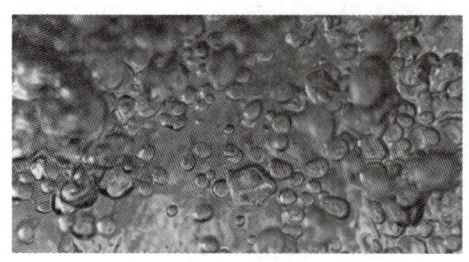

(a) 核态沸腾　　　　　　　　　　　(b) 膜态沸腾

图 5-3　不同沸腾区域照片

须严密监控热流密度,确保不发生烧毁现象。实际应用中,可以将热流密度略低于临界热流密度点的 DNB 点作为接近烧毁点的警戒。而对于蒸发冷凝器等可控壁温的设备,超过临界热流密度点,传热会从核态沸腾向膜态沸腾过渡,从而导致传热能力变差。因此,无论是均匀热流还是均匀壁温的设备,在沸腾传热实际应用中都要注意临界热流密度。

5.2.2　核态沸腾机理

由沸腾曲线可知,核态沸腾区的热流密度可达 10^5 W/m² 以上,相较同温差下的单相对流传热,其热流密度高一个数量级以上。在相同热流密度下,核态沸腾较膜态沸腾所需的过热度更小,因此工程应用中常常希望沸腾保持在核态沸腾区域。由于核态沸腾是在换热面汽化核心区产生气泡的方式进行,因此核态沸腾机理与气泡的形成及运动密不可分。

研究表明,汽化核心最有可能产生于换热表面上的空穴、裂缝及凹坑处,如图 5-4 所示。这是由于空穴等处受热面积较光滑处更大,且在空穴内部容易残留气体,这些气体就自然成为产生气泡的核心。此外,空穴处形成汽—液界面所需的表面能比微小突起处生成界面的表面能更小。

图 5-4　加热面上利于汽化核心生成的区域及气泡的生长

并不是所有空穴都会形成汽化核心,形成汽化核心的空穴尺寸受换热表面过热度的影响。假设液体中存在一个球形气泡,如图 5-5 所示。

气泡在水中受到如下几种力的作用,即气-液密度差产生的浮生力、气泡分子间相互吸引产生的表面张力、气泡和水相对运动的黏滞力、气泡运动产生的惯性力、重力、气泡内外压差等。气泡能够维持稳定的基本条件由静力平衡关系得到的公式给出,即气泡内外压差等于表面张力。

$$\pi R^2(p_v - p_l) = 2\pi R\sigma \tag{5-3}$$

式中:σ 为表面张力。忽略液体的静压,则 p_l 可认为近似等于沸腾系统的环境压力 p_s。气泡内蒸汽的温度为气泡压力对应的饱和温度 t_v,界面内外温度相等,即 $t_l = t_v$,所以气泡外的液体必须是过热的,而换热表面存在最大的过热度,且空穴内存在残留气体,壁面空穴处最先满足气泡生成的条件,故气泡都在换热表面产生。

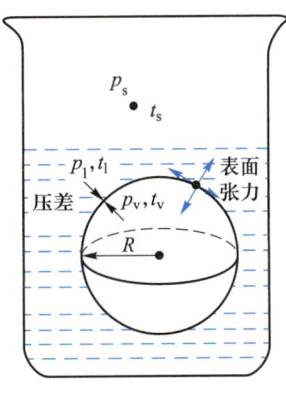

图 5-5 气泡作用力的平衡

根据式(5-3)可得杨-拉普拉斯(Young-Laplace)方程:

$$R = \frac{2\sigma}{p_v - p_s} \tag{5-4}$$

利用克劳修斯-克拉珀龙方程(Clausius-Clapeyron equation)可得,产生半径为 R 的气泡所需的过热度为

$$\Delta t = t_l - t_s = \frac{2\sigma T_s}{r\rho_v R} \tag{5-5a}$$

受热壁面的过热度最大,最容易产生气泡,因此,气泡维持稳定存在的基本半径可由公式(5-5a)得到,即

$$R = \frac{2\sigma T_s}{r\rho_v(t_w - t_s)} \tag{5-5b}$$

若气泡半径略微小于式(5-5b)计算得到的半径,表面张力将大于内外压差,气泡内蒸汽凝结,气泡瓦解。只有当气泡大于式(5-5b)所示半径时,界面上液体不断蒸发,气泡才能成长并维持稳定。随着换热表面过热度的提高,气泡内外压差越来越高,气泡的平衡态半径减小,越来越多的壁面空穴能够成为汽化核心,因此随着过热度的提高,核态沸腾的对流传热速率增大。

核态沸腾传热机理的更多内容,读者可自行参阅相关资料学习。

5.2.3 管内强制流动沸腾

管内强制对流沸腾过程中,由于产生的蒸汽会混入液体中,气团的生长和分离受流速的影响很大,流体动力学及传热机理比大空间沸腾更为复杂。管内强制对流沸腾中存在两相流结构(即流型)。图 5-6 所示为一根均匀加热的竖直管内液体沸腾可能出现的流动传热类型。未饱和的液体流入管内,受管壁加热,此时液体主流温度尚未达到饱和温度,处于过冷沸腾状态。继续加热流体至液体达到饱和温度,进入核态沸腾区。气体首先以气泡的形式存在,随液体向前运动,称为泡状流,随后气泡聚集合并为块状,形成弹状流,当含气量增加到一定程度时,气团进一步合并,在管子中心形成气芯,将液体排挤到壁面周围,形成环形液膜,此时称为环状流。传热进入液膜对流沸腾区,环状液膜受热蒸发并逐渐变薄,导致液膜消失,湿蒸汽直接与壁面接触,造成传热增强,使得壁面温度大幅升高,容易造成安全事故。进一步加热,湿蒸汽转化为干蒸汽,最终进入单相传热区。对于管内强制对流沸腾,主要影响因素为流速、含气率以及压力。

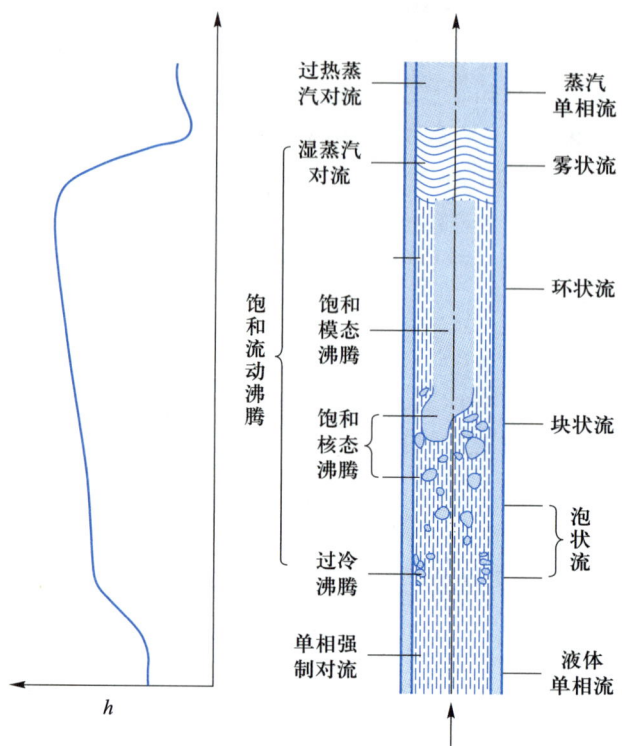

图 5-6 管内强制对流沸腾流型

5.3 大空间沸腾传热实验关联式

由 5.2 节可知,工程实际中往往希望沸腾处于核态沸腾区,因此获得核态沸腾对流传热的关联式具有十分重要的意义。核态沸腾传热强度主要受汽化核心数和换热面过热度的影响,汽化核心数又受表面结构及粗糙度、物性、压力等因素的影响,因此沸腾传热关联式也相对复杂。本节将介绍几种核态沸腾传热的典型计算关联式,此外也将介绍大容器饱和沸腾临界热流密度及膜态沸腾表面传热系数的计算式,而对于管内强制沸腾传热的实验关联式,本书将不作详细介绍,感兴趣的读者可以自行参阅相关资料学习。

5.3.1 大容器饱和核态沸腾关联式

罗斯瑙(W.M.Rohsenow)认为,核态沸腾传热能力强的主要原因是气泡的生长和脱离造成强烈的扰动,基于这种思想,他将实验数据整理成了以下关联式:

$$\frac{c_{pl}\Delta t}{r}=C_{wl}\left[\frac{q}{\mu_l r}\sqrt{\frac{\sigma}{g(\rho_l-\rho_v)}}\right]^{0.33} Pr_l^s \tag{5-6}$$

式中:c_{pl} 为饱和液体的比定压热容,J/(kg·K);C_{wl} 为无量纲经验常数,取决于加热表面-液体的组合;Δt 为壁面过热度,℃;r 为汽化潜热,J/kg;Pr_l 为饱和液体的普朗特数;s 为经验常数,对于水 $s=1$,其他液体 $s=1.7$;q 为沸腾热流密度,W/m²;μ_l 为饱和液体的动力黏度,Pa·s;σ 为气液界面的表面张力,N/m;g 为重力加速度,m/s²;ρ_l、ρ_v 为对应于饱和液体和饱和蒸汽的密度,kg/m³。

式(5-6)中,等号左侧为液体过热的显热与潜热之比,即 Ja。实验表明,气泡脱离半径正比于 $\sqrt{\dfrac{\sigma}{g(\rho_l-\rho_v)}}$,而 $\dfrac{q}{r}$ 为单位面积蒸汽的质量流速,因此,等式右端中括号内可以认为是以 $\dfrac{q}{r}$ 为特征速度,$\sqrt{\dfrac{\sigma}{g(\rho_l-\rho_v)}}$ 为特征长度的 Re。如果选取任意长度 L 作为特征长度,根据6.1节获得的特征数,可以发现式(5-6)可以整理为以下形式:

$$Nu_L \propto Ja^2 Bo^{0.5} Pr^{1-3s} \tag{5-7}$$

由沸腾曲线可知,沸腾热流密度与传热温差之间存在着复杂的依变关系,因此沸腾传热的表面传热系数必定随温差剧烈变化。因此,为了方便使用,习惯上将实验数据整理为式(5-6)中热流密度与温差的关系。

应用式(5-6)时,关键是确定常数 C_{wl} 的取值,这是一个纯经验常数,由实验确定,取决于固体表面及液体的性质。表 5-1 列出了常用表面与液体组合的 C_{wl} 值。

表 5-1 常用表面与液体组合的值

液体-固体表面组合		C_{wl}
水-铜	带划痕的铜	0.006 8
	抛光的铜	0.013 0
水-黄铜,水-镍		0.006 0
水-不锈钢	磨光并抛光的不锈钢	0.006 0
	化学腐蚀的不锈钢	0.013 0
	机械抛光的不锈钢	0.013 0
水-铂		0.013 0
乙醇		0.002 7
正戊烷-抛光的铜		0.015 4
苯-铬		0.101

由于沸腾传热机理的复杂性,利用关联式计算获得的结果与实验数据往往偏差较大。对于式(5-6),当利用传热温差计算热流密度 q 时,计算值与实验值偏差可达 $\pm 100\%$,而由于 $q \sim \Delta t^3$,利用 q 计算时,偏差可降至 $\pm 33\%$。

对于制冷介质,库珀(Cooper)公式得到了广泛应用:

$$h = Cq^{0.67} M_r^{-0.5} p_r^m (-\lg p_r)^{-0.55} \tag{5-8a}$$

$$C = 90 \text{ W}^{0.33}/(\text{m}^{0.66} \cdot \text{K}) \tag{5-8b}$$

$$m = 0.12 - 0.21 \lg \{R_p\}_{\mu m} \tag{5-8c}$$

式中:M_r 为液体的相对分子质量;p_r 为液体压力与该液体的临界压力之比;R_p 为平均表面粗糙度,单位为 μm,一般工业用管材 $R_p=0.3\sim0.4$ μm,q 为热流密度,单位为 W/m²,h 为表面传热系数,单位为 W/(m²·K)。式(5-8)的实验热流密度范围为 $1\sim100$ kW/m²,对于 R134a,热流密度的应用范围可扩展到 250 kW/m²。

5.3.2 大容器饱和沸腾临界热流密度计算式

饱和液体大容器沸腾临界热流密度可以采用以下计算式:

$$q_{\max}=\frac{\pi}{24}r\rho_v\left[\frac{\sigma g(\rho_l-\rho_v)}{\rho_v^2}\right]^{\frac{1}{4}}\left(\frac{\rho_l+\rho_v}{\rho_l}\right)^{\frac{1}{4}} \tag{5-9}$$

上式通过理论分析得出,当压力远离临界压力时,右端最后一项可取 1,同时将 $\pi/24$ 用实验值 0.149 代替,得到以下推荐计算式:

$$q_{\max}=0.149r\rho_v^{\frac{1}{2}}\left[\sigma g(\rho_l-\rho_v)\right]^{\frac{1}{4}} \tag{5-10}$$

式中所有物性参数均按饱和温度确定。该式理论上只适用于换热面为无限大的水平壁面,式中没有特征长度。实际上,当加热面特征长度大于气泡平均直径 3 倍时,上式即可使用。

5.3.3 大容器饱和液体膜态沸腾传热关联式

膜态沸腾表面传热系数可用以下计算式:

$$h=0.62\left[\frac{gr\rho_v(\rho_l-\rho_v)\lambda_v^3}{\mu_v d(t_w-t_s)}\right]^{\frac{1}{4}} \tag{5-11}$$

式中:除 ρ_l 及 r 的值由饱和温度 t_s 确定外,其余物性均以平均温度 $(t_w+t_s)/2$ 确定。特征长度取管外径 d。若加热面为球面,等号右端第一项系数替换为 0.67。

由于膜态沸腾过程中蒸汽膜热阻较大,换热面温度很高,壁面的净传热量除按照沸腾计算的热量以外,还有辐射传热量。辐射传热的作用会使汽膜增厚,因此总热量不是二者简单地相加。勃洛姆莱(L.A.Bromley)提出对流传热与辐射传热的复合表面传热系数可以用以下方法计算:

$$h^{\frac{4}{3}}=h_r^{\frac{4}{3}}+h_c^{\frac{4}{3}} \tag{5-12}$$

式中:h_r 和 h_c 分别为辐射传热和对流传热的表面传热系数。其中,h_c 利用式(5-11)计算,h_r 的计算方法为

$$h_r=\frac{\varepsilon\sigma(t_w^4-t_s^4)}{t_w-t_s} \tag{5-13}$$

【例 5-1】
在一个标准大气压下,水在表面温度为 120 ℃ 的黄铜表面上作大容器沸腾,求单位面积上水的汽化率。
求解: 该问题为大容器沸腾对流传热。
换热表面过热度:

$$\Delta T=20\text{ K}$$

根据沸腾曲线,可知沸腾处于核态沸腾区,利用式(5-6)计算对流传热量。
按照 100 ℃ 确定水和水蒸气物性,查表可知:

$$C_{wl} = 0.006, \quad c_{pl} = 4.22 \text{ kJ/(kg·K)}$$
$$\rho_l = 958.4 \text{ kg/m}^3, \quad \rho_v = 0.598 \text{ kg/m}^3$$
$$r = \frac{2\,257 \text{ kJ}}{\text{kg}}, \quad \sigma = 58.9 \times 10^{-3} \text{ N/m}$$
$$Pr_L = 1.75, \quad \mu_l = 2.825 \times 10^{-4} \text{ Pa·s}$$

代入式(5-6)计算得:

$$q = 2.825 \times 10^{-4} \text{ Pa·s} \times 2\,257 \times 10^3 \text{ J/kg} \times \left[\frac{9.8 \text{ m/s}^2 \times (958.4 \text{ kg/m}^3 - 0.598 \text{ kg/m}^3)}{0.058\,9 \text{ N/m}}\right]^{\frac{1}{2}} \times$$

$$\left(\frac{4\,220 \text{ J/(kg·K)} \times 20 \text{ K}}{0.006 \times 2\,257 \times 10^3 \text{ J/kg} \times 1.75}\right)^3$$

$$= 1.15 \times 10^7 \text{ W/m}^2$$

单位面积上水的汽化率:

$$\frac{q}{r} = \frac{1.15 \times 10^7 \text{ W/m}^2}{2\,257 \times 10^3 \text{ J/kg}} = 5.10 \text{ kg/(m}^2 \cdot \text{s)}$$

5.3.4 影响大容器沸腾传热的因素

大容器沸腾传热的影响因素很多,可分为来源于换热表面的和来源于液体两大类。换热表面的因素主要为表面结构和表面粗糙度等;液体方面的因素主要包括过冷度、液位高度以及重力加速度等。大容器沸腾的主要影响因素如下:

(1) 表面结构和表面粗糙度

表面结构和表面粗糙度直接影响汽化核心的形成。表面空穴、裂缝数量越多,表面粗糙度值越大,产生汽化核心的数目也就越多,核态沸腾更为剧烈。在工业应用中,经常使用烧结、喷涂、化学腐蚀等物理或化学方法,提高换热表面的表面粗糙度,或采用机械加工方法,在传热管表面形成多孔结构,以强化传热。强化后的传热强度可比光滑管高一个数量级。

(2) 过冷度

若流体整体温度低于但某一局部温度高于对应压力下的饱和温度,此时产生的沸腾称为过冷沸腾(subcooling boiling)。对于大容器沸腾,过冷沸腾主要影响核态沸腾起始点附近的传热强度,对其他区域并无影响。在核态沸腾起始点附近,自然对流传热仍占相当的比例,由于自然表面传热系数随壁面与流体的温差增大而增大,因此该区域过冷度会强化传热效果。

(3) 液位高度

对于大容器沸腾,若液位高度足够高,沸腾传热的表面传热系数不受液位高度的影响。但当液位降低到一定值时,沸腾传热的表面传热系数会随液位高度的下降而升高,这一特定的液位高度称为临界液位。这一低液位沸腾特性在电子器件冷却中有所应用。低液位的大容器沸腾过程中,气泡上升会造成整个液层的剧烈扰动,从而进一步强化传热。

(4) 重力加速度

近年来,航天技术的发展极大地促进了微重力沸腾传热的研究。理论上,在微重力下,一些和界面有关的过程变得突出,如浸润性、接触角等在地面被浮力和分层现象所掩盖的因素可能成为重要的过程因素。现有研究表明,在重力加速度很大的变化范围内(0.10 m/s^2 ~

980 m/s²)重力场对沸腾传热几乎没有影响。但到目前为止,零重力场下沸腾传热的规律研究仍不够充分。

(5) 管束的影响

在工程应用中常常涉及管束沸腾传热的影响。对于高度不同的管束,在沸腾传热过程中,底部管子表面产生的气泡在上升过程中会对上层管子周围的液体造成扰动,使得管束大容器沸腾机理十分复杂。对管束沸腾的研究,感兴趣的读者可以自行参阅相关资料学习。

5.4 凝结传热机理

凝结是指在一定压力下,壁面温度低于蒸汽保温温度时,蒸汽在壁面形成液体的过程。本节将对凝结传热的机理进行介绍。

工业生产中,凝结通常是由蒸汽和过冷表面之间的接触引起的,这种现象称为表面凝结,凝结模式如图 5-7a 和图 5-7b 所示,蒸汽释放潜热,将热量传递到表面上。其他常见的模式还有均相凝结,蒸汽以悬浮在气相中的液滴形式凝结成雾;直接凝结则是蒸气与冷液体接触时发生。在本章中,仅讨论表面凝结。

如图 5-7 所示,凝结液体会在表面上铺展成膜状,这种凝结模式称为膜状凝结(film condensation),通常发生于清洁无污染的表面。若凝结表面涂有抑制润湿的物质,则液体不能很好地润湿表面,凝结液体会以水珠的形式存在于表面上,这种凝结模式称为珠状凝结(dropwise condensation)。珠状凝结中,水滴在表面的裂缝、空穴及凹坑内形成,并可能随着凝结而不断生长聚集,通常超过 90% 的表面被液滴覆盖。图 5-8 所示为不同润湿能力下气液界面处对表面形成的接触角 θ。根据 θ 的大小,可以将固体表面分为亲水表面($\theta<90°$)和憎水表面($\theta>90°$)其中 θ 小于等于 30° 称为趋亲水表面,大于等于 150° 称为超疏水表面。图 5-9 所示为铜表面的珠状凝结与膜状凝结,图中左侧表面涂有一层薄油酸铜涂层,以促进珠状凝结。

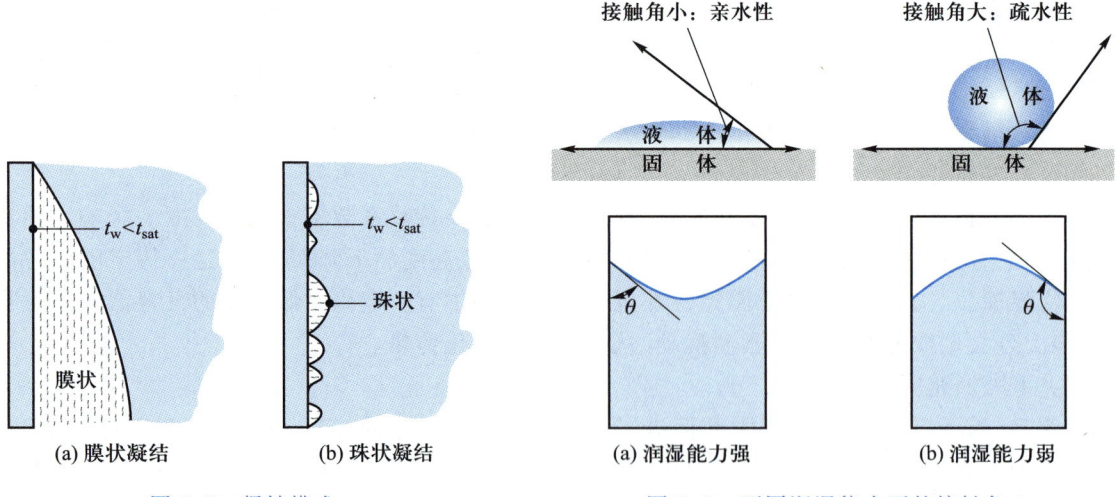

(a) 膜状凝结　　(b) 珠状凝结

图 5-7　凝结模式

(a) 润湿能力强　　(b) 润湿能力弱

图 5-8　不同润湿能力下的接触角 θ

(a) 珠状凝结　　　　　　　　(b) 膜状凝结

图 5-9　珠状凝结与膜状凝结

　　无论是哪种表面凝结形式，铜表面的凝结液都会成为换热面与蒸汽热量交换的阻碍。表面上凝结液的面积越大，厚度越厚，换热热阻越大。因此，在膜状凝结应用中，最好使用短的垂直表面或水平圆管。在保持高传热速率方面，珠状凝结要显著优于膜状凝结，这是由于珠状凝结产生的水珠直径很小，一般小于 100 μm，在水珠之间空出了面积较大的表面可以与蒸汽直接接触。随着凝结的进行，水珠不断生长变大，在非水平表面上，受到重力的作用沿表面流下，在流下的过程中一方面与其他水珠合并为更大的水珠，另一方面也清扫了沿途的水珠。珠状凝结的热阻常常比膜状凝结小一个数量级以上。

　　尽管珠状凝结的传热效果要优于膜状凝结，但在实际应用中珠状凝结往往难以产生并长时间维持，因此目前工业中往往还是应用膜状凝结，因此本章也主要讨论膜状凝结。为实现珠状凝结，目前主要研究方向是通过表面改性，如外涂疏水涂层，使常用材料表面成为疏水表面，常用的涂层材料有聚四氟乙烯、有机硅、脂肪酸等。对疏水表面的研究，感兴趣的读者可以自行查阅相关资料学习。

5.5　膜状凝结传热

　　由 5.4 节可知，膜状凝结传热受诸多因素的影响，其中换热表面冷却液的导热热阻是凝结传热的主要热阻，努塞尔抓住这一特点，忽略次要影响因素，首先提出了纯净蒸汽层流膜状凝结的分析解。

5.5.1　液膜流态

　　与单相对流一样，凝结液体流动也存在层流和湍流，其判断依据仍然是雷诺数。考虑图 5-10 所示的竖壁液膜，结合液膜厚度 δ 处的当量直径 $d_e = 4A_c/P = 4\delta$，Re_δ 的定义如下：

$$Re_\delta = \frac{\rho_1 u_1 d_e}{\mu_1} = \frac{4\delta \rho_1 u_1}{\mu_1} = \frac{4 q_m}{\mu_1 b} \tag{5-14}$$

式中：q_m 和 u_1 分别为液膜厚度 δ 处的质量流量和平均液膜速度，ρ_1 和 μ_1 分别为液膜密度和动力黏度。考虑到壁面对流传热量等于蒸汽凝结放热量，即 $h(t_{sat}-t_w)lb = rq_{m1}$，则式(5-14)也可以写为

$$Re_\delta = \frac{4hl(t_{sat}-t_w)}{\mu_1 r} \tag{5-15}$$

当 $Re_\delta \leq 20$ 时，液膜无波动层流；$20 < Re_\delta < 1\,600$ 时，液膜有波动层流；$Re_\delta \geq 1\,600$ 时液膜流动是湍流。如图 5-10 所示。对水平管，用周长代替上式中的 l 即可，当管径比较小时，横管凝结液膜处于层流状态。

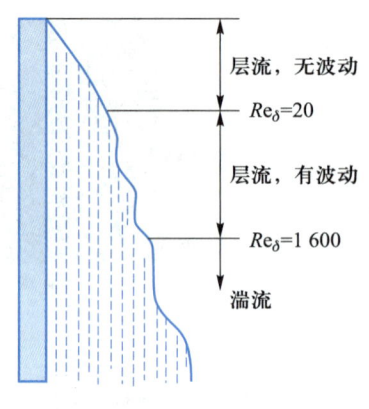

图 5-10 竖壁膜状凝结流态示意图

5.5.2 竖壁层流膜状凝结分析解

考虑图 5-7a 中的纯净饱和蒸汽在竖直平板表面的层流膜状凝结，平板表面温度恒定，薄膜在平板表面开始凝结，并在重力的作用下向下流动。凝结液体的流动与传热发生于贴近表面的薄层内，具有一定的复杂性，但其形态与边界层流动类似，结合努塞尔分析得出的下列假设。

（1）将凝结液体看作层流边界层且常物性；
（2）假设气体是温度均匀且处于饱和温度的静止纯蒸汽；
（3）忽略气-液界面的剪切力；
（4）假设液膜内部通过对流传递动量和能量的影响可以忽略不计。

通过以上假设可知：① 气-液界面没有波动；② 由于蒸汽温度恒定无温差，气-液界面的传热只能通过凝结发生，没有热传导；③ 根据忽略气-液界面的剪切力以及蒸汽温度均匀的假设，不需要考虑蒸汽速度或热边界层的影响；④ 液膜热量传递只有导热，液膜内部温度分布是线性的。

竖直平板表面的膜状凝结液膜内实际温度分布如图 5-11a 所示，通过上述假设简化后则如图 5-11b 所示。稳态条件下，边界层流动控制方程组见式（4-15），其中 x 方向的动量守恒方程中的密度为液膜密度 $\rho = \rho_l$，动力黏度 $\mu = \mu_l$，下标 l 表示液体；x 方向的液膜重力 $\rho_l g$；根据静止蒸

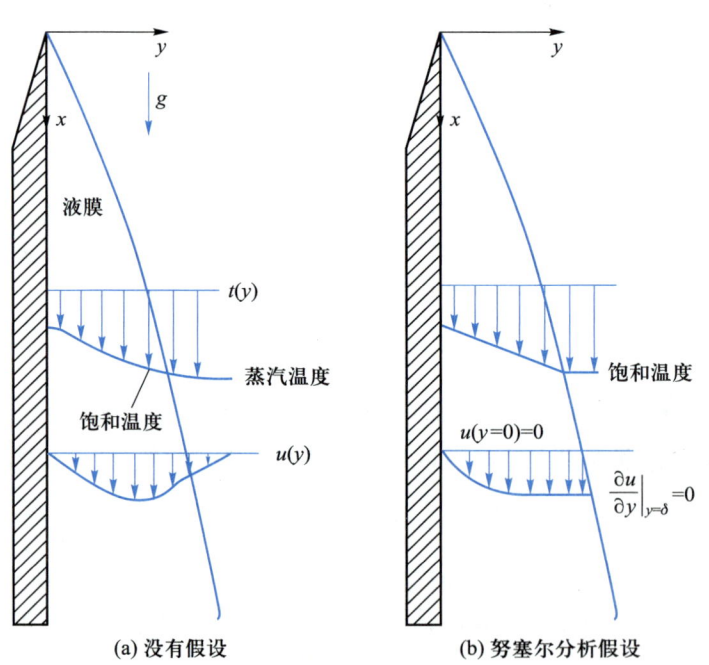

图 5-11 竖壁膜状凝结示意图

汽对液膜无剪切力的假设,液膜在 x 方向上的压力梯度 $\dfrac{\mathrm{d}p}{\mathrm{d}x} = \rho_v g$,相对于 $\rho_l g$,$\rho_v g$ 可以忽略,下标 v 表示蒸汽;忽略液膜内对流传递动量。因此,式(4-15b)可以写为

$$\frac{\partial^2 u}{\partial y^2} = -\frac{g\rho_l}{\mu_l} \tag{5-16}$$

结合边界条件 $u(y=0)=0$ 以及 $\left.\dfrac{\partial u}{\partial y}\right|_{y=\delta} = 0$,对式(5-16)进行两次积分可得液膜厚度为 δ 处沿 y 方向的速度分布:

$$u(y) = \frac{g\rho_l y \delta}{\mu_l}\left[1 - \frac{y}{2\delta}\right] \tag{5-17}$$

能量守恒方程(4-15c)中的热扩散率 $a = a_l$,结合液膜内只有导热的假设(假设4),该方程可写为

$$a_l \frac{\partial^2 t}{\partial y^2} = 0 \tag{5-18}$$

热边界条件为 $t(y=0)=t_w$,$t(y=\delta)=t_{\text{sat}}$,对方程(5-16)两次积分并利用边界条件可得:

$$t(y) = t_w + (t_{\text{sat}} - t_w)\frac{y}{\delta} \tag{5-19}$$

y 方向速度分布和温度分布公式中都包含了液膜厚度 $\delta(x)$,下面利用速度与单位宽度质量流量的关系,见式(5-20),结合微元体(图5-12)的能量守恒来分析液膜厚度公式。

$$\frac{q_m}{b} = \int_0^{\delta(x)} \rho_l u(y)\,\mathrm{d}y = \int_0^{\delta(x)} \frac{\rho_l^2 g y \delta}{\mu_l}\left(1 - \frac{1}{2}\frac{y}{\delta}\right)\mathrm{d}y = \frac{\rho_l^2 \delta(x)^3 g}{3\mu_l} \tag{5-20}$$

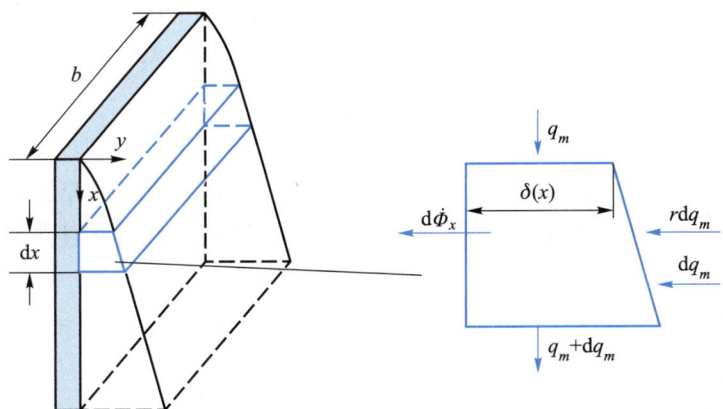

图 5-12　凝结液截面流量及微元体质量和热量守恒分析示意图

对图5-12中的微元体进行能量守恒分析可知,由于液膜内只有导热(假设4),气-液界面通过冷凝相变进入微元体的热量等于通过液膜的导热量,于是,

$$q = \frac{\lambda_l (b\mathrm{d}x)(t_{\text{sat}} - t_w)}{\delta(x)} = r\mathrm{d}q_m \tag{5-21}$$

式中:$\mathrm{d}q_m$ 为 $\mathrm{d}x$ 微元段内增加的质量流量,即等于该微元段单位时间内的凝结液流量,可根据式

(5-20)得到,

$$dq_m = \frac{\rho_1^2 bg\delta^2 d\delta}{\mu_1} \tag{5-22}$$

将式(5-22)代入式(5-21)并化简后得到:

$$\frac{\lambda_1 \mu_1 (t_{sat} - t_w)}{r\rho_1^2 g} dx = \delta^3 d\delta \tag{5-23}$$

从 $x=0(\delta=0)$ 开始积分到竖直包面任何 x 坐标处[此处 $\delta = \delta(x)$],可得液膜厚度公式如下:

$$\delta(x) = \left[\frac{4\lambda_1 \mu_1 (t_{sat} - t_w) x}{rg\rho_1^2}\right]^{\frac{1}{4}} \tag{5-24}$$

根据能量守恒分析,液膜导热量不仅等于凝结热量,还等于壁面对流传热量,于是,

$$q = \frac{\lambda_1 (t_{sat} - t_w)}{\delta} = h_x (t_{sat} - t_w) \tag{5-25}$$

将式(5-24)带入式(5-25),可得到局部表面传热系数公式:

$$h_x = \frac{\lambda_1}{\delta} = \left[\frac{4\mu_1 (t_{sat} - t_w) x}{rg\rho_1^2 \lambda_1^3}\right]^{-\frac{1}{4}} \tag{5-26}$$

根据函数求平均值公式可得到平均表面传热系数,再利用努塞尔数定义获得平均努塞尔数:

$$\bar{h}_1 = \frac{1}{l}\int_0^l h_x dx = \frac{4}{3} h_l = \frac{4}{3}\left[\frac{4\mu_1(t_{sat}-t_w)l}{rg\rho_1^2\lambda_1^3}\right]^{-\frac{1}{4}} = 0.943\left[\frac{rg\rho_1^2\lambda_1^3}{\mu_1(t_{sat}-t_w)l}\right]^{\frac{1}{4}} \tag{5-27a}$$

$$\overline{Nu} = \frac{\bar{h}_1 l}{\lambda_1} = 0.943\left[\frac{rg\rho_1^2 l^3}{\mu_1 \lambda_1 (t_{sat}-t_w)}\right]^{\frac{1}{4}} \tag{5-27b}$$

式中:l 为竖壁 x 方向的长度。定性温度采用液膜平均温度,即 $t_f = \frac{t_{sat} + t_w}{2}$,潜热 r 则采用饱和温度 t_{sat} 来确定。

根据式(5-27b)计算的结果以及实验结果如图 5-13 所示。实验结果表明,液膜表面无波动时,$Re_\delta \leq 20$,实验值与分析解吻合很好;但 $20 < Re_\delta < 1600$ 区间内的层流通常存在一定的波动,并将传热增强 20% 左右,因此,式(5-27)中的系数 0.943 需要修改为 1.131,如式(5-28)所示,这称为修正的努塞尔分析解。

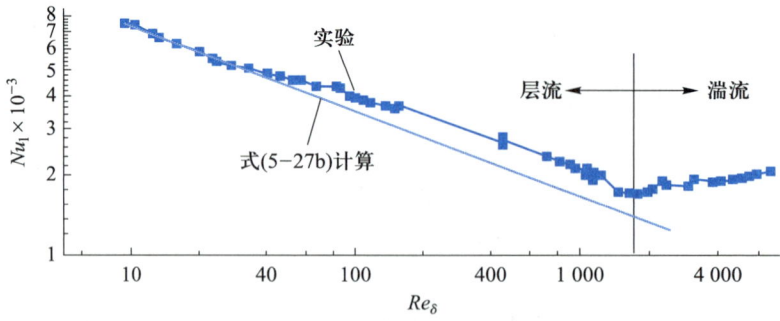

图 5-13 水蒸气在竖直平板上膜状凝结的计算值与实验值

$$\bar{h}_1 = 1.131 \left[\frac{r g \rho_1^2 \lambda_1^3}{\mu_1 (t_{sat} - t_w) l} \right]^{\frac{1}{4}} \quad (5-28a)$$

$$\overline{Nu} = 1.131 \left[\frac{r g \rho_1^2 l^3}{\mu_1 \lambda_1 (t_{sat} - t_w)} \right]^{\frac{1}{4}} \quad (5-28b)$$

许多学者针对努塞尔分析解其他假设对结果的影响进行了研究,如当竖壁与底面法线夹角 $0 \leqslant \theta < \pi/2$ 时(倾斜竖壁),用 $g\cos\theta$ 代替式(5-27)和式(5-28)中的 g 即可;当 $Ja \leqslant 0.1$ 且 $1 \leqslant Pr \leqslant 100$ 时,努塞尔分析解与实验测量结果的误差小于 3%。

5.5.3 湍流膜状凝结

当竖壁下端部液膜雷诺数满足 $Re_\delta \leqslant 20$ 时,液膜流动处于无波动层流,整个竖壁平均努塞尔数由式(5-27b)计算;当竖壁下端部液膜雷诺数满足 $20 < Re_\delta \leqslant 1\,600$ 时,竖壁膜状凝结液膜流动处于有波动层流,整个竖壁平均努塞尔数要采用修正的努塞尔分析解计算,即式(5-28b)。当竖壁下端部雷诺数满足 $1\,600 < Re_\delta$ 时,液膜流动处于湍流状态,此时,整个竖壁流动包含上部层流和下部湍流两部分,可以采用实验测量湍流部分平均表面传热系数,与修改的努塞尔分析解进行加权平均,即 $\bar{h} = h_{lam} \frac{x_c}{l} + h_{tur} \left(1 - \frac{x_c}{l}\right)$,其中 h_{lam} 与 h_{tur} 分别为层流段与湍流段的平均表面传热系数,x_c 为临界距离,l 为竖壁高度。据此,竖壁膜状凝结且竖壁底部处于湍流时,整个竖壁的平均努塞尔数公式如下:

$$\overline{Nu} = \frac{Re_\delta}{9\,200 + 58\,Pr_1^{-0.5}(Re_\delta^{0.75} - 253)(Pr_w/Pr_1)^{0.25}} Ga^{1/3} \quad (5-29)$$

式中除 Pr_w 由竖壁温度确定外,其余物性参数均采用液膜饱和温度 t_{sat} 为定性温度,下标 l 表示液膜。Ga 称为伽利略(Galileo)数,其定义式为

$$Ga = \frac{g l^3}{\nu^2} \quad (5-30)$$

【例 5-2】

压力为 0.7×10^5 Pa 的饱和水蒸气,在高为 0.3 m,壁温为 70 ℃ 的竖直平板上发生膜状凝结传热,计算平均表面传热系数及平板每米宽度上的凝结蒸汽量。

解:该问题为膜状凝结传热,压力为 0.7×10^5 Pa 的饱和水蒸气对应的饱和温度 $t_s = 90$ ℃。
液膜的平均温度:

$$t_m = \frac{1}{2}(t_s + t_w) = \frac{1}{2} \times (90\ ℃ + 70\ ℃) = 80\ ℃$$

确定凝结液的物性参数,查附表Ⅳ可知:

$$\rho_1 = 971.8\ \text{kg/m}^3, \quad \lambda_1 = 0.67\ \text{W/(m·K)}$$
$$\mu_1 = 3.551 \times 10^{-4}\ \text{Pa·s}$$

$t_s = 90$ ℃ 时汽化潜热为 $r = 2\,283.1$ kJ/kg
假定液膜处于层流流动,代入式(5-28)计算得:

$$h = 1.13\left[\frac{gr\rho_1^2\lambda_1^3}{\mu_1 l(t_s-t_w)}\right]^{\frac{1}{4}} = 8\,390\text{ W}/(\text{m}^2\cdot\text{K})$$

验证液膜流态：

$$Re = \frac{4hl(t_s-t_w)}{\mu r} = \frac{4\times 8\,390\text{ W}/(\text{m}^2\cdot\text{K})\times 0.3\text{ m}\times(90\text{ ℃}-70\text{ ℃})}{3.551\times 10^{-4}\text{ Pa}\cdot\text{s}\times 2\,283.1\times 10^3\text{ J/kg}} = 248.4$$

属于层流流态，假设正确。

每米宽度上的凝结蒸汽量：

$$q_m = \frac{q}{r} = \frac{hl(t_s-t_w)}{r} = \frac{8\,390\text{ W}/(\text{m}^2\cdot\text{K})\times 0.3\text{ m}\times(90\text{ ℃}-70\text{ ℃})}{2\,283.1\times 10^3\text{ J/kg}} = 0.022\text{ kg/s}$$

5.5.4 水平圆管和球的外表面层流膜状凝结

努塞尔分析解可推广到水平圆管及球的外表面层流膜状凝结，整个表面的平均表面传热系数见式（5-31）。与竖壁表面传热系数计算公式具有完全相同的形式，只是系数值有所不同。

$$\bar{h} = C\left[\frac{rg\rho_1^2\lambda_1^3}{\mu_1(t_{sat}-t_w)d}\right]^{\frac{1}{4}} \tag{5-31}$$

式中：d 为圆管和球的外径，对于水平圆管，$C = 0.729$；圆球，$C = 0.826$；除相变潜热 r 用饱和温度 t_{sat} 确定外，其他物性的定性温度均采用 $(t_{sat}+t_w)/2$。对于水平圆管和球外表面的弯曲凝结液体，表面张力的影响会在界面上产生压差，这种压差由杨-拉普拉斯公式（Young-Laplace equation）描述。

水平圆管外表面和竖壁的膜状凝结层流表面传热系数 h_H 和 h_V 分别由式（5-31）和式（5-28）计算，在其他参数相同的情况下，二者之比为

$$\frac{h_H}{h_V} = 0.773\left(\frac{l}{d}\right)^{\frac{1}{4}} \tag{5-32}$$

当 $l/d \geqslant 2.8$ 时，$h_H/h_V \geqslant 1$，说明此时水平圆管外壁面膜状凝结层流表面传热系数大于竖壁，而如凝汽器等设备中水平圆管直径 d 都比较小，而长度 l 都比较大，因此，水平布置比竖直布置的凝结传热量要大。

5.5.5 膜状凝结的影响因素及凝结传热强化

膜状凝结的影响因素主要有以下几个方面。

（1）不凝结气体

蒸汽中往往含有不凝结的气体，即使含量微小，对凝结传热也会有很大的抑制作用，原因如下：在靠近液膜表面的蒸汽一侧，随着凝结过程的进行，凝结气体的蒸汽分压不断减小，相对地导致不凝结气体的分压不断上升，蒸汽抵达液膜表面进行凝结前，必须穿过不凝结气体层，因此不凝结气体的存在造成了附加的传热阻力，同时蒸汽分压的下降使饱和温度下降，凝结传热的温差下降，减小了传热的动力。若水蒸气中含有质量含量占1%的空气，会导致表面传热系数降低60%。因此，工业中应用膜状凝结时，必须设法排除不凝结气体。

(2) 蒸汽流速

蒸汽流速会影响液膜厚度的分布,从而影响传热效果。当蒸汽流速较大时,蒸汽对液膜表面会产生明显的黏滞作用,当蒸汽流速与液膜向下的流动方向相同时,会将液膜拉薄,从而降低热阻,提高表面传热系数,反之则会将液膜堆厚,降低表面传热系数。较高的蒸汽流速还可能撕破液膜,从而使传热规律更为复杂。

(3) 蒸汽过热度

在涉及凝结传热的计算时,均是针对饱和蒸汽的凝结过程,需要用到蒸汽的潜热。对于具有一定过热度的蒸汽,在计算时需要将潜热替换为过热蒸汽与饱和液的焓差。方能利用饱和蒸汽的关联式。

(4) 液膜过冷度及温度分布的非线性

在凝结传热计算时往往忽略了液膜过冷度的影响,并假设液膜中温度分布是线性的。研究表明,考虑液膜过冷度时,需要用下式中的 r' 代替潜热 r:

$$r' = r + 0.68 c_p (t_s - t_w) \tag{5-33}$$

(5) 管子排数

同沸腾传热类似,管束的凝结传热规律较单管更为复杂,这是由于凝结过程中上层管子的凝结液在落到下层管子时会对液膜发生扰动也可能导致液滴的飞溅,如图 5-14 所示,其影响规律与管束的排列方式、几何尺寸及流体物性等因素密切相关。

由于膜状凝结的主要热阻为通过凝结液膜的导热热阻,因此强化凝结传热的主要手段是减薄液膜厚度,可以从两个方面入手:一方面减薄蒸汽凝结于表面时的液膜,另一方面是将凝结液及时排走避免液体堆积。减薄液膜最简单的办法是将竖管改为横管,而对于及时排液的方法,可以采用排液圈或泄流板等结构,如图 5-15 所示。

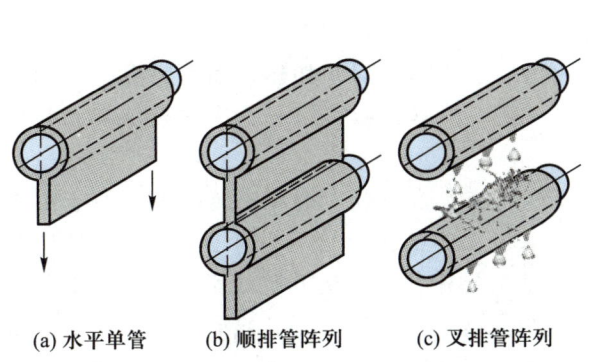

图 5-14　不同管束的排列方式上的膜状凝结

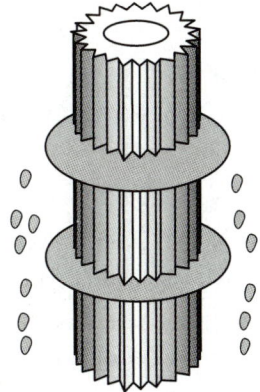

图 5-15　及时排液方法(采用排液圈)

5.6　相变材料简介

除沸腾与凝结外,其他相变传热方式在工业上也有广泛的应用,其中最典型的是利用相变潜热进行储能或热控的固液相变材料(phase change materials)。

相变材料利用物质过程中的相变潜热进行能量的储存和释放。根据相变温度的高低,可以分为低温相变材料和高温相变材料。低温相变材料主要用于建筑材料、空调系统等,高温相变材料常用于航空航天领域。根据相变材料的种类,又可以分为有机相变材料、无机相变材料及复合相变材料。下面从相变材料的工业应用情景出发,介绍相变材料的工作原理。

在建筑墙体、地板内添加固体相变材料,可以减小室内温度的波动。当室内温度较高时,固体相变材料发生熔化,吸收室内热量,从而达到降低温度的效果;当室内温度较低时,液体发生凝固,向室内释放热量,从而使温度升高。用于建筑的相变材料需满足以下要求:(1) 相变温度应接近人体的舒适温度,即 20~26 ℃,(2) 具有较大的相变潜热和热传导系数,相变时膨胀或收缩性小;(3) 相变的可逆性好。时至今日,相变储能建筑材料已得到较为广泛的应用。对于相变材料在建筑领域的应用,感兴趣的读者可以自行查阅相关资料学习。

在航空航天领域,往往利用相变材料的潜热进行热控防护。如飞船返回舱再入大气层的过程。该过程中,返回舱与大气层之间剧烈摩擦产生大量热量,舱体表面高温可达数千甚至数万摄氏度。为保护航天器及其内部人员,经常使用在舱体外表面涂热控涂层的办法,利用防护涂层的熔化及升华,吸收摩擦产生的热量,从而控制表面温度,气化或升华形成的涂层蒸气能够提供附加热阻,也能起到保护作用。航天器外表面的热控涂层材料主要包括苯酚树脂、石英及各向异性的石墨等。

本 章 小 结

本章主要介绍了相变对流传热,主要包括沸腾传热及凝结传热的机理及表面传热系数的计算方法,主要内容如下。

1. 沸腾传热

沸腾是指液体整体或局部超过其饱和温度时,在液体内部和加热表面同时发生的剧烈汽化现象,其主要特征是以气泡的形式进行液体的汽化。沸腾过程可以分为大容器沸腾和管内强制沸腾两种。

要理解大容器沸腾机理,首先要掌握大容器饱和沸腾曲线。饱和沸腾曲线表明了沸腾热流密度与壁面过热度之间的关系。根据曲线,可以将大容器沸腾分为四个区域,分别是自然对流区、核态沸腾区、过渡沸腾区及膜态沸腾区。工业应用中往往希望沸腾处于核态沸腾阶段。

核态沸腾阶段的高传热强度是由气泡的生长及扰动造成的。强化核态沸腾最主要的方法是增加汽化核心的数量。汽化核心最容易在换热面的凹坑、空穴、裂缝等处产生,能够生成汽化核心的空穴半径与过热度有关。一般来说,表面越粗糙,越容易产生汽化核心。

在恒定热流密度的核态沸腾传热过程中,一旦热流密度超过临界热流密度,换热面温度会剧烈升高,出现烧毁现象。因此在工程应用中要特别注意临界热流密度。

沸腾传热的计算关联式整理见表 5-2。

表 5-2　沸腾传热计算关联式

名称	关联式
大容器饱和核态沸腾	$\dfrac{c_{pl}\Delta t}{r}=C_{wl}\left[\dfrac{q}{\mu_l r}\sqrt{\dfrac{\sigma}{g(\rho_l-\rho_v)}}\right]^{0.33}Pr_l^s$
大容器饱和核态沸腾（制冷介质）	$h=Cq^{0.67}M_r^{-0.5}p_r^m(-\lg p_r)^{-0.55}$ $C=90\text{W}^{0.33}/(\text{m}^{0.66}\cdot\text{K})$ $m=0.12-0.21\lg\{R_p\}_{\mu\text{m}}$
临界热流密度	$q_{\max}=0.149r\rho_v^{\frac{1}{2}}\left[\sigma g(\rho_l-\rho_v)\right]^{\frac{1}{4}}$
大容器饱和膜态沸腾	$h=0.62\left[\dfrac{gr\rho_v(\rho_l-\rho_v)\lambda_v^3}{\mu_v d(t_w-t_s)}\right]^{\frac{1}{4}}$

2. 凝结传热

表面凝结主要有膜状凝结和珠状凝结两种，发生哪种凝结形式取决于液体对表面的润湿能力。不论哪种凝结方式，凝结液都是构成蒸汽与换热面热交换的主要热阻。珠状凝结传热效果要好于膜状凝结，但珠状凝结难以实现并长久维持，因此目前工业上主要应用膜状凝结。

膜状凝结传热的主要影响因素包括不凝结气体、蒸汽流速、蒸汽过热度、液膜过冷度、温度非线性分布及管子排数。强化膜状凝结的主要手段是设法减薄液膜厚度。

膜状凝结传热的计算式整理见表 5-3。

表 5-3　膜状凝结传热计算关联式

名称	关联式
竖直平板膜状凝结	$h=1.13\left[\dfrac{gr\rho_l^2\lambda_l^3}{\mu_l l(t_s-t_w)}\right]^{\frac{1}{4}}$
水平圆管膜状凝结	$h_H=0.729\left[\dfrac{gr\rho_l^2\lambda_l^3}{\mu_l D(t_s-t_w)}\right]^{\frac{1}{4}}$
球表面膜状凝结	$h_S=0.826\left[\dfrac{gr\rho_l^2\lambda_l^3}{\mu_l D(t_s-t_w)}\right]^{\frac{1}{4}}$
湍流膜状凝结	$Nu=Ga^{1/3}\dfrac{Re}{58Pr_s^{-1/2}(Pr_w/Pr_s)^{1/4}(Re^{3/4}-253)+9\,200}$

思 考 题

5-1 简要画出大容器饱和核态沸腾过程中热流密度与过热度的关系曲线,并分析说明曲线每一段的传热机理。

5-2 两滴完全相同的水滴,在标准大气压下分别滴在表面温度为 120 ℃ 和 300 ℃ 的金属板上,哪一滴水滴先烧干？请解释原因。

5-3 对于一块竖直平板,倾斜一定角度后,其凝结传热表面传热系数是增大还是减小？

5-4 试推导蒸汽层流膜状凝结表面传热系数的努塞尔分析解。

5-5 估算标准大气压下饱和水沸腾传热的临界热流密度。

5-6 一竖直平板放置于饱和水蒸气中,壁面高度提高到原来的两倍,其他条件不变,若液膜仍处于层流流动,此时凝结表面的表面传热系数与凝结量将如何变化？

习 题

沸腾传热

5-1 标准大气压下,水蒸气在外径为 2.5 cm、壁温为 110 ℃ 的水平管外沸腾,求沸腾传热的平均表面传热系数。

5-2 压力为 1 个标准大气压的饱和水蒸气由直径为 4 cm 的电加热铜棒产生,铜棒表面温度比饱和温度高 5 ℃,若要维持 90 kg/h 的产气率,需要多长的铜棒？

5-3 标准大气压下,水在烧焦的铜表面作大容器沸腾,铜表面的温度为 105 ℃,计算热流密度与单位面积上的产汽率。

5-4 直径为 5 mm,长为 100 mm 的机械抛光不锈钢管,放置于压力为 1 个标准大气压的水中,水温接近饱和温度。对不锈钢管两端通电以作为加热表面,计算当加热功率为 100 W 时,求水与不锈钢管之间的温度差。

5-5 在 1 个标准大气压下的沸腾传热实验中,将长度为 20 cm,直径为 1 mm 的镍线浸没于水中。当镍线烧毁时,测得镍线通过的电流为 150 A,求此时镍线两端的电压值。

5-6 一块黄铜板水平地浸没于 1 atm 的水中,单位面积上黄铜板与水的表面热流密度为 0.7 MW/m²,黄铜板的温度应为多少？

5-7 一块材料不明的抛光金属板水平地浸没在 -50 ℃ 的饱和氨水中,测得金属板表面温度为 -30 ℃,表面热流密度为 0.3 MW/m²,计算式(5-6)中的经验系数 C_{wl}。

凝结传热

5-8 一块高度为 1.5 m,宽度为 30 cm 的竖直平板,表面温度为 80 ℃,暴露在标准大气压下的饱和水蒸气中,计算平板上的传热量及每小时水蒸气在平板上的凝结量。

5-9 标准大气压下的饱和水蒸气在壁面温度为 90 ℃ 的竖直平板上凝结,平板高度为 1 m,宽度为 20 cm,计算对流传热的平均表面传热系数。

5-10 一块 40 cm×40 cm 的方形平板,与垂直方向呈 30° 角倾斜放置,标准大气压下的饱和水蒸气在平板上凝结,平板温度保持为 96 ℃,计算平板上的传热量。

5-11 50 ℃ 的饱和氨气在 30 ℃ 的正方形平板上凝结,平板边长为 50 cm,计算蒸气的凝结速率。

5-12 在某款冷凝器中,压力为 0.143 4 MPa 下的饱和水蒸气在直径为 30 cm 的水平圆管外凝结,管壁温度为 110 ℃,管子长度为 15 m,计算每小时蒸汽的凝结量。

5-13 一管子的管长为管径的 100 倍,为使该管竖直放置与水平放置时的凝结表面传热系数相等,须在竖管上安装多少排液圈?假设相邻排液圈之间的距离相等。

5-14 饱和温度为 30 ℃ 的氨气在立式冷凝器中冷凝,冷凝器中管束高度为 3.6 m,冷凝温度比管子壁温高 4 ℃,请问冷凝器的设计计算中能否采用层流液膜凝结的公式?物性参数按 30 ℃ 确定。

5-15 如附图所示,容器内部暴露于饱和水蒸气(t_{sat})中,侧壁绝热,恒定的底部温度 $t_w < t_{sat}$,蒸汽在容器底部凝结。假设凝结液面温度保持为 t_{sat} 且其压强保持不变,凝结液膜内温度线性分布。(1)请推导底部液膜厚度 δ 随时间变化的计算式;(2)器底部壁面保持在 t_w = 80 ℃,暴露于 1 个标准大气压下的饱和蒸汽,底部面积为 300 mm^2 的条件下,1 小时内底部形成的液体层厚度。

5-16 将一个直径 d = 8 mm、初温均匀且 t_0 = 60 ℃ 的铜球置于一个充满 1 个标准大气压下饱和蒸汽的大容器中。假设集中参数法可用,(1)请估计球体达到平衡状态所需的时间。(2)在此期间形成冷凝物的质量为多少?

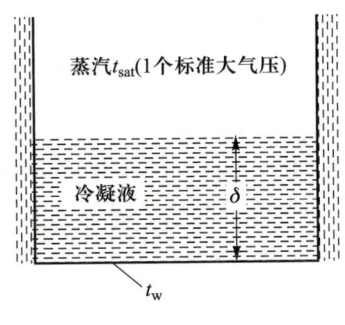

习题 5-15 附图

参考文献

[1] TANGUY S, MÉNARD T, BERLEMONT A. A level set method for vaporizing two-phase flows[J]. Journal of Computational Physics, 2007, 221(2): 837-853.

[2] SCHLOTTKE J, WEIGAND B. Direct numerical simulation of evaporating droplets[J]. Journal of Computational Physics, 2008, 227(10): 5215-5237.

[3] VILLEGAS L R, ALIS R, LEPILLIEZ M, et al. A ghost fluid/level set method for boiling flows and liquid evaporation: application to the Leidenfrost effect[J]. Journal of Computational Physics, 2016, 316: 789-813.

[4] NUKIYAMA S. The maximum and minimum values of the heat q transmitted from metal to boiling water under atmospheric pressure[J]. Journal of the Society of Mechanical Engineers, 1984, 27(7): 959-970.

[5] LABUNTZOV D A. Heat exchange at boiling of liquids[J]. Thermal Energy Engineering, 1959, (12): 19-26.

[6] 王宝和,李群. 沸腾传热及核态沸腾的汽泡动力学研究简述[J]. 干燥技术与设备, 2015, 13(1): 11-19.

[7] KOPCHIKOV I A, VORONIN G I, KOLACH T A, et al. Liquid boiling in a thin film[J]. International Journal of Heat and Mass Transfer, 1969, 12(7): 791-796.

[8] 童明伟,辛明道. 液膜沸腾的临界液位和传热[J]. 重庆大学学报, 1984, (2): 49-59.

[9] Kong L, Tao W Q. Numerical simulation of nucleate boiling in shallow liquid[J]. Computers & Fluids, 2018, 164: 35-40

[10] 肖泽军,陈炳德,贾斗南. 微重力下沸腾传热研究进展[J]. 核动力工程, 2003, 24(5): 435-438.

[11] SIEGEL R. Effects of reduced gravity on heat transfer[M]. United States: Elsevier, 1967, Advances in Heat Transfer. Elsevier, 1967, 4: 143-228.

[12] 刘振华,杨荣华. 低压条件下紧凑叉排管束沸腾换热特性试验[J]. 机械工程学报, 2007, 43(8): 224-228.

[13] WEBB R L, GUPTE N S. A critical review of correlations for convective vaporization in tubes and tube banks[J]. Heat Transfer Engineering, 1992, 13(3): 58-81.

[14] ROHSENOW W M. A method of correlating heat transfer data for surface boiling of liquids[J]. ASME Transaction, 1952, 74(6): 969-975

[15] COOPER M G. Saturation nucleate pool boiling-a simple correlation[J]. International Symposium on Chemical Engineering. 1984, 86: 785-792.

[16] JI W T, ZHAO C Y, HE Y L, et al. Experimental validation of Cooper correlation at higher heat flux[J]. International Journal of Heat and Mass Transfer, 2015, 90: 1241-1243.

[17] ZUBER N. On the stability of boiling heat transfer[J]. Trans. Transactions of the American Society of Mechanical Engineers, 1958, 80(3): 711-716.

[18] LIENHARD J H, DHIR V K, RIHERD D M. Peak pool boiling heat-flux measurements on finite horizontal flat plates[J]. ASME Journal Heat Transfer, 1973, 95(4): 477-482.

[19] BROMLEY L A. Heat transfer in stable film boiling[J]. Progress in Chemical Engineering, 1950, 46: 221-227.

[20] 赵宁,卢晓英,张晓艳,等. 超疏水表面的研究进展[J]. 化学进展, 2007, 19(6): 860-871.

[21] 王庆军,陈庆民. 超疏水表面的制备技术及其应用[J]. 高分子材料科学与工程,2005,21(2):6-10.

[22] Nusselt. Die oberflächenkondensation des wasserdampfes[J]. Zeitschrift Des Vereines Deutscher Ingenieure, 1916, 60: 541-569.

[23] DHIR V, JOHN L. Laminar film condensation on plane and axisymmetric bodies in nonuniform gravity[J]. ASME Journal Heat Transfer, 1971, 93(1): 97-100.

[24] POPIEL C O, BOGUSLAWSKI L. Heat transfer by laminar film condensation on sphere surfaces[J]. International Journal of Heat and Mass Transfer, 1975, 18(12): 1486-1488.

[25] GREGORIG R, KERN Jern, TUREK K. Improved correlation of film condensation data based on a more rigorous application of similarity parameters[J]. Wärme-und Stoffübertragung, 1974, 7(1): 1-13.

[26] 杨世铭. 饱和蒸汽静止时膜状冷凝放热的理论:包括低 Pr 数介质(Ⅱ)[J]. 上海交通大学学报,1958,(2):15-33.

[27] LABUNTZOV D A. Heat transfer at film condensation of pure vapors on vertical surface and horizontal pipes[J]. Thermal Energy Engineering. 1957,(7):72-82.

[28] 梁才航,黄翔,李毅,等. 相变材料在建筑中的应用[J]. 建筑热能通风空调,2004,23(4):5.

第六章
热辐射特性和基本定律

从本章开始，将关注另一种传热过程：辐射传热，这种传热过程是通过热辐射的形式产生、传播并与物质相互作用实现的。导热和对流传热研究的是由于微观粒子的热运动和物体的宏观运动所造成的能量转移和交换，而辐射传热更关注由于热的原因所产生的电磁波与物体的相互作用而引起的热能转换和传递。因此，热辐射传热的学习方法和研究思路与导热和对流有很大的差别。

本章将从热辐射的基本定义和特性出发，重点学习热辐射的基本定律、辐射换热的规律，讨论常见的固体、液体的辐射特性，并简要介绍气体辐射以及其对太阳辐射的影响。

6.1 热辐射的基本特性

6.1.1 热辐射的基本概念

辐射是物体的固有属性,是电磁波传递能量的现象。根据产生电磁波的原因不同可以得到不同频率的电磁波,其范围很广,覆盖波长小于 10^{-9} m 的宇宙射线到波长达数百米的无线电波,图 6-1 给出了各种电磁波的波长分布。其中由于热的原因而产生的电磁波辐射称为热辐射(thermal radiation),它是由物体内部微观粒子的热运动状态改变而激发出来的,因此只要物体的温度高于"绝对零度"(即 0 K),物体总是不断地将热能变成辐射能,向外发出热辐射。与此同时,物体也不断吸收周围物体透射到它表面的热辐射,并将吸收的辐射能转变成热能。辐射传热即指物体之间相互辐射和吸收的总效果。当物体与环境处于热平衡状态时,其表面上的热辐射仍在不停地进行,但其净辐射传热量为零。

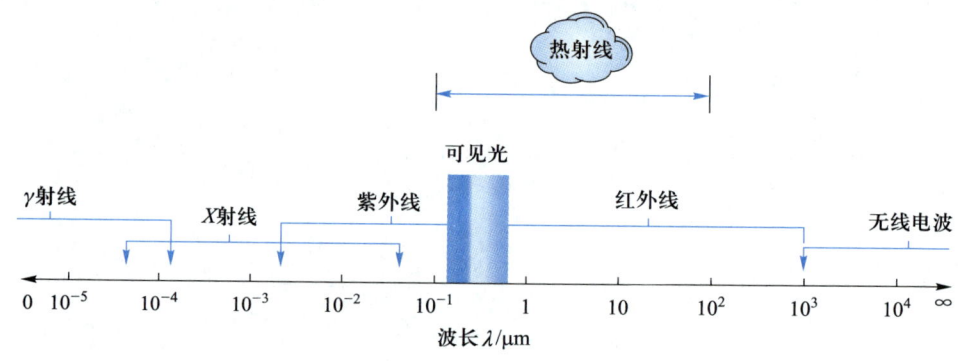

图 6-1 各种电磁波的波长分布

热辐射具有一般辐射现象的共性。各种电磁波都以光速在空间传播,电磁波的速率、波长和频率存在如下关系:$c = f\lambda$,其中 c 为电磁波的传播速率,在真空中 $c = 3 \times 10^8$ m/s;f 为频率,单位为 s^{-1};λ 为波长,单位为 m,常用单位为 μm(微米)。由物体内部微观粒子热运动产生的电磁波称为热射线,其波长主要位于 0.1~100 μm,主要包含可见光和大部分红外线区域。真空中,可见光的波长为 0.38~0.76 μm,红外线的波长为 0.76~1 000 μm。在工业上所遇到的温度范围内,即 2 000 K 以下,有实际意义的热辐射波长位于 0.8~100 μm 之间。太阳是温度约为 5 800 K 的热源,太阳辐射的能量集中在 0.2~3 μm。因此,本书中将热辐射定义为,由热运动产生的,以电磁波的形式传递的能量;也可指这种能量传递的过程,是在物体内部微观粒子的热运动状态发生改变时激发出来的。

6.1.2 热辐射与导热、对流的区别

通过对热辐射基本概念的了解,不难发现,辐射换热与导热、对流换热有着本质的区别。首先,辐射换热一定伴随着能量形式的转变。物体发射辐射是热能转变成辐射能,物体吸收辐射是辐射能转变成热能。而导热与对流换热中则没有这种能量形式的转变。其次,辐射能量的传递

不需要其他介质存在，可以在真空中传播。而导热和对流换热一定要通过物体的直接接触才能进行。此外，辐射能量还具有强烈的方向性，一个空间点上各个方向都可能存在辐射换热热量，并且数量不同。同时，辐射能量的多少还与波长相关，它的能量是按波长分布的。

而对流换热实质上是导热加上流体的热对流，在能量传递的本质上与导热是相同的。因此，从本质上来看，热交换也可分为两类：一类是辐射换热，一类是导热与对流换热。

6.1.3 物体表面对电磁波的作用

热辐射具有一般辐射现象的共性。和其他电磁波类似，当热辐射的能量投射到物体表面时，也会发生反射、吸收和穿透现象。如图 6-2 所示，在外界投射到物体表面的总投入辐射 G 中，被表面反射的部分为 G_ρ，被物体吸收的部分为 G_α，穿透物体的部分为 G_τ，根据能量守恒定律有

$$G = G_\rho + G_\alpha + G_\tau \tag{6-1}$$

将上式两边同除以 G 可以得到

$$1 = \frac{G_\rho}{G} + \frac{G_\alpha}{G} + \frac{G_\tau}{G} \tag{6-2}$$

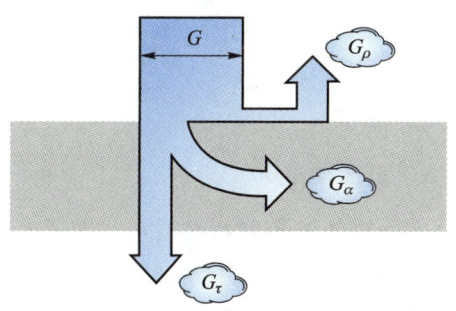

图 6-2 物体对热辐射的反射、吸收和穿透

其中，三部分能量所占的份额 G_ρ/G、G_α/G、G_τ/G 分别称为该物体对投入辐射的反射率（reflectivity）、吸收率（absorptivity）和透射率（transmissivity），分别记为 ρ、α 和 τ。因此，式（6-2）可进一步表示为

$$\rho + \alpha + \tau = 1 \tag{6-3}$$

当辐射能投射到固体或液体表面时，由于物体的分子排列非常紧密，辐射能的吸收仅在表面很薄的一层进行。对于金属导体，这一厚度只有 $1\ \mu m$ 的数量级；对于大多数非导电材料，这一厚度通常也小于 $1\ mm$。实际工程材料的厚度一般都大于这一数值，因此，可以认为固体和液体不允许热辐射穿透，即 $\tau = 0$。于是，式（6-3）可简化为

$$\alpha + \rho = 1 \tag{6-4}$$

因而，就固体和液体而言，吸收能力大的物体其反射本领就小，反之则大。此外，与辐射能的吸收一样，它们的自身辐射也应在一个很薄的表面进行。因此，发生在固体和液体上的热辐射是一个表面过程，这给辐射换热的计算带来了方便。

辐射能投射到物体表面后的反射现象可分为镜面反射（specular reflection）和漫反射（diffuse reflection），这取决于物体表面的不平整度的尺寸大小（即表面粗糙度）与投入辐射的波长之间的大小关系。当投入辐射的波长大于物体表面的不平整度时，此时的反射情况遵循几何光学规律，形成镜面反射，如图 6-3 所示，反射角等于入射角，高度磨光的金属板就是镜面反射的实例；相反，当投入辐射的波长小于物体表面的不平整度时，如图 6-4 所示，形成漫反射，一般工程材料的表面都形成漫反射。

气体对辐射能几乎没有反射能力，可认为反射率 $\rho = 0$，因而，式（6-3）可简化为

$$\alpha + \tau = 1 \tag{6-5}$$

上式表明，气体对热射线的吸收和穿透是在空间中进行的，其自身的辐射也是在空间中进

行。可以看出,气体的热辐射是一个容积过程,气体的辐射问题要比固体和液体复杂得多。

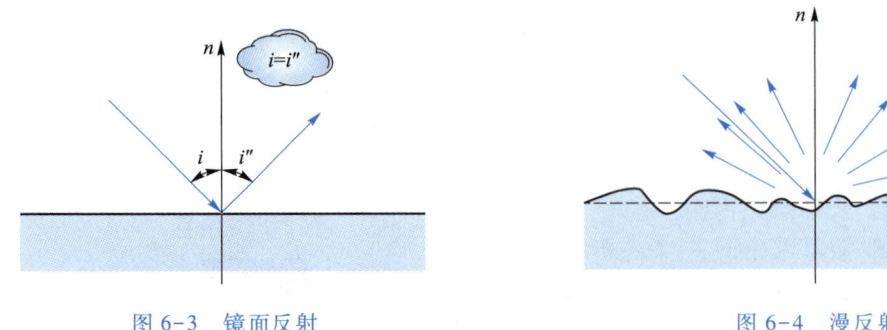

图 6-3　镜面反射　　　　　　　　　图 6-4　漫反射

6.1.4　黑体模型

实际物体的辐射特性通常是非常复杂的。为此,在热辐射的研究中需要抽象出若干理想的物理模型。

吸收率 $\alpha=1$ 的物体被称为绝对黑体(简称黑体,black body),这意味着黑体能够全部吸收各种波长的辐射能。黑体模型也应具备这一特性。图 6-5 即为一个典型的黑体模型,其由一个等温腔的开孔表面构成,进入其中的热射线,经过多次吸收和反射,最终能离开小孔的辐射能量极少,因而可以将该等温腔的开口表面视为一个对热辐射完全吸收的表面,即为一个人造黑体。研究黑体辐射在热辐射研究中具有重要的理论和应用价值,也是本书讨论热辐射的重要内容。

反射率 $\rho=1$ 的物体被称为镜体(具有镜面反射表面)或绝对白体(具有漫反射表面)。透射率 $\tau=1$ 的物体称为绝对透明体(简称透明体)。

显然,黑体、镜体(或白体)和透明体都是假定的理想物体。需要注意的是,他们的定义也是针对全波段而言的,可见光只占整个波长的很小一部分,因此,不能简单地凭借物体的颜色来推测物体对投射的全波段辐射能吸收能力的大小。例如:白颜色的物体,是由于反射的光线在可见光波段呈白色,不一定是白体;同理,黑色的物体也不一定是黑体。

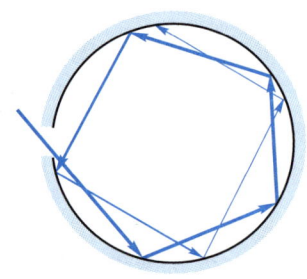

图 6-5　黑体模型

6.2　黑体热辐射的基本定律

通过对热辐射基本特性的介绍,已经建立了对热辐射定性的认识:热运动是产生热辐射的原因,因而热辐射与温度直接相关;热射线是热辐射能量的传递方式,因而热辐射具有光谱特性;此外,辐射能量的传递具有一定的方向性。因此,本节将继续定量地学习热辐射的上述特点。基于黑体模型,本节将系统地学习黑体热辐射的三条基本定律,它们分别从不同的角度揭示了在一定温度下,单位黑体表面向外界辐射能量的多少及其随空间方向与随波长分布的规律。

6.2.1 辐射力与光谱辐射力

为了对黑体热辐射的规律进行定量表述,需要从空间几何性质与能量性质等方面引入以下概念。

1. 描述物体向半球空间的辐射

（1）辐射力

单位时间内单位表面积向其上的半球空间的所有方向辐射出去的全部波长范围内的能量称为辐射力(emissive power),记为 E,单位为 W/m^2。

（2）光谱辐射力

单位时间内单位表面积向其上的半球空间的所有方向辐射出去的在包含波长 λ 在内的单位波长内的能量称为光谱辐射力(spectral emissive power),记为 E_λ,单位为 W/m^3 或 $W/(m^2 \cdot \mu m)$,分母中的 $m(\mu m)$ 表示了单位波长的宽度。

显然,辐射力与光谱辐射力存在如下关系:

$$E = \int_0^\infty E_\lambda d\lambda \tag{6-6}$$

2. 描述物体向某个方向的辐射

（1）立体角

三维空间内,某一方向所占空间的大小称为立体角(solid angle),记为 Ω,单位称为空间度,记为 sr。立体角和微元立体角在数学上可定义为

$$\Omega = \frac{A_c}{r^2}, \quad d\Omega = \frac{dA_c}{r^2} \tag{6-7}$$

在图 6-6 的球坐标系中,φ 称为经度角(azimuthal angle),θ 称为纬度角(latitudinal angle)。由图 6-6 可得

$$dA_c = rd\theta \cdot r\sin\theta d\varphi \tag{6-8}$$

代入式(6-7)可得

$$d\Omega = \sin\theta d\theta d\varphi \tag{6-9}$$

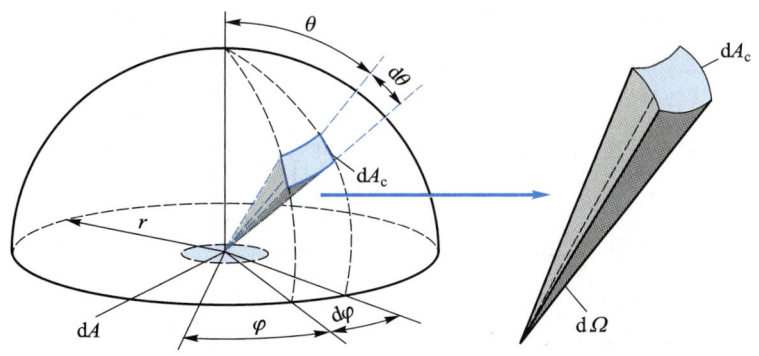

图 6-6 立体角与半球空间几何参数的关系

（2）定向辐射强度

单位时间内物体在垂直发射方向的单位面积上,在单位立体角内辐射出去的全部波长范围

内的能量称为定向辐射强度(directional radiation intensity),记为 I,单位为 $W/(m^2 \cdot sr)$。

设面积为 dA 的黑体微元面积向围绕空间纬度角 θ 方向的微元立体角 $d\Omega$ 内辐射出去的能量为 $d\Phi(\theta)$,则实验表明:

$$\frac{d\Phi(\theta)}{dAd\Omega}=I\cos\theta \tag{6-10}$$

即

$$I=\frac{d\Phi(\theta)}{dAd\Omega\cos\theta} \tag{6-11}$$

这里的 I 为常数,与 θ 方向无关;$dA\cos\theta$ 为 θ 方向上的法向面积,称为可见面积(图6-7)。

6.2.2 普朗克定律

普朗克(Planck)定律给出了在热力学平衡状态下,黑体光谱辐射力随波长变化的规律:

$$E_{b\lambda}=\frac{c_1\lambda^{-5}}{e^{c_2/(\lambda T)}-1} \tag{6-12}$$

式中:$E_{b\lambda}$ 为黑体光谱辐射力,$W/m^2 \cdot m$;λ 为波长,m;T 为热力学温度,K;e 为自然对数的底数;c_1 为第一辐射常量,$3.7419\times10^{-16} \ W\cdot m^2$;$c_2$ 为第二辐射常量,$1.4388\times10^{-2} \ m\cdot K$。

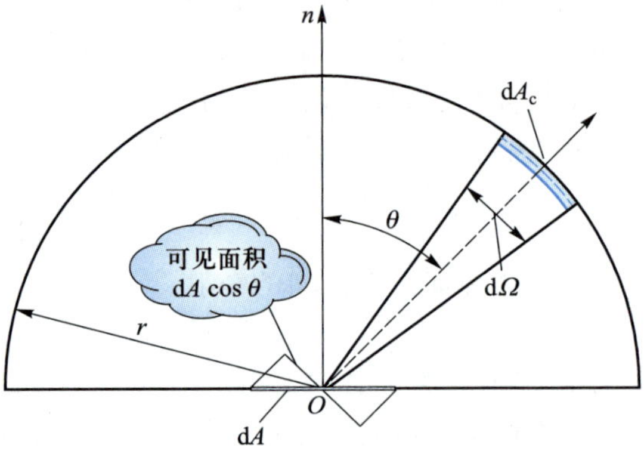

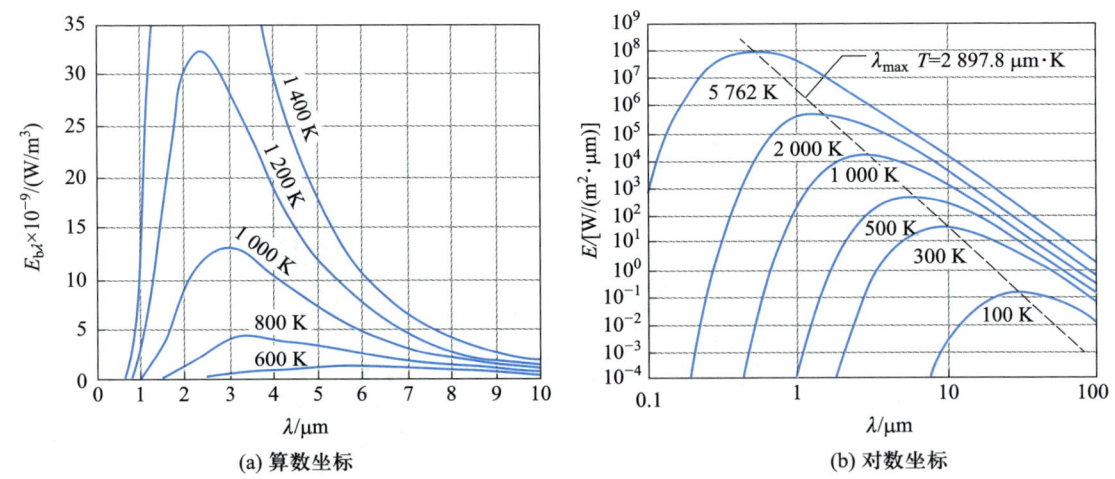

图 6-7 可见面积示意图

普朗克定律的黑体光谱辐射力分布曲线如图6-8所示,由图可见,黑体的光谱辐射力随波长的增加,先增加,后减小,即存在一峰值;随着温度的升高,该峰值向左移动,即移向较短的波长。

(a) 算数坐标

(b) 对数坐标

图 6-8 普朗克定律的黑体光谱辐射力分布曲线

根据维恩位移定律(Wien displacement law):将对应于黑体光谱辐射力峰值的波长记为 λ_m,它与温度 T 之间存在着反比关系,即:

$$\lambda_m T = 2.8976 \times 10^{-3} \text{ m} \cdot \text{K} \approx 2.9 \times 10^{-3} \text{ m} \cdot \text{K} \tag{6-13}$$

上式即为维恩位移定律的表达式。利用该定律,可根据黑体的光谱求黑体温度。需要指出的是,维恩提出本定律的时间是在普朗克黑体辐射定律出现之前的1893年,且过程完全基于对实验数据的经验总结,但可以证明,本定律是更为广义的普朗克黑体辐射定律的一个直接推论,推导如下:

根据普朗克定律,将 $E_{b\lambda}$ 对 λ 求导并使其等于零,得:

$$\frac{\partial E_{b\lambda}}{\partial \lambda} = \frac{5c_1 \lambda^{-6}}{e^{c_2/(\lambda T)} - 1} \left\{ \frac{c_2 e^{c_2/(\lambda T)}}{5\lambda T [e^{c_2/(\lambda T)} - 1]} - 1 \right\} = 0 \tag{6-14}$$

上式的解即为峰值波长 λ_m。令 $x = c_2/(\lambda_m T)$,上式可写成

$$\frac{x e^x}{5(e^x - 1)} - 1 = 0 \tag{6-15}$$

此式为变量 x 的超越方程,解得:

$$x = c_2/(\lambda_m T) = 4.9651 \tag{6-16}$$

因此

$$\lambda_m T = c_2/4.9651 = 2.8976 \times 10^{-3} \text{ m} \cdot \text{K} \tag{6-17}$$

6.2.3 斯特藩-玻尔兹曼定律

1. 斯特藩-玻尔兹曼定律

斯特藩-玻尔兹曼(Stefan-Boltzmann)定律指出了黑体的辐射力与热力学温度的四次方成正比的关系:

$$E_b = \sigma T^4 = C_0 \left(\frac{T}{100}\right)^4 \tag{6-18}$$

式中:σ 为黑体辐射常数,5.67×10^{-8} W/(m² · K⁴);C_0 为黑体辐射系数,5.67 W/(m² · K⁴)。

该式可由普朗克定律及辐射力与光谱辐射力的关系式导出,推导如下:

$$E_b = \int_0^\infty E_{b\lambda} d\lambda = \int_0^\infty \frac{c_1 \lambda^{-5}}{e^{c_2/(\lambda T)} - 1} d\lambda \tag{6-19}$$

令 $x = c_2/(\lambda T)$,则

$$d\lambda = \frac{-c_2}{T x^2} dx \tag{6-20}$$

代入得:

$$E_b = \frac{c_1}{c_2^4} T^4 \int_0^\infty \frac{x^3}{e^x - 1} dx \tag{6-21}$$

其中:

$$\int_0^\infty \frac{x^3}{e^x - 1} dx = \int_0^\infty x^3 \left[\sum_{n=1}^\infty e^{-nx}\right] dx = \sum_{n=1}^\infty \int_0^\infty x^3 e^{-nx} dx = \sum_{n=1}^\infty \frac{3!}{n^4} = \frac{\pi^4}{15} \tag{6-22}$$

所以:

$$E_b = \frac{\pi^4 c_1}{15 c_2^4} T^4 = \sigma T^4 \tag{6-23}$$

2. 黑体辐射能按波段的分布

对于在某个特定波段范围内的黑体辐射能,例如从波长为零到波长为 λ,可进行如下积分:

$$E_{b(0-\lambda)} = \int_0^\lambda E_{b\lambda} d\lambda \tag{6-24}$$

这份能量在黑体辐射力中所占的百分数为

黑体辐射函数表

$$F_{b(0-\lambda)} = \frac{\int_0^\lambda E_{b\lambda} d\lambda}{\sigma T^4} = \int_0^\lambda \frac{c_1 (\lambda T)^{-5}}{e^{c_2/(\lambda T)} - 1} \frac{1}{\sigma} d(\lambda T) = f(\lambda T) \tag{6-25}$$

该式称为黑体辐射函数,根据给定的 λT 值中容易地找出相对应的黑体辐射函数值。同时,由黑体辐射函数,任意两个波长 λ_1、λ_2 之间的黑体辐射能可容易地得出:

$$E_{b(\lambda_1-\lambda_2)} = F_{b(\lambda_1-\lambda_2)} E_b = (F_{b(0-\lambda_2)} - F_{b(0-\lambda_1)}) E_b \tag{6-26}$$

6.2.4 兰贝特定律

1. 兰贝特定律(余弦定律)

黑体的定向辐射强度是一个常量,与空间方向无关。这就是黑体辐射的兰贝特(Lambert)定律。该式同时表明,黑体单位面积辐射出去的能量按空间纬度角 θ 的余弦规律变化:在垂直于该表面的方向最大,在平行于该表面的方向为零。因此,兰贝特定律也称为余弦定律。

2. 兰贝特定律与斯特藩-玻尔兹曼定律的关系

根据黑体辐射力的定义及式(6-11),黑体的辐射力可写成:

$$E_b = \int_{\Omega=2\pi} \frac{d\Phi(\theta)}{dA} d\Omega = I_b \int_{\Omega=2\pi} \cos\theta d\Omega = I_b \int_0^{2\pi} d\varphi \int_0^{\pi/2} \sin\theta \cos\theta d\theta = I_b \pi \tag{6-27}$$

此式表明,黑体的辐射力是其定向辐射强度的 π 倍。

【例 6-1】

试分别计算温度为 2 500 K 和 5 700 K 的黑体的最大单色辐射力所对应的波长 λ_m。

题解

分析:此题可直接应用维恩位移定律计算。

计算:

$T = 2\ 500$ K 时, $\lambda_m = \dfrac{2.9 \times 10^{-3}\ \text{m} \cdot \text{K}}{2\ 500\ \text{K}} = 1.16 \times 10^{-6}\ \text{m} = 1.16\ \mu\text{m}$

$T = 5\ 700$ K 时, $\lambda_m = \dfrac{2.9 \times 10^{-3}\ \text{m} \cdot \text{K}}{5\ 700\ \text{K}} = 5.087\ 7 \times 10^{-7}\ \text{m} = 508.77\ \text{nm}$

【例 6-2】

一黑体置于室温为 25 ℃的厂房中。试求在热平衡条件下黑体表面的辐射力。如果将黑体加热到 325 ℃,它的辐射力为多少?

题解

分析:题中热平衡即指黑体表面的温度与环境温度相同,即 25 ℃。

计算:根据公式(6-18),辐射力为

$$E_b = C_0 \left(\frac{T_1}{100}\right)^4 = 5.67\ \text{W}/(\text{m}^2 \cdot \text{K}^4) \times \left(\frac{25+273}{100}\right)^4 \text{K}^4 = 447.144\ 7\ \text{W}/\text{m}^2$$

325 ℃黑体的辐射力为

$$E_{b2} = C_0 \left(\frac{T_2}{100}\right)^4 = 5.67 \text{ W/(m}^2 \cdot \text{K}^4) \times \left(\frac{325+273}{100}\right)^4 \text{K}^4 = 7\,250.8 \text{ W/m}^2$$

6.3 实际物体的辐射与吸收

黑体是研究热辐射的标准物体,但对于实际物体(固液气),其辐射特性并不像黑体那样简单直接。衡量物体的辐射特性还需要在同黑体作比较的基础上开展,其辐射特性、吸收特性都会受到各种各样因素的影响。本节先针对固体与液体的辐射和吸收特性展开叙述。

6.3.1 实际物体的辐射

1. 定向光谱发射率、定向发射率、半球光谱发射率、半球总发射率

实际物体的发射特性较为复杂,图 6-9 所示为实验测定与电磁理论分析所得到的金属的定向发射率随 θ 角的变化情况,其中 n 为物体的折射率。根据前文对于黑体性质的分析,我们知道物体的辐射力会随着发射波长有着明显变化,所以实际物体的发射特性与发射角度、波长和发射源温度有着很大关系。

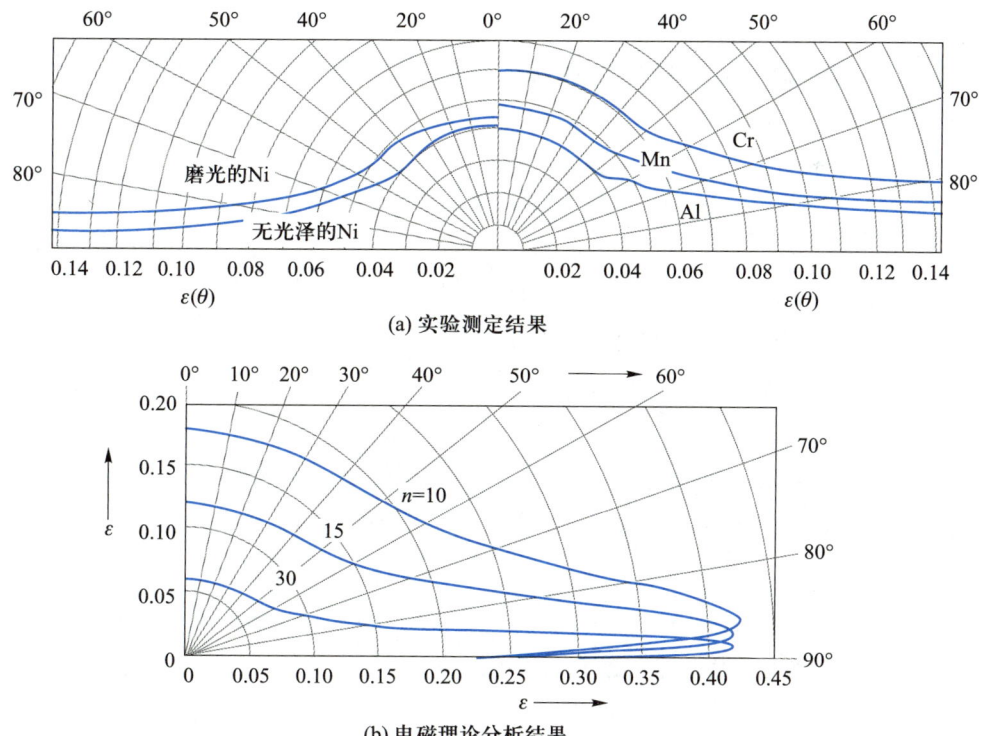

图 6-9 各种金属的定向发射率

这里可以定义一个与标准黑体有关的比值——定向光谱发射率。该比值与发射角度、波长和热源温度均有关系,定义式如下:

$$\varepsilon(\lambda,\theta,\varphi,T) = \frac{I_e(\lambda,\theta,\varphi,T)}{I_b(\lambda,T)} \tag{6-28}$$

I_b 表示黑体在特定条件下的辐射强度,I_e 表示实际物体在特定条件下的辐射强度。光谱定向发射率是最基本的量,但在工程实际中,往往需要积分后的更为直观的物理量。所以对该物理量在不同维度上积分,可以得到诸如定向光谱发射率、定向发射率、半球光谱发射率、半球总发射率等,下面将一一介绍。

如果着重于发射率在空间角度上的变化,则可以对全波段进行积分,得到定向发射率

$$\varepsilon(\theta,\varphi,T) = \frac{I_e(\theta,\varphi,T)}{I_b(T)} = \frac{\int_{\lambda_0}^{\lambda_1} I_e(\lambda,\theta,\varphi,T)\mathrm{d}\lambda}{\int_{\lambda_0}^{\lambda_1} I_b(\lambda,T)\mathrm{d}\lambda} \tag{6-29}$$

如果着重于关注发射率随波长的变化情况,而忽略在空间角度上的变化,则可以仅对两个方位角进行积分,进而得到半球光谱发射率,其中 E_b 与 E_e 分别表示黑体与实际物体的光谱辐射力。

$$\varepsilon(\lambda,T) = \frac{E_e(\lambda,T)}{E_b(\lambda,T)} = \frac{\int_0^{2\pi}\int_0^{\frac{\pi}{2}} I_e(\lambda,\theta,\varphi,T)\cos\theta\sin\theta\mathrm{d}\theta\mathrm{d}\varphi}{\int_0^{2\pi}\int_0^{\frac{\pi}{2}} I_b(\lambda,T)\cos\theta\sin\theta\mathrm{d}\theta\mathrm{d}\varphi} \tag{6-30}$$

如果仅关注半球上总发射率的大小,而对空间角度和波长并无要求时,则可以在波长、方位角上均积分,得到半球总发射率

$$\varepsilon(T) = \frac{E_e(T)}{E_b(T)} = \frac{\int_{\lambda_0}^{\lambda_1}\int_0^{2\pi}\int_0^{\frac{\pi}{2}} I_e(\lambda,\theta,\varphi,T)\cos\theta\sin\theta\mathrm{d}\theta\mathrm{d}\varphi\mathrm{d}\lambda}{\int_{\lambda_0}^{\lambda_1}\int_0^{2\pi}\int_0^{\frac{\pi}{2}} I_b(\lambda,T)\cos\theta\sin\theta\mathrm{d}\theta\mathrm{d}\varphi\mathrm{d}\lambda} \tag{6-31}$$

进一步简化后,代入斯特藩-玻尔兹曼定律得到

$$\varepsilon(T) = \frac{E_e(T)}{E_b(T)} = \int_{\lambda_0}^{\lambda_1} \frac{\varepsilon(\lambda,T)E_b(\lambda,T)\mathrm{d}\lambda}{\sigma T^4} \tag{6-32}$$

从式(6-32)可以发现,实际物体的辐射力 E_e 总是小于同温度下黑体的辐射力 E_b,二者之比即为实际物体的发射率(习惯上称为黑度)。因此,实际物体的辐射力可表示为

$$E_e = \varepsilon E_b = \varepsilon\sigma T^4 = \varepsilon C_0\left(\frac{T}{100}\right)^4 \tag{6-33}$$

工程实践中经常会使用漫射体的概念来简化实际物体的发射,漫射体的定向发射率在极坐标中是半径小于 1 的半圆,如图 6-10 所示。

2. 影响发射率的因素

实际物体表面发射率的研究十分复杂,其受到诸如因素的影响。表 6-1 中列举了一些典型

材料的法向发射率（$\theta,\varphi=0°$），其中显示了材料种类、表面状况和自身温度对法向发射率造成的影响。

同为 20 ℃ 的木材与油毛毡,木材的法向发射率在 0.8~0.82,而油毛毡则较高为 0.94;但相同温度的油毛毡和抹灰的墙,法向发射率较相近均为 0.94,可见材料种类并不是决定性因素,并不能单纯认为材料不同则发射率必然不同。材料种类相同时,磨光的铜和氧化的铜在相近温度下,发射率从 0.03 升至 0.6~0.7,变化巨大。磨光的铝发射率较低,仅 0.04~0.06,而严重氧化的铝在 50~500 摄氏度时法向发射率却升至 0.2~0.3,因此表面的磨损状况粗糙程度也是决定发射率的重要原因。温度的升高会引起实际物体物性的变化,同样对发射率有着一定影响。另外通过数据可以看出,非金属材料的发射率值一般比金属材料高,且和表面状况的关系不大。

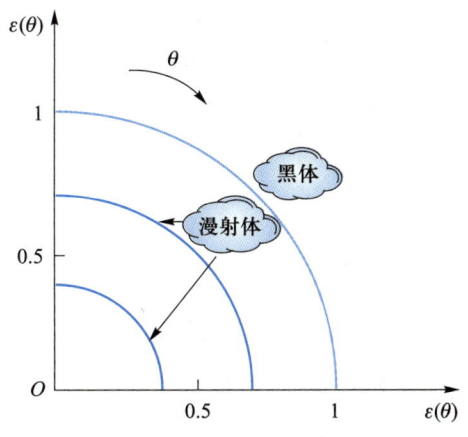

图 6-10　黑体与漫射体定向发射率

表 6-1　常用材料表面法向发射率

材料类别和表面状况	温度/℃	法向发射率 ε
磨光的铬	150	0.058
铬镍合金	52~1 034	0.64~0.76
灰色、氧化的铅	38	0.28
镀锌的铁皮	38	0.23
具有光滑的氧化层表皮的钢板	20	0.82
氧化的钢	200~600	0.8
磨光的铁	400~1 000	0.14~0.38
氧化的铁	125~525	0.78~0.82
磨光的铜	20	0.03
氧化的铜	50	0.6~0.7
磨光的黄铜	38	0.05
无光泽的黄铜	38	0.22
磨光的铝	50~500	0.04~0.06
严重氧化的铝	50~500	0.2~0.3
磨光的金	200~600	0.02~0.03

续表

材料类别和表面状况	温度/℃	法向发射率 ε
磨光的银	200~600	0.02~0.03
石棉纸	40~400	0.94~0.93
耐火砖	500~1 000	0.8~0.9
红砖(粗糙表面)	20	0.88~0.93
玻璃	38,85	0.94
木材	20	0.8~0.82
碳化硅涂料	1 010~1 400	0.82~0.92
上釉的瓷件	20	0.93
油毛毡	20	0.93
抹灰的墙	20	0.94
灯黑	20~400	0.95~0.97
锅炉炉渣	0~1 000	0.97~0.70
各种颜色的油漆	100	0.92~0.96
雪	0	0.8
水(厚度大于 0.1 mm)	0~100	0.96

3. 实际物体的吸收

实际物体不光有自身的发射还有对投入辐射的吸收。单位时间内从外界投入物体单位表面积上的辐射能称为投入辐射,因此物体对投入辐射所吸收的百分数称为该物体的吸收率。实际物体的吸收率 α 的大小主要取决于两方面的因素:吸收物体自身的属性和投入辐射的特性。吸收物体自身的属性类似于影响发射率的因素,有材料种类,表面状态和自身温度。吸收率高的物体具有更强的吸收投入辐射的能力,吸收率的大小也与方向、波长有关,因此同样可以引入定向光谱吸收率、光谱半球吸收率和半球总吸收率。

首先是最基本的物理量——光谱方向吸收率,其定义如下:

$$\alpha(\lambda,\theta,\varphi) = \frac{I_a(\lambda,\theta,\varphi)}{I_0(\lambda,\theta,\varphi)} \tag{6-34}$$

式中:I_a 表示实际物体吸收的辐射强度;I_0 表示投入辐射的强度。

如果着重于研究吸收率随入射波长的变化,则沿着方位角积分后可以得到光谱半球发射率

$$\alpha(\lambda) = \frac{\int_0^{2\pi}\int_0^{\frac{\pi}{2}} I_a(\lambda,\theta,\varphi)\cos\theta\sin\theta \mathrm{d}\theta\mathrm{d}\varphi}{\int_0^{2\pi}\int_0^{\frac{\pi}{2}} I_0(\lambda,\theta,\varphi)\cos\theta\sin\theta \mathrm{d}\theta\mathrm{d}\varphi} \tag{6-35}$$

如果将实际物体看作漫射体,则可以按照其漫射性质,在 θ 或者 φ 上进一步简化上式。另一方面,如果着重于关心该物体半球上总的吸收率,则需要进一步积分得到半球总发射率

$$\alpha(\lambda) = \frac{\int_{\lambda_0}^{\lambda_1}\int_0^{2\pi}\int_0^{\frac{\pi}{2}} I_e(\lambda,\theta,\varphi,T)\cos\theta\sin\theta \mathrm{d}\theta\mathrm{d}\varphi\mathrm{d}\lambda}{\int_{\lambda_0}^{\lambda_1}\int_0^{2\pi}\int_0^{\frac{\pi}{2}} I_b(\lambda,T)\cos\theta\sin\theta \mathrm{d}\theta\mathrm{d}\varphi\mathrm{d}\lambda} = \frac{E_{abs}}{E} \tag{6-36}$$

式中:E_{abs} 与 E 分别代表物体吸收的辐射力与投入辐射力。如果已知投入辐射源自一个理想黑体,则可以将 E 替换成 E_b,则可以直接利用斯特藩-玻尔兹曼定律计算。

实际物体的光谱吸收率通常随波长变化有着较大变化,这种特性被称为物体的选择性吸收。在工业和农业生产中常利用这种选择性吸收来达到一定的目的,例如植物与蔬菜栽培过程中使用的暖房就利用了玻璃对辐射能吸收的选择性,暖房中的物体温度较低,根据维恩位移定律,较低温度的辐射多集中在长波段(如大于 3 μm 的红外波段),而玻璃在长波段的透射能力很弱,从而有效地抑制了辐射能向暖房外流失;而当太阳光照射到玻璃上时,由于玻璃对可见光到近红外波段的辐射能透射能力强,从而使得太阳辐射能可以进入暖房。在白天太阳的辐射能够加热暖房里的温度,而晚上虽然外界环境温度低,但玻璃有效抑制了热量散射,使得暖房里的植物能够安稳地度过寒冷夜晚。

6.3.2 灰体的概念

虽然物体的选择性吸收能够实现一些新式的如探测、保温等方面应用,但在实际工程中,物体吸收率与投入辐射相关这一特性给辐射传热的计算带来很大的不便。在前文中提到的漫射体(一种发射率与方向无关的物体)是一种合理的工程假设,对于物体的吸收率,不妨也假定物体的光谱吸收率与波长无关,即 $\alpha(\lambda)=$ 常数。换句话说,这时物体的吸收率只取决于本身的情况而与外界情况无关。这种物体被称为灰体(gray body)。

$$\alpha = \alpha(\lambda) = 常数 \tag{6-37}$$

类似漫射体和黑体,灰体也是一种理想物体。灰体是一种工程上的合理简化,因为对工程计算而言,不要求全波段都满足灰体特性。在工程常见的温度、波长范围内,许多工程材料都满足光谱吸收率基本与波长无关这一特性,也就是说可以将其看作是灰体,这种简化处理给辐射传热分析计算带来很大的方便。

6.3.3 吸收率与发射率的关系——基尔霍夫定律

1. 热平衡条件下的相互关系

发射率和吸收率这两种物质的特性并不是互相孤立的,基尔霍夫定律揭示了实际物体的发射率与吸收率之间的联系,在一定条件下,吸收率和发射率是相等的。

假定图 6-11 中所示的两块平行平板相距很近,从一块板发出的辐射能全部落到另一块

板上。若板 1 为黑体表面,其辐射力、吸收率和表面温度分别 E_b、α_b 和 T_1。板 2 为任意物体的表面、其辐射力、吸收率和表面温度分别为 E、α 和 T_2。现在考察板 2 的能量收支差额。板 2 自身单位面积在单位时间内发射出的能量为 E,这份能量投射在黑体表面 1 上时被全部吸收。同时,黑体表面 1 辐射出的能量为 E_b。能量落到板 2 上时,只被吸收 αE_b,其余部分 $(1-\alpha)E_b$ 被反射回板 1,并被黑体表面 1 全部吸收。板 2 支出与收入的差额即为两板间辐射传热的热流密度

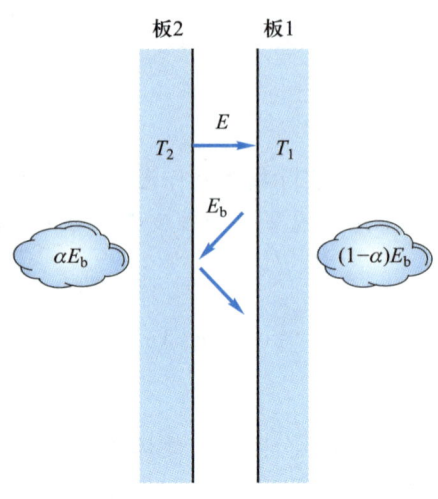

$$q = E - \alpha E_b \qquad (6-38)$$

当体系处于 $T_1 = T_2$ 的状态,即处于热平衡条件下时,$q = 0$,于是上式变为

$$\frac{E}{\alpha} = E_b \qquad (6-39)$$

图 6-11 基尔霍夫定律推导模型

把这种关系推广到任意物体时,可写出如下的关系式:

$$\frac{E_1}{\alpha_1} = \frac{E_2}{\alpha_2} = \cdots = E_b \qquad (6-40)$$

$$\alpha = \frac{E}{E_b} = \varepsilon \qquad (6-41)$$

式(6-40)可以总结为:在热平衡条件下,任何物体的自身辐射和它对来自黑体辐射的吸收率的比值,恒等于同温度下黑体的辐射力。式(6-41)可简述为:热平衡时,任意物体对黑体投入辐射的吸收率等于同温度下该物体的发射率。

2. 漫射灰体吸收率和发射率的关系

基尔霍夫定律建立了热平衡条件下,物体与黑体间辐射换热存在的吸收率和发射率的联系。但实际生活中,自然界中的各种辐射仅有少部分来自黑体,基尔霍夫定律看似并没有多大作用。但如果引入先前的两个假设:漫射体和灰体,统称为漫射灰体,其发射率不随方向变化,吸收率不随波长变化,基尔霍夫定律的适用范围便被显著拓宽了。

首先,假定某个漫射灰体同假想的黑体处于热平衡状态,根据基尔霍夫定律其发射率与吸收率相等。此时移开黑体,允许其他不同温度的非黑体的辐射射入,此时漫射灰体仍保持自身温度不变。漫射灰体的发射率不随方向变化是一个仅和自身有关的物性,其吸收率不随波长变化且在一定温度下是一个常数。温度不变的漫射灰体发射出的能量应等于吸收的能量,即仍保持同温度下的吸收率等于发射率。总之,不论研究对象是否与其他物质或者环境处于热平衡状态,也不论其他物质是否为黑体,对于漫灰体而言总吸收率应恒等于总发射率。这个结论对辐射传热计算带来了本质上的简化,建立了实际物体吸收率和发射率的关系,使得工程当中的辐射计算更为便捷。

在多数情况下,物体均可视作灰体,根据热辐射基尔霍夫定律,辐射能力越大的物体,其吸收能力也越大。因此可知,同温度下黑体的辐射力最大。此外基尔霍夫定律根据适用条件也分三

个层次,见表 6-2,每个层次也对应不同的限制条件。图 6-12 定性地做出灰体和实际物体的光谱辐射力随波长的变化,光谱吸收率与光谱发射率是相等的,因此对于漫射的灰体,在一定温度下,光谱发射比 $\varepsilon(\lambda)$ 也与波长无关,是个常数。

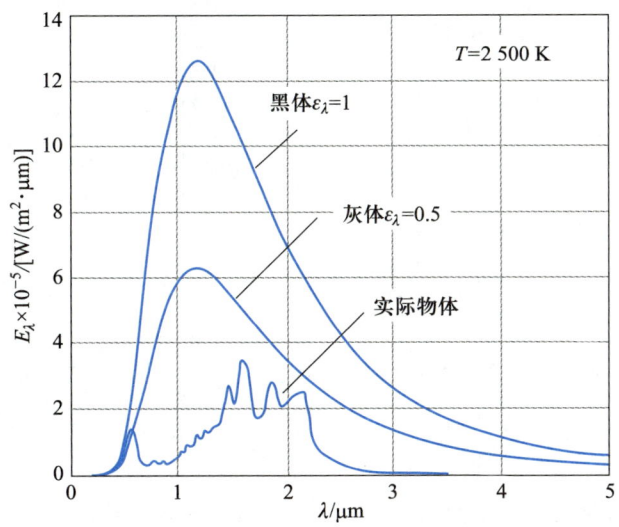

图 6-12 物体的光谱辐射力示意图

表 6-2 基尔霍夫定律三个层次表达式

层次	数学表达式	成立条件
光谱,定向	$\varepsilon(\lambda,\phi,\theta,T)=\alpha(\lambda,\phi,\theta,T)$	无条件,θ 为纬度角
光谱,半球	$\varepsilon(\lambda,T)=\alpha(\lambda,T)$	漫射表面
全波段,半球	$\varepsilon(T)=\alpha(T)$	与黑体辐射处于热平衡或漫灰表面

【例 6-3】

试计算温度处于 1 010 ℃ 的碳化硅涂料表面的辐射力。

题解

分析:碳化硅涂料是非导体,可取 $\varepsilon=\varepsilon_n$。

计算:由表格 6.1 可查得,碳化硅涂料在 1 010 ℃ 时的 $\varepsilon_n=0.82$,即 $\varepsilon=0.82$。按照式(6-33),其辐射力为

$$E_e = \varepsilon C_0 \left(\frac{T}{100}\right)^2$$

$$= 0.82 \times 5.67\,\frac{\text{W}}{\text{m}^2 \cdot \text{K}^4} \times \left(\frac{1\,010+273}{100}\right)^4 \text{K}^4$$

$$= 125.98 \times 10^3\ \text{W/m}^2 = 125.98\ \text{kW/m}^2$$

【例 6-4】

实验测得 2 500 K 的钨丝法向单色发射率如图 6-13 所示,试计算其辐射力及发光效率。

题解

分析: 设钨丝表面为漫射表面,半球空间内的总辐射力可通过发射率 ε 而确定。ε 与光谱发射率之间有如下关系:

$$\varepsilon = \frac{\int_0^2 \varepsilon(\lambda) E_{b\lambda} d\lambda + \int_2^\infty \varepsilon(\lambda) E_{b\lambda} d\lambda}{E_b}$$

$$= \varepsilon_{\lambda_1} \frac{\int_0^2 E_{b\lambda} d\lambda}{E_b} + \varepsilon_{\lambda_2} \frac{\int_2^\infty E_{b\lambda} d\lambda}{E_b} = \varepsilon_{\lambda_1} F_{b(0-2)} + \varepsilon_{\lambda_2}(1 - F_{b(0-2)})$$

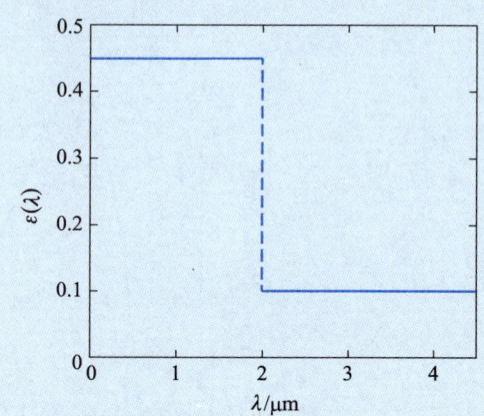

图 6-13 例 6-4 题图

计算: $\lambda_1 T = 2 \times 10^{-6}$ m $\times$ 2 500 K = 5 000 μm·K, $F_{b(0-2)} = 0.634\ 1$

$$\varepsilon = 0.45 \times 0.634\ 1 + 0.1 \times (1 - 0.634\ 1) = 0.322$$

$$E = \varepsilon E_b = 0.322 \times \frac{5.67\ \text{W}}{\text{m}^2 \cdot \text{K}^4} \times \left(\frac{2\ 500}{100}\right)^4 \text{K}^4 = 7.13 \times 10^5\ \text{W/m}^2$$

取可见光的波长范围为 0.38~0.76 μm,则 $\lambda_1 T = 950$ μm·K, $\lambda_2 T = 1\ 900$ μm·K。根据黑体辐射函数表(P178 二维码),近似地可取 $F_{b(0-0.38)} = 0.000\ 3$, $F_{b(0-0.76)} = 0.052\ 1$。于是在可见光范围内发出的能量 ΔE 为

$$\Delta E = (0.052\ 1 - 0.000\ 3) \times 0.45 \times \frac{5.67\ \text{W}}{\text{m}^2 \cdot \text{K}^4} \times \left(\frac{2\ 500}{100}\right)^4 \text{K}^4 = 5.16 \times 10^4\ \text{W/m}^2$$

发光效率为

$$\eta = \frac{\Delta E}{E} = \frac{5.16 \times 10^4\ \text{W/m}^2}{7.13 \times 10^5\ \text{W/m}^2} = 0.072\ 4 = 7.24\%$$

6.4 气体辐射特性和太阳辐射

工业生产和日常生活中,气体辐射的影响无处不在。高温发动机内部、化工合成罐内部和日常的气象观测都需要对不同气体的辐射吸收情况进行研究。本节从二氧化碳和水蒸气的辐射吸收性质出发,归纳总结针对气体的辐射特性衡量方法。

6.4.1 气体辐射特性

气体辐射不同于固体和液体辐射,它们具有如下两个特点:

首先,气体不是灰体,气体辐射对波长有强烈的选择性。任何物质的分子内部都存在着多种运动,如内部电子的运动、原子相互之间的振动和分子作为整体的运动,这些运动使得分子存在不同的能级,外界辐射的能量恰好满足能级间的跃迁时就会发生吸收。而气体分子因为相互之

间距离很远,表现出来的宏观特性就更加明显。气体分子往往只在特定波长范围内有着辐射能力和吸收能力。例如,臭氧几乎能全部吸收波长小于 $0.3~\mu m$ 的紫外线,因而大气层上部的臭氧层能保护地球生物不受紫外线的伤害;作为温室气体的二氧化碳,其主要吸收波段有三段:$2.65 \sim 2.8~\mu m$、$4.15 \sim 4.45~\mu m$、$13.0 \sim 17.0~\mu m$,这使得地面辐射难以透过大气投射到宇宙中,如果温室气体含量过多,地面的辐射散热就会被严重抑制,整个地球的温度因此上升;此外水蒸气的主要吸收波段也有三段:$2.55 \sim 2.84~\mu m$、$5.6 \sim 7.6~\mu m$、$12 \sim 30~\mu m$。图 6-14 为二氧化碳和水蒸气的主要吸收波段示意图。其主要辐射或者吸收部分均处于红外波段。

气体辐射的另一个性质是气体的辐射和吸收并非表面性质,发生的辐射和吸收是在整个容积中进行的。在充满气体的容器内,无论辐射从哪个方向传播,在其途径上均发生了辐射或吸收情况。如果研究容器中某一部分的辐射吸收情况,需要考虑整个容器带来的影响,如容器的大小、形状和边壁特性等,容器对辐射吸收的影响会在 6.5 节中具体介绍。此外辐射路径中无时无刻不在发生着发射、吸收和散射现象,这些现象会将路径周边的气体卷入辐射的研究中。因此如果要全面的研究气体容器中的辐射现象,还需要建立更加复杂的模型,这些会在之后的辐射传递方程章节进行介绍。

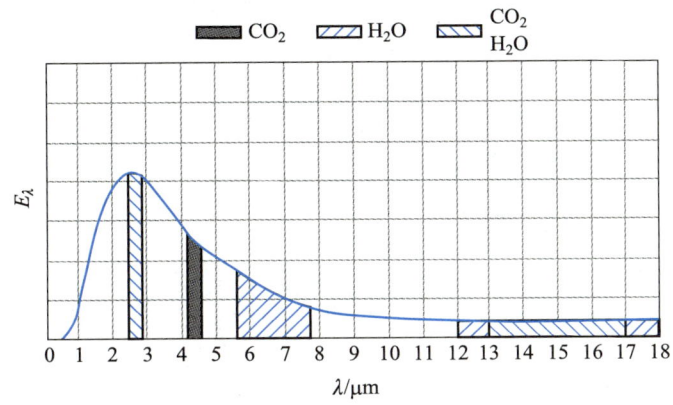

图 6-14 CO_2 和 H_2O 主要吸收波段示意图

6.4.2 水蒸气、二氧化碳的发射率与吸收率

影响气体发射率和吸收率的因素非常多,需要提取出关键影响因素并建立完整的气体发射率与吸收率理论体系。在工程应用中大多数情况下只关心辐射能力的总和即总辐射力的大小,这使得可以暂时忽略光谱辐射力的变化,只需要研究某温度下气体总发射率的变化。由于气体辐射的容积特点,容积的形状大小对于气体辐射也有一定影响,因此在建立研究体系中应当考虑容器效应。此外还有气体分子密度、气体温度等因素,会在接下来的内容中进行讨论。

1. 平均射线程长

由于气体具有容积辐射的特点,其辐射能力的大小与所处容器和研究的位置有关。需要根据容器的形状和研究部分所处的位置制定描述辐射路径的参数。以一个半球体为例,研究对象为位于球心的一微元面,研究内容为半球内、气体对于球心微元面 dA 的辐射。因为位于半球体球心,所以各方向上的射线行程相同,其示意图如图 6-15 所示。如

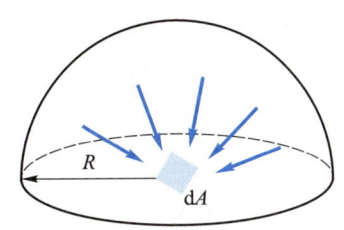

图 6-15 半球内气体对球心辐射示意图

果半球体内气体的温度、压力等与实际研究对象所处的温度压力相同,则认为球心微元面的辐射情况等于实际研究对象的辐射情况,这种方法称为当量半球法。当量半球法只是一种简单近似,而对于其他典型气体容积有更精确的公式,见表6-3。而在简单处理时,任意几何形状的气体对整个包壁辐射的平均射程行程可按式6-42计算。式中:V 为气体容积,m^3;A 为包壁面积,m^2。

$$s = 3.6 \frac{V}{A} \tag{6-42}$$

表 6-3　气体辐射的平均射线程长

气体容积的形状	特性尺度	受气体辐射的位置	平均射线程长
球	直径 d	整个包壁或壁上的任何地方	$0.6d$
立方体	边长 b	整个包壁	$0.6b$
高度等于底圆直径的圆柱体	底圆直径 d	底面圆心 整个包壁	$0.77d$ $0.6d$
两无限大平行板之间	平板间距 H	平板	$1.8H$
无限长圆柱	底圆直径 d	整个包壁	$0.9d$
高度等于底圆直径两倍的圆柱	底圆直径 d	上下底面 侧面 整个包壁	$0.6d$ $0.76d$ $0.73d$
相对尺寸为 1×1×4 的正方柱	短边 b	1×4 表面 1×1 表面 整个包壁	$0.82b$ $0.78b$ $0.81b$
位于叉排或顺排管束间的气体	节距 s_1, s_2 外直径 d	管束表面	$0.9d\left(\dfrac{4s_1 s_2}{\pi d^2} - 1\right)$

2. 发射率

平均射程长考虑了容积效应,而气体对容器壁的平均辐射力或对器壁上某一指定地点的辐射力同样受气体的温度、成分和沿途吸收性气体分子数目等因素所影响。沿途气体分子数可用气体分压力 p 和平均射线程长 s 的乘积 ps 来表示,于是

$$\varepsilon_g = f(T_g, ps) \tag{6-43}$$

因为对于水蒸气除了综合参量 $p_{H_2O}s$ 影响气体发射率外,还有 p_{H_2O} 的单独影响。为了处理上的方便,就先把在一定 T_g、$p_{H_2O}s$ 条件下 p_{H_2O} 的单独影响按实验结果外推到 p_{H_2O} 为零的极限状况,作为绘制 $\varepsilon_{H_2O}^* = f(T_g, p_{H_2O}s)$,$p = 10^5$ Pa 图线的依据。总压力 $p \neq 10^5$ Pa 以及 p_{H_2O} 的单独影响则引进系数 C_{H_2O} 予以修正。于是水蒸气的发射率 ε_{H_2O} 为

$$\varepsilon_{H_2O} = C_{H_2O} \varepsilon_{H_2O}^* \tag{6-44}$$

同样,二氧化碳的发射率 ε_{CO_2} 由式(6-37)确认

$$\varepsilon_{CO_2} = C_{CO_2} \varepsilon_{CO_2}^* \tag{6-45}$$

当气体中同时存在水蒸气和二氧化碳两种成分时,两种气体波段重叠部分会产生误差,需要引入修正量。气体发射率由下式计算:

$$\varepsilon_g = C_{H_2O}\varepsilon^*_{H_2O} + C_{CO_2}\varepsilon^*_{CO_2} - \Delta\varepsilon \tag{6-46}$$

3. 吸收率

以上的讨论总结出含有二氧化碳和水蒸气的气体对容器包壁辐射的发射率计算方法。另一方面,混合气体不仅发射热辐射,也会吸收来自外界或者壁面的投射辐射气体。因为气体辐射有着极强的选择性,不能把它作为灰体,而且气体弥漫于整个容器中,与容器壁面有着换热且内部的温度不一定均衡,不处于热平衡状态,所以气体吸收比 α_g 不等于发射率 ε_g,此时基尔霍夫定律不再适用。类似于发射率的计算方法,可以写出水蒸气和二氧化碳共存的混合气体对黑体外壳辐射的吸收比

$$\alpha_g = C_{H_2O}\alpha^*_{H_2O} + C_{CO_2}\alpha^*_{CO_2} - \Delta\alpha \tag{6-47}$$

其中 T_w 为气体外壳的壁面温度,其中 $\alpha^*_{H_2O}$、$\alpha^*_{CO_2}$、$\Delta\alpha$ 用经验公式处理为

$$\alpha^*_{H_2O} = [\varepsilon^*_{H_2O}]_{T_w, p_{H_2O}s}\left(\frac{T_w}{T_g}\right)\left(\frac{T_g}{T_w}\right)^{0.45} \tag{6-48}$$

$$\alpha^*_{CO_2} = [\varepsilon^*_{CO_2}]_{T_{CO_2}, p_{CO_2}s}\left(\frac{T_w}{T_g}\right)\left(\frac{T_g}{T_w}\right)^{0.65} \tag{6-49}$$

$$\Delta\alpha = [\Delta\varepsilon]_{T_w} \tag{6-50}$$

6.4.3 太阳与环境辐射

1. 太阳辐射

与太阳相关的数据

太阳是太阳系中心的恒星,其直径大概为 1.392×10^6 km,是地球的109倍。从化学组成来看,太阳质量的大约四分之三是氢,剩下的几乎都是氦,包括氧、碳、氖、铁和其他的重元素质量少于2%。太阳内部和表面不断进行着核聚变反应,产生极高温的气体覆盖在太阳表面,这些高温气体同时向宇宙中发射热辐射。根据黑体辐射定律,太阳表面发射的辐射近似于温度为 5 762 K 黑体的对外辐射,因此其99%的能量集中在波长 0.2~2.5 μm 的短波区域,最大能量位于 0.48 μm 波长处,可见光区域占太阳辐射总能量的约50%,红外区占约43%,紫外区的太阳辐射能很少,只占总量的约7%。虽然日地平均距离达 1.5×10^{11} m,太阳发出的能量大约只有二十二亿分之一能够到达地球大气层的范围,但每日辐射到地球表面的能量仍然十分可观,在地球大气层上界,大约是 1 367 W/m²。在穿过大气层后,有30%被大气层反射,23%被大气层吸收,其余才能到达地表,换句话说太阳每秒钟照射到地球上的能量就相当于燃烧 600 万吨煤所释放的热量。此外被大气吸收的太阳能也并非完全散失掉了,其中一部分转变为了风能或其他能源。因此太阳能的合理利用将是解决能源问题的有效途径之一。

图 6-16 展示了 5 762 K 黑体辐射谱、大气层外缘和到地面的太阳辐射光谱。到达地球大气层外缘的能量(即太阳的入射能),具有如图 6-16 中位置较高的实线所示的光谱特性,它近似于温度为 5 762 K 的黑体辐射。而穿过大气层后,因为气体的强选择性吸收,一些波段的能量显著下降,因此达到地面的能量谱会显得起起伏伏。此外日地间的距离在一年中是有变化的,在日地平均距离处,据测定,大气层外缘与太阳射线相垂直的单位表面积所接受到的太阳辐射能为 $(1\ 367\pm6)$ W/m²,此值称为太阳常数记为 S_c,它与地理位置或一天中的时间无关。实际上,大气层外缘水平面上每单位面积接受到的太阳投入辐射为

$$G_{s,o} = S_c f \cos\theta \tag{6-51}$$

式中:f 是日地距离修正系数,是由地球公转轨道为椭圆导致的,f 的取值一般在 $0.97 \sim 1.03$;θ 是太阳光入射方向与该地法线方向的夹角。

太阳能集热板与最佳倾斜角

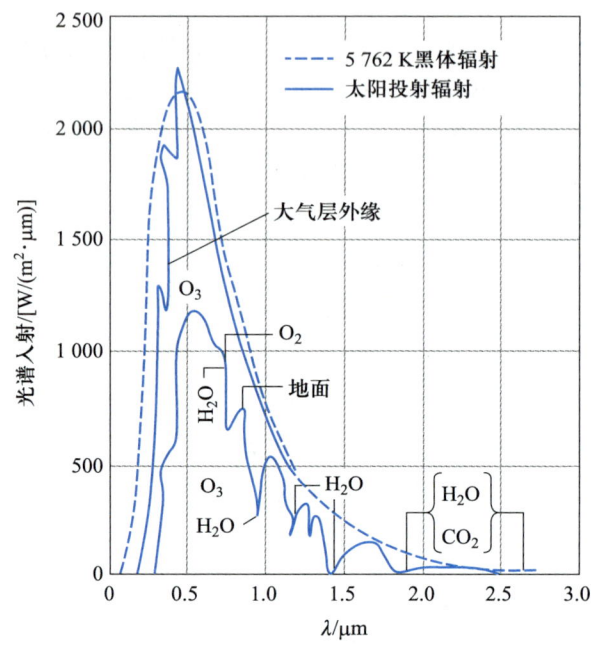

图 6-16 太阳辐射中的光谱分布

2. 大气衰减

大气层是受到星球引力作用而聚拢在星球表面的一层气体(图 6-17),这些气体的含量与星球的诞生过程有关。金星和火星的行星大气主要的组成是二氧化碳,木星大气层是太阳系内最大的行星大气层,主要由和太阳的比例大致相同的氢和氦构成,而地球因为生物对大气层的改造,地球大气层包含大约 78.08% 的氮和 20.95% 的氧,0.247% 的水蒸气、0.93% 的氩、0.038% 的二氧化碳和微量的氢、氦以及其他的"惰性气体"。受全球各地自然环境和人类活动的影响,气体具体的成分占比不尽相同。这些气体使得太阳辐射在穿过大气层时要受到大气层的两种削弱作用。第一种是大气层中的具有部分吸收能力的气体的吸收,如臭氧,水蒸气、二氧化碳、各种 CFC 气体等。臭氧含量较少,但是对紫外线的削弱特别明显,而在可见光的范围内主要是臭氧与氧气的吸收,在红外的范围内则主要是水蒸气与二氧化碳的吸收。第二种为散射。散射就是指对太阳投入辐

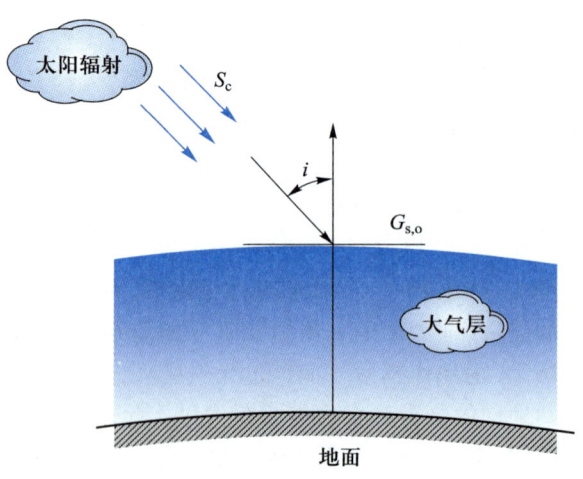

图 6-17 大气层外缘得到的太阳辐射

射的重新辐射,从散射类型上可分为瑞利(Rayleigh)散射与米(Mie)散射两种。瑞利散射是半径比光或其他电磁辐射的波长小很多的微小颗粒(例如单个原子或分子)对入射光束的散射,散射光强与波长的四次方成反比,与粒子的形状关系不大,而米散射则可以解释粒子与入射电磁波波长相当的散射情况,散射强度与波长的二次方成反比。如图 6-18 所示,散射现象在整个大气层空间内都有发生,瑞利散射主要用来解释气体分子对于投入辐射的散射,而悬浮在空中的大颗粒尘埃、微粒则可以用米散射来解释。

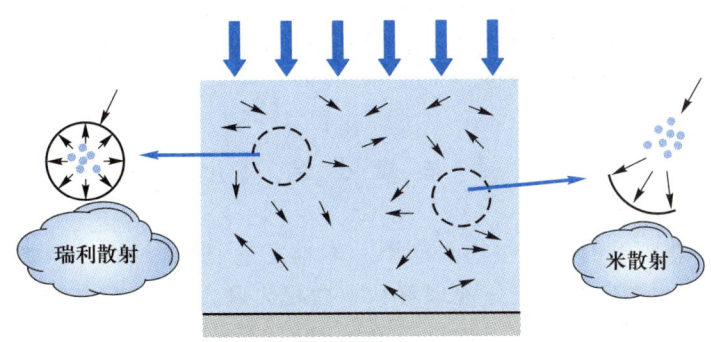

图 6-18　太阳辐射穿过大气层时被散射的情况

3. 环境辐射

地球表面参与辐射的物质众多,但对地球整体研究时可以忽略具体物质的辐射特性,仅从能量平衡的角度就地球环境辐射水平进行分析。使用实际物体的发射率定义式可以定义地球表面的辐射力

$$E = \varepsilon \sigma T^4 \tag{6-52}$$

这里 ε、T 分别是地球表面某种平均的发射率与温度。地球表面大部分被较厚的水覆盖,其发射率很高,接近于黑体。而地球的平均温度可以能量守恒的角度分析,从总体上说,地球处于热平衡状态,即地球从太阳辐射得到的能量应该与地球自身向宇宙空间发出的辐射能相等,宇宙空间极低接近于绝对零度。设地球的平均表面温度为 T、直径为 d,则有

$$\left(\frac{\pi}{4}d^2\right) S_c = \pi d^2 \varepsilon \sigma T^4, \text{即 } E_e = \frac{1}{4} S_c \tag{6-53}$$

实际地球的平均温度在一年之间受到日地距离和地球气候的变化会有一定变动,但一般在 250 K 和 320 K 之间。如果以平均温度为 290 K 计算,则按照维恩位移定律,地球的辐射能量中以 10 μm 的红外线为最多,估算地球表面黑体辐射示意如图 6-19 所示。

4. 温室效应

如前文所述,气体辐射具有极强的选择性,在工程应用中并不能直接作为灰体进行计算。来自太阳的热量以短波辐射的形式到达地球,继而穿过厚厚的大气层到达地球表面。地球表面吸收这些

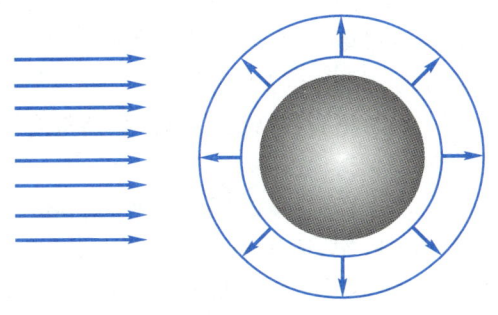

图 6-19　估算地球表面黑体辐射温度示意图

短波辐射后升温,升温后的地球表面向大气释放长波辐射,这些长波热量容易被大气中的温室气体(如二氧化碳、甲烷、一氧化二氮、氯氟碳化合物及臭氧)吸收,如此使得地球表面的大气温度升高。这种效应与 6.3.1 节中提到的栽培植物的玻璃温室类似,故称为温室效应。随着人类近代以来对于环境的破坏和污染的排放,温室效应成为一个亟须关注的热点问题。人类科技水平的进步往往依赖更高密度能源的使用,几次工业革命后,人类社会所使用的能源从原始的薪材变成了能量密度极高的石油天然气,而人类无节制的使用使得过多的碳被排放到大气中,造成了原本的碳平衡被打破,大气中的二氧化碳也不断增多。包括二氧化碳在内的多种温室气体对红外波段的辐射均具有一定吸收,使得整个地球保温的被褥变得更厚,热量难以散出,地球的平均温度便会不断上升,温室效应变得愈发显著。

本 章 小 结

本章主要介绍了热辐射的特性和基本定律。不难发现,热辐射的物理机制与热传导和热对流有着本质的区别,为了帮同学们更好地理解和掌握相关概念和定律,并进一步应用到热辐射传热计算中,本小节拟对这些重要知识点进行简要梳理。

1. 与热辐射相关的基本概念

(1) **黑体**:理想的辐射与吸收物体,自然界中并不存在。黑体的发射率为1,黑体的量用下标 b 来表示。

(2) **辐射力**:单位面积向半球空间辐射出去的各种波长的能量的总和,记作 E,单位为 W/m^2。

(3) **光谱辐射力**:单位辐射面积向半球空间辐射出去的包括波长 λ 在内的单位波长间隔内的辐射能,记作 E_λ,单位为 $W/(m^2 \cdot m)$。

(4) **定向辐射强度**:单位可见辐射面积向半球空间 θ 方向的单位立体角中辐射出去的各种波长能量的总和,记作 I_θ,单位 $W/(m^2 \cdot sr)$。

(5) **投入辐射**:单位时间从外界投入单位表面积上的各种波长能量的总和,记作 G,单位 W/m^2。

(6) **吸收率**:投入辐射中被吸收的能量的百分数,记作 α;当涉及某一波长的辐射能量时为光谱吸收率,记作 $\alpha(\lambda)$;当涉及某一方向的辐射能量时为定向吸收率,记作 $\alpha(\theta)$;当同时涉及某一波长和某个方向时的辐射能量为定向光谱吸收率,记作 $\alpha(\lambda,\theta)$。

(7) **透射率**:投入辐射中穿透过物体能量的百分数,记作 τ;当涉及某一波长的辐射能量时为光谱透射率,记作 $\tau(\lambda)$。

(8) **反射率**:投入辐射中被反射能量的百分数,记作 ρ;当涉及某一波长的辐射能量时为光谱反射率,记作 $\rho(\lambda)$。

(9) **发射率**:物体的辐射力与同温度下黑体辐射力之比,记作 ε;当涉及某一波长的辐射能量时为光谱吸收率,记作 $\varepsilon(\lambda)$;当涉及某一方向的辐射能量时为定向吸收率,记作 $\varepsilon(\theta)$;当同时涉及某一波长和某个方向时的辐射能量为定向光谱吸收率,记作 $\varepsilon(\lambda,\theta)$。

(10) **灰体**:光谱吸收率与波长无关的物体,该概念的引入对于简化辐射传热工程计算具有重要意义。

(11) **漫射体**:辐射能按空间分布满足兰贝特定律的物体。工程计算时,大部分材料都可近似视作漫射灰体。

2. 热辐射的基本定律

(1) **普朗克定律**:描述黑体辐射能按波长的分布规律,见公式(6-12)。

(2) **斯特藩-玻尔兹曼定律**:描述黑体辐射力的定律,见公式(6-18)。给出了黑体的辐射力与温度的关系;又被称为四次方定律,是热辐射工程计算的基础。

(3) **维恩位移定律**:给出了份额最大的光谱辐射能的波长,见公式(6-13)。

(4) **兰贝特定律**:描述黑体辐射能按空间方向的分布规律。

(5) **基尔霍夫定律**:给出了热平衡下,物体发射率与吸收率的关系 $\varepsilon=\alpha$。

▌思 考 题▌

6-1 什么是黑体?在热辐射研究中引入黑体这一概率的意义是什么?

6-2 如何理解温度均匀的空腔壁面上的小孔具有黑体辐射特性,而空腔内部壁面的辐射不能看作黑体辐射?

6-3 请从热辐射的本质出发谈一谈热辐射与其他两种基本传热方式的区别。

6-4 为什么可以说黑体辐射具有漫射特性?如何理解黑体模型发出的辐射能也具有漫射特性。

6-5 从多个维度谈谈对热辐射特点的理解。

6-6 为什么说白颜色的物体不一定是白体,黑颜色的物体不一定是黑体?

6-7 普朗克定律和斯特藩-玻尔兹曼定律的研究对象相同吗?它们的关系是什么?

6-8 兰贝特定律为什么又被称为余弦定律?

6-9 某办公室由中央空调系统维持室内恒温,人们注意到尽管冬夏两季室内都是 20 ℃,但感觉却不相同,是为什么呢?

6-10 为什么夏天人们喜欢穿浅色的衣物?

6-11 为什么太阳能集热器都是向阳倾斜放置,而不是水平放置?多大的角度是最好的选择?

6-12 深秋及初冬季节的清晨在屋面上常常会看到结霜,试从传热和辐射换热的观点分析(1)有霜出现的早上为什么总是晴天?(2)室外气温是否一定要低于零度?(3)结霜屋面的热阻(表面对流传热热阻及屋面材料导热热阻)对结霜有何影响?

6-13 证明:遵守兰贝特定律的黑体辐射,其辐射力在数值上等于定向辐射强度的 π 倍。

6-14 维恩位移定律反映了黑体光谱辐射力的峰值波长 λ_m 温度 T 之间的关系,它可直接根据普朗克定律,将 $E_{b\lambda}$ 对波长取极值而得出,试推导。

▌习 题▌

6-1 将黑体表面置于室温为 27 ℃ 的厂房中,试求在热平衡条件下黑体表面的辐射力。

6-2 一炉膛内火焰的平均温度为 1 500 K,炉墙上有一着火孔。试计算当火孔打开时从孔向外辐射的功率。哪种波长下的能量最多?

6-3 一电炉的电功率为 1 kW,炉丝温度为 850 ℃,直径为 1 mm 的电炉的效率约为 0.96。试确定所需炉丝的最短长度。

6-4 直径为 1 m 的铝制球壳内表面维持在均匀温度 400 K,试计算置于该球壳内的一个实验表面所得到的投入辐射。

6-5 某空间飞行物外壳上有一块向阳的漫射面板。面板背面绝热,向阳面得到的太阳辐射为 1 300 W/m²。该表面的光谱发射率为 $0 \leqslant \lambda \leqslant 2.5~\mu m$ 时,$\varepsilon(\lambda)=0.5$。$\lambda>2.5~\mu m$ 时,$\varepsilon(\lambda)=0.2$。试确定当该面板温度处于稳态时的温度值。为简化计算,设太阳的辐射能均集中在 $0 \sim 2.5~\mu m$。

6-6 太阳表面可近似地看成 $T=5\,800$ K 的黑体,可见光波长范围是 $0.38 \sim 0.76~\mu m$,试确定太阳发出的辐射能中可光所占的百分数。

6-7 人工黑体腔上的辐射小孔是一直径为 20 mm 的圆,辐射力 $E_b = 3.72 \times 10^5$ W/m²,一辐射热流计置于小孔正前方 $r=0.5$ m 处,该热流计吸热面积为 1.6×10^{-5} m²,试求该热流计得到的黑体投入辐射值。

6-8 试确定一个功率为 100 W 的电灯泡发光效率。假设该灯泡的钨丝可看成 2 900 K 的黑体,其几何形状为 2 mm×5 mm 的矩形薄片。可见光波长范围是 $0.38 \sim 0.76~\mu m$。

6-9 已知地球直径约为 1.28×10^7 m,太阳直径约为 1.39×10^9 m,两者相距约 1.5×10^{11} m。把地球作为黑体表面,把太阳看成温度为 $t=5\,800$ ℃ 的黑体,试估算地球表面温度。

6-10 从太阳投射到地球大气层外表面的辐射能经准确测定为 1 353 W/m²。太阳直径约为 1.39×10^9 m,两者相距 1.5×10^{11} m。若认为太阳是黑体,试估计其表面温度。

6-11 试证明:对于腔壁的吸收比为 0.6 的一等温球壳,当其上的小孔面积小于球的总表面面积的 0.6% 时,该小孔的吸收比可大于 99.6%。球壳腔壁为漫射体。

6-12 如图所示,微元黑体面积 $dA_b = 10^{-3}$ m²,与其相距 0.5 m 处另有三个微元面积 dA_1、dA_2、dA_3,面积均为 10^{-3} m²,它们的空间方位如图中所示,是计算从 dA_b 发出分别落在 dA_1、dA_2、dA_3 对 dA_b 所张的立体角中的辐射能量。

6-13 一特殊漫射材料表面的发射率随波长变化如图所示。试计算当表面温度 2 000 K 时,总发射率是多少。

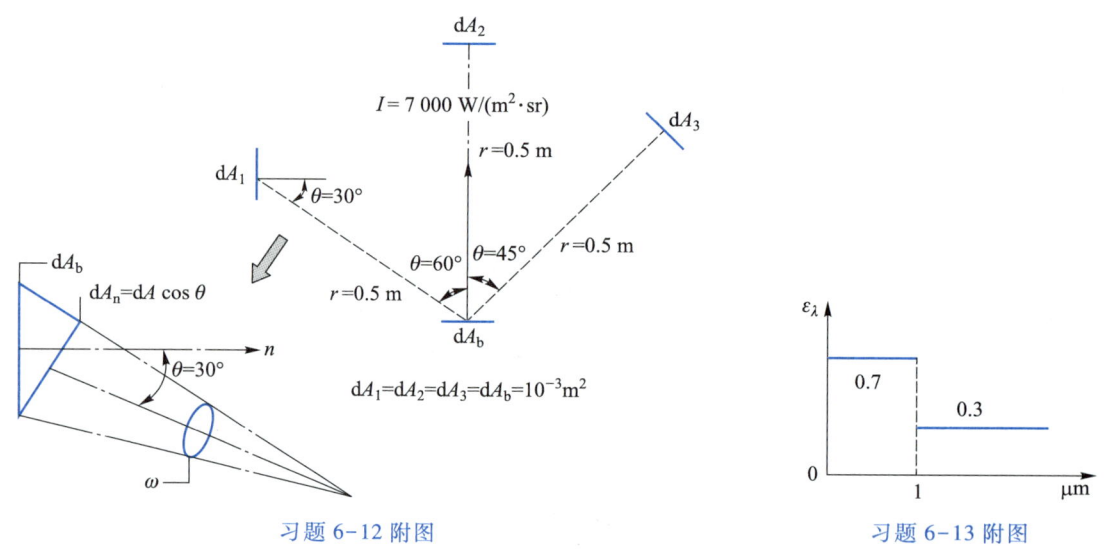

习题 6-12 附图   习题 6-13 附图

6-14 某材料的定向发射率近似满足 $\varepsilon_\theta = \varepsilon_n \cos\theta$,$\varepsilon_n$ 是垂直方向的发射率,试证明总发射率为垂直方向发射率的三分之二。

6-15 一漫射表面在某一温度下的光谱辐射强度与波长的关系可以近似用如图表示,试求:
(1) 计算此时的辐射力
(2) 计算此时法线方向的定向辐射强度及与法线成 60°角处的定向辐射强度。

6-16 某物体的光谱吸收比随波长变化如图所示,该表面的投射光谱辐射随波长的变化如图中所示,试计算表面的吸收比。

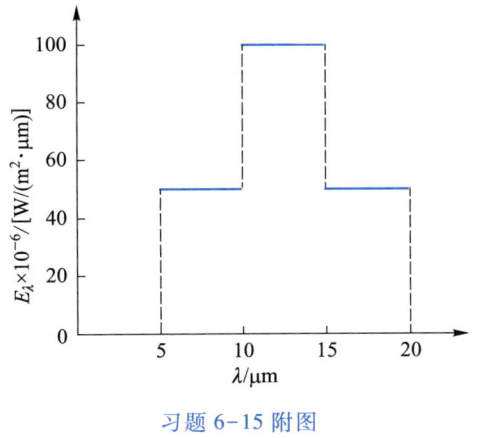

习题 6-15 附图

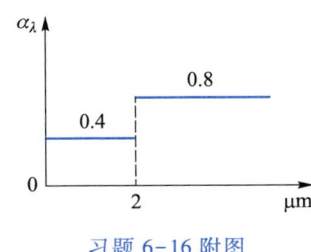

习题 6-16 附图

6-17 工业中常利用热流计探测物体辐射情况,现有一热流体探头与被测微小表面的相对位置如图所示。该探头直径为 15 mm,表面覆有强吸收涂料,可近似认为表面吸收比为 1。微小表面的温度为 1 500 K,面积为 $2×10^{-4}$ m^2 且表面发射可认为是漫射。该探头测得热流量为 $2×10^{-3}$ W,试确定该微小表面的总发射率。

6-18 暖房的升温作用可以从玻璃的光谱透射率变化特性来解释。有一块厚度为 4 mm 的玻璃,经测定其对波长为 0.3~2.5 μm 的辐射能的透射率为 0.85,而对其他波长的辐射能可以完全不穿透。试计算温度为 5 800 K 的黑体辐射以及温度为 300 K 的黑体辐射投射到该玻璃上时各自的总透过率。

6-19 太阳能集热器表面的太阳能吸收比为 0.95,发射率为 0.25。当太阳投射辐射密度为 900 W/m^2,集热器表面的对流传热系数为 10 W/(m^2·K),周围空气温度为 20 ℃ 时,如果集热器表面得到热量为 300 W/m^2,试计算集热器表面的温度为多少?

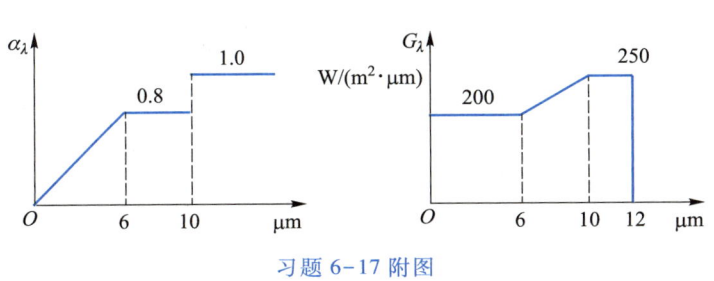

习题 6-17 附图

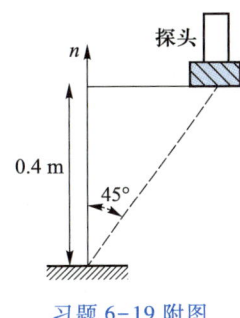

习题 6-19 附图

参考文献

[1] SCHWINGER J, DERAAD JR L L, MILTON K, et al. Classical electrodynamics [M]. Colorado: Westview Press, 1998.

[2] EINSTEIN A. Über einen die Erzeugung und Verwandlung des Lichtes betreffenden heuristischen Gesichtspunkt [J]. Annalen Der Physik, 1905, 322(6): 132-148.

[3] FRENCH A P. An introduction to quantum physics [M]. London: Routledge, 2018.

[4] 刘金英,等. 电磁学与电动力学 [M]. 北京:科学出版社, 2005.

[5] 余其铮. 辐射换热原理 [M]. 哈尔滨:哈尔滨工业大学出版社, 2000.

[6] 杨世铭,陶文铨. 传热学 [M]. 4 版. 北京:高等教育出版社, 2006.

[7] MODEST M F, Mazumder S. Radiative heat transfer [M].

Pittsburgh: Academic Press, 2021.

[8] HOWELL, J. R., MENGUC, M. P., & SIEGEL, R. Thermal radiation heat transfer[M]. Florida CRC Press, 2015.

[9] INCORPERA F P, DEWITT D P. Foundamentals of heat and mass transfer[M]. 5th editor. New York: John Wiley & Sons, 2002:723-749.

[10] BEJAN A, KRAUS A D. Heat transfer handbook[M]. New York: John Wiley & Sons, Inc. 2003.

第七章
辐射传热计算

第六章讨论了热辐射特性和基本定律，本章将在此基础上讨论物体间辐射传热的计算方法，重点是固体表面间的辐射传热以及介质热辐射的辐射传递方程。首先是介绍辐射传热计算中的一个重要几何因子：角系数；接着讨论两个表面以及多个表面组成的封闭腔内辐射传热计算方法，然后对辐射传递方程进行简单地推导与应用；最后总结辐射传热强化和削弱的原理与方法。

7.1 辐射传热的角系数

表面间的辐射换热与表面几何形状、大小和各表面的相对位置等几何因素有关,这种因素常用角系数来考虑。角系数的概念随着固体表面辐射换热计算的出现与发展,于 20 世纪 20 年代被提出,在不同的领域还被称为形状因子、可视因子、交换系数等。

7.1.1 角系数的计算条件及定义

为了使角系数仅仅与物体的几何因素有关,必须在一定的限制条件下才能将表面几何特性对辐射换热的影响单独分离出来。这些条件是:
(1) 表面是漫射表面;
(2) 表面辐射物性均匀;
(3) 表面等温;
(4) 表面的投射辐射均匀。

在讨论角系数时,以上四条可归纳为两条,即:① 表面为漫射表面;② 在所研究表面的不同地点上向外发射的辐射热流密度是均匀的。对于非漫射表面,其几何因素对辐射换热的影响和方向有关,一般不能用角系数的概念,但其计算方法、原理基本上和角系数类似。

若有两个表面,表面 1 及表面 2,都符合以上提出的几个条件,两个表面间为透明介质。则表面 1 对表面 2 的角系数为 $X_{1,2}$,如图 7-1 所示,其定义式可以写为

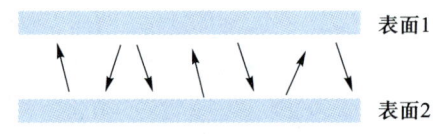

图 7-1 角系数定义示意图

$$X_{1,2} = \frac{\text{表面 1 直接投射到表面 2 的能量}}{\text{表面 1 的辐射能量}} \quad (7-1)$$

两个表面的空间相对位置直接影响二者之间的辐射换热量与角系数,例如,当两个表面相对放置且无限接近时,辐射换热量最大。但是,对于处于同一平面上的两个表面,由于任一表面均无法接收来自另一个表面的投射辐射,其辐射换热量与角系数则为零。此外,表面的形状也会影响到角系数的大小,本节将专门研究物体的表面形状、空间相对位置对角系数的影响与计算方法。

7.1.2 角系数的性质

根据角系数的定义与空间几何关系,当满足上述假设的计算条件时,可推导出角系数的以下代数性质,是后续涉及角系数计算等相关内容的重要基础。以下列举了角系数的四项性质并给出了相关证明,此外,对于具有其他特殊相对位置与几何关系的两表面而言,角系数可能还有其他性质,需要对具体情况进行分析与推导。本节仅介绍常用的几种性质。

1. 相对性

首先对于从一个微元表面 dA_1 到另一个微元表面 dA_2(图 7-2)的角系数,将其记为 $X_{d1,d2}$,下标"d1、d2"分别代表 dA_1、dA_2。由定义可得:

$$X_{d1,d2} = \frac{dA_1 \text{ 对 } dA_2 \text{ 的投射辐射}}{dA_1 \text{ 的有效辐射}}$$

$$= \frac{I_{b1}\cos\theta_1 dA_1 d\Omega_1}{E_{b1} dA_1}$$

$$= \frac{dA_2 \cos\theta_1 \cos\theta_2}{\pi r^2} \quad (7-2)$$

同理可得

$$X_{d2,d1} = \frac{dA_1 \cos\theta_1 \cos\theta_2}{\pi r^2} \quad (7-3)$$

因此有

$$dA_1 X_{d1,d2} = dA_2 X_{d2,d1} \quad (7-4)$$

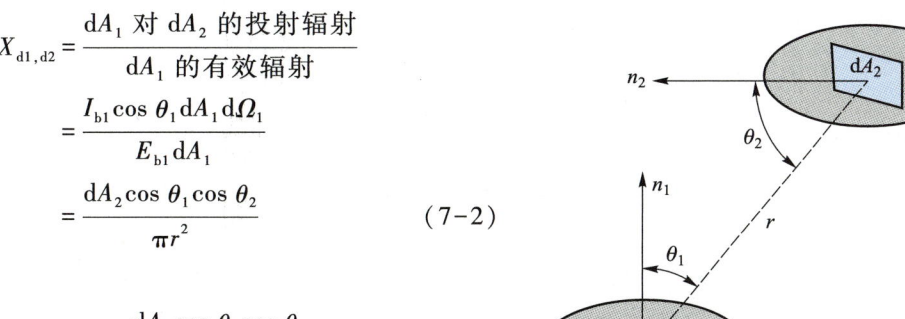

图 7-2 微元表面角系数相对性证明示意

推及两个有限大小表面间角系数相对性可以通过分析两等温黑体表面间的辐射传热量而获得。由此,两有限表面间角系数相对性表达式为

$$A_1 X_{1,2} = A_2 X_{2,1} \quad (7-5)$$

此性质称为角系数的相对性,也称为互换性。

2. 完整性

假设表面 A_k 与周围其他表面组成一个封闭体,则表面 A_k 辐射的能量全部投射到周围表面上。所以,A_k 的有效辐射等于 A_k 对封闭体内所有表面的投射辐射,即

$$G_k = \sum_{i=1}^{n} G_{k,i} \quad (7-6)$$

其中,n 为封闭体内表面的个数(图 7-3 所示为 6 个),利用角系数的定义,由上式可得

$$G_k = \sum_{i=1}^{n} G_k X_{k,i} \quad (7-7)$$

由此

$$\sum_{i=1}^{n} X_{k,i} = 1 \quad (7-8)$$

此性质称为角系数的完整性。

如图 7-4 所示,表面 1 与表面 2 组成一封闭系统。作任意面 2′、2″等,使这些面对表面 1 来说,都能盖住表面 2。这样表面 1 原投射到表面 2 的能量,就会全部投射到这些面上。由角系数的完整性推导可得角系数的等值性,如式(7-12)。

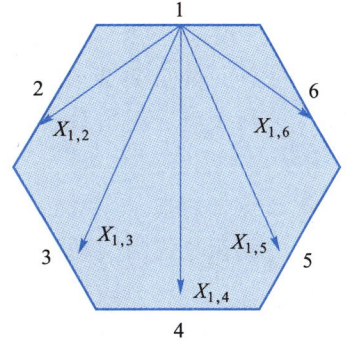

图 7-3 角系数完整性证明示意

$$X_{1,2} = X_{1,2'} = X_{1,2''}\cdots \quad (7-9)$$

3. 可加性

考虑如图 7-5 所示表面 1 对表面 2 的角系数。由于从表面 1 落到表面 2 上的总能量等于落到表面 2 上各部分的辐射能之和,于是有

$$A_1 E_{b1} X_{1,2} = A_1 E_{b1} X_{1,2A} + A_1 E_{b1} X_{1,2B} \quad (7-10)$$

因此

$$X_{1,2} = X_{1,2A} + X_{1,2B} \quad (7-11)$$

如把表面2进一步分成若干小块,则仍有

$$X_{1,2} = \sum_{i=1}^{n} X_{1,2i} \tag{7-12}$$

利用角系数可加性时,只有对角系数符号中第二个角码是可加的,对角系数符号中的第一个角码则不存在类似于上式的关系,即 $X_{1,2} \neq X_{2A,1} + X_{2B,1}$,此性质称为角系数的可加性。

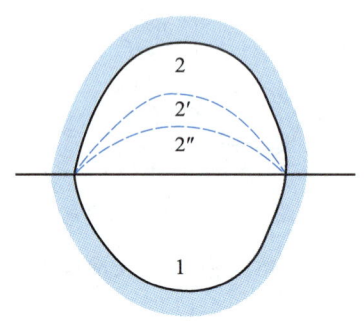

图 7-4　角系数等值性证明示意

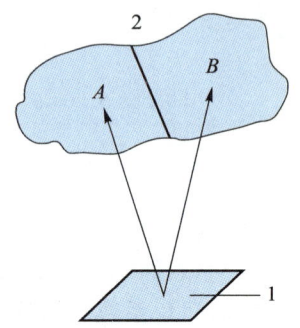

图 7-5　角系数可加性证明示意

7.1.3　角系数的计算方法

计算角系数的方法有多种,最基本的方法是积分法,在一般工程中用得最多的是代数分析法。由于角系数的概念提出较早,在20世纪50、60年代就已有很多研究成果。对于典型几何特性系统的角系数,都已有计算结果。且已编入相关手册,只有非典型几何形状的角系数才需自己动手计算。

1. 直接积分法

三维几何结构的计算式

以图7-2中的微元面为例,由式(7-2)微元面1对微元面2的角系数推导出任意两表面之间角系数的积分表达式为

$$X_{1,2} = \frac{1}{A_1} \int_{A_1} \left(\int_{A_2} \frac{\cos\theta_1 \cos\theta_2 \mathrm{d}A_2}{\pi r^2} \right) \mathrm{d}A_1 \tag{7-13}$$

此积分式为四重积分,所以积分法比较繁,对比较复杂的情况借助于数值积分。

工程上已将大量几何结构角系数的求解结果绘制成工程计算图线,为扩大表示范围,这些图线常常采用对数坐标,查图时要注意对数坐标的特点以及下标1,2所指的表面。

工程计算图线

2. 代数分析法

利用角系数的相对性、完整性和可加性,通过求解代数方程获得角系数的方法称为代数分析法。

图7-6为三个非凹面组成的系统,因在垂直纸面的方向上无限长,从系统两端溢出的辐射能可忽略,所以可认为是一个封闭系统。

假设三个表面的面积为 A_1、A_2、A_3。由角系数的相对性和完整性求得六个未知的角系数:

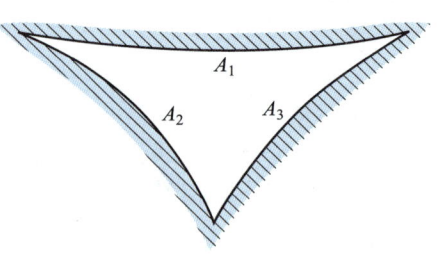

图 7-6　三个表面的封闭系统

$$X_{1,2}+X_{1,3}=1, \quad A_1X_{1,2}=A_2X_{2,1}$$
$$X_{2,1}+X_{2,3}=1, \quad A_1X_{1,3}=A_3X_{3,1}$$
$$X_{3,1}+X_{3,2}=1, \quad A_2X_{1,3}=A_3X_{3,2}$$

$$X_{1,2}=\frac{A_1+A_2-A_3}{2A_1} \tag{7-14}$$

同理可求得其他五个角系数。由于三个表面在垂直于纸面方向上等长,若系统横截面上三个表面的线段长度分别为 l_1、l_2 和 l_3,则式(7-14)可简化为

$$X_{1,2}=\frac{l_1+l_2-l_3}{2l_1} \tag{7-15}$$

如图 7-7 所示,当两表面不相邻时可以采用交叉线法确定 A_1、A_2 之间的角系数。在 A_1、A_2 之间作辅助线 ad、bc,构成封闭系统 $abcd$。由角系数的完整性和式(7-14)中的结论易求得

$$X_{ab,cd}=\frac{(bc+ad)-(ac+bd)}{2ab} \tag{7-16}$$

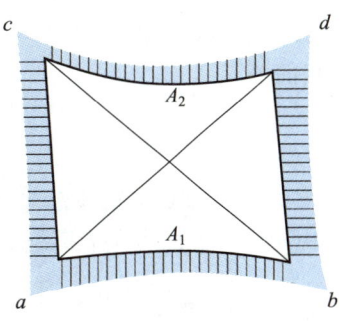

由此,对于在一个方向上长度无限延伸的多个表面组成的系统,任意两个表面之间的角系数可以归纳为

$$X_{1,2}=\frac{交叉线之和-非交叉线之和}{2\times 表面1的断面长度} \tag{7-17}$$

图 7-7 交叉线法图示

这种方法称为交叉线法。

7.2 多表面系统的辐射传热计算

7.2.1 两表面封闭系统的辐射传热

1. 两黑体表面组成的封闭系统

当要计算一个表面通过热辐射与外界的净换热量时,为了确保由空间各个方向投入计算表面的辐射能都涵盖在内,计算对象必须是包含所研究表面在内的一个封闭腔。如图 7-8 所示是两黑体表面构成的封闭腔,在垂直于纸面的方向无限长,则两表面间的净辐射换热量为

$$\Phi_{1,2}=A_1E_{b1}X_{1,2}-A_2E_{b2}X_{2,1}=A_1X_{1,2}(E_{b1}-E_{b2})$$
$$=A_2X_{2,1}(E_{b1}-E_{b2}) \tag{7-18}$$

2. 两灰体表面组成的封闭系统

与两黑体表面组成的封闭系统不同,灰体表面吸收比小于1,要经多次反射后才能被吸收,并且灰体发射出去的能量既包括自身辐射也包括被反射的辐射能,因此两灰体表面构成的封闭系统计算较为复杂。为此先引入有效辐射与投入辐射的概念。

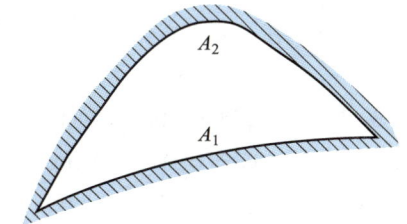

图 7-8 两黑体表面组成的封闭腔

从图 7-9 的 a—a 剖面观察，流入能量为真正吸收的能量 αG 与被固体表面反射的能量 ρG（也可表示为 $1-\alpha$）之和，这部分能量称之为投入辐射，记为 G；流出能量包括表面的自身辐射 εE_b 和被固体表面反射的能量 ρG 之和，这部分能量称为有效辐射（radiosity），记为 J，也就是在表面外能感受到的表面辐射，它可以用辐射探测仪能测量到的单位表面积上的辐射功率（W/m²）。因此在外表面 a-a 观察到的净辐射换热量

$$q = J - G \tag{7-19}$$

在内表面 b—b 剖面观察到的净辐射换热量

$$q = \varepsilon E_b - \alpha G \tag{7-20}$$

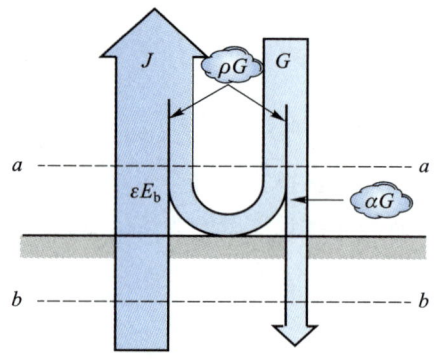

图 7-9 一个表面的辐射能量收支

联立上述两方程，得到有效辐射 J 与净辐射换热量 q 之间的关系

$$J = E_b - \left(\frac{1}{\varepsilon} - 1\right) q \tag{7-21}$$

下面用有效辐射的概念来分析由两个灰体表面组成的封闭系统的辐射传热。

由两个等温的漫灰表面组成的二维封闭系统（面积分别为 A_1、A_2）中，两表面的辐射传热量为

$$\Phi_{1,2} = A_1 J_1 X_{1,2} - A_2 J_2 X_{2,1} \tag{7-22}$$

将式（7-21）应用于两个表面上，且 $\Phi_{1,2} = -\Phi_{2,1}$ 与上式联立得

$$\Phi_{1,2} = \frac{E_{b1} - E_{b2}}{\dfrac{1-\varepsilon_1}{\varepsilon_1 A_1} + \dfrac{1}{A_1 X_{1,2}} + \dfrac{1-\varepsilon_2}{\varepsilon_2 A_2}} \tag{7-23}$$

（1）表面 1 为非凹表面时，$X_{1,2} = 1$，此时

$$\Phi_{1,2} = \frac{A_1(E_{b1} - E_{b2})}{\dfrac{1}{\varepsilon_1} + \dfrac{A_1}{A_2}\left(\dfrac{1}{\varepsilon_2} - 1\right)} \tag{7-24}$$

（2）$A_1/A_2 \to 1$ 且表面 1 为非凹表面时（如两平行的无限大平板），此时

$$\Phi_{1,2} = \frac{A_1(E_{b1} - E_{b2})}{\dfrac{1}{\varepsilon_1} + \dfrac{1}{\varepsilon_2} - 1} \tag{7-25}$$

（3）$A_1/A_2 \to 0$ 且表面 1 为非凹表面时，例如大房间内的小物体，此时

$$\Phi_{1,2} = \varepsilon_1 A_1 (E_{b1} - E_{b2}) \tag{7-26}$$

3. 两表面封闭统的辐射网络

将式（7-23）与电学中的欧姆定律对比：换热量 q 相当于电流强度；$E_{b1} - E_{b2}$ 相当于电势差；表面辐射热阻 $\dfrac{1-\varepsilon}{\varepsilon A}$ 及空间辐射热阻 $\dfrac{1}{A_1 X_{1,2}}$ 相当于电阻；E_b 相当于电源电动势；J 相当于节点电压。因此

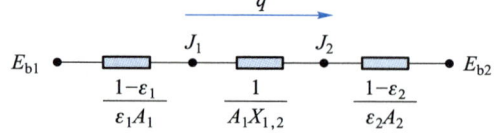

图 7-10 两个灰体表面间辐射传热等效网络图

可以画出对应于式（7-23）的两个灰体表面间辐射传热的等效网络，如图 7-10 所示。这种把辐

射热阻比拟成等效的电阻从而通过等效的网络图来求解辐射传热的方法,称为辐射传热的网络法(network method of radiation heat exchange)。

7.2.2 多表面封闭系统的辐射传热

1. 多表面封闭系统网络法

在多表面系统中,一个表面的净辐射换热量是与其余各表面分别换热的换热量之和,可以采用网络法得出计算各个表面的有效辐射的联立方程。先以三表面封闭系统的传热计算为例:(1)先画出等效的网络图,如图7-11所示;(2)根据网络图中每一个节点 J,列出结点的电流方程

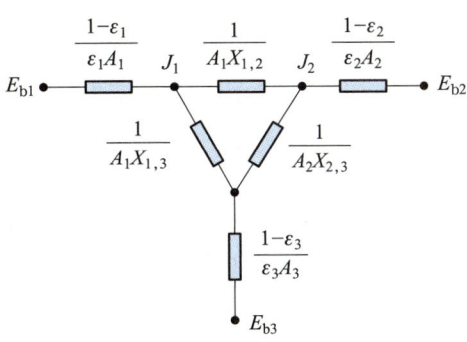

$$J_1: \frac{E_{b1}-J_1}{\frac{1-\varepsilon_1}{\varepsilon_1 A_1}} + \frac{J_2-J_1}{\frac{1}{A_1 X_{1,2}}} + \frac{J_3-J_1}{\frac{1}{A_1 X_{1,3}}} = 0$$

$$J_2: \frac{E_{b2}-J_2}{\frac{1-\varepsilon_2}{\varepsilon_2 A_2}} + \frac{J_1-J_2}{\frac{1}{A_1 X_{1,2}}} + \frac{J_3-J_2}{\frac{1}{A_1 X_{1,3}}} = 0 \quad (7-27)$$

$$J_3: \frac{E_{b3}-J_3}{\frac{1-\varepsilon_3}{\varepsilon_3 A_3}} + \frac{J_1-J_3}{\frac{1}{A_1 X_{1,3}}} + \frac{J_2-J_3}{\frac{1}{A_2 X_{2,3}}} = 0$$

图 7-11 三表面封闭系统的传热等效网络图

(3)联立式(7-27)的方程组求出 J_1、J_2、J_3,进而求得净辐射换热量。三表面以上的封闭系统网络法计算同理。

2. 多表面封闭系统的特例

首先引入重辐射面的概念,当物体表面净辐射换热量 $q=0$,即绝热时,该表面在辐射换热系统中称为重辐射面,其中表面温度往往不确定。在辐射传热系统中,重辐射面的有效辐射等于投射辐射,而投射辐射是由其他表面的温度、辐射物性及系统的几何条件决定的,所以重辐射面的有效辐射与它本身的温度及辐射物性无关。这样,整个系统的辐射换热就与重辐射面的温度及物性无关,而仅仅与重辐射面的几何特性有关。从能量的数量上来说,由于有效辐射等于投射辐射,从能量数量的角度,重辐射面将投射来的能量全部转出去,只对能量的空间分布有影响,所以重辐射面的几何性质对辐射系统净热流量和温度的分布有影响。

当封闭系统中的表面为特殊表面时,简化如下:

(1)多表面封闭系统中一个表面(表面3)为黑体时,此时该表面热阻为零。从而 $E_{b3}=J_3$,网络图简化如图7-12a,只需列出两个节点的方程组。

(2)多表面封闭系统中一个表面(表面3)为重辐射面时,由于 $q=0$,

$$J_3 = E_{b3} - \left(\frac{1}{\varepsilon_3}-1\right)q_3 = E_{b3} \quad (7-28)$$

虽然辐射网络图与情况(1)一样,但不同的是由于表面3的温度未知,$E_{b3}=J_3$ 是一个浮动电动势,取决于 J_1、J_2 及其间的两个表面热阻,辐射网络图可以改画成图7-11b。

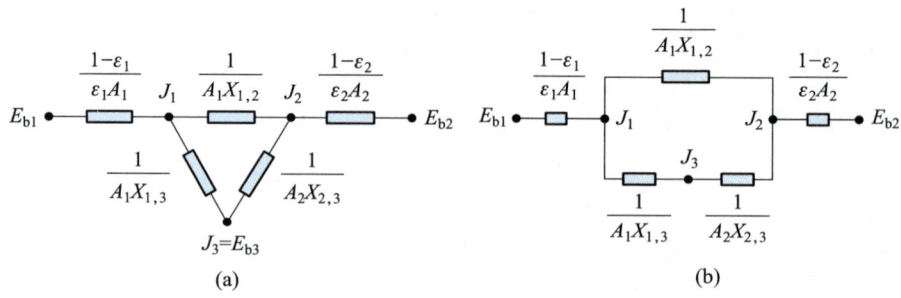

图 7-12　表面为黑体和重辐射面时封闭系统的传热等效网络图

7.3 介质热辐射的辐射传递方程

前几节所述都是对固体表面热辐射特性的研究。实际生活中,需要考虑许多介质中的热辐射问题,如对无限大平板形的均匀非灰介质,其内部的辐射传递过程该如何求解等。

7.3.1 气体介质热辐射的特点

(1) 辐射场是电磁波能量的传输构成的,它服从电磁波方程组。可以从麦克斯韦方程得到描述辐射场空间分布及其随时间变化的辐射传输方程。

(2) 在介质辐射中,除发射、吸收外,常需要考虑散射。所有这些过程都会影响到辐射场的空间分布,从而造成观察到的辐射场呈现各种复杂的现象。散射是指电磁波通过介质时,部分光束将偏离原来方向而分散传播,使某一方向的电磁波强度发生变化,可能增强,也可能减弱。从能量角度,散射可分为四种类型:弹性散射,即射线方向改变,但能量没有发生改变,在散射时辐射场与介质之间无能量交换;非弹性散射,射线不仅方向改变,能量也有变化,本节只考虑弹性散射;各向同性散射,散射能量在各个方向相同;各向异性散射,散射能量随方向变化。根据此散射定义,表面反射、界面处的折射,粒子的衍射也属于散射。辐射换热中着重考虑能量分布问题,将反射、衍射、折射的能量都归为散射能量。

(3) 介质辐射具有容积性,需要研究辐射能量的空间分布。介质中的发射、吸收、散射是在整个容积中进行的,也可以说是沿整个光束行程进行的,这称为介质辐射的容积性。固体表面辐射也有容积性,只是参与辐射的那层厚度很薄,一般忽略不计。

7.3.2 系数与散射方向特性的表示

光散射和辐射领域的基本物性参数

下面对光散射和辐射传输领域中的基本物性参数进行简要介绍。

衰减系数最初用来描述大气中各种微粒子对辐射通量衰减作用的强弱。衰减系数由两部分组成

$$k_{e\lambda} = \sigma_{s\lambda} + \kappa_\lambda \tag{7-29}$$

式中: κ_λ 称为光谱吸收系数; $\sigma_{s\lambda}$ 称为光谱散射系数;单位与 $k_{e\lambda}(\mathrm{m}^{-1})$ 相同。

当电磁波沿某一方向传播时,它被介质散射到另一方向的过程包括单次散射和多

次散射。多次散射是为了区别单次散射而定义的,凡是辐射被介质散射超过一次,均称为多次散射。描述散射方向的主要参数有两个,一个是散射方向强度,另一个是相函数。首先介绍散射强度的概念。若入射方向用 $\boldsymbol{\Omega}$ 表示,投射到散射体上的光谱辐射强度为 $I_\lambda(\boldsymbol{\Omega})$,其中一部分被散射体散射,这部分被散射的光谱辐射强度称为光谱散射辐射强度 $I_{s\lambda}$,简称光谱散射强度,单位是 $W/(m^2 \cdot sr)$。若散射方向为 $\boldsymbol{\Omega}'$,引入光谱方向散射强度 $I'_{s\lambda}(\boldsymbol{\Omega},\boldsymbol{\Omega}')$,表示在散射方向单位立体角内的散射强度,单位为 $W/(m^2 \cdot sr)$。$\boldsymbol{\Omega}$ 和 $\boldsymbol{\Omega}'$ 分别表示入射和散射方向的立体角,角的位置和入射、散射方向见图 7-13。方向散射强度对整个空间的积分等于散射强度。

为了描述电磁波被介质散射后在各个方向上的能量分布比例,定义光谱方向散射强度与整个空间平均的光谱方向散射强度之比为光谱散射相函数,简称相函数,符号为 $\phi_\lambda(\boldsymbol{\Omega},\boldsymbol{\Omega}')$,其定义式为

$$\phi_\lambda(\boldsymbol{\Omega},\boldsymbol{\Omega}') = \frac{I'_{s\lambda}(\boldsymbol{\Omega},\boldsymbol{\Omega}')}{\frac{1}{4\pi}\int_{4\pi}I'_{s\lambda}(\boldsymbol{\Omega},\boldsymbol{\Omega}')d\Omega'} = \frac{I'_{s\lambda}(\boldsymbol{\Omega},\boldsymbol{\Omega}')}{\frac{1}{4\pi}I_{s\lambda}} \tag{7-30}$$

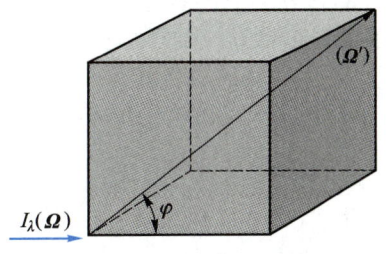

图 7-13 散射方向强度

相函数描述了散射能量的空间分布。由式(7-30)可看出,相函数对整个空间的积分等于 4π,即

$$\frac{1}{4\pi}\int_{4\pi}\phi_\lambda(\boldsymbol{\Omega},\boldsymbol{\Omega}')d\Omega = 1 \tag{7-31}$$

此式称为相函数的规一化条件。相函数一般与散射体的尺寸、形状、辐射特性等有关,是一个比较复杂的函数。

7.3.3 辐射传递方程

辐射能量在介质中传递时的发射

辐射传递方程描述了辐射能量在介质中传递时,能量的发射、吸收、散射和穿透的相互关系,是一个在射线方向上的能量平衡方程。它和其他形式辐射的传递方程有类似的形式,如电磁波输运理论中的传输方程;光子输运理论中的光子输运方程;中子输运理论中的传输方程等。

如图 7-14 所示,在一发射、吸收、散射介质内,在位置 s,辐射能量传递方向 $\boldsymbol{\Omega}$ 上,取一微元体,其截面为 dA,长度为 ds。微元体沿 $\boldsymbol{\Omega}$ 方向的入射光谱辐射强度为 $I_\lambda(s)$,出射光谱辐射强度为 $I_\lambda(s)+dI_\lambda(s)$,则 $\boldsymbol{\Omega}$ 方向的光谱能量的变化为 $dI_\lambda(s)dAd\Omega$,$d\Omega$ 表示 $\boldsymbol{\Omega}$ 方向的微元立体角。它等于该微元体在 $\boldsymbol{\Omega}$ 方向上获得与失去光谱能量之和,即 $W_\lambda(s)dAdsd\Omega$。$W_\lambda(s)$ 表示在 $\boldsymbol{\Omega}$ 方向 s 处,单位时间、单位体积、单位立体角中,获得与失去光谱能量之和,根据能量守恒可得:

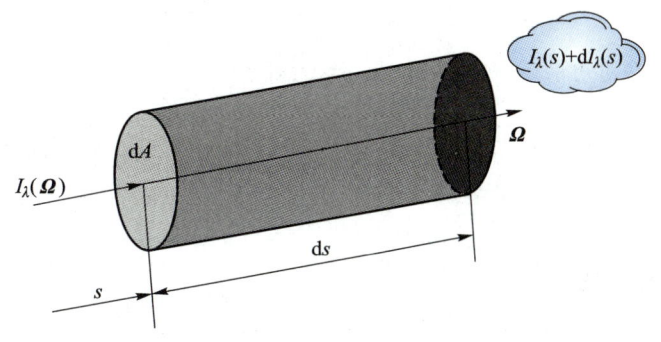

图 7-14 辐射传递方程的推导

$$\frac{dI_\lambda(s)}{ds} = W_\lambda(s) = -W_{a\lambda}(s) - W_{s\lambda}(s) + W_{em\lambda}(s) + W_{is\lambda}(s) \tag{7-32}$$

式中:$W_{a\lambda}(s)$、$W_{em\lambda}(s)$、$W_{s\lambda}(s)$ 和 $W_{is\lambda}(s)$ 分别表示 Ω 方向上 s 处,单位时间、单位体积、单位立体角中吸收、发射、散射出及散射进的光谱能量。它们可分别用下列式子表示:

$$W_{a\lambda}(s) = \kappa_\lambda I_\lambda(s) \tag{7-33a}$$

$$W_{em\lambda}(s) = \kappa_\lambda I_{b\lambda}(s) \tag{7-33b}$$

$$W_{s\lambda}(s) = \sigma_{s\lambda} I_\lambda(s) \kappa_\lambda \tag{7-33c}$$

$W_{is\lambda}(s)$ 为空间各方向投射辐射在 s 处引起 Ω 方向的散射能量,如图 7-15 所示,可以写成

$$W_{is\lambda}(s) = \int_{4\pi} \frac{1}{4\pi} \cdot \sigma_{s\lambda} I_\lambda(s, \Omega') \cdot \phi_\lambda(\Omega', \Omega) d\Omega' \tag{7-33d}$$

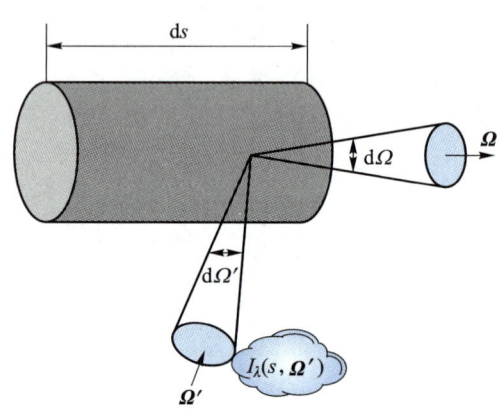

将式(7-33)代入式(7-32)就得到辐射传递方程(Radiative Transfer Equation,RTE):

$$\frac{dI_\lambda(s)}{ds} = -\kappa_\lambda I_\lambda(s) - \sigma_{s\lambda} I_\lambda(s) + \kappa_\lambda I_{b\lambda}(s) + \frac{\sigma_{s\lambda}}{4\pi} \int_{4\pi} I_\lambda(s, \Omega') \cdot \phi_\lambda(\Omega', \Omega) d\Omega' \tag{7-34}$$

图 7-15 微元体散射示意图

将吸收项与散射项合并,除以 $k_{e\lambda}$,引入无量纲参数光学厚度 $\tau_\lambda = \sigma_{s\lambda} s$,得

$$\frac{dI_\lambda(\tau_\lambda)}{d\tau_\lambda} = -I_\lambda(\tau_\lambda) - (1 - \omega_\lambda) I_\lambda(s) + \frac{\omega_\lambda}{4\pi} \int_{4\pi} I_\lambda(s, \Omega') \cdot \phi_\lambda(\Omega', \Omega) d\Omega' \tag{7-35}$$

式中:$\omega_\lambda = \dfrac{\sigma_{s\lambda}}{k_{e\lambda}}$ 为散射系数与衰减系数之比,称为反照率,也称为消光系数。$\omega = 0$ 表示无散射,$\omega = 1$ 表示无吸收。

令

$$S_\lambda(\tau_\lambda, \omega_\lambda) = (1 - \omega_\lambda) I_\lambda(s) + \frac{\omega_\lambda}{4\pi} \int_{4\pi} I_\lambda(s, \Omega') \cdot \phi_\lambda(\Omega', \Omega) d\Omega' \tag{7-36}$$

$S_\lambda(\tau_\lambda, \omega_\lambda)$ 称为源函数,它包含发射源及空间各方向入射引起的散射源,这样式(7-35)可写为

$$\frac{dI_\lambda(\tau_\lambda)}{d\tau_\lambda} + I_\lambda(\tau_\lambda) = S_\lambda(\tau_\lambda, \omega_\lambda) \tag{7-37}$$

对可忽略散射的介质,$\omega = 0$,式(7-36)为

$$S_\lambda(s) = \sigma_{s\lambda} I_{b\lambda}(s) \tag{7-38}$$

对纯散射介质,$\omega = 1$,式(7-36)中等号右端第一项等于零。

当源项等于零时,辐射传递方程就简化成著名的比尔定律 $I_{\lambda,L} = I_{\lambda,0} \exp(-k_{e\lambda} L)$。

【例 7-1】
一个处于真空或者周围环境是冷的黑色墙壁包围的等温球体发出的光谱强度是多少?

由于球体的对称性,从球面发出的强度是以出射角为自变量的函数。式(7-37)可简化为

$$I_\lambda(\tau_R,\theta) = \int_0^{\tau_\lambda} I_{b\lambda}(\tau_s^*)\exp[(\tau_\lambda - \tau_\lambda^*)]d\tau_\lambda^*$$

对于球体而言，

$$\tau_s = 2\tau_R\cos\theta$$

与方位角无关，因此 $I_{b\lambda}(\tau_s^*) = I_{b\lambda} =$ 常数，最终的强度为

$$I_\lambda(\tau_R,\theta) = I_{b\lambda}\exp[-(2\tau_R\cos\theta - \tau_\lambda^*)]\Big|_0^{2\tau_R\cos\theta} = I_{b\lambda}\exp(-2\tau_R\cos\theta)$$

7.3.4 辐射能量方程

辐射能量方程描写的是辐射场中某一微元体的辐射能量平衡。由上节可知，辐射传递方程是 $\boldsymbol{\Omega}$ 方向微元段 ds 中的辐射能量守恒方程，将辐射传递方程中各项对全空间积分即为空间微元体中的辐射能量守恒方程。式(7-34)对全空间积分，得

辐射边界条件

$$\int_{4\pi}\frac{dI(s)}{ds}d\Omega = -\int_{4\pi}\kappa_\lambda I_\lambda(s)d\Omega - \int_{4\pi}\sigma_{s\lambda}I_\lambda(s)d\Omega + \int_{4\pi}\kappa_\lambda I_{b\lambda}(s)d\Omega$$

$$+ \frac{\sigma_{s\lambda}}{4\pi}\int_{4\pi}\int_{4\pi}I_\lambda(s,\boldsymbol{\Omega}')\cdot\phi_\lambda(\boldsymbol{\Omega}',\boldsymbol{\Omega})d\Omega'd\Omega = \nabla\cdot q_{r,\lambda} \tag{7-39}$$

式中：$\nabla\cdot q_{r,\lambda}$ 表示 $q_{r,\lambda}$ 的散度，即射入、射出微元体光谱辐射热流密度的增量。求解介质中与固体表面的辐射热流密度的区别在于，前者是对全空间积分，而后者是对半个空间积分。式(7-39)等号右端第二项可写为

$$-\int_{4\pi}\sigma_{s\lambda}I_\lambda(s)d\Omega = -\sigma_{s\lambda}\int_{4\pi}I_\lambda(s)d\Omega \tag{7-40}$$

利用相函数归一化条件，式(7-39)等号右端最后一项，可简化为

$$\frac{\sigma_{s\lambda}}{4\pi}\int_{4\pi}I_\lambda(s,\boldsymbol{\Omega}')\left[\int_{4\pi}\phi_\lambda(\boldsymbol{\Omega}',\boldsymbol{\Omega})d\Omega\right]d\Omega' = \sigma_{s\lambda}\int_{4\pi}I_\lambda(s)d\Omega' \tag{7-41}$$

此项与式(7-40)数值相同，符号相反，故两者可以消去。这表示散射辐射仅引起能量的方向变化，空间各方向投射辐射引起散射的能量增加，这些能量全部散射到了四周空间。

将式(7-40)和式(7-41)代入式(7-39)，可得

$$\nabla\cdot q_{r,\lambda} = 4\pi\kappa_\lambda I_{b\lambda}(s) - \int_{4\pi}\kappa_\lambda I_\lambda(s)d\Omega \tag{7-42}$$

将式(7-42)对所有波长积分，可得全波长的辐射能量方程，即

$$\nabla\cdot q_{r,\lambda} = \int_0^\infty \kappa_\lambda\left(4\pi I_{b\lambda}(s) - \int_0^\infty I_\lambda(s)d\Omega\right)d\lambda \tag{7-43}$$

此式表示辐射能量的净得或净失等于本身发射与吸收之辐射能量差。此式也称为辐射热流密度方程或辐射热流散度方程。若介质处于稳态，无内热源，导热与对流换热忽略不计，仅有热辐射，则射进、射出微元体的辐射能量应当相等，即微元体吸收的辐射能量应等于本身发射的辐射能量，即

$$\nabla\cdot q_{r,\lambda} = 0 \tag{7-44}$$

7.4 辐射传热的强化与削弱

传热过程的强化与削弱是传热学研究的重要方向。其中辐射传热和导热、对流传热的物理机制不同,所以控制方法也是不同的。

7.4.1 辐射传热的强化与削弱原理

由辐射传热计算的网络法可知,强化或者削弱两表面间辐射传热的方法,为改变表面热阻以及空间热阻。

1. 改变表面热阻

根据表面热阻的定义式 $\dfrac{1-\varepsilon}{\varepsilon A}$,可以通过改变表面积 A 或表面发射率来改变表面热阻。在采用改变表面反射率的方法来控制辐射传热时,应当首先改变对辐射传热影响最大的表面发射率。具体的强化或削弱辐射的方法有:

强化或削弱辐射的方法

(1) 改变表面粗糙度。如在表面上形成缝隙、凹坑等,增强对热辐射的吸收能力。

(2) 改变表面氧化程度。金属材料表面的氧化膜对发射率的影响很大。

(3) 采用表面涂层。研究表明在物体表面上覆盖一层涂层,如碳化硅涂层能有效提高表面发射率。

(4) 使用光谱选择性涂料。如太阳能设备(如太阳能热水器的真空管)的表面采用的光谱选择性涂料对短波具有强烈的吸收性能而对长波只具有微弱的发射性能,可以使设备表面尽可能多地吸收太阳能,而本身发射出去的辐射能又较少,从而大大提高了太阳能的利用率。

2. 改变空间热阻

根据空间热阻的定义 $\dfrac{1}{A_i X_{i,j}}$,其中面积 A_i 一般取决于具体的散热或隔热表面,所以改变空间热阻一般采用调整表面间的辐射角系数的方法。如果要增加一个发热表面的辐射散热量,则应该增加表面与温度较低的表面间的辐射角系数。

7.4.2 辐射传热的应用

在工程应用中一种最有效的削弱辐射传热措施就是采用辐射屏蔽技术,即采用遮热板(罩)。

1. 遮热板的原理

当两个物体进行辐射传热时,如在它们之间插入一块金属薄板,则可使这两个物体间的辐射传热量减少,这类薄板称为遮热板。未加遮热板时,两个物体间的辐射热阻为两个表面热阻和一个空间热阻。加了遮热板后,将增加两个表面热阻和一个空间热阻。因此总的辐射传热热阻增加,物体间的辐射传热量减少,这就是遮热板的工作原理。以在两个平行大平壁之间插入遮热板为例,来说明遮热板对辐射传热的影响。图 7-16 所示为在平行大平壁间插入遮热板前后的辐射示意图和辐射网络图。

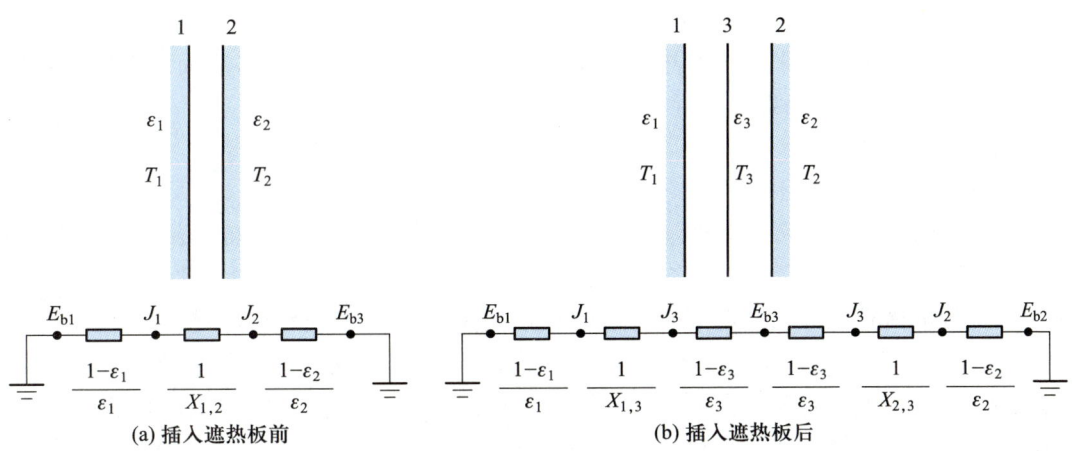

图 7-16　两块大平壁间插入遮热板前后的辐射示意图及网络图

由于平壁无限大,角系数

$$X_{1,3}=X_{3,1}=X_{1,2}=1 \tag{7-45}$$

又因为

$$A_1=A_2=A_3=A \tag{7-46}$$

则插入遮热板前后辐射传热量的变化如下:

无遮热板时

$$\Phi_{1,2}=\frac{\sigma(T_1^4-T_2^4)}{\dfrac{1-\varepsilon_1}{\varepsilon_1 A_1}+\dfrac{1}{A_1 X_{1,2}}+\dfrac{1-\varepsilon_2}{\varepsilon_2 A_2}}=\frac{\sigma(T_1^4-T_2^4)}{\dfrac{1}{\varepsilon_1}+\dfrac{1}{\varepsilon_2}-1} \tag{7-47}$$

加一块遮热板时

$$\Phi_{1,3,2}=\Phi_{1,3}=\Phi_{3,2}=\frac{E_{b1}-E_{b2}}{\dfrac{1-\varepsilon_1}{\varepsilon_1 A_1}+\dfrac{1}{A_1 X_{1,3}}+\dfrac{1-\varepsilon_{3,1}}{\varepsilon_{3,1} A_3}+\dfrac{1-\varepsilon_{3,2}}{\varepsilon_{3,2} A_3}+\dfrac{1}{A_3 X_{3,2}}+\dfrac{1-\varepsilon_2}{\varepsilon_2 A_2}}$$

$$=\frac{\sigma(T_1^4-T_2^4)A}{\dfrac{1}{\varepsilon_1}+\dfrac{1}{\varepsilon_{3,1}}-1+\dfrac{1}{\varepsilon_{3,2}}+\dfrac{1}{\varepsilon_2}-1} \tag{7-48}$$

显然,$\Phi_{1,3,2}<\Phi_{1,2}$,如 $\varepsilon_1=\varepsilon_2=\varepsilon_{3,1}=\varepsilon_{3,2}=\varepsilon$,则 $\Phi_{1,3,2}=\Phi_{1,2}$。可以证明,在两块平行大平壁间插入 n 块表面发射频率相同的遮热板(薄金属板)时的辐射传热量,为无遮热板时辐射传热量的 $1/(n+1)$。

这表明遮热板数目越多,遮热效果越好。以上是在表面发射率均相同时所得到的结论。实际上由于选用反射率较高的材料(如铝箔)作遮热板,ε_3 要远小于 ε_1 和 ε_2,此时的遮热效果要显著得多。

根据上述分析,如果遮热板和平壁表面发射率相同,采用一块遮热板,辐射传热量减少为原来的 $1/2$,即所减少的辐射传热量为原来的 $1/2$;采用两块遮热板,辐射传热量减少为原来的 $1/3$,即第二块所减少的辐射传热量为原来的 $1/2-1/3=1/6$;而第三块所减少的辐射传热量将仅为原来的 $1/3-1/4=1/12$。因此,当遮热板较多时,再增加遮热板数目,辐射传热的减弱效果也就不那么明显了。

需指出的是,用网络法来分析遮热板的遮热效果是非常方便的。当各表面的发射率不同时,用网络法可以方便地算出辐射传热量的变化和遮热板温度。

2. 遮热板(罩)的应用

遮热板(罩)在工程应用广泛,以下用几个实例来进行简单说明。

(1) 用于减少汽轮机内、外套管间辐射传热。如大型汽轮机汽缸进汽连接管,其内套管和高温蒸汽接触,采用遮热罩后,可以大大减少向外套管的传热量。另外,在大型汽轮机的高压主汽门、中压联合门的阀杆上部以及燃气轮机进气部分装有遮热板或衬套以减少辐射散热量。

(2) 用于储存低温液体的超级绝热容器。如储存液态氧、氮、氢、氦等低温、超低温液体的超级绝热容器。为了提高绝热效果,减少低温液体的沸腾蒸发量,用镀金属的薄膜(如镀铝涤纶薄膜)制成多层遮热板,且各层遮热板之间以导热系数很小的材料作为分割层,并抽出其中空气。

(3) 用于超级绝热管道。石油埋藏于地下数千米深处,其黏度很大,不易从油井流出。这时可采用向油层注射高温高压水蒸气的方法,一方面使油层温度升高,黏度下降,容易流动;另一方面可利用水蒸气的压力使石油喷出。为解决向石油注射水蒸气的管道不能采用常规的绝热措施,而且常规绝热材料的绝热性能远不能满足其特殊要求等问题,可利用遮热板设计出超级绝热管道结构。

(4) 用于提高热电偶测温的精度。如果用裸露的热电偶直接测量炉膛中高温烟气的温度,当热电偶读数稳定,达到热平衡状态时,烟气传给热电偶的热量等于热电偶对水冷壁的辐射传热量。因此,水冷壁温度越低,热电偶对水冷壁的辐射传热量越大,热电偶读数和烟气实际温度的差就越大。

为了提高热电偶的指示温度,可将热电偶置于遮热罩中。这时遮热罩的温度必高于水冷壁温度,热电偶向遮热罩辐射传热。当热电偶读数稳定,达到热平衡状态时,必有烟气传给热电偶的热量等于热电偶对遮热罩的辐射传热量。则此时热电偶的读数提高,其测得的温度更接近烟气实际温度。如果采用多层遮热罩,其效果将更明显。同时还可采用抽气提高热电偶表面传热系数,进一步提高遮热罩和热电偶的温度。

本 章 小 结

本章主要讨论物体间辐射传热的计算方法,重点是固体表面间的辐射传热以及介质热辐射的辐射传递方程。涉及的一些基本概念如下:

(1) **角系数**:一个表面发出的辐射能落到另一个表面上的百分数。

(2) **角系数的基本性质**:在表面辐射热流均匀以及漫射体的假设下,角系数是纯几何因子,与表面的发射率、温度等无关;从能量平衡出发可以导出角系数的相对性、完整性和可加性。

(3) **有效辐射**:从单位表面发出的总辐射能,包括自身辐射与发射辐射;有效辐射的引入,简化了灰体表面间辐射传热的计算,避免了分析多次吸收与反射的复杂性。

(4) **辐射传热的表面辐射热阻**:由表面的面积与发射率所决定,$\dfrac{1-\varepsilon}{A\varepsilon}$。

（5）**辐射传热的空间辐射热阻**：由表面的面积、形状以及另一表面的相对位置而定，$\dfrac{1}{AX_{1,2}}$。

（6）**介质辐射**：具有容积性，用于研究辐射能量的空间分布。介质中的发射、吸收、散射是在整个容积中进行的，也可以说是沿整个光束行程进行的，而固体表面辐射一般不考虑这一特点。

（7）**辐射传递方程**：该方程满足能量守恒定律，表示沿光线传播方向上，单位时间、单位体积、单位立体角中吸收、发射、散射出及散射进的光谱能。

（8）**散射系数、吸收系数和相函数**：它们是决定辐射能量分布的重要参量，相函数满足归一化条件。

思 考 题

7-1 试述角系数的定义。"角系数是一个纯几何因子"的结论是在什么前提下得出的？

7-2 为什么计算一个表面与外界之间的净辐射换热量时要采用封闭腔的模型？

7-3 什么是一个表面的自身辐射、投入辐射及有效辐射？有效辐射的引入对于灰体表面系统辐射换热的计算有什么作用？

7-4 什么是辐射表面热阻？什么是辐射空间热阻？请阐述对网络法的实际作用的认识？

7-5 一束辐射能投射到纯散射介质中，问此介质的温度场、辐射强度场是否变化？为什么？

7-6 已知两气体的吸收系数，求由他们组成的混合气体的吸收率？

7-7 什么是遮热板？试根据自身的切身经历举出几个应用遮热板的例子。

习 题

7-1 试用简捷方法确定图中的角系数 $X_{1,2}$。

7-2 求：当 $H/r_2 \to 0$ 时角系数 $X_{1,2}$ 的极限值。

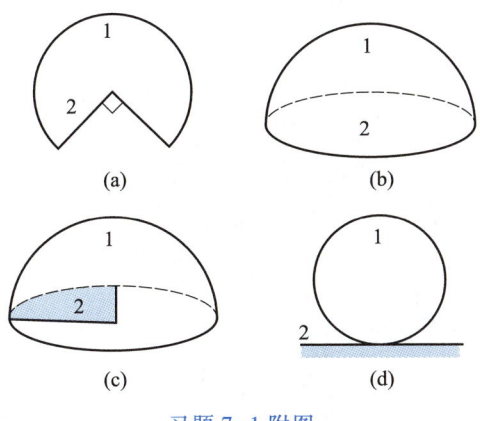

习题 7-1 附图

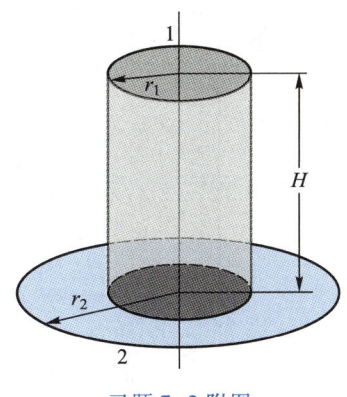

习题 7-2 附图

7-3 已知：圆柱表面及平面在垂直于纸面的方向上为无限长。求：平面对圆柱表面的角系数 $X_{AB,0}$。

7-4 已知：三根直径为 d 且相互平行的长管成正三角形布置，中心距为 s。求：其中任一根管子所发出的辐射能落到其余两管子以外区域上的百分数。

7-5 已知：两块平行的黑体表面 1、3 表面温度为已知。其间置入一透明平板 2，温度维持在某个值 T_2，其发射率、反射率及透射率各为 ε_2、ρ_2 及 τ_2。求：表面 1 单位面积上净辐射换热量的表达式。

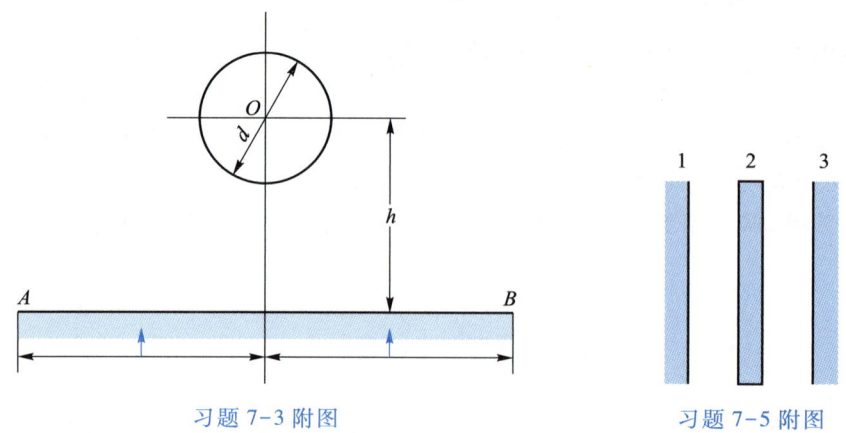

习题 7-3 附图　　　　　　　　习题 7-5 附图

7-6 两块平行放置的平板表面发射率均为 0.8，温度 $t_1 = 527\ ℃$ 及 $t_2 = 27\ ℃$，板间距远小于板的宽度与高度。试计算：(1) 板 1 的自身辐射；(2) 对板 1 的投入辐射；(3) 板 1 的反射辐射；(4) 板 1 的有效辐射；(5) 板 2 的有效辐射；(6) 板 1、2 间的辐射换热量。

7-7 试计算并比较 300 K 和 5 000 K 黑体在可见波段内的半球辐射力，同时计算并比较二者在各自黑体辐射总半球光谱辐射力中的占比。

7-8 假定某黑体表面温度为 1 200 K，试计算：该黑体表面向 0~60° 天顶角空间范围内辐射的能量；该黑体表面在 3~5 μm 波长范围区间内向 0~60° 天顶角空间范围内辐射的能量。

7-9 如图，有一直径为 75 mm、高度 150 mm 的圆柱形炉膛，敞口放置在 27 ℃ 的环境中。侧面和底部可近似为黑体，绝缘良好，分别电加热保持在 1 350 ℃ 和 1 650 ℃ 的温度。在不考虑对流换热、炉膛外部绝热下求电加热炉膛所需的功率。已知：$X_{2,3} = 0.056$。

7-10 已知：两个面积相等的黑体被置于一绝热的包壳中。温度分别为 T_1 与 T_2，且相对位置是任意的。画出该辐射换热系统的网络图，并导出绝热包壳表面温度 T_3 的表达式。

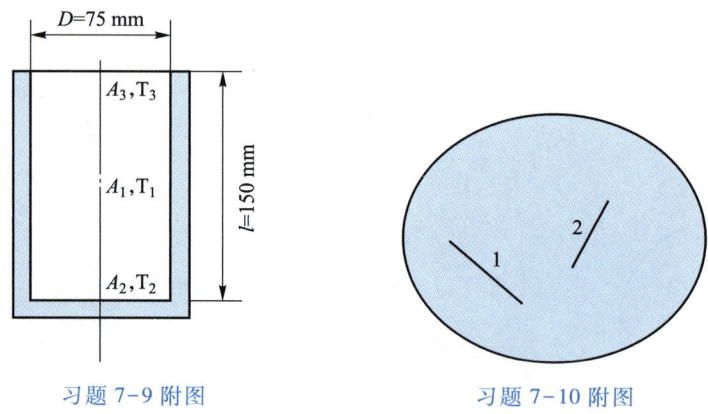

习题 7-9 附图　　　　　　　　习题 7-10 附图

7-11 热水瓶的瓶胆可以看作为直径为 10 cm，高为 26 cm 的圆柱体，夹层抽真空，其表面发射率为 0.05。试估沸水钢冲入水瓶后，初始时刻水温的平均下降速率。夹层两壁温可近似地取为 100 ℃、200 ℃。

7-12 当(1) 所有内表面均是 500 K 的黑体；(2) 所有内表面均是 $\varepsilon = 0.6$ 的漫射体，温度均为 500 K。分别求两种情况下从小孔向外辐射的能量。

7-13 一半无限大吸收、发射性介质，界面位于 $x = 0$ 处，为透明界面，界面外为真空。如果介质的吸收系数

$\kappa = 5 \text{ m}^{-1}$,温度分布为 $T = 50e^{-x}$,问:(1)内热源应如何分布,才能保持这样的温度分布?(2)界面向外辐射的辐射强度等于多少?

7-14 一半无限大的吸收、发射、散射性灰气体,与一漫灰表面相接触,表面发射率为 ε_w。假设气体温度均匀,为 T_g;漫灰表面温度均匀,为 T_w,求气体与壁面的辐射换热热流密度。

7-15 一个黑体微元表面 dA 距一气体微元 dV 为 10 cm,气体微元是气体容积 V 的一部分,气体容积是等温的,并与 dA 的温度相同。如果气体在波长 1 μm 的吸收系数 $\alpha_\lambda = 0.1 \text{ cm}^{-1}$,且无散射,试求出沿路程 S 从 dA 到达 dV 的 $\lambda = 1$ μm 的光谱辐射强度。

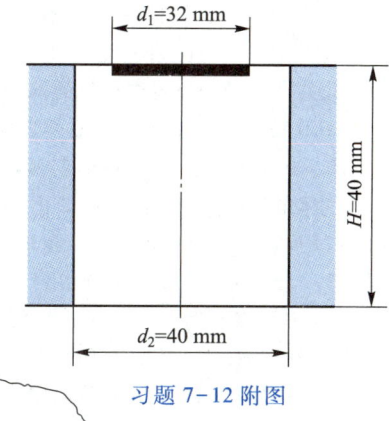

习题 7-12 附图

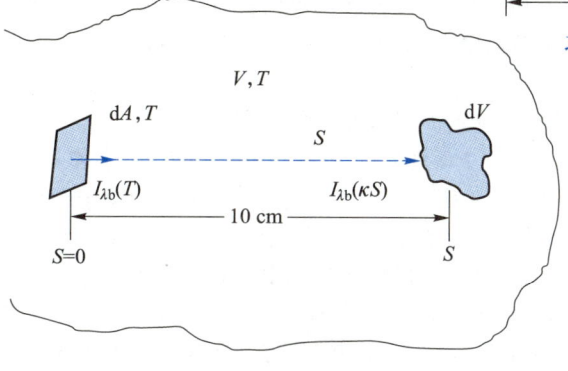

习题 7-15 附图

7-16 一个等温灰气体层,温度为 1 000 K,厚度为 1 m,气体层的边界是透明的。在左侧边界有法向辐射入射,在右侧边界没有任何入射辐射,消光系数为 k_e,散射系数为 σ_s,吸收系数为 κ,相函数为 Φ。求三种情况下右边界法向的出射辐射强度。

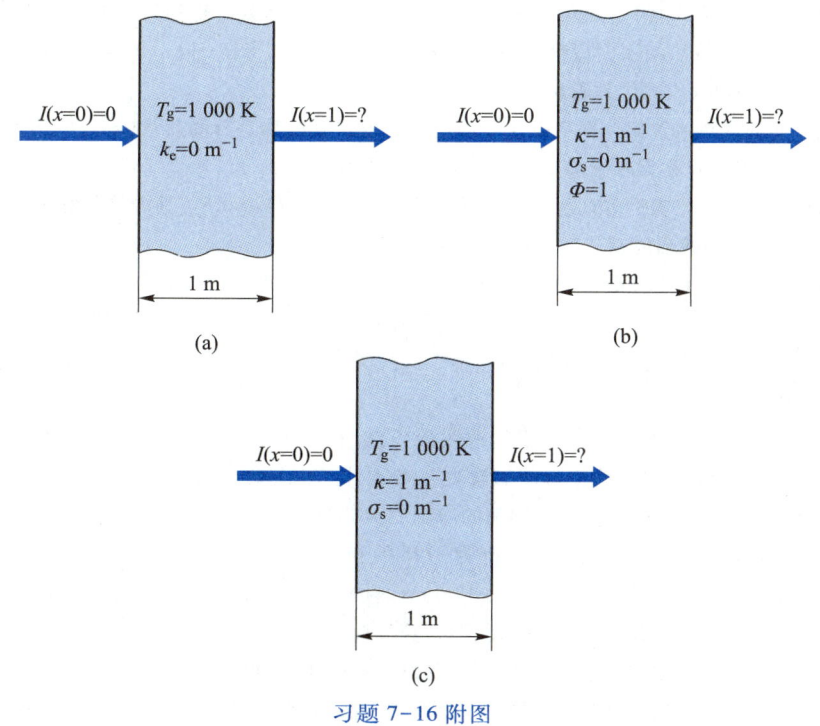

习题 7-16 附图

7-17 一层非散射固体材料,吸收系数 0.2 cm^{-1},折射率为 1,厚度为 5 cm,由于导热,其内部温度在厚度方向上呈线性分布,求:(1)在右侧 $x=D$ 处发射的法向辐射强度;为了达到相同的法向辐射强度,同样材料的薄板温度需要多少?(2)如果将习题 7-17 附图的温度型颠倒,则右侧发射的法向辐射强度为多少?

7-18 一个吸收发射灰气体层,吸收系数为 1.6 m^{-1},与黑体壁面相邻,若气体的温度分布呈抛物线变化,由壁面处 $x=0$ 的 650 K 变化到 $x=D$ 的 425 K。求 $x=D$ 处的垂直于壁面方向的总辐射强度。

7-19 二次反射镜是一种常用于航天器被动控热的系统组件,某型二次反射镜在 0.25~2.5 μm 波长范围内的发射率为 0.08,在 5~50 μm 波长范围内的发射率为 0.87,某一时刻该二次反射镜工作在 1 350 W/m^2 的太阳辐射下,其自身温度为 300 K,求该二次反射镜单位面积能向外散出多少热量?

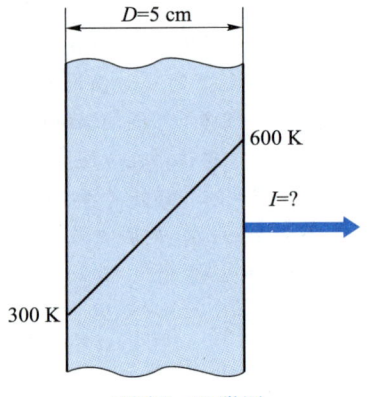

习题 7-17 附图

7-20 考虑某一横截面为边长 1 m 的正三角形管道,其中一面为加热表面维持在 1 200 K,一面为低温表面维持在 500 K,一面为绝热面。加热和绝热表面的发射率为 0.8,低温面的发射率为 0.4。假定管道温度到达了稳态,为了维持各表面温度,求每米管道所需的加热功率。

7-21 某涂层表面的光谱半球发射率可以表示为 $\varepsilon_\lambda(\lambda) = 0.36 (0 \leq \lambda < 2\ \mu m)$,$\varepsilon_\lambda(\lambda) = 0.2 (2 \leq \lambda < 4\ \mu m)$ 其余波段发射率为 0,请计算该表面 2 000 K 时的半球总发射率 ε 与总辐射能 Q。

7-22 一根直径为 100 mm 的圆柱形薄壁水平管,其壁面通过其内部的蒸汽保持在 120 ℃,并且在管子周围安装了一个辐射防护罩,在管子和防护罩之间有 20 mm 的间隙,防护罩表面温度达到 45 ℃。假设管子和防护罩均为漫灰表面,发射率分别为 0.8 和 0.1。请问单位长度上水平管对辐射防护罩的辐射传热量是多少?

7-23 考虑一个长 0.3 m,横截面直径 0.3 m 的圆柱形炉子,其两端面为漫灰表面,发射率分别为 0.4 和 0.6,温度分别保持在 400 K 和 500 K。侧壁面也为漫灰表面,发射率为 0.8 温度维持在 1 000 K,请计算确定每一个表面的净辐射换热量。已知两端面之间的角系数为 0.17。

7-24 在一个无风的秋日中午,一幢大楼的平屋顶上接收到来自太阳投射的 400 W/m^2 的辐射能,屋顶与温度为 10 ℃ 的空气的对流传热的表面传热系数为 5 W/m^2。天空可以视作 −40 ℃ 的黑体。屋顶材料对太阳能吸收比为 0.5,自身发射率为 0.2。试计算确定屋顶稳态下的温度。

7-25 某航天器的散热装置向 0 K 宇宙环境通过辐射散失其内部运行的热量,若该散热表面最高允许的温度为 2 000 K,发射率为 0.8,试确定所允许的最大散热功率。

7-26 已知两块无限大平板的表面温度分别为 t_1 和 t_2,发射率均为 0.6。其中遮热板的发射率为 0.03。求加入遮热板后 1,2 表面间的辐射换热减少到原来的多少分之一。

7-27 已知一水平放置的正方形太阳能集热器,边长为 1 m,吸热表面直接暴露于空气中,其发射率 $\varepsilon=0.1$,其上无夹层,对太阳能的吸收率 $\alpha_s=0.8$,当太阳的投入辐射 $G=800$ W/m^2 时,测得集热器吸热表面的温度为 90 ℃,此时环境温度为 30 ℃,天空可视为 23 K 的黑体。集热器效率定义为集热器所吸收的太能辐射能与太阳投入辐射之比。求此集热器的效率。

7-28 已知两相距 1 m、直径为 2 m 的平行放置的圆盘,相对表面的温度分别为 $t_1=500$ ℃ 和 $t_2=200$ ℃,发射率分别为 $\varepsilon_1=0.3,\varepsilon_2=0.6$,另外两个表面的换热忽略不计。(1)两个圆盘被放置于 $t_3=20$ ℃ 的大房间内;(2)两圆盘被放置于一绝热空腔中。求每个圆盘的净辐射换热量。

7-29 已知(1)两个同心圆筒壁的温度分别为 −196 ℃ 和 30 ℃,直径分别为 10 cm 和 15 cm,表面发射率均为 0.8。(2)在其中同心地置入一遮热罩,直径为 12.5 cm,两表面的发射率均为 0.05。求(1)单位长度圆筒体上的辐射换热量。(2)画出此时辐射换热的网络图,并计算套筒壁间的辐射换热量。

7-30 用单层遮热罩抽气式热电偶测量一设备中的气流温度,已知设备内壁温度为 90 ℃,热节点与遮热罩表面的发射率均为 0.6,气体对热节点和遮热罩的表面传热系数分别为 40 W/(m^2·K) 和 25 W/(m^2·K)。气流

真实温度为 $t_f = 180\ ℃$。求热电偶的指示值。

参 考 文 献

[1] 余其铮. 辐射换热原理[M]. 哈尔滨:哈尔滨工业大学出版社,2000.

[2] OSSIPOY P. The Angular coefficient method for calculating the stationary molecular gas flow for arbitrary reflection law[J]. Vacuum,1997,48(5):409-412.

[3] 杨贤荣,马庆芳. 辐射换热角系数手册[M]. 北京:国防工业出版社,1982.

[4] 钱滨江,伍贻文,常家芳等. 简明传热手册[M]. 北京:高等教育出版社,1983.

[5] 杨世铭,陶文铨. 传热学[M]. 4版. 北京:高等教育出版社,2006.

[6] LAUSTER M, REMMEN P, FUCHS M, et al. Modelling long-wave radiation heat exchange for thermal network building simulations at urban scale using Modelica[C]//Proceedings of the 10th International Modelica Conference; March 10-12;2014; Lund; Sweden. Linköping University Electronic Press, 2014(096):125-133.

[7] MAO L, HONG Y. Thermal modeling for thermophotovoltaic systems adopting the radiation network method[J]. Solar Energy Materials and Solar Cells,2009,93(10):1705-1713.

[8] TAKENAKA H, NAKAJIMA T Y, HIGURASHI A, et al. Estimation of solar radiation using a neural network based on radiative transfer[J]. Journal of Geophysical Research:Atmospheres,2011,116(D8).

[9] CLERICUZIO A. A redefinition of Boyle's chemistry and corpuscular philosophy[J]. Annals of Science,1990,47(6):561-589.

[10] LEADBEATER M L, ALVES E S, EAVES L, et al. Magnetic field studies of elastic scattering and optic-phonon emission in resonant-tunneling devices[J]. Physical Review B,1989,39(5):3438.

[11] OWEN J F, BARBER P W, MESSINGER B J, et al. Determination of optical-fiber diameter from resonances in the elastic scattering spectrum[J]. Optics letters,1981,6(6):272-274.

[12] EVANS E, MILLS D L. Theory of inelastic scattering of slow electrons by long-wavelength surface optical phonons[J]. Physical Review B,1972,5(10):4126.

[13] HALTRIN V I, KATTAWAR G W. Self-consistent solutions to the equation of transfer with elastic and inelastic scattering in oceanic optics:I. Model[J]. Applied Optics,1993,32(27):5356-5367.

[14] MODEST M F. Radiative heat transfer[M]. Pittsburgh:Academic Press,2013.

[15] MAHAN J R. Radiation heat transfer:a statistical approach[M]. New York:John Wiley & Sons,2002.

[16] KANDLIKAR S G, JOSHI S, TIAN S. Effect of surface roughness on heat transfer and fluid flow characteristics at low Reynolds numbers in small diameter tubes[J]. Heat Transfer Engineering,2003,24(3):4-16.

[17] DAS S, KUMAR D S, BHAUMIK S. Experimental study of nucleate pool boiling heat transfer of water on silicon oxide nanoparticle coated copper heating surface[J]. Applied Thermal Engineering,2016,96:555-567.

[18] SARANGI S, WEIBEL J A, GARIMELLA S V. Effect of particle size on surface-coating enhancement of pool boiling heat transfer[J]. International Journal of Heat and Mass Transfer,2015,81:103-113.

[19] ALVAREZ G, FLORES J J, AGUILAR J O, et al. Spectrally selective laminated glazing consisting of solar control and heat mirror coated glass:preparation,characterization and modelling of heat transfer[J]. Solar Energy,2005,78(1):113-124.

[20] WANG C, HE B, SUN S, et al. Application of a low pressure economizer for waste heat recovery from the exhaust flue gas in a 600 MW power plant[J]. Energy,2012,48(1):196-202.

[21] KALANIDHI A. Boil-off in long-term stored liquid hydrogen[J]. International Journal of Hydrogen Energy,1988,13(5):311-313.

[22] BEIKIRCHER T, DEMHARTER M. Heat transport in evacuated perlite powders for super-insulated long-term storages up to 300 ℃[J]. Journal of Heat Transfer,2013,135(5):051301.

[23] ST-GELAIS R, ZHU L, FAN S, et al. Near-field radiative heat transfer between parallel structures in the deep subwavelength regime[J]. Nature Nanotechnology,2016,11(6):515-519.

第八章
换热器

8.1 换热器介绍

8.1.1 换热器发展历程

换热器是一种将热流体的一部分热量传递给冷流体的设备,也称热交换器。从日常生活中取暖用的暖气散热片,到汽轮机装置中的凝汽器,再到火箭上的冷却器,都能见到它的身影。它广泛应用于石油、化工、动力、机械及核电等工业部门。

最先出现的换热器是套管式换热器和管壳式换热器,其发源可以追溯到第一次工业革命早期时代。20 世纪 20 年代板式换热器登上了时代的舞台。板式换热器相比之前的换热器结构更紧凑,且拥有更好的传热效果。20 世纪 30 年代又有三种具有代表性的换热器问世,分别是英国以钎焊法制造出的板翅式换热器,瑞典的螺旋板换热器以及板壳式换热器。第二次世界大战后尖端科学迅速发展,与此同时机械加工制造技术快速发展,二者共同促进了紧凑型板面式换热器的蓬勃发展和大规模应用。20 世纪 70 年代中期,由于世界能源危机,为了强化传热和节能降耗,提高工业生产经济效益,又研制出热管式换热器。

相比较欧、美、日本等国家与地区,我国的换热器产业起步较晚。20 世纪 60 年代,我国先后设计并制造出了管壳式换热器、板式换热器以及螺旋板式换热器等主流产品。随后在 20 世纪 70 年代,我国的换热器研发单位引入了大量国外技术。其中,兰州石油机械研究所引进了德国施密特换热器技术,四平换热器总厂引进了法国维卡勃换热器技术等。国内换热器行业通过吸收和消化国外先进技术手段,开始进入发展的快车道。20 世纪 80 年代后,大量的强化传热设备被开发出来并推向了市场,代表作有折流杆换热器、新结构高效换热器、高效重沸器、高效冷凝器、双壳程换热器、板壳式换热器、表面蒸发式空冷器等。进入 21 世纪后,大量的强化传热技术应用于工业生产,国内外换热器产业在技术水平上获得了迅猛提升。兰石换热设备公司生产的板式换热器广泛应用在国内核电建设项目常规岛和核岛上,并陆续推向大乙烯项目、钛白粉生产线等领域。同时,大型管壳式换热器、大直径螺纹锁紧环高压换热器、高效节能板壳式换热器、大型板式空气预热器等大型高效紧凑换热设备的研发也获得了重大突破。

8.1.2 换热器主要类型

随着换热器的设计制造发展,各种换热器不断推陈出新,产品多样化,难以对其进行具体、统一的划分。尽管如此,换热器仍可以按照它们的一些共同特征来进行分类。表 8-1 按照几种不同的分类标准,对换热器的类型进行了划分。

表 8-1 换热器的分类

分类标准	分类结果
用途	预热器、冷却器、冷凝器、蒸发器
材料	金属、陶瓷、塑料、石墨、玻璃
温度状况	工况稳定,热流和温度恒定;工况不稳定,热流和温度改变

续表

分类标准	分类结果
紧凑程度	紧凑式换热器与非紧凑式换热器
流动方式	顺流式、逆流式、错流式、混流式
传热方式	间壁式、混合式和蓄热式

间壁式换热器是现今类型最多的换热器,它是一种采用固体壁面隔离冷热流体,通过间壁进行热交换的换热器。它根据传热面的结构不同可分为管式和板面式。管式换热器以管表面作为传热面,包括套管式换热器和管壳式换热器等;板面式换热器以板面作为传热面,包括板式换热器、螺旋板换热器、板翅式换热器、板壳式换热器和伞板换热器等。

1. 管壳式换热器

管壳式换热器按其结构的不同一般可以分为四种类型:固定管板式、U形管式、浮头式和填料函式。

(1) 固定管板式换热器

如图 8-1 所示,管子的两头分别固定在位于壳体两侧的固定管板上,由于该结构将管板与壳体固定了在一起,因此称为固定管板式换热器。它的优点主要体现在结构简单,在壳程程数相同的条件下可排的管数多。它的缺点也非常明显:对流经壳程流体有一定的要求;当在管束与壳体之间有较大的温差时,会发生热膨胀现象,导致管子与管板之间的接口脱离,从而发生流体泄漏。为了解决这样的问题,常常在外壳上增添膨胀节来减少热应力,但是无法完全抵消热应力所带来的负面影响。

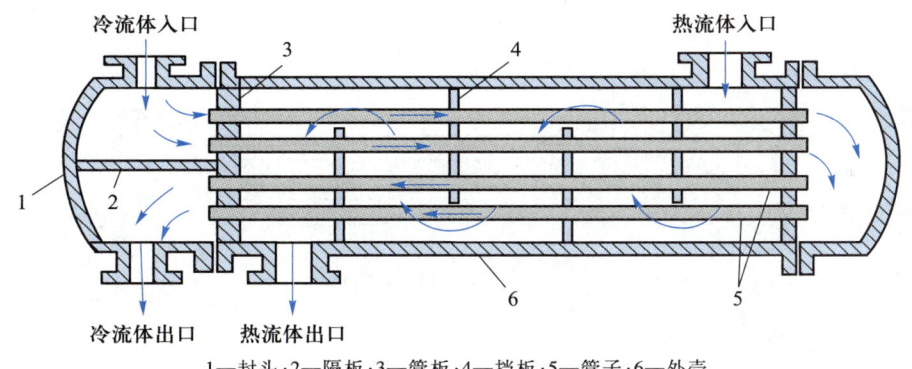

1—封头;2—隔板;3—管板;4—挡板;5—管子;6—外壳。

图 8-1　固定管板式换热器

(2) U 形管式换热器

如图 8-2 所示为 U 形管换热器,它的内部结构使其容易被辨别出来,这是因为它的管束呈一个典型的"U"字形。管子两端被固定在一块管板上,弯曲端不被施加约束,从而使每根管子在壳体内有足够的伸缩空间而不受到其他管子和壳体的影响。若要清洗该类换热器,可以将整个管束从中抽出,但是只能清洗管束外壁,而管子内壁的污垢清洗起来比较困难。因为管束是由不同弯曲半径的弯管组成的,不同的弯管在制造时需对应不同曲率的模子,这使得管板的有效利用率降低。

(3) 浮头式换热器

这种形式的换热器由固定端和浮头端组成。固定端采用法兰与壳体实现固定连接,浮头端

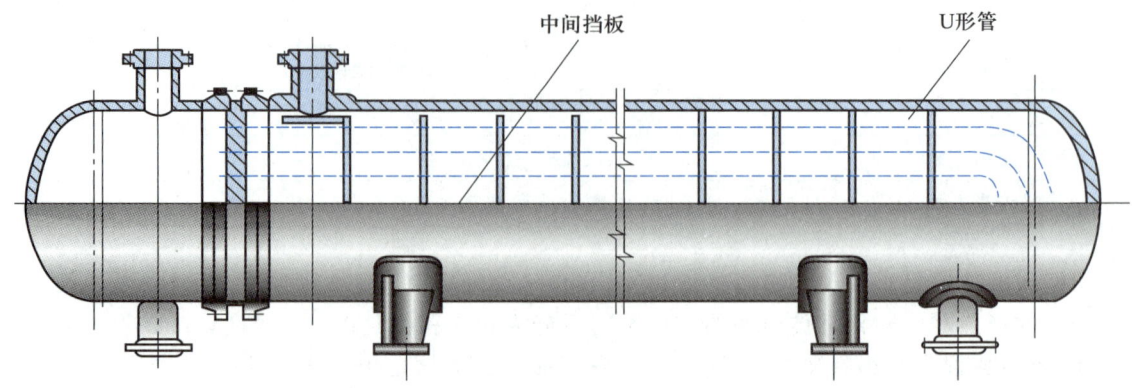

图 8-2 U 形管换热器

的管板不与壳体进行固定连接,从而可以相对于壳体自由滑动。浮头式换热器被制造出来的目的是解决固定管板式换热器不能适用于较大温差的困难。在这种换热器中,管束的热膨胀不受壳体的约束,壳体与管束之间不会因差胀而产生热应力。它的结构较为复杂,材料消耗量大,这使得它的应用受到一定限制。

(4) 填料函式换热器

图 8-3 所示为填料函式换热器,其最大的特点是一端管板以法兰固定,而另一端管板可以在填料函中滑动。它是由浮头式换热器改进而来的,因为浮头露在外面,所以又称为外浮头式换热器。它的优点包括但不限于:结构简单、易于检修、管束可以自由伸缩。缺点是使用的压力和温度受到限制,且壳程对流体有一定的要求,不能流经易挥发、易燃易爆的流体。

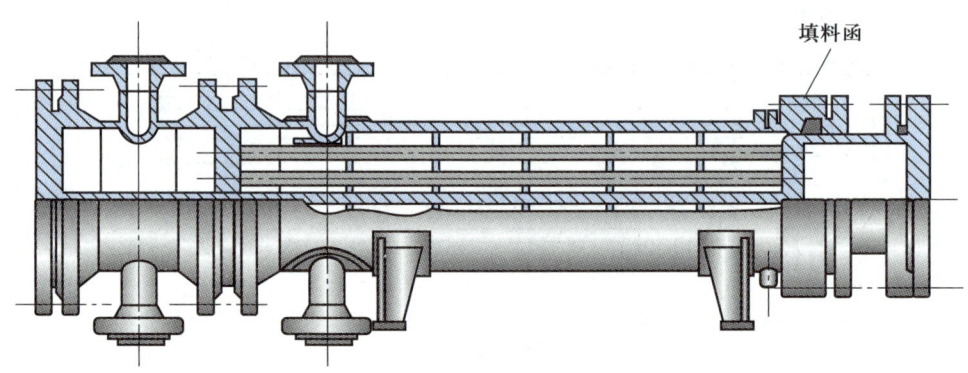

图 8-3 填料函式换热器

2. 高效间壁式换热器

(1) 螺旋板式换热器

如图 8-4 所示,螺旋板式换热器是较早出现的高效间壁式换热器,它的主要构成结构是螺旋形传热板片。相比管壳式换热器,它具有传热性能好、结构紧凑、制造工艺简单、运输安装方便、运行可靠性强、可以有效回收低温热能的优点。但与之相对的是,它的检修比较困难,质量较大,运输安装也要求较高。

(2) 板式换热器

板式换热器是近几十年来的换热器行业中的"明星"产品,它是一种新型高效、紧凑的换热器并且还处在不断快速发展之中。板式换热器结构简图如图 8-5 所示,一系列互相平行、具有波

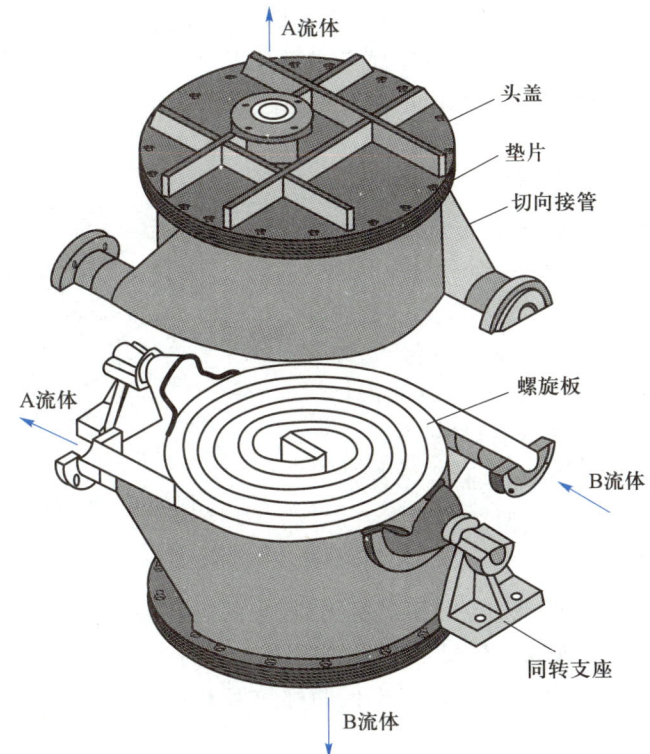

图 8-4　螺旋板式换热器

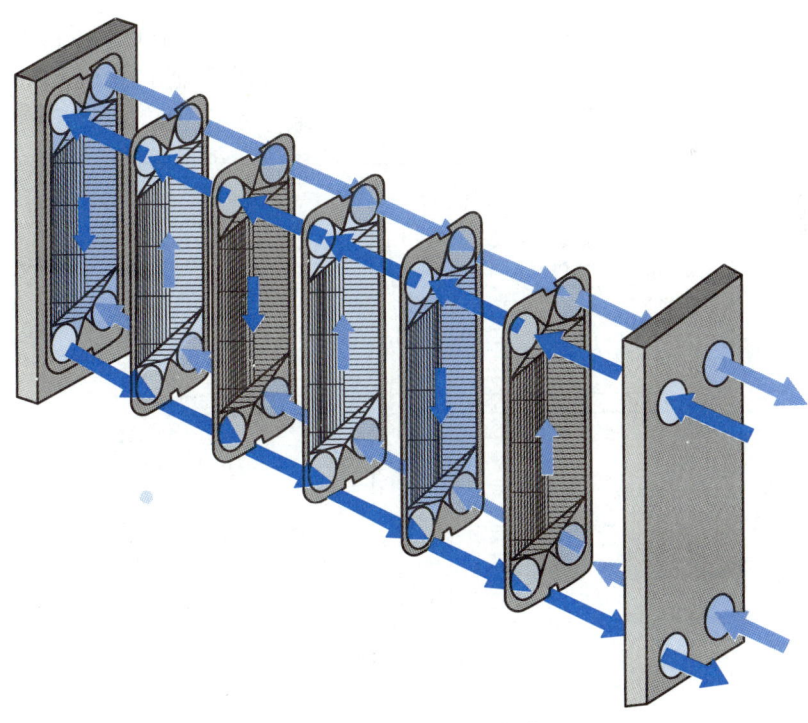

图 8-5　板式换热器结构简图

纹表面的薄金属板相叠构成了它的换热主体。相比螺旋板式换热器,它的特点表现为更为紧凑,传热性能更好。板式换热器的应用面很广,尤其是适用于医药、食品、船舶和化工等工业制造领域,并且随着板型、结构上的改进,它的应用领域正在进一步扩大。

(3) 板翅式换热器

板翅式换热器首先出现在发动机上,第二次世界大战之后,逐步应用在深冷和空分设备上。它的主要结构如图 8-6 所示,是由若干翅片和隔板组成。随着有色金属和不锈钢防腐处理技术和钎焊工艺技术的提高,近年来在石油化工、航空航天、车辆、动力机械和原子能等工业部门中都得到了广泛的应用。由于它具有结构紧凑、轻巧、传热强度高的特点,因而引起了业界的关注,被认为是未来最有发展前景的新型换热器之一。

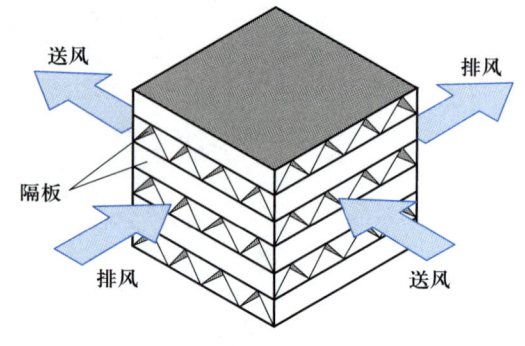

图 8-6 板翅式换热器主要结构

(4) 翅片管换热器

翅片管换热器是一种带翅(带肋)的管式换热器,它的壳体在一些情况下可以取消。翅片管换热器在动力、化工、制冷等领域中获得了广泛的应用。它的主要工作单元是翅片管,其主要部件包括了基管和翅片。如今,基管已经发展出低肋螺纹管和微细肋管等;翅片结构也获得发展,发展出了平翅、间断翅、波纹翅和穿孔翅等。

(5) 热管换热器

热管及由此而构成的热管换热器(图 8-7)依靠相变介质的潜热,成为一种极为高效的换热器。从 20 世纪 60 年代末起便主要应用于航天的热控制,后又扩展到电子工业(如计算机处理器的散热)、余热回收(如热管余热锅炉)、新能源(热管式太阳能集热器)、化学工程(如合成氨中回

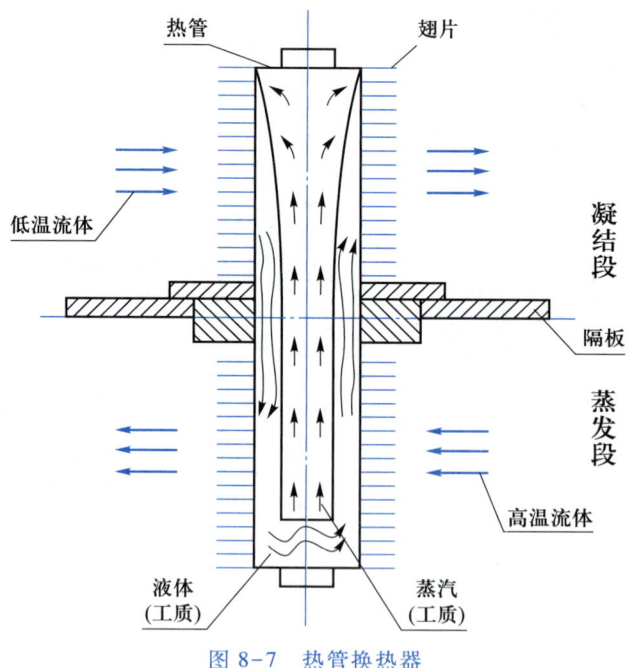

图 8-7 热管换热器

收余热、控制固定床催化反应器的化学反应温度)、石油化工(如热管热解炉)及核电工程(如反应堆安全壳保护)等方面,均取得了显著的成果。热管工作液依靠毛细力在壳体内一侧完成蒸发并吸收热量,再到另一侧进行凝结释放潜热,从而实现热量传递。热管不仅应用于换热领域,也可以作为热开关、热控制器使用。

(6) 微型换热器

微型换热器是近二三十年来快速兴起的一种新型换热器,它的诞生是集成电路的快速发展的结果。小体积、高散热是集成电路对传热结构提出的需求,同时,设备的微型化、过程的集成化是未来科学技术发展的大方向,这都导致了微型换热器的研究热潮。按照通道的大小分类,微型换热器主要包括微通道换热器(图8-8)、细通道换热器、紧凑通道换热器、常规通道换热器。近年来,多孔介质在微型换热器上的应用前景引起了人们的注意。

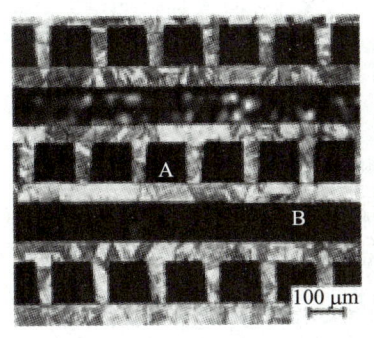 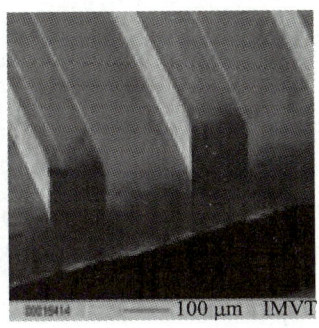

图 8-8　微通道换热器

3. 混合式换热器

混合式换热器依靠冷、热流体直接接触进行传热,这种传热方式避免了传热间壁两侧形成污垢热阻,从而提高了传热效率。这种换热器的传热能力主要取决于工质及工质间的接触情况,只要接触情况良好,就会获得较大传热速率,只要在工质可以相互混合的工作场景,都可以采用混合式换热器。图8-9所示是一种典型的混合式换热器,又被称为双曲线型冷却塔。如今,它广泛

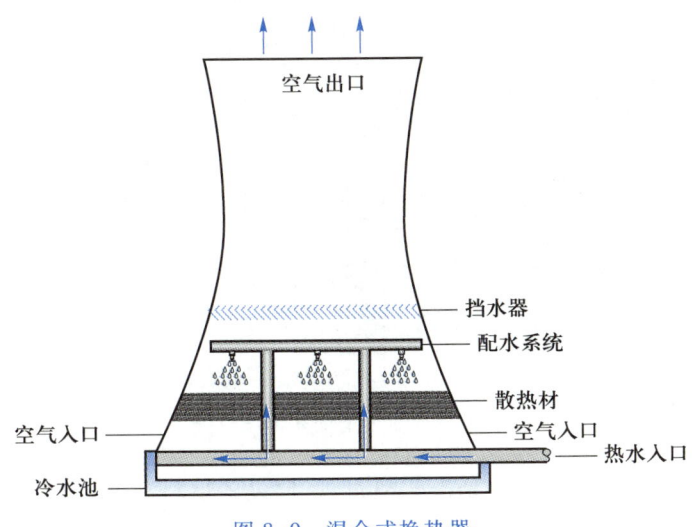

图 8-9　混合式换热器

应用于发电、空气调节等领域。

4. 蓄热式换热器

蓄热式换热器,顾名思义它通过在壁面的蓄热来实现换热,即冷、热流体交替流过同一传热界面及其所形成的通道,依靠传热面的热容作用,从而实现冷热流体之间的热交换(图8-10)。蓄热式换热器与间壁式换热器工作原理差别较大,间壁式换热器都是将热量从一面传给另一面,以实现两种流体的能量沟通。与混合式换热器相比,蓄热式换热器不进行不同流体间的直接接触。

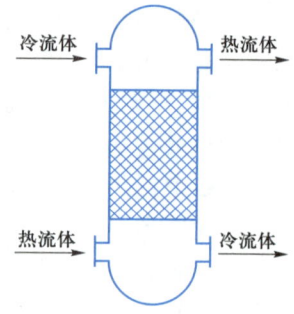

图 8-10 蓄热式换热器

8.2 换热器热计算与热设计

8.2.1 传热过程分析计算

传热过程是指热流体通过固体壁面把热量传给冷流体的过程。这个过程传递的热量通常由下面的公式计算:

$$\Phi = kA(t_{f1} - t_{f2}) \tag{8-1}$$

式中:k 为总传热系数;$t_{f1} - t_{f2}$ 为两种流体的传热温差。

1. 通过平壁的传热过程计算

如图 8-11 所示,由于平壁两侧面积相等,因此总传热系数的数值对于两侧壁面来说是相等的,其总传热系数可按下式计算:

$$k = \cfrac{1}{\cfrac{1}{h_1} + \cfrac{L}{\lambda} + \cfrac{1}{h_2}} \tag{8-2}$$

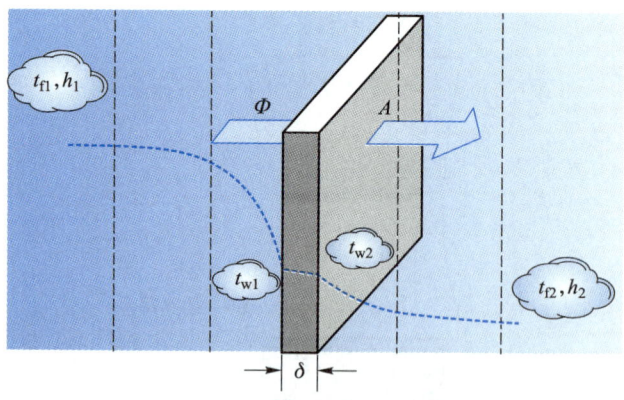

图 8-11 通过平壁的传热过程

对于通过无内热源的多层平壁的稳态传热过程,假设各层材料的导热系数 $\lambda_1, \lambda_2, \cdots, \lambda_n$ 为常数,厚度分别为 $\delta_1, \delta_2, \cdots, \delta_n$,层与层之间接触良好,无接触热阻,传热公式为

$$\varPhi = \frac{A(t_{f1}-t_{f2})}{\dfrac{1}{h_1}+\sum_{i=1}^{n}\dfrac{\delta_i}{\lambda_i}+\dfrac{1}{h_2}} = kA(t_{f1}-t_{f2}) \tag{8-3}$$

上式中的总传热系数为

$$k = \frac{1}{\dfrac{1}{h_1}+\sum_{i=1}^{n}\dfrac{\delta_i}{\lambda_i}+\dfrac{1}{h_2}} \tag{8-4}$$

式(8-3)还可以写成

$$\varPhi = \frac{t_{f1}-t_{f2}}{\dfrac{1}{h_1 A}+\sum_{i=1}^{n}\dfrac{\delta_i}{\lambda_i A}+\dfrac{1}{h_2 A}} = \frac{t_{f1}-t_{f2}}{R} \tag{8-5}$$

式中:R 为平壁的总传热热阻。

需特别注意的是,流体与壁面间进行换热时,有时还需要考虑辐射换热。这种对流换热与辐射换热同时存在的换热过程被称为复合换热。为了计算方便,通常将辐射换热量折合成对流换热量,为此引入辐射表面传热系数 h_r:

$$h_r = \frac{\varPhi_r}{A(t_w-t_f)} \tag{8-6}$$

式中:q_r 为辐射换热量。

复合表面传热系数就等于对流表面传热系数 h_c 与辐射表面传热系数 h_r 之和,而总换热量可以写成:

$$\varPhi = \varPhi_c + \varPhi_r = (h_c + h_r)A(t_w - t_f) \tag{8-7}$$

2. 通过圆筒壁的传热过程计算

对于通过圆筒壁的传热过程,由于圆筒的内外表面积不等,所以对于不同侧表面而言,其表面传热系数会不同。首先考虑单层圆筒壁的传热过程,如图 8-12 所示,该段圆管的传热过程包括管内流体——管内侧壁面——管外侧壁面——管外侧流体,共三个环节。在稳定流动条件下,通过各个环节的热通量 $\varPhi$ 是不变的应为

$$\varPhi = \frac{t_{fi}-t_{wi}}{\dfrac{1}{h_i \pi D_i l}} = \frac{t_{wi}-t_{wo}}{\dfrac{1}{2\pi\lambda l}\ln\dfrac{D_o}{D_i}} = \frac{t_{wo}-t_{fo}}{\dfrac{1}{h_o \pi D_o l}} \tag{8-8}$$

整理可得:

$$\varPhi = \frac{\pi l(t_{fi}-t_{fo})}{\dfrac{1}{h_i D_i}+\dfrac{1}{2\lambda}\ln\dfrac{D_o}{D_i}+\dfrac{1}{h_o D_o}} \tag{8-9}$$

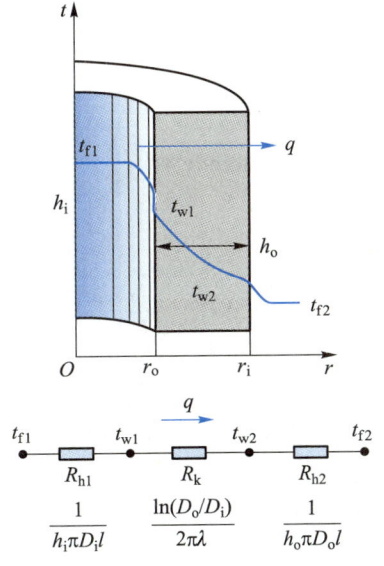

图 8-12 单层圆筒壁的传热过程

以外侧表面积为核算面积时,总传热系数由下式表示:

$$k = k_o = \cfrac{1}{\cfrac{D_o}{h_i D_i} + \cfrac{D_o}{2\lambda}\ln\cfrac{D_o}{D_i} + \cfrac{1}{h_o}} \tag{8-10}$$

式中：D_i、D_o 分别为圆管的内径和外径；t_{wi}、t_{wo} 分别为圆管内壁和外壁的温度；t_{fi}、t_{fo} 分别为圆管内侧和外侧流体的温度；h_i、h_o 分别为圆管内侧和外侧的表面传热系数；l 为圆管的长度。

对于多层圆筒壁的传热过程，传热量的计算式为

$$\Phi = \cfrac{t_{fi} - t_{fo}}{\cfrac{1}{h_i \pi D_i l} + \sum_{x=1}^{n} \cfrac{1}{2\pi\lambda_i l}\ln\cfrac{D_{x+1}}{D_x} + \cfrac{1}{h_o \pi D_{i+1} l}} \tag{8-11}$$

在工程实际中，常在管道外侧铺加一层或多层保温保温材料，来减少输送管道的散热损失，这会使得导热热阻增大；但同时在圆筒壁面上增加保温层也会导致换热面积增大即减小对流传热热阻，那么综合来看传热过程到底是被加强了还是被抑制了呢，不妨来分析一下圆筒壁的传热热阻。如图8-13所示的情况为圆筒壁外加设了层保温层的二层圆筒壁，假设壁面的传热系数为 λ_1，保温层的传热系数为 λ_x。对通过圆筒壁的传热过程分析可知，二层圆筒壁的传热热阻计算式为

$$R = R_1 + R_{\lambda 1} + R_{\lambda x} + R_2 = \cfrac{1}{h_1 \pi D_1 L} + \cfrac{1}{2\pi\lambda_1 L}\ln\cfrac{D_2}{D_1} + \cfrac{1}{2\pi\lambda_x L}\ln\cfrac{D_x}{D_2} + \cfrac{1}{h_2 \pi D_x L} \tag{8-12}$$

从式(8-12)可以看出，随着保温层厚度 D_x 增加，内壁的对流换热热阻 R_1 与圆筒壁的导热热阻 $R_{\lambda 1}$ 都为常数，保温层的导热热阻 $R_{\lambda x}$ 逐步增大，而外壁的对流换热热阻 R_2 却随 D_2 增加逐步减小。如图8-13所示，总热阻 R 先随着 D_x 的增加而减小，然后随着 D_x 的增加而增大。因此，传热量达到最大值时，对应的传热过程总热阻为最小值。总热阻最小值时的外直径 D_c 被称为临界热绝缘直径。只要使 R 对 D_x 的一阶导数等于零就可以求出临界热绝缘直径 D_c。

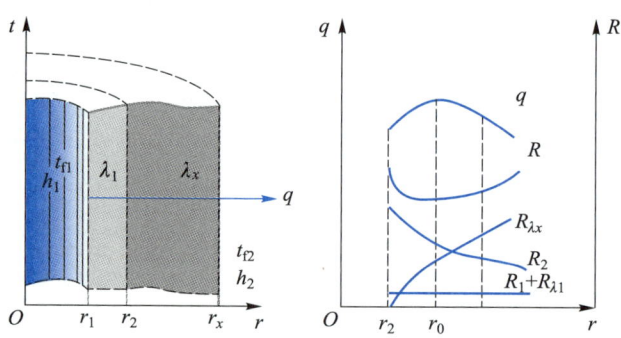

图 8-13 临界热绝缘示意图

$$\cfrac{dR}{dD_x} = \cfrac{1}{2\pi\lambda_x D_x} - \cfrac{1}{\pi D_x^2 h_2} = 0 \tag{8-13}$$

得到

$$D_x = \cfrac{2\lambda_x}{h_2} = D_c \tag{8-14}$$

从式(8-14)可以看出，临界热绝缘直径只与保温材料的导热系数以及周围介质的表面传热系数有关。在工程实际中，需要对管道覆盖保温层进行保温措施时，管道直径一般都大于临界热

绝缘直径,所以一般情况下敷设保温材料能达到减少散热的目的。只有当管径很小,保温材料的导热系数又较大时才会考虑临界绝缘直径的问题。例如在电缆线外包上一层绝缘层后,不仅能起电绝缘的作用,还可以增加散热。所以有效地利用临界绝缘直径这一概念,可以更好地满足一些特殊要求。

3. 通过肋壁的传热过程计算

在工程实际中常遇到两侧表面传热系数相差较大的传热过程,此时为了强化传热,可以在表面传热系数较小的一侧壁面上加装肋片。在之前的章节中已经分析了每一个肋片的传热原理以及计算方法,现在以装有肋片的平壁的传热过程为例进行计算,如图8-14所示。

在稳态条件下,传热量计算公式为

$$\Phi = \frac{t_{fi}-t_{wi}}{\dfrac{1}{A_i h_i}} = \frac{t_{wi}-t_{wo}}{\dfrac{L}{A_i \lambda}} = \frac{t_{wo}-t_{fo}}{\dfrac{1}{\eta_o A_o h_o}} \quad (8-15)$$

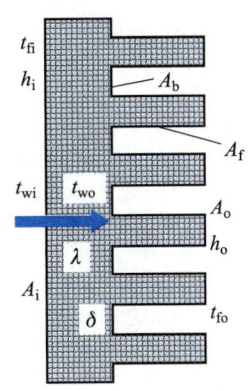

图8-14 肋壁的传热

式中:η_o 为肋面总效率,可以由肋化表面的热平衡关系导出。即对于肋化侧有

$$\Phi = A_b h_o(t_{wo}-t_{fo}) + \eta_f A_f h_o(t_{wo}-t_{fo}) = \eta_o A_o h_o(t_{wo}-t_{fo}) \quad (8-16)$$

$$\eta_o = \frac{A_b + \eta_f A_f}{A_o} \quad (8-17)$$

式中:A_b 为肋基面积;A_f 为肋面面积;A_o 为肋侧总面积;η_f 为肋效率。

对式(8-15)进行整理,可以得到通过肋壁的传热量计算关系式:

$$\Phi = \frac{t_{fi}-t_{fo}}{\dfrac{1}{A_i h_i} + \dfrac{L}{A_i \lambda} + \dfrac{1}{\eta_o A_o h_o}} \quad (8-18)$$

式(8-18)的分母项表示热阻,它包括平壁的导热热阻 $\dfrac{L}{A_i \lambda}$,未装肋一侧表面的对流换热热阻 $\dfrac{1}{A_i h_i}$,以及装肋一侧的对流换热热阻 $\dfrac{1}{\eta_o A_o h_o}$。

基于无肋侧面积的总传热系数为

$$k_i = \frac{1}{\dfrac{1}{h_i} + \dfrac{L}{\lambda} + \dfrac{1}{\eta_o \beta h_o}} \quad (8-19)$$

式中:β 为肋化系数,$\beta = A_o/A_i$,它表示表面装肋以后总表面积扩大的倍数,β 值通常远大于1。

从 k_i 的表达式可以看出,由于 β 值远大于1,故 $\eta_o \beta$ 的值总是远大于1,这使得肋化侧的热阻 $\dfrac{1}{\eta_o \beta h_o}$ 显著减小,总传热系数 k_i 从而增大。$\eta_o \beta$ 的大小取决于肋高与肋间距。增加肋高可以加大 β,但也会使肋片效率降低,从而使肋面总效率 η_o 降低。将肋间距减小,也可以加大 β,但肋片过密会增大 η_f,即流体的流动阻力,使肋间流体的温度升高,传热温差有所降低,不利于传热。因此为了使 k_i 达到最佳值,应该合理地选择肋间距和肋高。此外,由于肋化侧的几何结构一般比较复杂,其表面传热系数确定比较困难,多为实验研究的结果。

【例 8-1】
蒸汽管道外径 $D_2 = 80$ mm，壁厚 $\delta = 3$ mm，钢材导热系数 $\lambda = 53.7$ W/(m·K)，管内蒸汽温度 $t_{f1} = 120$ ℃，周围空气温度 $t_{f2} = 30$ ℃，外表面对空气的表面传热系数 $h_2 = 7.6$ W/(m²·K)，蒸汽对管内壁的表面传热系数 $h_1 = 116$ W/(m²·K)，试求每米管长的散热损失。

解：此题考察的是圆筒壁的传热量计算。由式(8-9)可知总传热系数 k 表达式为（分步骤写）

$$k = \frac{1}{\frac{1}{\pi \delta h_1 D_1} + \frac{1}{2\pi\lambda\delta}\ln\frac{D_2}{D_1} + \frac{1}{\pi \delta h_2 D_2}}$$

所以，每米管长的散热量为

$$\Phi = \frac{t_{f1} - t_{f2}}{\frac{1}{\pi \delta h_1 D_1} + \frac{1}{2\pi\lambda\delta}\ln\frac{D_2}{D_1} + \frac{1}{\pi \delta h_2 D_2}} = 160.46 \text{ W}$$

【例 8-2】
压缩空气在中间冷却器的管外横掠流过，$h_o = 80$ W/(m²·K)。冷却水在管内流过，$h_i = 6\,000$ W/(m²·K)。冷却管是外径为 18 mm、厚 1.5 mm 的黄铜管。黄铜的导热系数为 $\lambda = 111$ W/(m·K)，求：① 此时的总传热系数；② 如管外的表面换热系数增大一倍，总传热系数有何变化？③ 如管内的表面换热系数增大一倍，总传热系数又如何变化？

解：
① 黄铜的导热系数 $\lambda = 111$ W/(m·K)，则该换热管的总传热系数为

$$k = \frac{1}{\frac{1}{h_i} \times \frac{D_o}{D_i} + \frac{l}{2\lambda}\ln\frac{D_o}{D_i} + \frac{1}{h_o}} = 78.73 \text{ W/(m}^2\cdot\text{K)}$$

② 管外表面换热系数增大一倍，总传热系数为

$$k = \frac{1}{\frac{1}{h_i} \times \frac{D_o}{D_i} + \frac{l}{2\lambda}\ln\frac{D_o}{D_i} + \frac{1}{h_o}} = 155.01 \text{ W/(m}^2\cdot\text{K)}$$

③ 管内表面换热系数增大 1 倍，总传热系数为

$$k = \frac{1}{\frac{1}{h_i} \times \frac{D_o}{D_i} + \frac{l}{2\lambda}\ln\frac{D_o}{D_i} + \frac{1}{h_o}} = 79.36 \text{ W/(m}^2\cdot\text{K)}$$

从该题可以看出，当管外的表面换热系数（表面换热系数较小的一侧）增大一倍，总传热系数增大 97% 左右，而当管内的表面换热系数（表面换热系数较大的一侧）增大一倍，总传热系数增大不足 1%。

8.2.2 换热器热计算

换热器的热计算是根据能量守恒和传热原理进行的。当忽略换热器与环境的换热损失时，冷流体吸收的热量与热流体放出的热量相等。如果假设换热器的热流体进、出口温度分别为 t_1'、t_1''，冷流体进、出口温度分别为 t_2'、t_2''，热流体的质量流量为 q_{m1}，比定压热容为 c_{p1}，而冷流体的质量流量为 q_{m2}，比定压热容为 c_{p2}，总传热系数为 k，传热面积为 A。冷、热流体在换热器中流动时，其

温度沿流向不断变化,传热温差 Δt 也发生变化。因此对于换热器传热计算中的传热温差应该考虑整个换热器传热面的平均温差 Δt_m。根据假设条件,如果不计换热器向外界的散热,根据能量守恒其传热量可以表示为

$$\Phi = q_{m1}c_{p1}(t_1'-t_1'') = q_{m2}c_{p2}(t_2''-t_2') = kA\Delta t_m \tag{8-20}$$

上式还可以写成:

$$\Phi = C_1(t_1'-t_1'') = C_2(t_2''-t_2') \tag{8-21}$$

式中:$C_1 = q_{m1}c_{p1}$;$C_2 = q_{m2}c_{p2}$,分别为热冷流体的热容量。

接下来讨论平均温差 Δt_m 的计算。

1. 简单套管式换热器平均温差计算

如图 8-15 所示,顺流时,冷、热流体的进口处于换热器同一侧,而出口处于换热器另一侧;逆流时,冷、热流体的高温段处于换热器的同一侧,而低温段处于换热器的另一侧。顺流时,冷热流体在换热器入口处的温差最大,沿传热表面温差逐渐减小;逆流时,冷热流体沿着传热表面的温差分布较均匀。以图 8-15a 所示的套管式换热器顺流流动为例,求解平均温差。

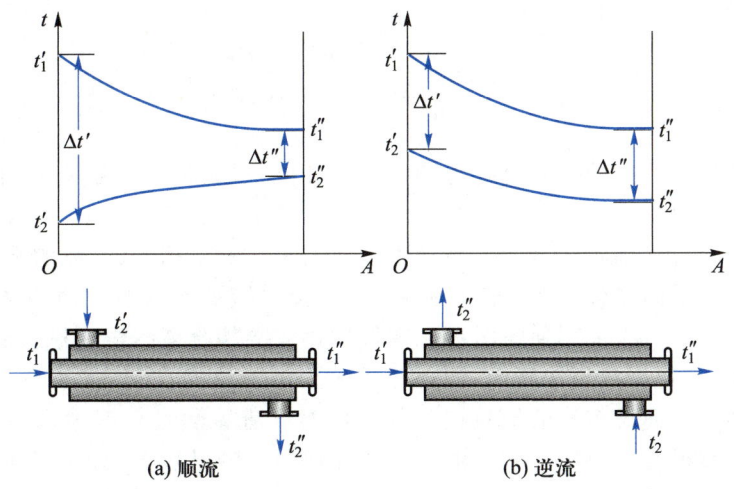

图 8-15 顺流、逆流时流体温度随传热面变化示意图

假设条件为:① 换热器的总传热系数 k 为常数;② 流体流动是稳定的;③ 流体的比热容和密度均为定值;④ 没有相变;⑤ 忽略换热器对环境的散热损失。换热器中热、冷流体的温度分别为 t_1 和 t_2。取微元传热面 dA,热流体通过微元传热面后温度降低了 dt_1,冷流体通过微元传热面后温度升高了 dt_2。根据式(8-20)可得:

$$d\Phi = -q_{m1}c_{p1}dt_1 = q_{m2}c_{p2}dt_2 \tag{8-22}$$

变换上式可得:

$$d(t_1-t_2) = d(\Delta t) = dt_1 - dt_2 = -d\Phi\left(\frac{1}{q_{m1}c_{p1}} + \frac{1}{q_{m2}c_{p2}}\right) \tag{8-23}$$

令 $\mu = \left(\dfrac{1}{q_{m1}c_{p1}} + \dfrac{1}{q_{m2}c_{p2}}\right)$,可以得到:

$$d(\Delta t) = -\mu d\Phi \tag{8-24}$$

结合传热方程式 $d\Phi = k\Delta t dA$,代入上式可得:

$$\frac{\mathrm{d}(t_1-t_2)}{t_1-t_2} = -\mu k \mathrm{d}A \tag{8-25}$$

两边同时积分,得:

$$\ln \frac{\Delta t_1}{\Delta t_2} = -\mu k A \tag{8-26}$$

式中:$\Delta t_1 = t_1' - t_2'$;$\Delta t_2 = t_1'' - t_2''$。上式还可以写成 $\Delta t_2 = \Delta t_1 \mathrm{e}^{-\mu kA}$,说明温差沿着传热面呈指数变化。

由式(8-23)可以得出:

$$\mu = \left(\frac{1}{q_{m1}c_{p1}} + \frac{1}{q_{m2}c_{p2}}\right) = \frac{\Delta t_1 - \Delta t_2}{\Phi} \tag{8-27}$$

代入式(8-26),可得:

$$\Phi = kA \frac{\Delta t_1 - \Delta t_2}{\ln \frac{\Delta t_1}{\Delta t_2}} \tag{8-28}$$

所以顺流换热器的平均温差为

$$\Delta t_m = \frac{\Delta t_1 - \Delta t_2}{\ln \frac{\Delta t_1}{\Delta t_2}} = \frac{\Delta t_{\max} - \Delta t_{\min}}{\ln \frac{\Delta t_{\max}}{\Delta t_{\min}}} \tag{8-29}$$

逆流换热器平均温差推的推导过程与顺流完全相同,只是进出口温差有所变化,即 $\Delta t_1 = t_1' - t_2''$,$\Delta t_2 = t_1'' - t_2'$。

当冷、热流体的进出口温度一定时,若两种流体都没有发生相变,逆流的平均温差是最大的,而顺流是最小的。完成同样传热量,采用逆流布置,较大的平均温差可使换热器的传热面积减小;若换热器传热面积一定,采用逆流时可以降低加热或冷却流体的消耗量。逆流布置能够使换热器尺寸更为紧凑,节省设备制作费用;消耗量的减少可节省操作费用,故在设计或生产使用中应尽量采用逆流换热。逆流布置的缺点在于热流体与冷流体的最高温度都在换热器的同一端,这会导致该处的壁温过高。对于一些高温换热器如锅炉中的过热器,会采用顺流布置。

平均温差的另一种更为简单的形式是算术平均温差,即:

$$\Delta t_{m,算术} = \frac{\Delta t_{\max} + \Delta t_{\min}}{2} \tag{8-30}$$

算术平均温差将温度看作呈直线变化,因此总是大于相同进出口温度条件下的对数平均温差,当 $\frac{\Delta t_{\max}}{\Delta t_{\min}} \leq 2$ 时,两者的差别小于4%;当 $\frac{\Delta t_{\max}}{\Delta t_{\min}} \leq 1.7$ 时,两者的差别小于2.3%。

2. 复杂换热器平均温差计算

对于交叉流或者由顺流、逆流和交叉流组合起来的流动,其传热公式中的平均温差的计算式较为复杂。一般先按逆流方式计算出相应的对数平均温差,然后乘以从修正图表由两个无量纲数 P 和 R 查出的修正系数 ψ,其中

$$P = \frac{t_2'' - t_2'}{t_1' - t_2'} \tag{8-31}$$

$$R = \frac{t_1' - t_1''}{t_2'' - t_2'} \tag{8-32}$$

式中:下标 1、2 分别表示两种流体,为记忆及教学的方便,对管壳式换热器下标 1、2 可分别看成为壳侧与管侧,而对交叉流换热器则可分别看成热流体与冷流体。图 8-16~图 8-20 为几种流动形式的修正图表。

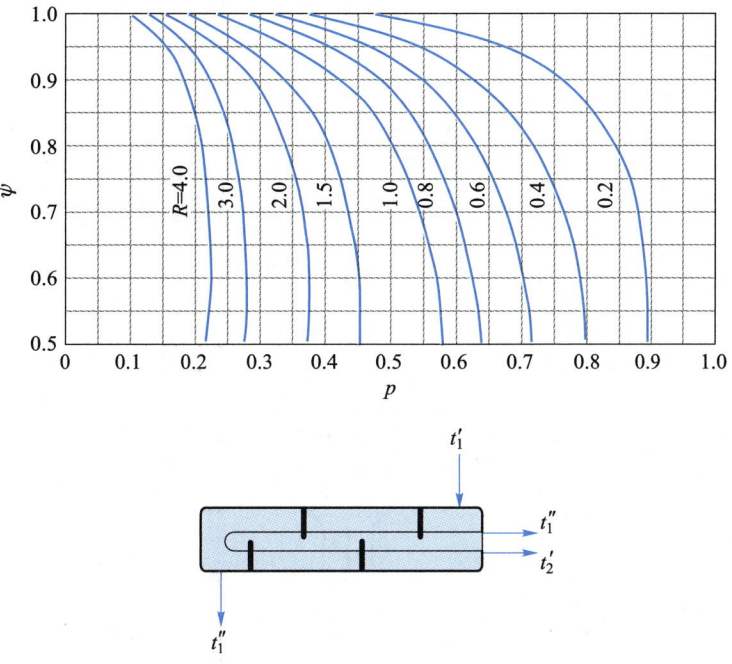

图 8-16　一壳程,多管程的 ψ 值

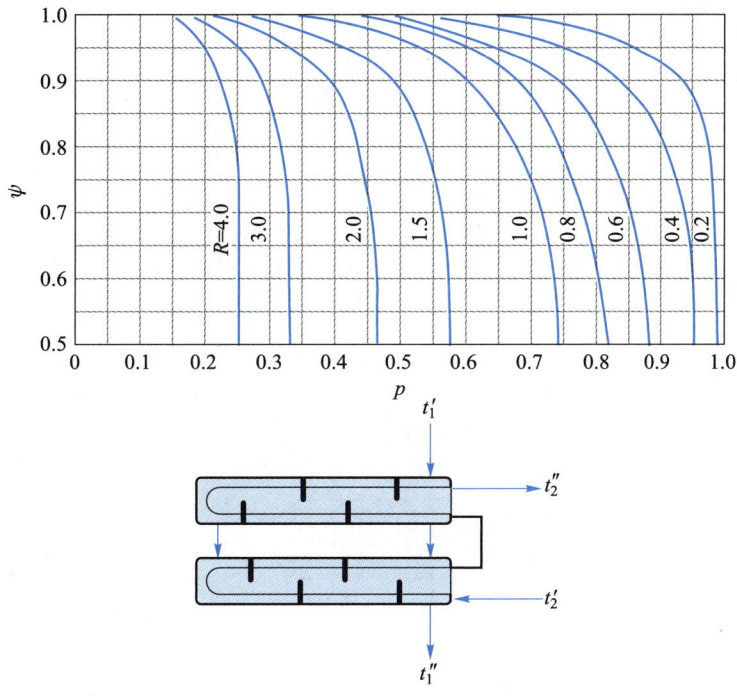

图 8-17　两壳程,多管程的 ψ 值

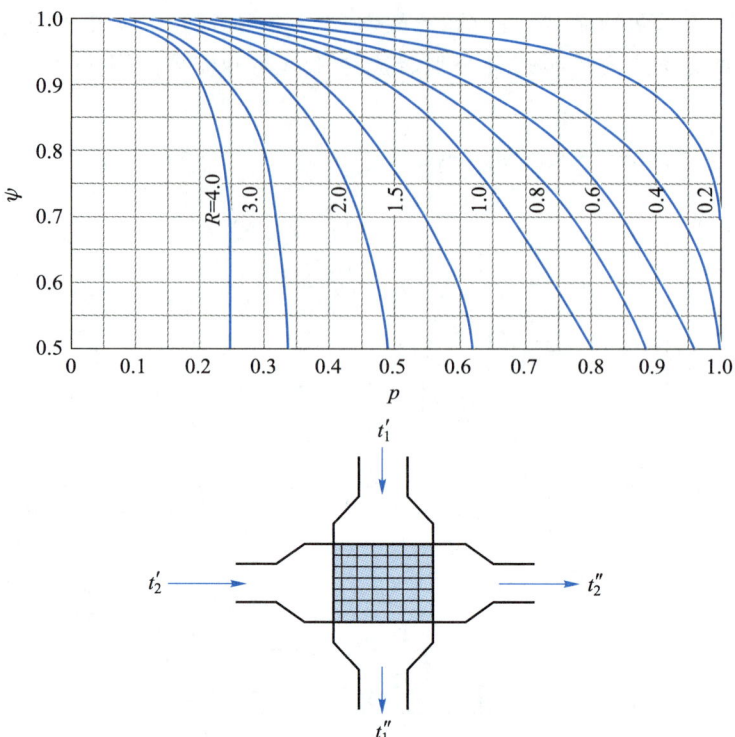

图 8-18 一次交叉流、两种流体各自都不混合时的 ψ 值

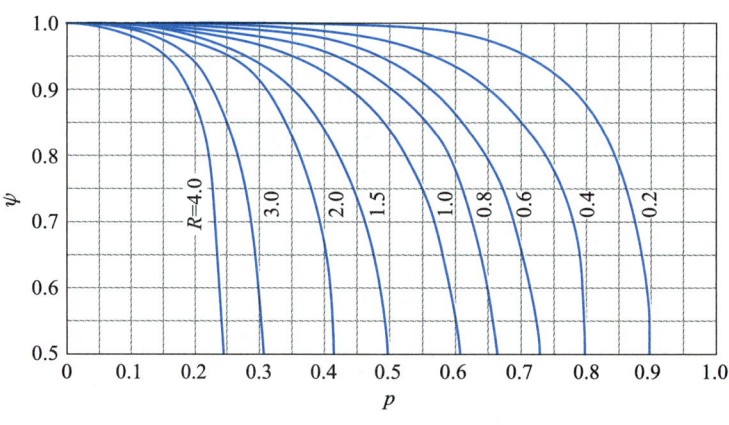

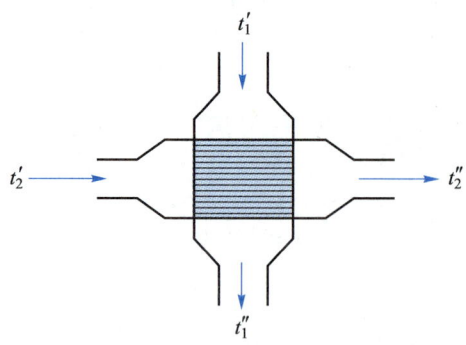

图 8-19 一次交叉流、一种流体混合而另一种流体不混合时的修正系数

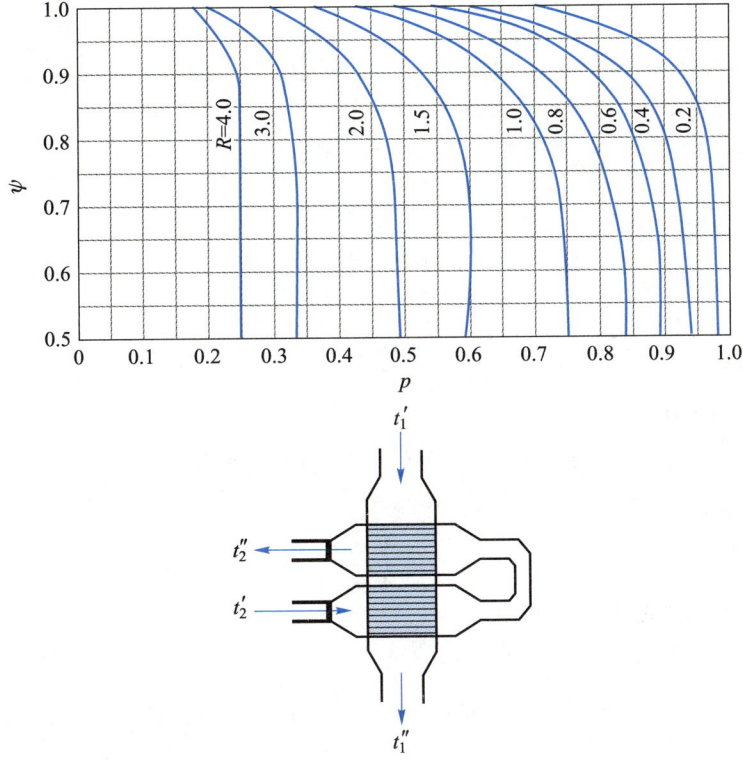

图 8-20　两次交叉流，一种流体混合，另一种流体不混合时的 ψ 值

对于总体上顺流或逆流的多次交叉流动型式，当交叉次数较多时可按纯顺流或纯逆流处理，如图 8-21 所示。如锅炉中的过热器、省煤器等，当其蛇形管束的弯曲次数超过 4 次时就按纯顺流或纯逆流计算。

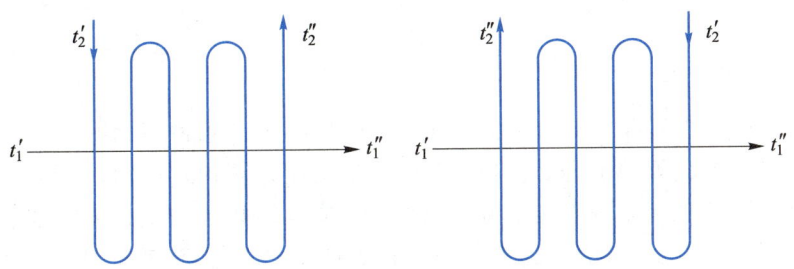

图 8-21　可按纯顺流或纯逆流处理的情况

当冷热流体中有一种发生相变时（如冷凝器和蒸发器），相变流体在整个换热面上都为其饱和温度，温度变化曲线如图 8-22 所示，此时 $\Delta t_{m,逆}=\Delta t_{m,顺}$，因此不必考虑顺流还是逆流布置。

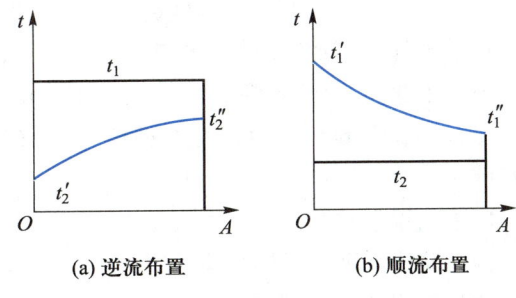

(a) 逆流布置　　(b) 顺流布置

图 8-22　一种流体相变时的温度变化

【例 8-3】
已知热流体入口温度 $t_1' = 80\,°C$，出口温度 $t_1'' = 50\,°C$；冷流体入口温度 $t_2' = 10\,°C$，出口温度 $t_2'' = 30\,°C$。试计算换热器为如下情况时的平均温差：① 顺流布置；② 逆流布置；③ 1-2 型（一次交叉流、两种流体各自都不混合）壳管式；④ 一次交叉流，一种流体混合，另一种流体不混合。

解：

① 当采用顺流布置时

$$\Delta t_{\max} = t_1' - t_2' = 70\,°C, \quad \Delta t_{\min} = t_1'' - t_2'' = 20\,°C$$

$$\Delta t_{m,顺} = \frac{\Delta t_{\max} - \Delta t_{\min}}{\ln \dfrac{\Delta t_{\max}}{\Delta t_{\min}}} = 39.9\,°C$$

② 当采用逆流布置时

$$\Delta t_{\max} = t_1' - t_2'' = 50\,°C, \quad \Delta t_{\min} = t_1'' - t_2' = 40\,°C$$

$$\Delta t_{m,逆} = \frac{\Delta t_{\max} - \Delta t_{\min}}{\ln \dfrac{\Delta t_{\max}}{\Delta t_{\min}}} = 44.8\,°C$$

③ 当采用 1-2 型壳管式时
查 1-2 型管壳式换热器的修正系数图 8-17 可得：

$$P = \frac{t_2'' - t_2'}{t_1' - t_2'} = 0.286, \quad R = \frac{t_1' - t_1''}{t_2'' - t_2'} = 1.5, \text{得 } \psi = 0.95$$

$$\Delta t_m = \psi \Delta t_{m,逆} = 0.95 \times 44.8 = 42.6\,°C$$

④ 当采用一次交叉流，一种流体混合，另一种流体不混合时，查相应的修正系数图 8-19 可得

$$\psi \approx 0.95, \Delta t_m \approx 42.6\,°C$$

从计算结果可见，当流体具有相同的进出口温度时，逆流式换热器的平均温差大于顺流式的平均温差，对于其他布置型式，平均温差一般介于顺、逆流之间。

8.2.3 换热器热设计

换热器的设计分为两种情况，一种是已知某一换热的工艺条件，设计一台新的换热器，确定能够满足热量传递需求的换热面积，这样的计算称为设计计算；另一种情况是对已有的换热器，核算其在非设计工况下能否胜任规定的新任务，一般是对传热量和出口温度能否达到要求来进行校核，这样的计算称为校核计算。无论是设计计算还是校核计算，其计算依据均为换热器热计算的基本方程式即传热方程式及热平衡式：

$$\Phi = q_{m1} c_{p1} (t_1' - t_1'') = q_{m2} c_{p2} (t_2'' - t_2') = kA\Delta t_m \tag{8-33}$$

对于设计计算而言，给定的是 q_{m1}、c_{p1}、q_{m2}、c_{p2}，以及进出口温度中的三个，最终求换热面积 A 及其余一个温度。对于校核计算而言，给定的一般是 $q_{m1} c_{p1}$、$q_{m2} c_{p2}$、A，以及两个进口温度，待求的是 t_1''、t_2''。不论是设计计算还是校核计算，都有两种方法：平均温差法和效能—传热单元数法（ε-NTU）。

1. 平均温差法

（1）设计计算

在换热器的设计计算中，应用平均温差法进行换热面积的计算，主要遵循以下步骤：

1) 初步确定一个可以满足要求的换热器类型。
2) 根据热平衡方程求出 4 个进出口温度中的未知温度。
3) 根据所选的换热器型式,计算平均传热温差 ΔT_m。
4) 初步布置换热面,计算相应的总传热系数 k。
5) 根据实际情况所允许的流速计算管长、管子根数等。
6) 用流体力学知识计算换热面两侧的流动阻力 Δp,若 Δp 太大,则应修改设计方案并重复上述步骤。

(2) 校核计算

对于已有的换热器进行校核计算时,由于冷热流体的出口温度未知,无法计算传热平均温差和通过换热面的总传热系数。在这种情况下,通常采用试算法。校核计算的平均温差法步骤如下:

1) 对流体的出口温度进行假设,根据热平衡方程求出另一个出口温度。
2) 根据冷热流体的四个进、出口温度以及流动形式求得 Δt_m。
3) 根据换热器的结构计算出总传热系数 k。
4) 由传热方程求出换热量 Φ。
5) 用新计算出的出口温度作为步骤 1) 中的假设的温度值,重复步骤 2) ~ 5),直至前后两次计算值的误差小于给定数值。

应用平均温差法进行校核计算时,假定的出口温度数值对计算结果的影响很大,而在接下来给出的效能—传热单元数法中,出口温度对计算结果的影响就比较小。

2. 效能—传热单元数法

换热器的效能按下式定义:

$$\varepsilon = \frac{(t'-t'')_{max}}{t'_1-t'_2} \tag{8-34}$$

式中:$(t'-t'')_{max}$ 为冷、热流体在换热器中实际温差的较大值;$t'_1-t'_2$ 为流体在换热器中可能发生的最大温差。因为只有热容量最小的流体,其温度才有可能变化最大。所以换热器的效能又可定义为热容量小的流体的进、出口温差与热、冷流体进口温差之比。由换热器效能的定义,换热器交换的热流量可表示为

$$\Phi = (q_m c)_{min}(t'-t'')_{max} = \varepsilon (q_m c)_{min}(t'_1-t'_2) \tag{8-35}$$

现在以单流程逆流式换热器为例,讨论换热器效能的计算。假设冷流体的热容量为 C_{min},则传热量为

$$\Phi = C_2(t''_2-t'_2) = kA \frac{(t'_1-t''_2)-(t''_1-t'_2)}{\ln \frac{t'_1-t''_2}{t''_1-t'_2}} \tag{8-36}$$

变换式(8-34)得:

$$t'_1 = t'_2 + \frac{\Phi}{\varepsilon C_{min}} = t'_2 + \frac{t''_2-t'_2}{\varepsilon} \tag{8-37}$$

于是有

$$t'_1 - t''_2 = t'_2 - t''_2 + \frac{t''_2-t'_2}{\varepsilon} = \left(\frac{1}{\varepsilon} - 1\right)(t''_2-t'_2) \tag{8-38}$$

根据 $q = C_1(t_1' - t_1'') = C_2(t_2'' - t_2')$，得出 t_1'' 为

$$t_1'' = t_1' - \frac{C_2}{C_1}(t_2'' - t_2') \tag{8-39}$$

将式(8-36)代入上式中，得：

$$t_1'' - t_2' = \frac{t_2'' - t_2'}{\varepsilon} - \frac{C_2}{C_1}(t_2'' - t_2') = \left(\frac{1}{\varepsilon} - \frac{C_2}{C_1}\right)(t_2'' - t_2') \tag{8-40}$$

将式(8-39)与式(8-37)代入式(8-35)，可得：

$$\ln \frac{\left(\dfrac{1}{\varepsilon} - 1\right)}{\left(\dfrac{1}{\varepsilon} - \dfrac{C_2}{C_1}\right)} = \frac{kA}{C_2}\left(\frac{C_2}{C_1} - 1\right) \tag{8-41}$$

故换热器效能为

$$\varepsilon = \frac{1 - \exp\left[\dfrac{kA}{C_2}\left(\dfrac{C_2}{C_1} - 1\right)\right]}{1 - \dfrac{C_2}{C_1}\exp\left[\dfrac{kA}{C_2}\left(\dfrac{C_2}{C_1} - 1\right)\right]} \tag{8-42}$$

式(8-41)是在假定冷流体的热容量 $\dot{q}_{m2}c_{p2}$ 为 $C_{\min}$ 的基础上推导的。如果 $C_{\min}$ 为热流体的热容量也可推出上式，故将上式写成如下形式：

$$\varepsilon = \frac{1 - \exp\left[\dfrac{kA}{C_{\min}}\left(\dfrac{C_{\min}}{C_{\max}} - 1\right)\right]}{1 - \dfrac{C_{\min}}{C_{\max}}\exp\left[\dfrac{kA}{C_{\min}}\left(\dfrac{C_{\min}}{C_{\max}} - 1\right)\right]} \tag{8-43}$$

令

$$NTU = \frac{kA}{C_{\min}} \tag{8-44}$$

可以得到单流程逆流换热器的效能为

$$\varepsilon = \frac{1 - \exp\left[NTU\left(\dfrac{C_{\min}}{C_{\max}} - 1\right)\right]}{1 - \dfrac{C_{\min}}{C_{\max}}\exp\left[NTU\left(\dfrac{C_{\min}}{C_{\max}} - 1\right)\right]} \tag{8-45}$$

同理，可求出单流程顺流换热器的效能为

$$\varepsilon = \frac{1 - \exp\left[-NTU\left(1 + \dfrac{C_{\min}}{C_{\max}}\right)\right]}{1 + \dfrac{C_{\min}}{C_{\max}}} \tag{8-46}$$

式中：NTU 被称为传热单元数，它在一定意义上可以看成换热器 kA 值大小的一种度量。当冷、热流体之一发生相变时，即出现凝结和沸腾换热过程，就会有 $C_{\max}$ 趋于无穷大，式(8-45)与式(8-46)就可以简化为

$$\varepsilon = 1-\exp(-NTU) \tag{8-47}$$

而当冷热流体的热容流率相等时,对于顺流:

$$\varepsilon = \frac{1-\exp(-2NTU)}{2} \tag{8-48}$$

对于逆流:

$$\varepsilon = \frac{NTU}{1+NTU} \tag{8-49}$$

对其他不同流动形式的换热器亦有不同的 ε 计算式,为应用方便,已将这种计算式绘成线图,用于工程使用。下面给出几种流动形式的 ε-NTU 图(图 8-23 ~ 图 8-26)。

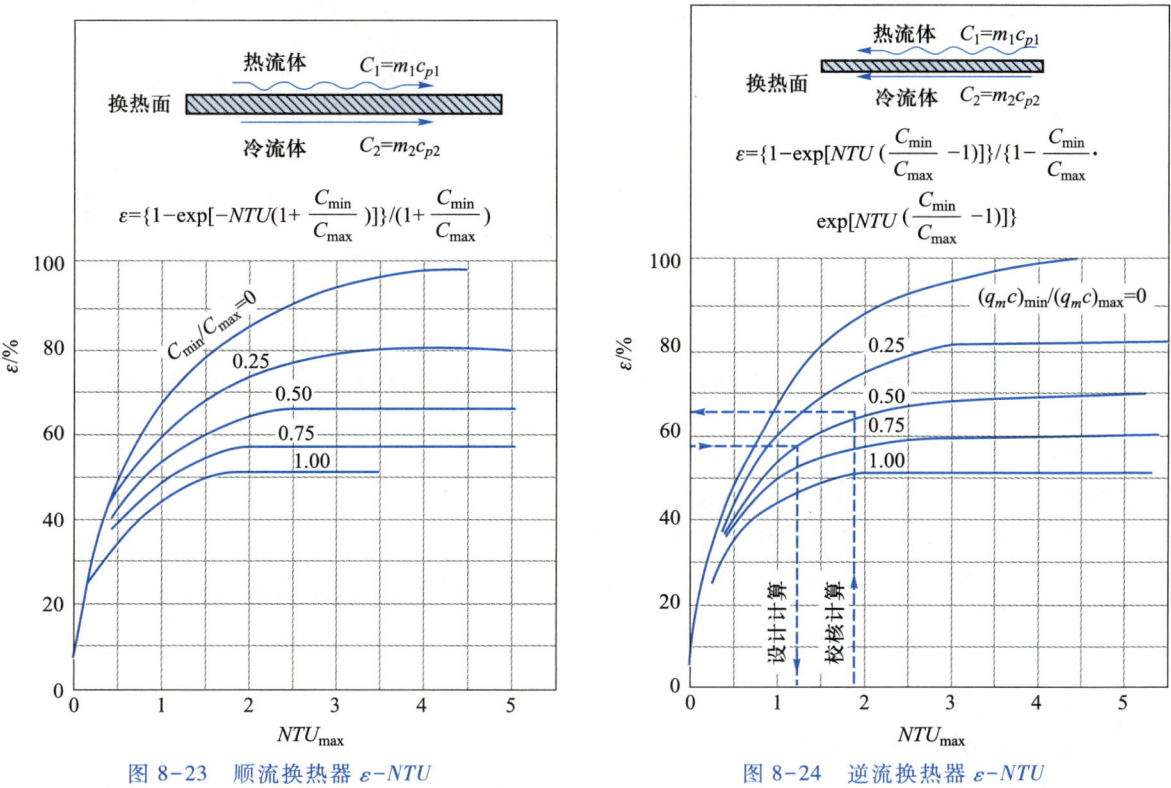

图 8-23 顺流换热器 ε-NTU 图 8-24 逆流换热器 ε-NTU

根据 ε 与 NTU 的定义及换热器两类热计算的任务可知,设计计算是已知 ε 的值求 NTU;而校核计算则是由 NTU 求 ε 的值。ε-NTU 法用于换热器校核计算时的主要步骤为

1)依据换热器的进口温度和假定的出口温度来确定物性,计算总传热系数 k。

2)计算换热器的传热单元数 NTU 和 $\dfrac{C_{\min}}{C_{\max}}$。

3)按照换热器类型,在相应的 ε-NTU 图中查出与 NTU 和 $\dfrac{C_{\min}}{C_{\max}}$ 值相对应的换热器效能 ε。

4)根据冷、热流体的进口温度及最小热容流率,按照式(8-35)求出换热量 Φ。

5)利用换热器热平衡方程确定冷、热流体的出口温度 t_1'' 和 t_2''。

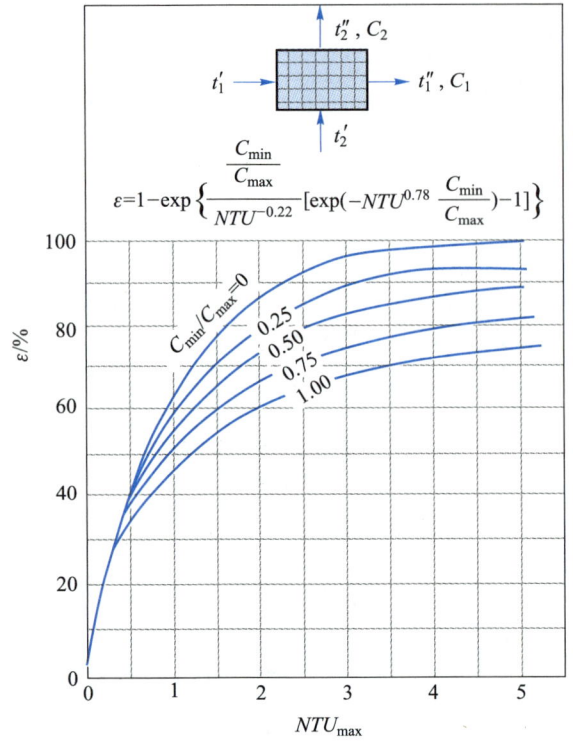

图 8-25 两流体均不混合的交叉流换热器 ε-NTU 　　图 8-26 一种流体混合的交叉流换热器 ε-NTU

6) 以计算出的出口温度重新计算总传热系数,并重复步骤 2)~5),由于换热器的总传热系数随温度的改变不是很大,因此只要试算几次就能满足要求。

ε-NTU 法也可用于换热器的设计计算,其主要步骤为

1) 由换热器热平衡方程求出待求的温度值,进而由式(8-34)计算出换热器效能 ε。

2) 根据所选用的换热器类型以及 ε 和 $\dfrac{C_{\min}}{C_{\max}}$ 的数值,从相应的 ε-NTU 图中查出传热单元数 NTU。

3) 初步确定换热面的布置,依此计算出相应的总传热系数 k。

4) 由 NTU 的定义式确定换热面积 A,同时核算换热器冷、热流体的流动阻力。

5) 如果计算得出的流动阻力过大,则需改变设计方案。

【例 8-4】 某冷油器采用 1-2 型管壳式结构,流量为 39 m³/h 的热流体油从 $t_1' = 56.9\ ℃$ 冷却到 $t_1'' = 45\ ℃$,冷却水的进口温度 $t_2' = 33\ ℃$,流量为 $q_{m2} = 12.25$ kg/s,水在管侧流过,油在壳侧。冷油器的总传热系数为 $k = 312$ W/(m²·K),油在运行温度下的 $\rho_1 = 879$ kg/m³, $c_{p1} = 1.95$ kJ/(kg·K),试求该油冷器的面积。

解: 此题为设计计算。

透平油的放热量为

$$\Phi = q_{m1}c_{p1}(t_1' - t_1'') = \frac{39 \times 879 \times 1.95 \times 10^3 \times (56.9-45)}{3\,600} \text{ W} = 2.21 \times 10^5 \text{ W}$$

冷却水的出口温度为

$$t_2'' = t_2' + \frac{\Phi}{q_{m2}c_{p2}} = 37 \text{ °C}$$

按逆流布置的对数平均温差为

$$\Delta t_{m,逆} = \frac{\Delta t_{max} - \Delta t_{min}}{\ln \dfrac{\Delta t_{max}}{\Delta t_{min}}} = 15.62 \text{ °C}$$

查图 8-17 得到参数 P 和 R 为

$$P = \frac{t_2'' - t_2'}{t_1' - t_2'} = 0.17, \quad R = \frac{t_1' - t_1''}{t_2'' - t_2'} = 3, \text{得 } \psi = 0.97$$

$$\Delta t_m = \psi \Delta t_{m,逆} = 0.97 \times 15.62 \text{ °C} = 15.1 \text{ °C}$$

冷油器的计算面积为

$$A = \frac{\Phi}{k \Delta t_m} = 46.8 \text{ m}^2$$

【例 8-5】

一台壳管式氨冷凝器，氨冷凝温度 $t_1' = t_1'' = 38$ °C，冷凝器的传热面积为 120 m²，总传热系数为 900 W/(m²·K)，冷却水流量 $q_{m2} = 24$ kg/s，冷却水入口温度 $t_2' = 28$ °C，试求换热器效率、冷凝换热量及冷却水出口温度。水的比热容 $c_{p2} = 4.19$ kJ/(kg·K)。

解：氨发生凝结，热容量 $(q_m c)_{max} \to \infty$，故热容比 $\dfrac{(q_m c)_{min}}{(q_m c)_{max}} \to 0$。根据已知条件，该换热器传热单元数

$$NTU = \frac{kA}{q_{m2}c_{p2}} = \frac{900 \times 114}{24 \times 4.19 \times 10^3} = 1.02$$

换热器效率

$$\varepsilon = 1 - \exp(-NTU) = 0.639$$

冷凝换热量

$$\Phi = \varepsilon (q_m c)(t_1' - t_2')_{min}^5$$

$$\Phi = \varepsilon (q_m c)_{min}(t_1' - t_2') = 6.426 \times 10^5 \text{ W}$$

冷却水出口温度

$$t_2'' = t_2' + \frac{\Phi}{q_{m2}c_{p2}} = 34.390 \text{ °C}$$

8.3 换热器传热过程控制

传热过程广泛存在于电力、冶金、动力机械、石油、化工、低温、建筑以及航空航天等许多

领域。

工程中的传热问题很多情况下还涉及如何控制传热,根据目的不同,热量传递过程的控制形成了两个方向的技术:强化传热技术与抑制传热技术(又称隔热保温技术)。强化传热是在分析影响传热的各种因素的基础上,采取一些技术措施,提高传热设备的单位面积传热量。增强热传递的目的是使设备紧凑轻巧、节省材料和节能降耗;在某些情况下,增强传热的目的是控制设备或其组件的温度,以确保安全运行。而抑制传热,是指采取隔热保温措施以降低换热设备热损失,其目的是节能、安全防护、环境保护及满足工艺要求等。

8.3.1 换热器传热过程强化

强化换热器的传热过程是在一个单位传热面积内,在单位时间内尽可能多地传递热量。其主要意义是:① 在设备投资成本和输送功率消耗的条件下,可以获得较大的传热量,从而设备容量增加,生产率提高;② 在相同设备容量的条件下使结构更加紧凑,减少空间占用,节省材料,降低成本;③ 在特定的技术过程中,可以实现某些过程的特殊要求。

不同场合对强化传热的具体要求不同,但强化传热技术的应用可以达到以下任一目标:减小换热器的传热面积;提高现有换热器的换热能力;使换热器有较低温差下的工作环境;减少换热器的换热阻力。

上述目标是相互限制的,无法同时实现这些目标。因此,在采用增强的传热技术前,有必要先定义要实现的主要目标和任务,以及为实现该目标可提供的条件。然后根据现有条件进行选择和比较,确定较合适的强化传热技术。

所谓强化传热或换热器强化传热是指对影响传热的各种因素进行分析和计算,在满足原始传热的条件下,采取一些技术措施来提高换热器的总传热系数或缩小其尺寸。

计算换热器传热过程的基本公式为

$$\Phi = kA\Delta t \tag{8-50}$$

可以看出,换热器的传热量是由传热面积、传热温差和总传热系数决定的。因此,在换热器的传热强化方法中常用三种类型:扩大传热面积,增大冷热流体温差和降低传热热阻。

1. 换热器传热强化的基本途径

扩大传热面积和增大冷热流体温差可以有效提升换热器的传热能力。但由于传热面积的扩大和传热温差的增大往往受到场地、设备、资金和效果的制约,不可能在没有限制的情况下强化传热效果,因此,如何控制换热器的总传热系数,提高强化传热效果是换热器强化的主要研究方向。

以两流体通过圆管管壁进行传热为例,基于圆管外壁面的总传热系数表达式为

$$k = \cfrac{1}{\cfrac{D_2}{D_1 h_1} + R_1 + \cfrac{D_2}{2\lambda}\ln\cfrac{D_2}{D_1} + R_2 + \cfrac{1}{h_2}} \tag{8-51}$$

式中:D_1 为管内径;D_2 为管外径;h_1 为管内侧表面传热系数;h_2 为管外侧表面传热系数;R_1 为管内侧污垢热阻;R_2 为管外侧污垢热阻;λ 为管壁材料的导热系数。

从上式中可知:要增加总传热系数,必须设法增加 h_1 和 h_2 及 λ,和内、外污垢热阻 R_1 和 R_2。当两个对流传热系数 h 值差异较大时,要想 k 值提高,应设法增大较小的 h 值。此外,根据对流传热分析,对流传热的热阻主要集中在管壁附近的层流底层,层流层的传热是通过传导进行的,

流体的导热系数很小。为应对这些情况,可采取多项措施:

(1) 增加湍流程度,以减小层流层的厚度,具体的方法是:① 增加流体的流速。例如,可在管式热交换器中使用多通程,或增加夹套式热交换器以增加流体的流量。然而,随着流体速度的增加,流体阻力也增加,因此,速度的增加是有限的。② 改变流动条件。如果流体的方向在流动过程中不断变化,那么流体可以以较低的速度达到紊流。例如,可以在管式换热器的壳体内侧增加一个圆形或环形折流板,以改善管外的表面传热系数;板式换热器中,流体在波形的板面间流动,即可在较小雷诺数的情况下进入湍流状态。

(2) 使用导热系数高的载体。选择总传热系数较大的热载体可以降低层流内层的热阻,增加流体的表面传热系数。目前,液态金属在原子能工业中被用作热载体,其导热系数比水高出 8 倍,大大加快了导热系数。

(3) 采用有相变的载热体。以加热剂的选择为例,饱和蒸汽比热水的传热效果就要好得多。

(4) 采用导热系数大的传热壁面。

(5) 减小污垢热阻。污垢的存在会大大减少总传热系数。实验证明 1 mm 厚的水垢的热阻大约相当于 40 mm 厚的钢板的热阻。当换热器长期使用后,垢层热阻是影响传热效率的重要因素。所以,防止结垢和及时除垢也已成为强化传热的一个重要方法。可能的方法包括增加流量,机械或化学除垢,以及设计可拆卸的热交换器结构。但是有些新型换热器结构复杂、价格昂贵,在污垢的检查上仍存在不方便的情况。因此,对于实际的传热过程,应进行具体分析,并综合考虑设备结构,功耗,维护操作等方面的组合,尽量采取经济合理的强化传热方法。

2. 强化传热技术的分类

传热强化技术分为被动强化技术和主动强化技术。前者是指除了通过介质传递的能量以外,不需要任何能量的技术,而后者是指需要额外能量来实现强化热传递的技术。

(1) 被动式强化传热技术

1) 粗糙表面

传热表面可以通过烧结、机械加工和电化学刻蚀等方法加工成多孔或锯齿形表面,如开槽、滚压、滚花、疏水涂层和多孔涂层。粗糙表面主要通过提高壁面附近流体的湍流强度,阻碍边界层的连续发展,减小层流底层的厚度来降低热阻,而不是通过增加换热面积来强化传热,主要用于强化单相流体的传热,对沸腾和冷凝过程有一定的强化作用。在粗糙表面技术的基础上,开发了螺旋波纹管和横纹管等多种异型管材。

螺旋波纹管的管壁由光滑管挤压而成。螺旋波纹管的强化传热主要取决于螺旋波纹管对壁面附近流动的限制和螺旋波纹管产生的形状阻力,螺旋波纹管使管内流体做整体螺旋运动,产生局部二次流;后者将产生一个反向气压梯度来分离边界层。

横纹管通常由光滑的热交换管滚动而成。外壁上设有沿轴向分布的环形槽,而内壁由于外壁上的环形槽的膨胀而具有环形突起,沿内外管壁流动的流体会产生边界层分离流,从而提高流体的湍流强度,增加流体边界层的扰动,从而强化管内外的传热过程。横纹管不仅可用于单相对流传热,还可用于强化管内流动沸腾换热。

2) 扩展表面

这种方法已在许多换热器中得到应用。非传统延伸表面的发展,例如翅片管,大大增加了总传热系数。强化传热的机理是将扩张后的表面重新塑造成原来的传热面,这不仅增加了传热面积,而且打破了边界层的不断发展,增加了扰动程度,增加了总传热系数,从而强化了传热过程,对层流和湍流传热有着重要的影响。目前,已经开发出各种类型的延伸表面,例如外翅片和内翅片(包括许多结构形状,例如直翅片,齿轮翅片,椭圆形翅片和波纹状翅片等),叉排短肋,波纹翅片多孔型,针型,低翅片管,太阳能棒管,百叶窗翅片和开放式百叶窗翅片(主要用于紧凑型热交换器)等。几种常见的翅片形式如图8-27和图8-28所示。

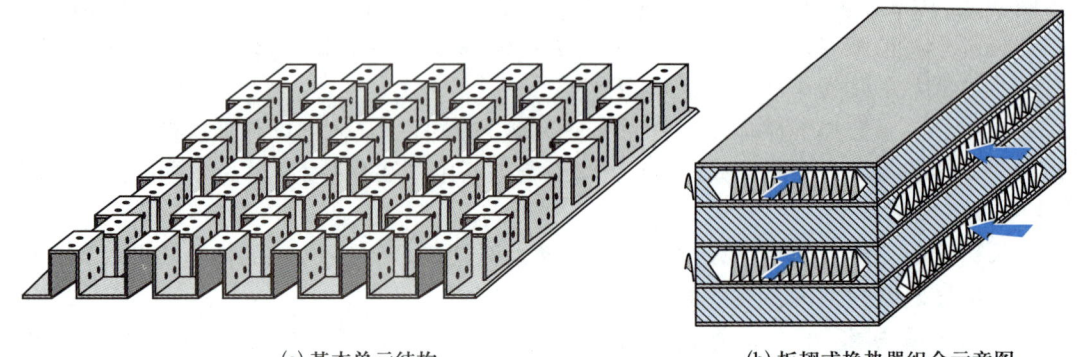

(a) 基本单元结构　　　　　　　　　(b) 板翅式换热器组合示意图

图8-27　板翅式换热器示意图

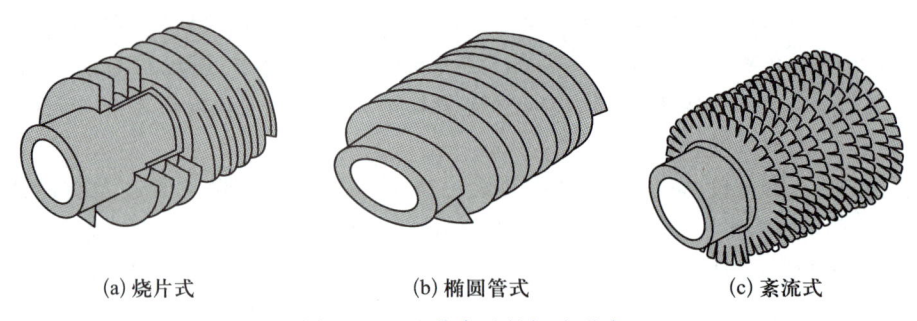

(a) 烧片式　　　　(b) 椭圆管式　　　　(c) 紊流式

图8-28　几种常见的翅片形式

3) 漩涡流装置

包括许多不同的几何布置或管内插件,例如内置涡流发生器,扎带插件和带有螺旋线圈的轴向铁心插件。该装置可增加流道长度,产生旋转流或二次流,从而增强流体的径向混合,促进流体速度分布和温度分布的均匀性,从而强化传热。它主要用于强化强制对流传热,尤其是层流传热。

4) 螺旋盘管

当流体在螺旋管内流动时,由于受到离心力的作用,会使流体在垂直主流方向沿截面产生二次环流,从而使流阻比直管内的流阻要大,也使得换热效果比直管要好。二次流可以改善单相流体的总传热系数,也可以强化沸腾传热。因此,螺旋盘管的应用可以提高换热器的紧凑性。螺旋盘管实物图如图8-29所示。

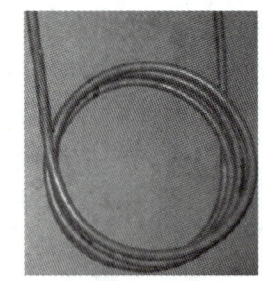

图8-29　螺旋盘管

内镀纹螺旋管与螺旋槽管相比,具有双面强化作用,它是通过对光管的轧制而成。由于管内存在螺旋波纹,使得管内湍流脉动增大,层流底层减小,总传热系数增加1倍。在湍流中,表面传热系数增加了100%以上,从而加强了传热。螺旋椭圆扁管是将圆形扁管压缩成椭圆,然后扭曲而成。管内流体处于螺旋流状态,破坏了管壁附近的层流边界层,提高了传热效率。两个平行的相邻管子的椭圆形主轴相互接触、相互支撑,是管子的结构特征。结果表明,螺旋椭圆扁管换热器具有良好的传热性能,管径和螺旋导程尺寸对换热性能和阻力性能有影响。从综合性能来看,大口径管材更好;对于相同尺寸的管材,导热系数增大,传热性能降低,流动阻力减小。与光管换热器相比,该结构的热流密度提高了50%,体积减小了30%。

5) 表面张力装置

这些包括使用相对较厚的芯吸材料或开槽表面来引导流体流动,主要用于沸腾和冷凝传热。芯吸作用通常用于冷却介质没有芯吸材料而无法到达加热表面的情况。通常,例如热管换热器,它对于增强水表面上的沸腾传热也是非常有效的。

6) 添加物

包括用于液体系统的添加剂和用于气体系统的添加剂。所述液体添加剂包括单相流动的固体颗粒和气泡,以及沸腾系统中的微液体;气体中的添加剂包括液滴和固体颗粒,可用于稀相(气固悬浮液)或密相(流化床)中。纳米颗粒微观形貌如图8-30所示。

纳米流体的导热系数受到多种因素的影响,如颗粒聚集、布朗运动和无限区域转移等。将纳米介质应用于换热器中,可以大大提高换热效率,相应的换热器也会相继开发出来,可以节能降耗。

图 8-30 纳米颗粒微观图像

(2) 主动式强化传热技术

1) 流体振动

高频或低频振动主要用于强化单相流体的传热。其机理是振动增强了流体的扰动,从而强化了传热。尽管振动对强化传热过程有所助益,但振动所需的输入能量会降低经济效益。因此,一些研究表明,流体诱导振动可以强化传热,水流本身可以激发传热元件的振动,不仅可以增加对流传热系数,而且可以减小污垢热阻,从而达到强化传热的复合效果。流体振动是最实用的振动强化方法之一。流体的振动可以用流动间断器或压电转换器来实现,振动的频率范围可以从 1 Hz 到 10^6 Hz。流体振动时对促进单相自然对流和受迫对流传热都有一定的效果,但对高黏度流体的层流流动,对流体的总传热系数基本上无影响。

2) 电磁场

在一定条件下,电场对单相对流换热及相变对流换热均能起到强化作用。对单相流动,电场电极使其周围流体质点极化,极化后的质点因同性相斥原理受到电极的排斥,这些质点受排斥流动时又把动量传递给其他质点,从而形成附加的流体流动,也称电诱导二次流。这对于自然对流的强化作用较明显,对脱离换热面,因此静电场可以提高沸腾换热的临界热流密度。对某些工质,临界热流密度可提高到原来的6倍,这对于一些换热极易恶化,恶化后造成设备超压以至爆炸的危险场合是相当重要的。而对于有相变的凝结换热情况,电场能使凝结液膜不稳定并有助于凝结液滴脱离换热面,使凝结液膜边界层变薄且受到扰动,减小了凝结换热的热阻,凝结换热系数可提高到无电场时的20倍。电场强化对流传热过程的热力学机理可以用系统的焓和温度随外加电场的变化来说明:在等温过程中,系统的焓随电场增加而减少;在绝热过程中,系统的温度随电场增加而增加。如果在系统的热交换部位有电场作用,这个电场将通过改变系统的温度和系统的焓两个方面有效地强化传热过程。图 8-31 是电场强化对流换热的基本布置示意图。由于套管内外均布置电极,因此,电场对参与热交换的管内外工质的换热都起到了强化的作用。强迫对流,随着流体流动雷诺数的增大,电场的强化作用相对减小,当雷诺数增大到使流体流动为紊流时,电场的强化换热作用可忽略不计。对于有相变的对流传热过程,电场强化传热基本机理也是一样的,对于沸腾换热电场能够显著提高沸腾初期的换热系数,但在旺盛泡状沸腾时,静电场的作用可以忽略不计。但值得注意的是,由于蒸汽对电磁的敏感性不如液体,故液体能在磁场作用下加速流向换热面,促使气泡快速脱离换热面,缩短汽化过程的时间,从而增强了传热效果。

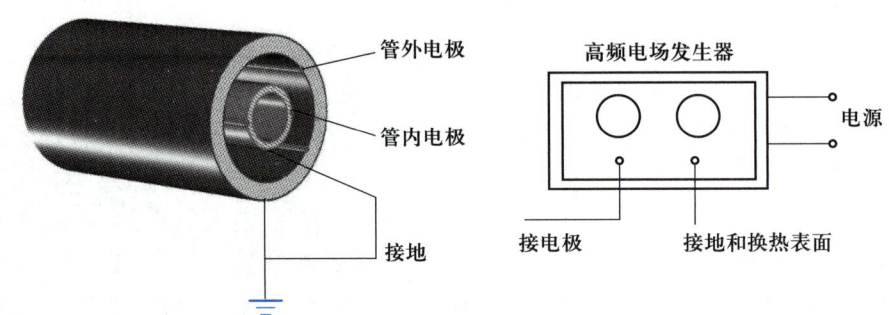

图 8-31　电场强化对流换热基本布置和设备示意图

近几年来,磁性液体作为一种新型的传热介质备受关注,它在磁场作用下用于强化传热,可使自然对流的总传热系数大大提高。磁场强化磁性液体自然对流的实质是磁场力对磁性液体的作用,认为外加磁场增加了磁性液体的粒子与粒子、粒子与液体、粒子与壁面之间的相互作用及碰撞,增强了磁性液体的传热。磁场力对磁性液体的作用可直观地表现为磁场改变磁性液体的表观密度。

3）射流冲击

场协同原理

流体通过圆形或狭缝形喷嘴直接射到固体表面进行冷却或加热的方法称为射流冲击。它已广泛用于工业生产中,如内燃机活塞的喷射冷却,钢材的冷却与加热等。由于流体直接冲击固体壁面,流程断而边界层很薄,所以总传热系数比较大。一般为了增加换热效果,可在喷嘴内安装湍流强化器、多孔板、金属丝网等来提高射流出口的湍流程度。

此外,换热器的场协同原理也是未来强化传热技术发展的一个重要方向,并在此基础上发展了第三代传热技术。场协同原理揭示出了强化对流换热的实质,即在一定的速度和温度梯度下要强化对流换热,就是要减小速度与温度梯度之间的夹角,这对于开发强化表面具有重要的指导意义。

3. 常见换热器提高传热能力的措施

（1）管翅式换热器

管翅式换热器的传热能力强化主要通过提高管内、管外以及换热流体的传热来实现,具体措施包括以下几个方面:

1）管内传热强化

内翅片管的利用是管翅式换热器进行管内换热强化的重要手段,其强化机制为:流体流经内壁面螺旋槽产生扰动,使边界层减薄,而微翅顶端产生的表面张力进一步减薄液膜。其中内螺纹管、波纹内翅管已在工程上获得大量的应用,获得较好强化效果。管内插入物同样是强化管翅式换热器传热性能的有效手段,其主要是强化在管内构建不规则流道,造成流体的强烈扰动。管内插入物一般采用螺旋片/线和环状多孔介质等,由于管内插入物具有一定的螺旋结构,当流体经过时插入物和流体均产生螺旋形态,可有效防止污垢沉积。

2) 管外传热强化

管外侧结构的强化是翅片管强化换热的重要手段,而管外翅片的结构和布置则决定着换热器管外侧热力性能的优劣,具体方式有改变不同翅片间距与开缝高度、改变翅片分布等。

3) 换热流体强化

针对换热流体的物性改善进行换热强化是强化换热的重要方式,部分纳米流体具有优良的导热物性,能有效提升对流传热效率。

(2) 管壳式换热器

管壳式换热器的传热能力取决于冷热介质对数平均温差和管壳式换热器的总传热系数。因此,提高管壳式换热器传热能力的措施包括以下几个方面:

1) 提高冷热流体的逆流比

冷热介质的平均换热和换热过程不仅直接影响热介质的换热过程,而且直接影响热介质的换热过程。当换热器冷热流体温度沿传热面变化时,两流体逆流的平均温差最大,平行流的平均温差最小,逆流与下游的平均对数温差最大。因此,有必要尽可能地提高热交换器中冷热流体的逆流比,改善热交换器的传热性能。

2) 选用换热系数大的换热介质

而对于刚性结构的换热器,若冷、热介质温差大,为减小管束与壳体的膨胀差,换热系数大的介质采用壳程更加合理;但对于冷、热介质温差小,换热系数相差大的介质,管程更加合理。

(3) 微通道换热器

微通道换热器作为一种具有紧凑性和高效性的换热装置受到了越来越多的关注,其主要特点包括给定体积下具有更高的面积密度(表面积与体积之比);较高的表面传热系数;轻便且可移动性好;相同换热需求下具有更小的体积。微小通道中的强化传热技术旨在单位传热接触面积、单位时间下,最大化地热量交换,主要措施有以下几个方面:

1) 微通道结构优化

微通道的结构直接影响微通道换热器内流体的流动特性,例如微通道换热器中扁管、集流管和翅片的流程布置、表面粗糙度及其几何特性,都会影响换热器的传热性能。微通道换热器多进出口的设计也可有效提升其自身传热能力。

2) 采用纳米流体作为工质

纳米流体与微通道分别作为强化传热流动介质与强化传热结构获得了广泛关注,纳米流体沉积在传热表面时会形成纳米颗粒涂层,从而扩大传热面积,增加成核密度,改善两相沸腾传热。但纳米流体在微通道中的强化传热特性受多种因素影响,包括纳米颗粒及基液类型、纳米颗粒浓度、粒径对微通道传热特性的影响。

3) 应用新型涂层材料

微通道散热器主要由三部分组成:下层微通道、传热板和传热板与流体之间的涂层,当涂层中采用的是具有优异导热性能的材料(如石墨烯)时,不仅极大提高金属整体的热传导效率,还可在传统换热器基础上增加横向通道,增大流体与基底和传热板的接触面积。

8.3.2 污垢热阻的影响

由于换热器是长期运行的热设备,所以在运行一段时间后,常常在换热面上集结水垢、淤泥、油污和灰尘之类的覆盖物。由总传热系数的表达式(8-51)可见,这些覆盖物垢层在传热过程中都表现为附加的热阻,使总传热系数减小,从而抑制换热器的传热过程。由于垢层的厚度以及它的导热性能难以确定,只能采用它所表现出来的传热热阻值的大小来进行传热计算。该热阻常称为污垢热阻,记为 R_f,其单位为 $m^2 \cdot K/W$。污垢热阻通常是通过实验测定,表示为

$$R_f = \frac{1}{k} - \frac{1}{k_0} \tag{8-52}$$

式中:k_0 为洁净换热面的总传热系数;k 为有污垢的换热面的总传热系数。

污垢热阻的增加必然会增加换热器的设计面积,并导致使用过程中运行费用的增加。由于结垢的机理复杂,目前尚未找到很好的清除办法。为了保证换热器的结垢阻力不超过设计要求的值,必须增加换热面积,并定期对换热器进行清洗。同样是由于污垢生成的复杂性,污垢热阻的数值只能通过实验方法来确定。

本 章 小 结

本章主要介绍了换热器的发展历史、主要类型、传热过程分析计算、热计算、热设计、传热过程强化和传热过程抑制。

换热器可以分为四种主要类型,分别为:管壳式、间壁式、混合式和蓄热式。

传热过程的分析计算可以依照三种不同的类型来考虑,分别是通过平壁的传热过程、通过圆筒壁的传热过程和通过肋壁的传热过程,即按照式(8-3)、式(8-11)、式(8-18)。

简单套管式换热器的热计算可以通过平均温差法来完成,通过推导得到了式(8-29),可计算顺流式换热器的平均温差,式(8-30)可计算简单的算术平均温差。对于复杂的换热器,提出了需要通过两个无量纲参数 P 和 R,然而再借助它们来查修正系数 ψ。

换热器的热设计可以分为设计计算和校核计算,支撑这两种计算的两类方法分别称为平均温差法和效能—传热单元法(ε-NTU)。平均温差法即为通过计算得出平均温差,然后由下式

$$\Phi = kA\Delta t_m \tag{8-53}$$

求出传热量。效能—传热单元法中的效能 ε,由式(8-34)定义,传热单元 NTU 由式(8-44)定义。

传热过程的强化可以通过增加湍流程度、使用导热系数高的载体、采用有相变的载热体、采用导热系数大的传热壁面和减小污垢热阻等方法实现,具体来说又可以分为被动式强化换热技术和主动式强化换热技术。

传热过程的抑制可以通过覆盖绝缘材料和改变表面状况以及材料结构实现。

思 考 题

8-1 试分析遮热板的原理及其在抑制辐射传热作用。

8-2 试举出3个隔热保温的措施,并用传热学理论阐明其原理。

8-3 解释为什么许多高效隔热材料都采用蜂窝状多孔性结构和多层隔热屏结构。

8-4 什么是换热器的顺流布置和逆流布置？这两种布置方式有何特点？设计时如何选用？

8-5 进行换热器设计时所采用的基本方程是哪些？

8-6 试解释并比较换热器计算的平均温差法和 ε-NTU 法？

8-7 请说明在换热设备中，水垢、灰垢的存在对传热过程会产生什么影响，如何防止。

8-8 在圆管外敷设保温层与在圆管外侧设置肋片从热阻分析的角度有什么异同？在什么情况下加保温层反而会强化其传热而加肋片反而会抑制其传热？

8-9 什么是换热器的设计计算，什么是校核计算？

8-10 为了增强热水散热器（利用管内热水加热管外空气）的散热效果，有人拟采用不改变热水进水温度的情况下，增大热水流量的做法。请评估这一措施的效果。

8-11 强化空气—水换热器传热的主要途径有哪些？请列出任意三种途径。

8-12 对壳管式换热器来说，两种流体在下列情况下，何种走管内，何种走管外？
(1) 清洁与不清洁的；(2) 腐蚀性大与小的；
(3) 温度高与低的；(4) 压力大与小的；
(5) 流量大与小的；(6) 黏度大与小的。

8-13 为强化一台冷油器的传热，有人用提高冷却水流速的办法，但发现效果并不显著，试分析原因。

习　题

8-1 已知一个热介质为热水的气体加热器，其传热面壁厚为 2 mm，导热系数为 45 W/(m·K)，现给出下列信息：被加热气体的换热系数为 83 W/(m²·K)，换热系数为 5 300 W/(m²·℃)，热水与气体的温差为 42 ℃，试计算该气体加热器的传热总热阻和总传热系数。

8-2 一顺流套管式换热器，利用温度为 80 ℃ 的乙二醇（比热容为 2 500 J/(kg·K)）来加热流量 1.6 kg/s，入口温度 10 ℃ 的甘油[比热容为 2 400 J/(kg·K)]。换热器出口处两流体温差为 20 ℃。该换热器可视为平壁传热，已知甘油侧传热系数为 480 W/(m²·K)，乙二醇侧传热系数为 550 W/(m²·K)，传热面积为 8.3 m²。求：(1) 传热量；(2) 甘油的出口温度；(3) 乙二醇的流量。

8-3 现有一壳管式换热器，有单壳程和双管程且每个管程由 150 根长为 1.5 m 的黄铜管组成，管子的内、外径分别为 134 mm 和 159 mm。当压力为 0.15×10^5 Pa 的水蒸气在壳侧凝结，且表面传热系数为 13 500 W/(m²·K)，冷却水进入管道时的温度为 20 ℃ 且平均流速为 1.2 m/s。试计算该换热器的总传热系数。

8-4 一卧式冷凝器中的黄铜管尺寸参数如下：外径 30 mm、壁厚 1.5 mm 的换热表面。已知管外冷凝侧平均表面传热系数 h_o = 5 700 W/(m²·K)，冷却水进入管道时的温度为 20 ℃ 且平均流速为 1.2 m/s。(1) 试计算该换热器的总传热系数。管内水侧平均表面传热系数 h_i = 4 300 W/(m²·K)；(2) 试计算冷凝器按管子外表面积计算的总传热系数。

8-5 现有一长为 10 m 的直管，水流入口温度为 20 ℃，出口温度为 40 ℃，管的内径为 d = 20 mm，水在管内流速为 2 m，求总传热系数和平均管壁温度。已知 30 ℃ 水的物性参数为 λ = 0.618 W/(m·K)，ν = 0.805×10⁻⁶ m²/s，P = 5.42，Pr = 995.7 kg/m³，c_p = 4.17 kJ/(kg·K)，管内紊流的强制对流换热关联式为 $Nu = 0.023Re^{0.8}Pr^{0.4}$。

8-6 现有一空气加热器，空气从 20 ℃ 被加热到 230 ℃，烟气则从 430 ℃ 被冷却到 250 ℃，试求当两种流体交叉流动时烟气混合，空气不混合的情况下，流体交叉流时的对数平均温差。

8-7 已知下列温度：t_1' = 300 ℃，t_1'' = 210 ℃，t_2' = 100 ℃，t_2'' = 200 ℃，试分别计算逆流和顺流布置时的对数平均温差。

8-8 现有一台逆流式水—水换热器，已知下列参数：t_1' = 87.5 ℃，t_2' = 32 ℃，q_{m1} = 12 000 kg/h，q_{m2} = 15 000 kg/h，k = 1 740 W/(m²·K)，A = 4.25 m²。试求热水的出口温度是多少？

8-9 现有一换热器,利用热重油来加热含水石油,各油的温度变化为:含水石油从 15 ℃ 加热到 180 ℃,重油的温度从 290 ℃ 降到 195 ℃,假设总传热系数 k 和热流密度相同,试求逆流与顺流相比加热面积减少的百分比。

8-10 进口温度为 12 ℃、质量流量为 12 000 kg/h 的水冷却后从分馏器中得到的饱和蒸汽,其温度为 80 ℃。现有一顺流换热器,冷凝段和过冷段的总传热系数均为 980 W/(m^2·K)。已知苯的汽化潜热为 395×10^3 J/kg,比热容为 1 758 J/(kg·K)。试确定将质量流量为 3 600 kg/h 的苯蒸气凝结并过冷到 35 ℃ 所需的换热面积。

8-11 现有压力为 1.5×10^5 Pa 的无油饱和水蒸气在卧式冷凝器的壳侧凝结,在外径为 20 mm、壁厚为 1 mm、成叉排布且每一竖直排上平均布置 9 根的黄铜管内,有经过处理的流速为 1.4 m/s 的循环水流过,其温度变化为,由进口处的 56 ℃ 升高到出口处的 94 ℃。冷却水在管内的流动为两个流程,管内已积水垢,传热量为 $\Phi = 1.5 \times 10^7$ W。试计算所需黄铜管的管长、管子根数及冷却水量。

8-12 现有一逆流式水—水换热器,共有 53 根内径为 16 mm、壁厚为 1 mm 的管子,进口温度 100 ℃ 的热水流过管内,出口温度为 80 ℃,管外流经进口温度 20 ℃、出口温度 70 ℃ 的冷水,已知总换热量为 350 kW,管壁导热系数 $\lambda = 40$ W/(m·K),管外流体的表面传热系数 $h_0 = 1 500$ W/(m^2·K),管内流体为单流程。假设管子内、外表面都是洁净的,试确定所需的管子长度。

8-13 现有一冷却剂为水,且与油呈逆流布置的冷油器,当质量流量为 2.25 kg/s、比热容为 2 000 kJ/(kg·K) 的油进入时,温度为 80 ℃。已知总传热系数为 560 W/(m^2·K),传热面积为 8 m^2,水的入口温度为 12 ℃,油的出口温度为 40 ℃。试计算水的质量流量。

8-14 现有一台面积为 1 m^2 的旧换热器,用来冷却油,油的质量流量为 300 kg/h。已知油的比热容和进口温度分别为 220 J/(kg·K) 和 120 ℃,水的进口温度为 20 ℃,最大可用水体积流量为 1.45 m^3/h,总传热系数为 450 W/(m^2·K)。请分别确定在顺流和逆流时所能达到的最低出口油温。

8-15 某套管式换热器,内管内径为 96 mm,外径为 106 mm,管壁导热系数 $\lambda = 38$ W/(m·K)。流量为 0.38 kg/s 的冷水在内管内流过,温度从 25 ℃ 被加热到 50 ℃,其对流传热表面传热系数 $h_1 = 2 800$ W/(m^2·K);套管内流过流量为 0.45 kg/s 的热水,其进口温度为 70 ℃、对流传热表面传热系数 $h_2 = 2 000$ W/(m^2·K)。试求:(1) 换热器内管长度 l;(2) 换热器最大可能传热量 q_{max};(3) 换热器效能 ε。已知水的比定压热容取 $c_p = 4 180$/(kg·K)。

8-16 温度为 100 ℃ 的热水进入一个逆流换热器并将 5 ℃ 的冷水加热到 30 ℃。冷水的流量为 1.5 kg/s,热水的流量为 2.5 kg/s,总传热系数为 800 W/(m^2·K),请计算换热器的面积和效能各为多少?(水的比热容为 4 175/(kg·K))。

8-17 一条供热管道长 500 m,架空敷设,管道内径为 70 mm,管内热水与外部空气的总传热系数为 1.8 W/(m^2·K),流量为 1 000 kg/h,比热容为 4 186/(kg·K),若入口温度为 110 ℃,空气温度为 -5 ℃,求出口热水温度。

8-18 流量 $V_1 = 39$ m^3/h 的 30 号透平油,在冷油器中从 $t_1' = 58.7$ ℃ 冷却到 $t_1'' = 45$ ℃。冷油器采用 1-2 型壳管式结构,管子为铜管,其外径为 15 mm、壁厚 1 mm。质量流量为 47.7 t/h 的河水作为冷却水在管侧流过,进口温度为 $t_2' = 33$ ℃。油安排在壳侧。油侧的表面传热系数 $h_o = 450$ W/(m^2·K),水侧的表面传热系数 $h_i = 5 850$ W/(m^2·K)。已知 30 号透平油在运行温度下的物性为 $\rho_1 = 879$ kg/m^3,$c_1 = 1.95$ kJ/(kg·K)。求所需换热面积。

8-19 一换热器内的流动为交叉流,现已知烟气进、出换热器的温度分别为 250 ℃ 和 140 ℃,流量为 2.5 kg/s,比热容为 1.09 kJ/(kg·℃),常压水的温度从 20 ℃ 被烟气加热至 80 ℃,换热器的总传热系数为 190 W/(m^2·K),试分别用对数平均温差法和 ε-NTU 法计算所需换热面积。

8-20 现有一套管式换热器,其中,直管内径为 1.27 cm、壁厚为 0.127 cm,套管与直管同心且管外绝热。管内油以 0.063 kg/s 的质量流量流动,从 177 ℃ 被冷却到 65.5 ℃;而在管和套管间的环形空间内,进口温度为 10 ℃ 的冷却水以 0.075 6 kg/s 的质量流量流动,且其流动方向与油相反。忽略管壁热阻,试求所需的套管长度。已知:油的表面换热系数为 1.7 kW/(m^2·K);比热容为 1.675 kJ/(kg·K);水的表面换热系数为 3.97 kW/(m^2·K);比热容为 4.19 kJ/(kg·K)。

8-21 现有一逆流式换热器,传热面积为 1.85 m²。初运行时,热水质量流量为 0.12 kg/s,进口温度、出口温度分别为 95 ℃ 和 55 ℃,而冷水进、出口温度分别为 25 ℃ 和 75 ℃。在冷、热水质量流量及进口水温不变的情况下,经一段时间运行后发现热水的出口温度只能达到 65 ℃。试求此时换热器的实际传热量。(水的比热容为 4.18 kJ/(kg·K))。

8-22 一台逆流式换热器在刚投入工作时,热流体的进口温度为 380 ℃,出口温度为 300 ℃;而冷流体的进口温度为 30 ℃,出口温度为 200 ℃。现给出热流体的 $q_{m1}c_1$ 为 2 500 W/K,总传热系数 $k=800$ W/(m²·K)。运行一年后发现,在 $q_{m1}c_1$,$q_{m2}c_2$ 及 t_1',t_2' 保持不变的情况下,由于表面结垢的影响,冷流体能被加热到的最高温度只是 162 ℃,而热流体的出口温度高达 300 ℃,试求此时的污垢热阻。

8-23 现有一外直径为 160 mm 的供水管道,且管道表面包裹有导热系数 $\lambda = 0.12$ W/(m·K) 的保温管壳。为了将质量流量为 $20 \times 10^3 \sim 25 \times 10^3$ kg/h、出口水温为 4 ℃ 的冷却水向距离 3 km 外的地方输送。已知保温层外表面的复合换热表面传热系数 $h_o = 35$ W/(m²·K),环境空气温度为 -15 ℃。计算为使冷却水不结冰的最小保温层厚度。(忽略管壁热阻及管内水的对流换热热阻。)

8-24 野外生存时,人们由于器具的限制常用纸制容器烧水。现假设有一厚为 0.2 mm 的纸,其导热系数为 0.9 W/(m·K)。大气压力下,当容器用 1 100 ℃ 的火焰加热,火焰与纸面的表面传热系数为 95 W/(m²·K),水侧沸腾换热表面传热系数为 2 400 W/(m²·K)。若纸的耐火温度为 200 ℃,试证明纸质容器烧水是否可行。

8-25 一蒸汽管道外有材料为油毛毡的保温层,已知保温层的表面温度为 330 K,外径为 0.22 m。若在室温为 22 ℃、长度为 6 m 的房间内,该蒸汽管道水平穿过,试确定蒸汽管道在房间内的总散热。

8-26 现有一水—水管壳式换热器,管内为质量流量为 1.6 kg/s 的高温水,温度由 160 ℃ 降到 90 ℃,如果是管内径为 25 mm,壁厚为 2.5 m、每管程管数 48 根、当量直径为 84.8 mm 且管间总断面积为 0.079 8 m² 的卧式两管程换热器,(1) 求进口温度为 65 ℃,质量流量为 12 kg/s 流过时,换热器所需面积;(2) 若运行后水垢层厚 0.3 mm,水垢 $k=2$ W/(m²·K),那么设计时考虑传热面积应增大多少?

8-27 现有一热流体管道,钢管内径 $d_1 = 135$ mm,壁厚 2.5 mm,外包有厚度为 30 mm 的保温层,已知该保温材料的导热系数为 $\lambda = 0.11$ W/(m·K),当管道内热流平均温度为 $t_{f1} = 163$ ℃,管道外温度为 $t_{f2} = 18$ ℃,对流换热表面传热系数为 25.3 W/(m²·K),管道周围环境温度 $t_{am} = 13$ ℃。为了减少管道的散热,管道保温层外表有两种不同的处理方法可供选择:(1) 刷白漆,$\varepsilon = 0.9$;(2) 外包薄铝皮 $\varepsilon = 0.1$,试计算分析两种情况下的传热系数及散热量。(计算中忽略钢管热阻和白漆及铝皮所附加的导热热阻。)

8-28 有一单程壳管式换热器用来冷凝压力为 7 335 Pa 的饱和水蒸气,现要求每小时内凝结 18 kg 蒸汽。已知冷却水进入换热器时的进口温度为 25 ℃,出口温度为 35 ℃,总传热系数为 $k=1 800$ W/(m²·K),试求所需的传热面积。

8-29 现有一台逆流式油冷器,热油流量 $G_h = 1 800$ kg/s,进、出口温度分别为 420 K、380 K。冷水流量 $G_c = 1$ kg/s,进口温度为 300 K。已知传热面积 $A = 3.33$ m²。假设该油冷器的总传热系数设计值为 $k = 930$ W/(m²·K),试确定因表面积垢导致该油冷器的总传热系数下降的百分比?(热油的比热容为 $c_{ph} = 2 330$ J/(kg·K),冷水比热容为 $c_{pc} = 4 174$ J/(kg·K))。

8-30 在顺流换热器中,工业流体被从 573 K 被冷却到 413 K,而此时油的进、出口温度分别为 317 K 和 397 K,假设传热面积足够大,试确定:该流体分别在顺流和逆流换热器中所能冷却到的最低温度,并计算在相同的流体进、出口温度下顺流和逆流的传热面积之比。

8-31 现有一直径 50 mm,壁厚 5 mm 的锅炉水冷壁,其中管内流过温度为 315 ℃ 的沸腾水,管壁导热系数 $\lambda = 40$ W/(m·K)。炉膛中辐射换热的综合效果可用温度 1 000 K 的环境来代替,水冷壁管外表面发射率为 0.8,当忽略对流作用时,试确定其内外表面均洁净时单位长度上的换热量。

8-32 现有一换热器管,管外 120 ℃ 的饱和水蒸气在表面凝结,为加热管内的冷水,当总传热系数为 $k=1 800$ W/(m²·K),试确定(1) 把流量为每小时 2 000 kg 的水从 20 ℃ 加热到 80 ℃ 所需的传热面积;(2) 若运行后产生了 0.000 4 m² · K/W 的污垢热阻,求出口水温。

8-33 现有一水平管外的自然对流换热试验,已知不锈钢管的直径为 13 mm,在不锈钢管两端通电加热,电阻为 4 Ω/m。使钢管表面温度不超过 300 ℃,试分别确定不锈钢管置于 20 ℃ 的静止空气中和置于高压水中,水饱和温度超过 300 ℃ 的不锈钢管所能允许的最大电流(不锈钢管表面发射率可按氧化后的钢表面处理。)

参 考 文 献

[1] 史美中,王中铮. 热交换器原理与设计[M]. 南京:东南大学出版社,2009:23-255.

[2] 支浩,汤慧萍,朱纪磊. 换热器的研究发展现状[J]. 化工进展,2009,28(S1):338-342.

[3] 吕明璐,杨鑫,张瑶,等. 换热器的现状分析及分类应用[J]. 当代化工,2018,47(3):582-584.

[4] 杨世铭,陶文铨. 传热学[M]. 5版. 北京:高等教育出版社,2019.

[5] 许国良,王晓墨,邬田华. 工程传热学[M]. 北京:中国电力出版社,2011.

[6] 章熙民. 传热学[M]. 6版. 北京:中国建筑工业出版社,2014.

[7] 何燕,张晓光,孟祥文. 传热学[M]. 北京:化学工业出版社,2015.

[8] 张兴中,黄文,刘庆国. 传热学[M]. 北京:国防工业出版社,2011.

[9] 张天孙,郝丽芬. 传热学[M]. 北京:中国电力出版社,2006.

[10] 凯斯,伦敦. 紧凑式换热器[M]. 宣益民,张后雷,译. 北京:科学出版社,1997.

[11] LIENHARD J H. A heat transfer textbook[M]. New York:Courier Dover Publications,2019.

[12] 过增元. 换热器中的场协同原则及其应用[J]. 机械工程学报,2003,39(12):1-9.

[13] 余建祖. 换热器原理与设计[M]. 北京:北京航空航天大学出版社,2006.

[14] 杜建通,邹同华. 电场强化对流换热及其应用[J]. 低温工程,1999,107(1):27-30.

[15] 韩光泽,陈佳佳. 电场强化对流传热的热力学机理[J]. 华南理工大学学报(自然科学版),2013,41(12):125-128.

[16] 王正良. 磁场强化磁性液体自然对流传热的机理[J]. 化工学报,2005,56(2):235-238.

[17] 赵果鲜,陈英,龙军. 传热强化方法[J]. 广东石油化工高等专科学校学报,1997,7(1):20-24.

[18] 覃光军. 固体颗粒悬浮液的管内流动与传热特性研究[D]. 广州:广东工业大学,2022.

[19] 姜芳芳. 水在螺旋盘管内的换热及流动特性研究[D]. 西安:西安科技大学,2014.

附录

附表 I 误差函数选摘

x	erf(x)	x	erf(x)	x	erf(x)
0.00	0.000 0	0.28	0.307 9	1.12	0.886 8
0.01	0.011 3	0.30	0.328 6	1.16	0.899 1
0.02	0.022 6	0.32	0.349 1	1.20	0.910 3
0.03	0.033 8	0.34	0.369 4	1.30	0.934 0
0.04	0.045 1	0.36	0.389 3	1.40	0.952 3
0.05	0.056 4	0.38	0.409 0	1.50	0.966 1
0.06	0.067 6	0.40	0.428 4	1.60	0.976 3
0.07	0.078 9	0.44	0.466 2	1.70	0.983 8
0.08	0.090 1	0.48	0.502 7	1.80	0.989 1
0.09	0.101 3	0.52	0.537 9	1.90	0.992 8
0.10	0.112 5	0.56	0.571 6	2.00	0.995 3
0.11	0.123 6	0.60	0.603 9	2.10	0.997 0
0.12	0.134 8	0.64	0.634 6	2.20	0.998 1
0.13	0.145 9	0.68	0.663 8	2.30	0.998 9
0.14	0.156 9	0.72	0.691 4	2.40	0.999 3
0.15	0.168 0	0.76	0.717 5	2.50	0.999 6
0.16	0.179 0	0.80	0.742 1	2.60	0.999 8
0.17	0.190 0	0.84	0.765 1	2.70	0.999 9
0.18	0.200 9	0.88	0.786 7	2.80	0.999 9
0.19	0.211 8	0.92	0.806 8	2.90	1.000 0
0.20	0.222 7	0.96	0.825 4	3.00	1.000 0
0.22	0.244 3	1.00	0.842 7		
0.24	0.265 7	1.04	0.858 6		
0.26	0.286 9	1.08	0.873 3		

注：误差函数 $\mathrm{erf}(x) = \dfrac{2}{\sqrt{\pi}} \displaystyle\int_0^x \mathrm{e}^{-\eta^2} \mathrm{d}x$。

附表 Ⅱ 金属材料的密度、比热容和导热系数

材料名称	密度 ρ / (kg/m³)	20 ℃ 比热容 c_p / (J/(kg·K))	导热系数 λ / (W/(m·K))	导热系数 λ / [W/(m·K)] 温度/℃								
				−100	0	100	200	300	400	600	800	1000	1200
纯铝	2 710	902	236	243	236	240	238	234	228	215			
杜拉铝 (96Al-4Cu, 微量 Mg)	2 790	881	169	124	160	188	188	193					
铝合金 (92Al-8Mg)	2 610	904	107	86	102	123	148						
铝合金 (87Al-13Si)	2 660	871	162	139	158	173	176	180					
铍	1 850	1 758	219	382	218	170	145	129	118				
纯铜	8 930	386	398	421	401	393	389	384	379	366	352		
铝青铜 (90Cu-10Al)	8 360	420	56		49	57	66						
青铜 (89Cu-11Sn)	8 800	343	24.8		24	28.4	33.2						
黄铜 (70Cu-3-Zn)	8 440	377	109	90	106	131	143	145	148				
铜合金 (60Cu-40Ni)	8 920	410	22.2	19	22.2	23.4							
黄金	19 300	127	315	331	318	313	310	305	300	287			
纯铁	7 870	455	81.1	96.7	83.5	72.1	63.5	56.5	50.3	39.4	29.6	29.4	
阿姆口铁	7 860	455	73.2	82.9	74.7	67.5	61.0	54.8	49.9	8.6	29.3	29.3	
灰铸铁 ($w_C \approx 3\%$)	7 570	470	39.2		28.5	32.4	35.8	37.2	36.6	20.8	19.2		
碳钢 ($w_C \approx 0.5\%$)	7 840	465	49.8		50.5	47.5	44.8	42.0	39.4	34.0	29.0		
碳钢 ($w_C \approx 1.0\%$)	7 790	470	43.2		43.0	42.8	42.2	41.5	40.6	36.7	32.2		
碳钢 ($w_C \approx 1.5\%$)	7 750	470	36.7		36.8	36.6	36.2	35.7	34.7	31.7	27.8		
铬钢 ($w_{Cr} \approx 5\%$)	7 830	460	36.1		36.3	35.2	34.7	33.5	31.4	28.0	27.2	27.2	27.2
铬钢 ($w_{Cr} \approx 13\%$)	7 740	460	26.8		26.5	27.0	27.0	27.0	27.6	28.4	29.0	29.0	
铬钢 ($w_{Cr} \approx 17\%$)	7 710	460	22		22	22.2	22.6	22.6	23.3	24.0	24.8	25.5	
铬钢 ($w_{Cr} \approx 26\%$)	7 650	460	22.6		22.6	23.8	25.5	27.2	28.5	31.8	35.1	38	
铬镍钢 (18−20Cr/8−12Ni)	7 820	460	15.2	12.2	14.7	16.6	18.0	19.4	20.8	23.5	26.3		

续表

材料名称	密度 ρ /(kg/m³)	比热容 c_p /(J/(kg·K)) 20 ℃	导热系数 λ /(W/(m·K)) 20 ℃	导热系数 λ /[W/(m·K)] 温度/℃ -100	0	100	200	300	400	600	800	1000	1200
铬镍钢(17-19Cr/9-13Ni)	7 830	460	14.7	11.8	14.3	16.1	17.5	18.8	20.2	22.8	25.2	28.2	30.9
镍钢(w_{Ni}≈1%)	7 900	460	45.5	40.8	45.2	46.8	46.1	44.1	41.2	235.7			
镍钢(w_{Ni}≈3.5%)	7 910	460	36.5	30.7	36.0	38.8	39.7	39.2	37.8				
镍钢(w_{Ni}≈25%)	8 030	460	13.0										
镍钢(w_{Ni}≈35%)	8 110	460	13.8	10.9	13.4	15.4	17.1	18.6	20.1	23.1			
镍钢(w_{Ni}≈44%)	8 190	460	15.8		15.7	16.1	16.5	16.9	17.1	17.8	18.4		
镍钢(w_{Ni}≈50%)	8 260	460	19.6	17.3	19.4	20.5	21.0	21.1	21.3	22.5			
锰钢(w_{Mn}≈12%~13%, w_{Ni}≈3%)	7 800	487	13.6			14.8	16.0	17.1	18.3				
锰钢(w_{Mn}≈0.4%)	7 860	440	51.2			51.0	50.0	47.0	43.5	35.5	27		
钨钢(w_W≈5%~6%)	8 070	436	18.7		18.4	19.7	21.0	22.3	23.6	24.9	26.3		
铅	11 340	128	35.3	37.2	35.5	34.3	32.8	31.5					
镁	1 730	1 020	156	160	157	154	152	150					
钼	9 590	255	138	146	139	135	131	127	123	116	109	103	93.7
镍	8 900	444	91.4	144	94	82.8	74.2	67.3	64.6	69.0	73.3	77.6	81.9
铂	21 450	133	71.4	73.3	71.5	71.6	72.0	72.8	73.6	76.6	80.0	84.2	88.9
银	10 500	234	427	431	428	422	415	407	399	384			
锡	7 310	228	67	75	68.2	63.2	60.9						
钛	4 500	520	22	23.3	22.4	20.7	19.9	19.5	19.4	193.9			
铀	19 070	116	27.4	24.3	27	29.1	31.1	33.4	35.7	40.6	45.6		
锌	7 140	388	121	123	122	117	112						
锆	6 570	276	22.9	26.5	23.2	21.8	21.2	20.9	21.4	22.3	24.5	26.4	28.0
钨	19 350	134	179	204	182	166	153	142	134	125	119	114	110

附表Ⅲ 大气压力($p = 1.013\,25 \times 10^5$ Pa)下干空气的热物理性质

$\dfrac{t}{℃}$	$\dfrac{\rho}{\text{kg/m}^3}$	$\dfrac{c_p}{\text{kJ/(kg·K)}}$	$\dfrac{\lambda \times 10^2}{\text{W/(m·K)}}$	$\dfrac{\alpha \times 10^6}{\text{m}^2/\text{s}}$	$\dfrac{\mu \times 10^6}{\text{kg/(m·s)}}$	$\dfrac{\nu \times 10^6}{\text{m}^2/\text{s}}$	Pr
-50	1.584	1.013	2.04	12.7	14.6	9.23	0.728
-40	1.515	1.013	2.12	13.8	15.2	10.04	0.728
-30	1.453	1.013	2.20	14.9	15.7	10.80	0.723
-20	1.395	1.009	2.28	16.2	16.2	11.61	0.716
-10	1.342	1.009	2.36	17.4	16.7	12.43	0.712
0	1.293	1.005	2.44	18.8	17.2	13.28	0.707
10	1.247	1.005	2.51	20.0	17.6	14.16	0.705
20	1.205	1.005	2.59	21.4	18.1	15.06	0.703
30	1.165	1.005	2.67	22.9	18.6	16.00	0.701
40	1.128	1.005	2.76	24.3	19.1	16.96	0.699
50	1.093	1.005	2.83	25.7	19.6	17.95	0.698
60	1.060	1.005	2.90	27.2	20.1	18.97	0.696
70	1.029	1.009	2.96	28.6	20.6	20.02	0.694
80	1.000	1.009	3.05	30.2	21.1	21.09	0.692
90	0.972	1.009	3.13	31.9	21.5	22.10	0.690
100	0.946	1.009	3.21	33.6	21.9	23.13	0.688
120	0.898	1.009	3.34	36.8	22.8	25.45	0.686
140	0.854	1.013	3.49	40.3	23.7	27.80	0.684
160	0.815	1.017	3.64	43.9	24.5	30.09	0.682
180	0.779	1.022	3.78	47.5	25.3	32.49	0.681
200	0.746	1.026	3.93	51.4	26.0	34.85	0.680
250	0.674	1.038	4.27	61.0	27.4	40.61	0.677
300	0.615	1.047	4.60	71.6	29.7	48.33	0.674
350	0.566	1.059	4.91	81.9	31.4	55.46	0.676
400	0.524	1.068	5.21	93.1	33.0	63.09	0.678
500	0.456	1.093	5.74	115.3	36.2	79.38	0.687
600	0.404	1.114	6.22	138.3	39.1	96.89	0.699
700	0.362	1.135	6.71	163.4	41.8	115.4	0.706
800	0.329	1.156	7.18	188.8	44.3	134.8	0.713
900	0.301	1.172	7.63	216.2	46.7	155.1	0.717
1 000	0.277	1.185	8.07	245.9	49.0	177.1	0.719
1 100	0.257	1.197	8.50	276.2	51.2	199.3	0.722
1 200	0.239	1.210	9.15	316.5	53.5	233.7	0.724

附表 Ⅳ 饱和水的热物理性质

t/°C	$p \times 10^{-5}$/Pa	ρ/(kg/m³)	h'/(kJ/kg)	c_p/kJ/(kg·K)	$\lambda \times 10^2$/W/(m·K)	$\alpha \times 10^8$/(m²/s)	$\mu \times 10^6$/(Pa·s)	$\nu \times 10^6$/(m²/s)	$\alpha_v \times 10^4$/K⁻¹	$y \times 10^4$/(N/m)	Pr
0.01	0.006 117	999.8	0.000 6	4.220	56.1	13.3	1791	1.792	−0.679 7	756.5	13.47
10	0.012 28	999.7	42.02	4.196	58.0	13.8	1306	1.306	0.876 9	742.2	9.447
20	0.023 39	998.2	83.91	4.184	59.8	14.3	1002	1.003	2.067	727.4	7.004
30	0.042 47	995.6	125.7	4.180	61.5	14.8	797.2	0.801	3.033	711.9	5.415
40	0.073 85	992.2	167.5	4.180	63.1	15.2	652.7	0.658	3.855	696.0	4.326
50	0.123 5	988.0	209.3	4.182	64.4	15.6	546.5	0.553	4.578	679.4	3.551
60	0.199 5	983.2	251.2	4.185	65.4	15.9	466.0	0.474	5.233	662.4	2.981
70	0.312 0	977.7	293.1	4.190	66.3	16.2	403.5	0.413	5.840	644.8	2.550
80	0.474 1	971.8	355.0	4.197	67.0	16.4	354.0	0.364	6.414	626.7	2.218
90	0.701 8	965.3	377.0	4.205	67.5	16.6	314.2	0.325	6.967	608.2	1.957
100	1.014	958.4	419.2	4.216	67.9	16.8	281.6	0.294	7.506	589.1	1.748
110	1.434	951.0	461.4	4.228	68.2	17.1	254.6	0.268	8.041	569.1	1.579
120	1.987	943.1	503.8	4.244	68.4	17.2	232.0	0.246	8.578	549.7	1.441
130	2.703	934.8	546.4	4.262	68.2	17.2	212.9	0.228	9.123	529.3	1.327
140	3.615	926.1	589.2	4.283	68.0	17.3	196.6	0.212	9.684	508.6	1.233
150	4.762	917.0	632.2	4.307	68.2	17.3	182.6	0.199	10.27	487.4	1.153
160	6.182	907.4	675.5	4.335	68.0	17.3	170.4	0.188	10.88	466.0	1.087
170	7.923	897.5	719.1	4.368	67.7	17.3	159.8	0.178	11.53	444.1	1.031
180	10.03	887.0	763.1	4.405	67.3	17.2	150.4	0.170	12.20	421.9	0.983 8

续表

t/°C	$p\times10^{-5}$/Pa	ρ/(kg/m³)	h'/(kJ/kg)	c_p/(kJ/(kg·K))	$\lambda\times10^2$/(W/(m·K))	$\alpha\times10^8$/(m²/s)	$\mu\times10^6$/(Pa·s)	$\nu\times10^6$/(m²/s)	$\alpha_v\times10^4$/K⁻¹	$y\times10^4$/(N/m)	Pr
190	12.55	876.1	807.4	4.447	66.9	17.2	142.0	0.162	12.97	399.5	0.9446
200	15.55	864.7	852.3	4.496	66.3	17.1	134.6	0.156	13.79	376.8	0.9122
210	19.08	852.7	897.6	4.551	65.7	16.9	127.9	0.150	14.69	353.8	0.8858
220	23.20	840.2	943.6	4.615	65.0	16.8	121.8	0.145	15.69	330.7	0.8650
230	27.97	827.1	990.2	4.688	64.1	16.5	116.2	0.140	16.82	307.4	0.8493
240	33.47	813.4	1037.6	4.772	63.2	16.3	111.1	0.137	18.10	283.9	0.8387
250	39.76	798.9	1085.8	4.870	62.1	16.0	106.3	0.133	19.58	260.4	0.8333
260	46.92	783.6	1135.0	4.986	60.9	15.6	101.8	0.130	21.30	236.9	0.8332
270	55.03	767.5	1185.3	5.123	59.6	15.2	97.59	0.127	23.34	213.4	0.8389
280	64.17	750.3	1236.8	5.289	58.1	14.6	93.55	0.125	25.81	189.9	0.8514
290	74.42	731.9	1290.0	5.493	56.5	14.0	89.66	0.123	28.86	166.6	0.8717
300	85.88	712.1	1345.0	5.750	54.7	13.4	85.86	0.121	32.74	143.6	0.9019
310	98.65	690.7	1402.2	6.085	52.9	12.6	82.09	0.119	37.84	120.9	0.9447
320	112.84	667.1	1462.2	6.537	50.9	11.7	78.31	0.117	44.86	98.64	1.005
330	128.58	640.8	1525.9	7.186	48.9	10.6	74.43	0.116	55.13	77.03	1.094
340	146.01	610.7	1594.5	8.208	46.9	9.35	70.33	0.115	72.75	56.26	1.232
350	165.29	574.7	1670.9	10.116	44.7	7.70	65.80	0.115	103.4	36.65	1.488
360	186.66	527.6	1761.7	15.004	42.6	5.38	60.31	0.114	191.2	18.77	2.125
370	210.44	451.4	1890.7	45.155	42.5	2.09	52.26	0.116	763.8	3.882	5.552

郑重声明

高等教育出版社依法对本书享有专有出版权。任何未经许可的复制、销售行为均违反《中华人民共和国著作权法》，其行为人将承担相应的民事责任和行政责任；构成犯罪的，将被依法追究刑事责任。为了维护市场秩序，保护读者的合法权益，避免读者误用盗版书造成不良后果，我社将配合行政执法部门和司法机关对违法犯罪的单位和个人进行严厉打击。社会各界人士如发现上述侵权行为，希望及时举报，我社将奖励举报有功人员。

反盗版举报电话　（010）58581999　58582371
反盗版举报邮箱　dd@hep.com.cn
通信地址　　　　北京市西城区德外大街4号
　　　　　　　　高等教育出版社知识产权与法律事务部
邮政编码　　　　100120

防伪查询说明

用户购书后刮开封底防伪涂层，使用手机微信等软件扫描二维码，会跳转至防伪查询网页，获得所购图书详细信息。

防伪客服电话　（010）58582300